# はじめに

　1990年にこの仕事を始めたときは、コーヒーの栽培から精製など生産地に関する情報がほとんどなく、コーヒーの味さえよくわかりませんでした。

　入荷する生豆は、同じ産地のものでも入港ロットにより風味は異なり、また産地の風味特性は弱く、輸出等級上位のタンザニア・AA（当時はキリマンジャロ）とグァテマラ・SHBとコロンビア・スプレモの風味差を区別することは困難でした。

　このような時代でしたので、コーヒーに関する日本語の文献は少なく、＊故伊藤博先生の「コーヒーを科学する」（1997年時事通信社）「珈琲探求」（1992年柴田書店）、などを参考にしました。1990年代は、様々な生豆を使用しつつ、「コーヒーのおいしさとは何か？」を追求しましたが、答えの出ない時代で、その総括として2000年に＊「コーヒーのテイスティング」（柴田書店）を出版しました。この時は、たった1枚のコーヒー農園の写真を入手することが難しかったことを思い起こします。

　その後もコーヒーの風味を理解するための情報はあまりに少なく、ブドウ栽培やワイン醸造などワインの勉強をしました。テイスティングの実習は、コート・ド・ニュイとコード・ド・ボーヌの区分、さらにそれぞれの村やクリマ（区画）、さらには生産者、生産年により風味が異なるブルゴーニュ地方の単一品種であるピノ・ノワールで行いました。この時期は、たたき上げのワイン職人でかつ輸入商であった三田の「シュバリエ」（仏レストラン）の故太田悦信さん、雑誌の対談で知り合った六本木の＊「マクシヴァン」の佐藤陽一さんなどのセミナーや店にはよく通いました。

スペシャルティコーヒーのテイスティング

# SPECIALTY COFFEE TASTING

堀口俊英　Toshihide Horiguchi

旭屋出版

この当時、ワインを勉強すればコーヒーの 10 年先が見えると考えていました。実際に*テロワールやグランクリュ（特級）という特別の概念は、2000 年代の終盤にはコーヒー業界にも広がっていったと感じます。2010 年代には私のセミナーにチョコレート業界の開発室の方々も多く参加されるようになりました。「コーヒーを勉強すればカカオの 10 年先が見えるはず」と彼らに伝えていきました。それは、その後のビーン・ツー・バー (Bean to Bar：カカオの焙煎からチョコレートにするまでを行う）のムーブメントにつながっています。

*テロワール (terroir ＝微気候 (microclimate)) の概念は、ブルゴーニュ地方の生育地の地理、地勢、気候による特徴を指すあたりまえの概念でしたが、コーヒーに当てはめられることはありませんでした。

　そして、2000 年代の前半には、スペシャルティコーヒーという概念が誕生し、それまでのコーヒーの価値観を根底から覆しました。それは、「焙煎や抽出以前に生豆の品質がおいしさを生み出す原点である」という新しい視点であったと思います。そして、2010 年代は、スペシャルティコーヒーの概念の世界的な拡散と成熟期を経て、2020 年代を迎えています。現在は、インターネットの発達で情報量も膨大になり、多くのコーヒー関係者が生産地に出向き、また生産者も消費国に来るのは当たり前となっています。

　その反面、スペシャルティコーヒーの品質、風味は 20 年弱という短い期間で多様化し、複雑になり、膨大な量のテイスティグが必要になってきていると感じます。また、コーヒーの成分は、嗜好品の中では最も複雑で、かつ、焙煎過程でメイラード反応という化学変化を経るためそのテイスティングは極めて難しいと感じています。

　そのような激変の時代の最中で、「コーヒーのおいしさって何？」という単純かつ根本的な問いに答えることが難しくなり、新しい角度からコーヒーを見直してみたいと考え、東京農業大学の環境共生学専攻の博士課程に 66 歳で入学しました。試行錯誤の結果、テイスティング（官能評価）を補完する理化学的な数値及び味覚センサー（インテリジェントセンサーテクノロジー社）の数値との相関性に着目し、分析を繰り返し現在に至っています。過去 30 年間、コーヒーを体験してきた経験から「おいしいコーヒーは、品質の良い生豆から生まれる」ということをお伝えできればと考え、本書に取り組みました。2000 年出版の「コーヒーのテイスティング」(柴田書店)から 24 年がたち，再び「コーヒーのテイスティング」を出版できることに感慨深い思いがあります。


2024 年吉日　堀口　俊英

# ■目 次

はじめに ............................................................................. 2

## 00 本書の利用にあたって 12

| 00-1 | コーヒーという言葉 ............................................ | 12 |
| 00-2 | サンプルについて ............................................ | 12 |
| 00-3 | サンプルの生産履歴 (トレサビリティ) ............................................ | 13 |
| 00-4 | サンプルの収穫年 (クロップ:Crop) ............................................ | 13 |
| 00-5 | サンプルの焙煎 ............................................ | 13 |
| 00-6 | テイスティングの時期 ............................................ | 13 |
| 00-7 | テイスティングの目的 ............................................ | 14 |
| 00-8 | テイスティングの評価者 (パネル) ............................................ | 14 |
| 00-9 | テイスティングの点数 ............................................ | 14 |
| 00-10 | 生産国の基本データのみかた ............................................ | 14 |
| 00-11 | 理化学的分析数値 ............................................ | 15 |
| 00-12 | 味覚センサー ............................................ | 16 |
| 00-13 | 統計処理について ............................................ | 16 |
| 00-14 | 写真について ............................................ | 17 |
| 00-15 | 本文中の風味コメント ............................................ | 17 |
| 00-16 | 目次 ............................................ | 17 |

## コーヒー豆の種類 (品種/精製方法/生産国) 撮影 加藤貴史 18

## 第1章 テイスティングとは 29

コーヒーを楽しむ ............................................................................. 30

## 01 私の30年のテイスティングの変遷と本書の目的 30

| 01-1 | 1990年代前半 汎用品の時代 ............................................ | 30 |
| 01-2 | 1990代後半 プレミアムコーヒー全盛期 ............................................ | 32 |
| 01-3 | 1990年代のプレミアムコーヒー のテイスティング ............................................ | 33 |
| 01-4 | 2000年代前半 スペシャルティコーヒーの黎明期 ............................................ | 34 |
| 01-5 | 2000年代前半のSPのテイスティング ............................................ | 36 |
| 01-6 | 2000年代後半スペシャルティコーヒーの発展期 ............................................ | 37 |
| 01-7 | 2010年代前半スペシャルティコーヒーの成熟期へ ............................................ | 40 |
| 01-8 | 2015年事業承継以降知的財産の承継と新しい評価基準 ............................................ | 42 |
| 01-9 | 2022年以降SPに対する消費国間、世代間の価値観の乖離 ............................................ | 44 |
| 01-10 | コーヒー産業の構造的問題 ............................................ | 45 |
| 01-11 | 生豆調達とLCF (Leading Coffee Family) ............................................ | 46 |

## 02　テイスティングとは　　48

| 02-1 | テイスティングとは | 48 |
| 02-2 | なんのためにテイスティングをするか | 49 |
| 02-3 | コーヒーの風味とは | 50 |
| 02-4 | 筆者のテイスティング | 52 |
| 02-5 | テイスティングの基本ルール | 53 |
| 02-6 | 一杯のコーヒーから多くの情報を読み取ることができる | 54 |

## 03　テイスティングの基本用語　　55

| 03-1 | JISの基本用語 | 55 |
| 03-2 | フローラル (Floral note)の用語 | 56 |
| 03-3 | フルーティ (Fruity)の用語 | 57 |
| 03-4 | その他の用語 | 59 |
| 03-5 | 有機酸の用語 | 60 |
| 03-6 | テクスチャーの用語 | 61 |
| 03-7 | 欠点の風味の用語 | 62 |
| 03-8 | コーヒーの感覚表現用語 | 63 |
| 03-9 | フレーバーホイール (Flavor wheel) | 65 |
| 03-10 | WCRのLEXCON | 66 |
| 03-11 | SUSTAINABLE HARVESTの Tastify | 67 |
| 03-12 | コーヒーの風味表現 ピンクブルボン品種の事例 | 68 |
| 03-13 | 2021年インターネットオークションにおける語彙事例 | 70 |
| 03-14 | 2022年インターネットオークションにおける語彙事例2 | 71 |

# 第2章　品質評価の方法　　73

## 04　SCA方式による品質評価　　74

| 04-1 | スペシャルティコーヒーとは | 74 |
| 04-2 | 日本のスペシャルティコーヒー | 75 |
| 04-3 | SCAの生豆鑑定 | 76 |
| 04-4 | サンプルの欠点豆をカウントしてみる | 79 |
| 04-5 | SCAのカッピング規約 (プロトコル) | 79 |
| 04-6 | SCAの評価手順 | 81 |
| 04-7 | 個別の評価の仕方 | 82 |
| 04-8 | 筆者のSCA方式の評価基準 | 84 |
| 04-9 | COEの官能評価 | 85 |
| 04-10 | SCAJの官能評価 | 86 |
| 04-11 | 現状のコーヒーテイスティングの問題点 | 87 |
| 04-12 | SCAのSP基準の見直し | 88 |

# ■目次

## 05 理化学的数値による品質評価 　90

| | | |
|---|---|---|
| 05-1 | 科学的な観点からコーヒーをみる | 90 |
| 05-2 | コーヒーの基本成分を分析する | 90 |
| 05-3 | 理化学的分析方法 | 94 |
| 05-4 | 有機酸 (Organic Acid)が風味に与える影響 | 95 |
| 05-5 | 脂質 (Lipid)の風味にあたえる影響 | 98 |
| 05-6 | 酸価 (Acid Value)の風味に与える影響 | 99 |
| 05-7 | ショ糖 (Scrose)の風味に与える影響 | 101 |
| 05-8 | アミノ酸が風味に与える影響 | 102 |
| 05-9 | カフェインが風味に与える影響 | 104 |
| 05-10 | 香りの影響 | 106 |
| 05-11 | 生豆の水分値 | 106 |
| 05-12 | 水質が風味に与える影響 | 107 |

## 06 味覚センサーによる品質評価 　109

| | | |
|---|---|---|
| 06-1 | 味覚センサーとは | 109 |
| 06-2 | 味覚センサーの効用と限界 | 109 |
| 06-3 | 味覚センサーのグラフのみかた | 110 |
| 06-4 | 官能評価と味覚センサーの相関性 | 112 |

## 07 新しい10点方式 (50点満点)の官能評価 　116

| | | |
|---|---|---|
| 07-1 | 消費者が可能な官能評価へ | 116 |
| 07-2 | 新しい官能評価へ | 116 |
| 07-3 | 官能評価と理化学的数値の相関性 | 118 |
| 07-4 | 理化学的数値の振れ幅と平均値から評価基準を決める | 119 |
| 07-5 | SCA方式と新しい10点方式の官能評価点数の相関性 | 120 |
| 07-6 | 10点方式と理化学的数値の相関性の検証 | 121 |
| 07-7 | 10点方式と味覚センサーの相関性の検証 | 123 |
| 07-8 | 「10点方式」のわかりやすい評価基準 | 124 |
| 07-9 | 今後の評価項目とその基準 | 129 |
| 07-10 | 新しい10点方のテイスティング事例 | 132 |
| 07-11 | 2022-23CropでSCA方式と10点方式の相関性を検証 | 133 |

## 第3章　さまざまな品種のテイスティング実践　135

### 品種の特定は難しい　136

### 08　アラビカ種のテイスティング　136

| | | |
|---|---|---|
| 08-1 | 品種とは | 136 |
| 08-2 | アラビカ種とカネフォーラ種の違い | 138 |
| 08-3 | アラビカ種とカネフォーラ種の風味差 | 140 |
| 08-4 | アラビカ種の栽培品種 | 140 |
| 08-5 | WCRのアラビカ種の品種区分 | 141 |
| 08-6 | エチオピア在来種のテイスティング | 143 |
| 08-7 | イエメン在来種のテイスティング | 145 |
| 08-8 | ゲシャ品種のテイスティング | 147 |
| 08-9 | ティピカ品種のテイスティング | 153 |
| 08-10 | ブルボン品種のテイスティング | 155 |
| 08-11 | SL品種のテイスティング | 158 |
| 08-12 | カトゥーラ品種のテイスティング | 162 |
| 08-13 | カトゥアイ品種のテイスティング | 163 |
| 08-14 | パカマラ品種のテイスティング | 165 |
| 08-15 | マラゴジペ品種、マラカトゥーラ品種、ジャバ品種、ジャバニカ品種のテイスティング | 166 |
| 08-16 | サン・ロカ-ケニア品種 (San Rocca-Kenia)のテイスティング | 168 |
| 08-17 | シドラ品種のテイスティング | 169 |
| 08-18 | スーダンルメ品種のテイスティング | 171 |
| 08-19 | F1品種のテイスティング | 172 |

### 09　カティモール品種とサルティモール品種　176

| | | |
|---|---|---|
| 09-1 | ハイブリッドティモール (HIBRID de TIMOR) | 176 |
| 09-2 | カティモール品種のテイスティング | 176 |
| 09-3 | カティモール品種の再考 | 177 |
| 09-4 | LC/MSによる有機酸とアミノの分析 | 180 |
| 09-5 | コロンビア品種のテイスティング | 181 |
| 09-6 | カスティージョ種のテイスティング | 182 |
| 09-7 | その他のカティモール品種とサルティモール品種 | 183 |

### 10 カネフォーラ種　185

| | | |
|---|---|---|
| 10-1 | カネフォーラ種 (ロブスタ種)のテイスティング | 185 |
| 10-2 | リベリカ種のテイスティング | 189 |
| 10-3 | カネフォーラ種増加に対しての対応 | 189 |
| 10-4 | 病害虫について | 190 |

7

# ■目 次

## 11 さまざまな品種 193

| 11-1 | さまざまな品種のテイスティング | 193 |
| 11-2 | グァテマラに植えられた様々な品種 | 193 |
| 11-3 | コロンビアのさまざまな品種のテイスティング | 196 |
| 11-4 | ブラジルの代表的品種のテイスティング | 197 |
| 11-5 | インドネシアの品種のテイスティング | 201 |
| 11-6 | その他のさまざまな品種 | 205 |

## 第4章 各生産国のテイスティング実践 207

### 12 南米産のコーヒーテイスティング 209

| 12-1 | ブラジル (Brazil)産のテイスティング | 209 |
| 12-2 | コロンビア産のテイスティング | 216 |
| 12-3 | ペルー産のコーヒーテイスティング | 227 |
| 12-4 | エクアドル産のコーヒーテイスティング | 229 |
| 12-5 | ボリビア産コーヒーのテイスティング | 232 |

### 13 中米生産地のコーヒーテイスティング 233

| 13-1 | パナマ産コーヒーのテイスティング | 233 |
| 13-2 | 2021 Best of Panamaの品種 (ナチュラル)テイスティング | 237 |
| 13-3 | 2021 Best of Panamaの品種 (ウォッシュト)テイスティング | 237 |
| 13-4 | グァテマラ産コーヒーのテイスティング | 240 |
| 13-5 | コスタリカ産コーヒーのテイスティング | 246 |
| 13-6 | エルサルバドル産のコーヒーのテイスティング | 254 |
| 13-7 | ニカラグア産コーヒーのテイスティング | 258 |
| 13-8 | ホンジュラス産コーヒーのテイスティング | 261 |
| 13-9 | 中米産ナチュラルのテイスティング | 264 |

### 14 アフリカ産のコーヒーテイスティング 266

| 14-1 | エチオピア産コーヒーのテイスティング | 266 |
| 14-2 | イエメン産のコーヒーのテイスティング | 277 |
| 14-3 | ケニア産のコーヒーのテイスティング | 282 |
| 14-4 | タンザニア産のコーヒーのテイスティング | 288 |
| 14-5 | ルワンダ産のコーヒーのテイスティング | 293 |
| 14-6 | ブルンジ産のコーヒーテイスティング | 296 |

## 15　カリブ海の島々のコーヒーテイスティング　301

| 15-1 | ジャマイカ産のコーヒーのテイスティング | 302 |
| 15-2 | キューバ産のコーヒーのテイスティング | 304 |
| 15-3 | ドミニカ産のコーヒーのテイスティング | 306 |
| 15-4 | プエルトリコ産のコーヒーのテイスティング | 307 |
| 15-5 | ハワイ産のコーヒーのテイスティング | 310 |

## 16　アジア圏生産地のコーヒーテイスティング　313

| 16-1 | インドネシア・スマトラ産のテイスティング | 314 |
| 16-2 | PNG（パプアニューギニア）産のコーヒーのテイスティング | 321 |
| 16-3 | 東ティモール産のコーヒーのテイスティング | 324 |
| 16-4 | 中国産のコーヒーのテイスティング | 327 |
| 16-5 | フィリピン産のコーヒーのテイスティング | 329 |
| 16-6 | ラオス産のコーヒーのテイスティング | 331 |
| 16-7 | インド産のコーヒーのテイスティング | 332 |
| 16-8 | ミャンマー産のコーヒーのテイスティング | 335 |
| 16-9 | ネパール産コーヒーのテイスティング | 336 |
| 16-10 | 2021-22Crop 流通しているアジア圏産のテイスティング | 337 |
| 16-11 | 沖縄産のコーヒーのテイスティング | 338 |

## 17　その他のコーヒーのテイスティング　342

| 17-1 | ピーベリーのテイスティング | 342 |
| 17-2 | Newt CropとOld Cropのテイスティング | 343 |
| 17-3 | Past Cropのテイスティング | 345 |
| 17-4 | 欠点豆のテイスティング | 345 |
| 17-5 | オークションロットの日本入港後のテイスティング | 346 |
| 17-6 | コマーシャルコーヒーのテイスティング | 347 |
| 17-7 | 植物としてのコーヒーの味 | 348 |

# 第5章　テイスティングのための基礎知識　351

## 18　栽培環境とコーヒーの品質　352

| 18-1 | コーヒーはどのような植物か | 352 |
| 18-2 | コーヒーは熱帯作物で気候条件が品質に影響する | 356 |
| 18-3 | コーヒー生産地は火山灰土壌が多い | 357 |
| 18-4 | コーヒーは直射日光を嫌う | 359 |
| 18-5 | 緯度と標高の関係を知る | 359 |
| 18-6 | コーヒーの栽培管理が風味に影響する | 362 |

# ■目 次

| 18-7 | さまざまな収穫方法 | 365 |
|---|---|---|
| 18-8 | 気候変動により2050年には大幅な減産が予測される | 366 |

## 19 精製方法とコーヒーの品質 369

| 19-1 | 精製とは | 369 |
|---|---|---|
| 19-2 | ウォシュト(Washed)の精製 | 369 |
| 19-3 | ナチュラル(Natural)の精製方法とは | 371 |
| 19-4 | ブラジルの3つの精製方法 | 372 |
| 19-5 | コスタリカのハニープロセス | 375 |
| 19-6 | ハニープロセスの拡散 | 377 |
| 19-7 | ケニアのダブルウォシェト(Double Washed=Soaking) | 379 |
| 19-8 | スマトラ方式の精製 | 379 |
| 19-9 | 乾燥方法について | 380 |
| 19-10 | 精製方法と発酵について | 381 |

## 20 嫌気性発酵とコーヒーの品質 383

| 20-1 | 嫌気性発酵(Anaerobic:アナエロビック)とは | 383 |
|---|---|---|
| 20-2 | アナエロビックの方法 | 384 |
| 20-3 | ブラジルのアナエロビック | 385 |
| 20-4 | Brazil Daterra農園のアナエロビック | 389 |
| 20-5 | パナマのASD (Anerobic Slow Dry) | 393 |
| 20-6 | グァテマラのアナエロビック | 394 |
| 20-7 | コスタリカのアナエロビック | 395 |
| 20-8 | イエメンのアナエロビック | 396 |
| 20-9 | エクアドルのアナエロビック | 397 |
| 20-10 | コロンビアのアナエロビック | 398 |

## 21 焙煎とコーヒーの品質 403

| 21-1 | 焙煎は重要な仕事 | 403 |
|---|---|---|
| 21-2 | 焙煎とは | 403 |
| 21-3 | 焙煎の方法 | 404 |
| 21-4 | 焙煎機の操作(初期設定) | 406 |
| 21-5 | 焙煎のブレを減らす | 407 |
| 21-6 | さまざまな焙煎度のコーヒー | 408 |
| 21-7 | 焙煎度をどのように決めるのか | 410 |
| 21-8 | 焙煎度による風味の変化 | 412 |
| 21-9 | 焙煎豆の保存方法は | 413 |
| 21-10 | よい品質の焙煎豆の見分け方 | 414 |
| 21-11 | 様々な焙煎機 | 415 |

| 21-12 | 自宅で焙煎ができますか? | 417 |
| 21-13 | 生豆をどのように入手すればよいか | 418 |

## 22 流通過程とコーヒーの品質 419

| 22-1 | 日本はブラジルとベトナムからの輸入量が多い | 419 |
| 22-2 | 乾燥後のドライミル精製の流れ | 420 |
| 22-3 | コーヒーの収穫時期と生豆の入港時期は産地により異なる | 422 |
| 22-4 | 生産国から日本までの生豆の流れ | 422 |
| 22-5 | 梱包材質としてはVP (真空パック)が最も鮮度保持に効果的 | 423 |
| 22-6 | 常温コンテナより冷蔵コンテナの方が鮮度維持できる | 424 |
| 22-7 | 生豆は常温倉庫より、定温倉庫の方が鮮度保持できる | 425 |
| 22-8 | コーヒー生豆の賞味期限　New CropとPast Crop | 427 |
| 22-9 | Hard Bean (硬質豆)とSoft Bean (軟質豆) | 428 |
| 22-10 | 流通過程における理化学的数値の変化 | 429 |
| 22-11 | ケニア産とコロンビア産の流通形態による風味差 | 430 |
| 22-12 | 日本国内の生豆流通 | 431 |
| 22-13 | 日本国内の焙煎豆の流通 | 432 |
| 22-14 | 生豆の価格の変動が、農家の生活を圧迫している | 433 |
| 22-15 | SP生豆価格とその流通 | 434 |

## 23 味覚のトレーニング 436

| 23-1 | トレーニングの方法 | 436 |
| 23-2 | スキルアップのための飲み比べ例 | 439 |

| 堀口珈琲研究所のセミナー | 442 |
| 堀口珈琲研究所　堀口俊英 (環境共生学・博士) | 444 |
| あとがき | 446 |

# 00 本書の利用にあたって

　本書には専門的な用語などが多く出てきますので、このページからご一読いただければ幸いです。

## ■00-1 コーヒーという言葉

　コーヒーという言葉（表00-1）は、かなり幅広く使用され、本書では果実をチェリー、果実を脱穀した状態をパーチメント、パーチメントを脱殻したものを生豆、生豆を焙煎したものを焙煎豆と表記しています。ただし、生豆及び焙煎豆を包括した言葉として豆もしくはコーヒーと表記する場合もあります。」

### 表00-1・コーヒーを意味する言葉

| よく使用する言葉 | 水分値 | 意味 |
|---|---|---|
| コーヒー | | コーヒーの総称として使用 |
| チェリー | 65% | コーヒーの木の果実 |
| ドライチェリー | 12% | ナチュラルの精製でチェリーを乾燥させたもの |
| パーチメントコーヒー | | 果肉除去したあとの種が内果皮に覆われたもの |
| ウェットパーチメント | 55% | パーチメントの乾燥前の状態 |
| ドライパーチメント | 11～12% | パーチメントの乾燥後の状態 |
| 生豆 | 10～12% | パーチメントを脱穀した後の種子 |
| 焙煎豆 | 2%前後 | 生豆を焙煎した後の豆 |
| 粉 | 2% | 焙煎豆を粉砕した状態のもの |
| 抽出液 | 98.6% | 粉を主に熱水で抽出した後の液体 |

## ■00-2 サンプルについて

　本書で使用するサンプル（試料）は、①日本国内市場に流通している生豆、②生産地の農園や輸出会社（エクスポーター）から送られたサンプル、③国内輸入商社（トレーダー）から入手したサンプル、④さまざまなインターネットオークションのサンプルなどから構成されます。また、⑤過去筆者が使用してきた生豆の一部が含まれます。サンプルの多くは、SCAの官能評価方式で80点以上のスペシャルティコーヒー（Specialty Coffee：以下SP）として評価されている豆ですが、筆者のテイスティングにより80点に満たない豆もあります。また、SPと比較するために一部コマーシャルコーヒー（Commercial Coffee：以下CO）も含まれます。

## ■00-3 サンプルの生産履歴（トレサビリティ）

　サンプルの日本語表記は筆者によるもので、不備のある場合もあるかもしれませんがご容赦願います。サンプルの生産履歴として、生産国、生産地域（地区）、品種、収穫年、焙煎度、生豆入港月、梱包材質、コンテナ、保管倉庫などについてはわかる範囲で記載しています。但し、**サンプルの個別の生産者（農園、小農家、農協など）、ステーション（水洗加工場）、マイクロミル、輸出会社、輸入会社名については一部省略しています。**

## ■00-4 サンプルの収穫年（クロップ：Crop）

　サンプルは、筆者が大学院に入学した年の 2015-16Crop（クロップ：収穫年）から、2016-17、2017-18、2018-19、2019-20、2020-21、2021-22、2022-23、2023-24 クロップまでを中心にしていますが、各産地の風味の変遷を確認するためそれ以前のテイスティング結果も掲載しています。

## ■00-5 サンプルの焙煎

　焙煎は、フジローヤル 1 kg 焙煎機、ディスカバリー焙煎機（いずれも富士珈機製）を使用し、熟練した焙煎士が行っています。また、2019 年以降のサンプルについては、パナソニック製の小型焙煎機（The Roast 現在製造中止）を使用し著者がプロファイルを作成し焙煎しています。**焙煎度の表記のない場合はミディアム（Medium）ローストです。**SCA Colour classification の AGTRON・No63 前後にあわせています。日本では AGTRON 計の使用はほぼなく色差計が使用され L 値（明度 /L 値 10 はごく暗く、L 値 90 はごく薄くなります）で表示しますが、サンプル焙煎の L 値は 22 前後です。

## ■00-6 テイスティングの時期

　各試料は入港の時期がことなります。コーヒーの成分（総酸量や総脂質量）は梱包材質、輸送コンテナ、日本入港以降の保管倉庫など入港後の経過月により変化しますので、多くの場合入港 3 か月以内にテイスティングしています。収穫年度（Crop）を表記し、**必要の場合はテイスティング日を明記（例 2020.11）してあります。評価点数はテイスティングを行う時期で変動する点についても留意ください。**

## ■00-7 テイスティングの目的

　本書は、①その時代における生豆の品質と変化、②風味の把握、③テイスティングのスキルアップを目的とし、特定の生豆に優劣をつけることが目的ではありません。生豆の品質には、個体差がありますのでその点にも留意してください。

## ■00-8 テイスティングの評価者（パネル）

　本書におけるスコアは、①筆者（堀口）、②筆者が 2004 年から主催するテイスティングセミナー（現在は月 5 回程度実施）のパネル（評価者集団：人数は n=8、n=24 などと n 数で表示）の平均点、③インターネットオークションジャッジの評価点の 3 パターンからなります。

## ■00-9 テイスティングの点数

　テイスティングの方法は、SCA 方式（100 点満点）で行っています。(SCAA と SCAE が合併する 2017 年までは SCAA、2018 年以降は SCA 表記にしてあります。) 但し、**2019 年以降については一部新しい 10 点方式（50 点満点 / 第 2 章参照）で行っている場合もあります。また、グラフ作成に当たり筆者の 10 点方式の点数を SCA 方式の点数に換算している場合もあります。**

## ■00-10 生産国の基本データのみかた

　標高：計測している訳ではありません。各生産国の協会、エクスポーター（輸出会社）などのデータを参照にしています。

　土壌：土壌調査をしている訳ではありません。ブラジルを除くと火山性土壌 (Volcanic soil/ Andosol) が多くみられますが、標高や地区により土壌は異なる場合が多くみられます。不明な場合は記載していません。

　乾燥：天日の場合、上床式 (African bed)、レンガ、コンクリート、ビニールシート上などで区分しています。

　生産量：ICO（International Coffee Organization）データによります。

　輸入量：全日本コーヒー協会データによります。

# ■00-11 理化学的分析数値

成分値は、主に筆者の理化学的成分分析の数値によります。

## 1. 水分値

サンプルの生豆について、簡易水分計（kett コーヒー水分計 PM450) で水分量を計測しているものもあります。

## 2.pH（ピーエイチ / 水素イオン濃度）

pH は、焙煎豆の酸の強弱および焙煎度の比較の参考になります。コーヒー抽出液の場合は、ミディアムで pH5.0 前後、フレンチで 5.6 程度の弱酸性で、数値が低い方が酸は強いといえます。ブラジルの pH が 5.1 、ケニアが 4.8 であれば、0.3 の差になりますが、この場合大部分の人が酸味の強弱を感知できます。27℃ ±2℃の温度帯で、簡易 pH 計を使用し計測しています。

## 3. 滴定酸度（総酸量 /Titratable Acidity/：ml/100g）

コーヒー抽出液中の総酸量を意味し、多ければ酸味の輪郭や複雑さを形成すると考えられます。抽出液を pH7 まで水酸化ナトリウムで中和滴定して求めます。

## 4. 総脂質量 (Lipid：g /100g）

生豆には 15g/100g 前後の脂質が含まれています。脂質量は粘性、なめらかさにつながりますのでコーヒーのテクスチャー（コク：Body）に影響を与えます。クロロホルム・メタノール混液で脂質を抽出して求めます。

## 5. 酸価（Acid Value）

生豆に含まれる脂質の酸化（劣化）を酸価という数値で表しています。数値の少ない方が生豆の鮮度がよいと解釈します。筆者の分析では、酸価 4 を超えると官能的に鮮度の劣化を感知することができます。ジエチルエーテルで脂質を抽出し求めています。

## ６．ショ糖、カフェイン量

一部のサンプルについては、HPLC( 高速液クロマトグラフィー：High Performance Liquid Chromatography) にて分析しています。

## 7.Brix

果実を測る糖度計として多く使用され、最近はコーヒー生産農家がチェリーの糖度を測るために使用する事例もあります。液体を測れば濃度計として使用できます。水に蔗糖を溶かした溶液は光の屈折率が水よりも大きくなるという原理を用いています。液体のなかの溶け込んだ溶質です。

## ■00-12 味覚センサー

　インテリジェントセンサーテクノロジー社の味覚センサーでサンプルを分析しています。センサーの中で酸味、苦味、旨味センサーを活用し、Acidity、Body、Umami、Bitterness の4属性でグラフ化しています。グラフは強度を表し、質的側面は判断できません。各属性の比較に役立ちますが、他の属性との強度比較はできません。例えば、Acidity の強度比較はできますが、Acidity と Body の強度比較はできません。

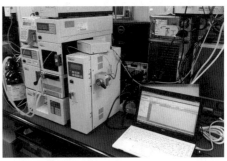

味覚センサー（左）　高速液体クロマトグラフィー（HPLC : High Performance Liquid Chromatography）（右）

## ■00-13 統計処理について

### 1）有意差検定

　1. 分析数値に差異がある場合は、一部有意差検定を行っています。SP の脂質量は CO の脂質量に対し有意差があるという場合は、統計上明らかな差異があるということを意味します。有意差を表示する場合は *p <0.01*、*p<0.05* で表記します。例えば、*P<0.05* は、95%以上の確率で偶然ではないということで、一般的に信頼してよいと考えられています。

### 2）相関係数

　相関係数は、正と負の方向と -1 〜 1 までの強さによって2つのデータ群の関係性を表します。①官能評価点数と味覚センサー、②官能評価と理化学的数値、③理化学的数値と味覚センサー、④SCA 方式と 10 点法式との間に関連性があるかないかについて回帰分析を行い、**r =相関係数**で表示しています。概ね、**0 〜 0.3 未満＝ほぼ無関係、0.3 〜 0.5 未満＝非常に弱い相関、0.5 〜 0.7 未満＝相関がある、0.7 〜 0.9 未満＝強い相関、0.9 以上＝非常に強い相関**といわれています。

　**本書では 0.6 以上の場合について相関性が見られると判定しています。**例えば官能評価の点数と味覚センサー値に r=0.8 の相関があるとすれば、官能評価の点数を味覚セン

サー数値が裏付けていると考えられます。但し、データ数が少ないため、参考程度にとどめてください。

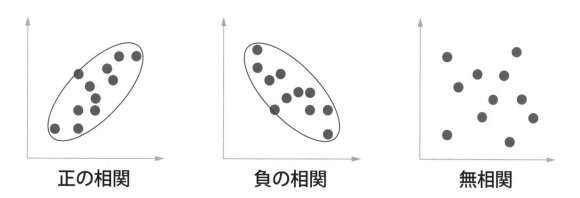

正の相関　　　　　負の相関　　　　　無相関

## ■00-14 写真について

　本書で使用した写真は、私が産地訪問した際に撮影したものが多く含まれ、一部古いものも含まれます。その他、パートナーシップ農園、取引きしたことのある農園などのもの、かつて輸入商社から提供していただいたものなどから構成されます。

## ■00-15 本文中の風味コメント

　本文中に、風味について「**太字**」で記述した部分がありますが、著者の個人的な見解です。SPが流通し始め20年以上多くの種類のコーヒーを試してきましたが、その経験則からのコメントになります。

## ■00-16 目次

　目次を細かく作成しています。五十音順ではありませんが索引としてご利用ください。

# コーヒー豆の種類 （品種／精製方法／生産国）

撮影　加藤貴史

**001**
**Aramosa Anaerobic Brazil**
アラモサ／アナエロビック／ブラジル

**002**
**Arara Natural Brazil**
アララ／ナチュラル／ブラジル

**003**
**Bourbon Washed Guatemala**
ブルボン／ウォシェト／グアテマラ

**004**
**Bourbon Pulped Natural Brazil**
ブルボン／パルプドナチュラル／ブラジル

**005**
**Bourbon Washed Burundi**
ブルボン／ウォシェト／ブルンジ

**006**
**Bourbon Natural Burundi**
ブルボン／ナチュラル／ブルンジ

**007**
**Bourbon Washed Rwanda**
ブルボン／ウォシェト／ルワンダ

**008**
**Bourbon Natural Rwanda**
ブルボン／ナチュラル／ルワンダ

**009**
**Bourbon Washed DR congo**
ブルボン／ウォシェト／コンゴ

**010**
**Caturra Washed Colombia**
カトゥーラ／ウォシェト／コロンビア

**011**
**Caturra Washed Peru**
カトゥーラ／ウォシェト／ペルー

**012**
**Caturra Anaerobic Brazil**
カトゥーラ／アナエロビック／ブラジル

アラビカ種の品種　2022-23Crop（一部 2021-22Crop）

**013** Caturra Honey Costa Rica
カトゥーラ／ハニー／コスタリカ

**014** Caturra Natural Guatemala
カトゥーラ／ナチュラル／グアテマラ

**015** Caturra Anaerobic Brazil
カトゥーラ／アナエロビック／ブラジル

**016** Caturra Washed Costa Rica
カトゥーラ／ウォシェト／コスタリカ

**017** Catuai Washed Borivia
カトゥアイ／ウォシェト／ボリビア

**018** Catuai Natural Guatemala
カトゥアイ／ナチュラル／グアテマラ

**019** Catuai Anaerobic Brazil
カトゥアイ／アナエロビック／ブラジル

**020** Castillo Washed Colombia
カスティージョ／ウォシェト／コロンビア

**021** CGLE Anaerobic Colombia
シージーエルイー／アナエロビック／コロンビア

**022** Datopia Anaerobic Brazil
ダトピア／アナエロビック／ブラジル

**023** Ethiopia Natural Ethiopia
エチオピア／ナチュラル／エチオピア

**024** Ethiopia Anaerobic Ethiopia
エチオピア／アナエロビック／エチオピア

19

## コーヒー豆の種類（品種／精製方法／生産国）

025
**Fronton Washed Puerto Rico**
フロントン／ウォシェト／プエルトリコ

026
**F1 Natural Costa Rica**
エフワン／ナチュラル／コスタリカ

027
**F1 Millenia Natural Costa Rica**
エフワンミレニア／ナチュラル／コスタリカ

028
**F1 H1 Washed Guatemala**
エフワンエイチワン／ウォシェト／グアテマラ

029
**F1 H3 Anaerobic Brazil**
エフワンエイチスリー／アナエロビック／ブラジル

030
**Geisha Washed Panama**
ゲイシャ／ウォシェト／パナマ

031
**Geisha Natural-1 Panama**
ゲイシャ／ナチュラル／パナマ

032
**Geisha Natural-2 Panama**
ゲイシャ／ナチュラル／パナマ

033
**Geisha Natural-3 Panama**
ゲイシャ／ナチュラル／パナマ

034
**Geisha Natural-4 Panama**
ゲイシャ／ナチュラル／パナマ

035
**Geisha Washed Ecuador**
ゲイシャ／ウォシェト／エクアドル

036
**Geisha Washed Guatemala**
ゲイシャ／ウォシェト／グアテマラ

アラビカ種の品種 2022-23Crop（一部 2021-22Crop）

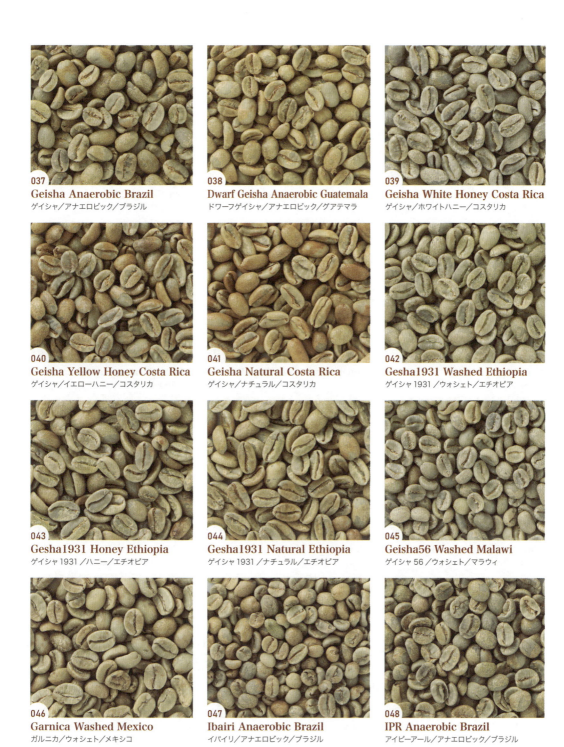

**037**
**Geisha Anaerobic Brazil**
ゲイシャ／アナエロビック／ブラジル

**038**
**Dwarf Geisha Anaerobic Guatemala**
ドワーフゲイシャ／アナエロビック／グアテマラ

**039**
**Geisha White Honey Costa Rica**
ゲイシャ／ホワイトハニー／コスタリカ

**040**
**Geisha Yellow Honey Costa Rica**
ゲイシャ／イエローハニー／コスタリカ

**041**
**Geisha Natural Costa Rica**
ゲイシャ／ナチュラル／コスタリカ

**042**
**Gesha1931 Washed Ethiopia**
ゲイシャ1931／ウォシェト／エチオピア

**043**
**Gesha1931 Honey Ethiopia**
ゲイシャ1931／ハニー／エチオピア

**044**
**Gesha1931 Natural Ethiopia**
ゲイシャ1931／ナチュラル／エチオピア

**045**
**Geisha56 Washed Malawi**
ゲイシャ56／ウォシェト／マラウィ

**046**
**Garnica Washed Mexico**
ガルニカ／ウォシェト／メキシコ

**047**
**Ibairi Anaerobic Brazil**
イバイリ／アナエロビック／ブラジル

**048**
**IPR Anaerobic Brazil**
アイピーアール／アナエロビック／ブラジル

21

# コーヒー豆の種類 (品種／精製方法／生産国)

**049 Java Washed Cameroon**
ジャワ／ウォシェト／カメルーン

**050 Java Washed Guatemala**
ジャワ／ウォシェト／グアテマラ

**051 Java Natural Panama**
ジャワ／ナチュラル／パナマ

**052 Kent Washed India**
ケント／ウォシェト／インド

**053 Laurina Anaerobic Brazil**
ラウリーナ／アナエロビック／ブラジル

**054 Laurina Anaerobic Colombia**
ラウリーナ／アナエロビック／コロンビア

**055 Mundo Novo Natural Brazil**
ムンドノーボ／ナチュラル／ブラジル

**056 Maragogipe Washed El Salvador**
マラゴジッペ／ウォシェト／エルサルバドル

**057 Mokka Anaerobic Colombia**
モカ／アナエロビック／コロンビア

**058 Mandela Anaerobic Colombia**
マンデラ／アナエロビック／コロンビア

**059 Pacamara Washed Guatemala**
パカマラ／ウォシェト／グアテマラ

**060 Pacamara Washed Nicaragua**
パカマラ／ウォシェト／ニカラグア

アラビカ種の品種　2022-23Crop（一部 2021-22Crop）

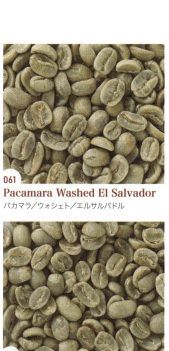
**061**
**Pacamara Washed El Salvador**
パカマラ／ウォシェト／エルサルバドル

**062**
**Pacamara Natural Panama**
パカマラ／ナチュラル／パナマ

**063**
**Pacamara Anaerobic Guatemala**
パカマラ／アナエロビック／グアテマラ

**064**
**Pacas Washed Honduras**
パカス／ウォシェト／ホンジュラス

**065**
**Parainema Washed Honduras**
パライネマ／ウォシェト／ホンジュラス

**066**
**Paraiso Anaerobic Brazil**
パライソ／アナエロビック／ブラジル

**067**
**SL14 Natural Uganda**
エスエル14／ナチュラル／ウガンダ

**068**
**SL28 Washed Guatemala**
エスエル28／ウォシェト／グアテマラ

**069**
**SL28 Washed Kenya**
エスエル28／ウォシェト／ケニア

**070**
**San Roque Kenya Double Washed Costa Rica**
サン・ロケ・ケニア／ダブルウォシェト／コスタリカ

**071**
**San Roque Kenya Yellow Honey Costa Rica**
サン・ロケ・ケニア／イエローハニー／コスタリカ

**072**
**Sidra Washed Ecuador**
シドラ／ウォシェト／エクアドル

## コーヒー豆の種類（品種／精製方法／生産国）

**073**
**Sidra Natural Ecuador**
シドラ／ナチュラル／エクアドル

**074**
**Sanfrancisco Washed Guatemala**
サンフランシスコ／ウォシェト／グアテマラ

**075**
**Sansalvador Natural Guatemala**
サンサリバドル／ナチュラル／エクアドル

**076**
**Sudan Rume Natural Guatemala**
スーダンルメ／ナチュラル／グアテマラ

**077**
**Sudan Rume Anaerobic Colombia**
スーダンルメ／アナエロビック／コロンビア

**078**
**Typica Washed Jamaica**
ティピカ／ウォシェト／ジャマイカ

**079**
**Typica Washed Hawaii**
ティピカ／ウォシェト／ハワイ

**080**
**Typica Washed East Timor**
ティピカ／ウォシェト／東ティモール

**081**
**Typica Washed PNG**
ティピカ／ウォシェト／パプアニューギニア

**082**
**Typica Washed China**
ティピカ／ウォシェト／中国

**083**
**Typica Washed Philippine**
ティピカ／ウォシェト／フィリピン

**084**
**Typica Natural Philippine**
ティピカ／ナチュラル／フィリピン

アラビカ種の品種　2022-23Crop（一部 2021-22Crop）
092〜095 はインドネシアの品種、096〜099 はイエメンの品種

**085　Typica Washed Ecuador**
ティピカ／ウォシェト／エクアドル

**086　Typica Natural Ecuador**
ティピカ／ナチュラル／エクアドル

**087　Tabi Washed Colombia**
タビ／ウォシェト／コロンビア

**088　Tekisic Washed Guatemala**
テキシック／ウォシェト／グアテマラ

**089　Topazio Natural Brazil**
トパージオ／ナチュラル／ブラジル

**090　Villa Sarch Double Washed Costa Rica**
ヴィジャサルチ／ダブルウォシェト／コスタリカ

**091　Villa Lobos Natural Costa Rica**
ヴィジャロボス／ナチュラル／コスタリカ

**092　Ateng Sumatra Indonesia**
アテン／スマトラ／インドネシア

**093　Bourbon Sumatra Indonesia**
ブルボン／スマトラ／インドネシア

**094　Sigararutang Sumatra Indonesia**
シガラルタン／スマトラ／インドネシア

**095　Longberry Sumatra Indonesia**
ロングベリー／スマトラ／インドネシア

**096　Udaini　Natural Yemen**
ウダイニ／ナチュラル／イエメン

25

## コーヒー豆の種類（品種／精製方法／生産国）

**097 Tafehi Natural Yemen**
タファヒ／ナチュラル／イエメン

**098 Jadi Natural Yemen**
ジャディ／ナチュラル／イエメン

**099 Dawairi Natural Yemen**
ダワイリ／ナチュラル／イエメン

**100 Hybrid de Timor Washed East Timor**
ブリッドティモール／ウォシェト／東ティモール

**101 Catimor Washed Laos**
カティモール／ウォシェト／ラオス

**102 Catimor Natural Laos**
カティモール／ナチュラル／ラオス

**103 Catimor Washed China**
カティモール／ウォシェト／中国

**104 Catimor Washed Myanmar**
カティモール／ウォシェト／ミャンマー

**105 Catimor Washed India**
カティモール／ウォシェト／インド

**106 Catimor Natural India**
カティモール／ナチュラル／インド

**107 Catimor Monsoon India**
カティモール／モンスーン／インド

**108 Robusta Natural Brazil**
ロブスタ／ナチュラル／ブラジル

アラビカ種の品種　2022-23Crop（一部 2021-22Crop）
ロブスタ種 2022-23crop

**109　Robusta WIB Washed Indonesia**
ロブスタ WIB ／ウォシェト／インドネシア

**110　Robusta AP-1 Natural Indonesia**
ロブスタ AP-1 ／ナチュラル／インドネシア

**111　Robusta Natural Viet Nam**
ロブスタ／ナチュラル／ベトナム

**112　Robusta Natural India**
ロブスタ／ナチュラル／インド

**113　Robusta Natural Laos**
ロブスタ／ナチュラル／ラオス

**114　Robusta Natural Guatemala**
ロブスタ／ナチュラル／グアテマラ

**115　Robusta Natural Tanzania**
ロブスタ／ナチュラル／タンザニア

**116　Robusta Natural Uganda**
ロブスタ／ナチュラル／ウガンダ

**117　Robusta（Fine Robu）Washed Viet Nam**
ロブスタ／ウォシェト／ベトナム

**118　Robusta（Fine Robu）Pulped Natural Viet Nam**
ロブスタ／パルプトナチュラル／ベトナム

**119　Peaberry Washed Tanzania**
ピーベリー／ウォシェト／タンザニア

**120　Peaberry Natural Costa RIca**
ピーベリー／ナチュラル／コスタリカ

# 第1章

# テイスティングとは

# コーヒーを楽しむ

　コーヒーの仕事で最も重要なことは、テイスティング（＝カッピング、官能評価）のスキルを身に着けることです。コーヒーは嗜好品ですので、主観的に「好き嫌い」で判断するのもよいでしょうが、客観的に「良し悪し」で評価できるようになれば、抽出や焙煎の仕事をより高いレベルで行うことができるようになります。また , 消費者はコーヒーの風味をより深く楽しむことができるはずです。これまで、「おいしいコーヒーの風味」とはなにか？を求めてきました。

## 01 私の 30 年のテイスティングの変遷と本書の目的

### ■01-1 1990 年代前半 汎用品の時代

　1990 年の開業時は、自分の提供するコーヒーはおいしいと考えつつも、コーヒーのよい風味とは何か？についてはわかりませんでした。そのような中で、開業してすぐに生豆の品質に疑問を持ち始めました。同じ生産国でも入港ロットによる風味の差異が大きく、おいしいコーヒーを安定的に作れる状況ではないと考えるようになりました。

　当時、一般的な生豆の風味については**表01-1**のように記されていましたが、この時期の「コロンビア・スプレモ」、「グァテマラ SHB」、「タンザニア AA」などの輸出等級上位の豆は、Crop（収穫年）、ロット（入港コンテナ単位）による風味の差異が大きく、産地風味の区別をつけること自体が困難でした。したがって、ストレート（生産国名）のコーヒーよりもブレンドを作り少しでも風味を安定させざるを得ないと考え、中煎り（ミディアムロースト）は「まろやか」「さわやか」名でさわやかな風味、やや深煎り（シティロースト）は「味わい」名でコクのある味、深煎り（フレンチロースト）は「深いり」名で柔らかな苦味のある味として、主にブレンドで販売しました。このころの日本市場は、中煎りが99％程度を占め、豆質の堅い*ニュークロップ（New Crop:最新年の収穫豆）は「しわが伸びにくい」との理由で敬遠されていた時代でした。

*グァテマラ SHB、コロンビア・スプレモなどは、入港後半年程度経過し、やや水分の抜けた豆が求められました。コロンビアのブルーグリーンの豆などは、小型焙煎機の熱量不足で焙煎豆のシワが伸びにくく、一旦水分を抜き、その後再度焙煎するダブル焙煎の方法も見られました。

しかし、筆者は、深い焙煎でも「焦げや煙臭のない柔らかな風味の深煎り」を目指し開業しましたので、*焙煎機を改良し、深い焙煎に耐えられる硬質のニューロップを求めました。

＊当時のフジローヤルの5kg焙煎機のバーナーを増やし、シリンダーとバーナーの距離を離し、かつ強制排気ファンをつけ、焦げや煙臭のない風味を求めました。

この時期に、初めてニュークロップという言葉を使用し、生豆の品質に関し季刊誌*「珈琲と文化」で何度か問題提起をしました。

「日本では、生豆の等級グレードよりも生豆の鮮度を何とかしないといけない。1年を通し生豆の状態のブレを最小限の抑えるため、収穫された豆をすぐに輸入する、日本の定温倉庫で保管するべき」「現状では、いつ、どのような豆が入港するのかの情報がない」「生産地の風味の違いは判らないので、商社は毎年同じ時期に良質の豆を買い付けてほしい」

**＊「珈琲と文化」No21/1996年春号**

この当時の生豆は、「麻袋に梱包し、ドライコンテナで輸入し、常温倉庫に保管する」ことが当たり前でしたから日本の梅雨と夏を超えると、劣化した枯れた草の味が多くみられました。夏場に麻袋を配送してもらうと、店内が蒸れた嫌な匂いで覆われました。私の知る限り、見事なグリーンで乾燥もよく、1年を通して使用できる豆は極めて少なかった時代だったといえます。

そこで、流通している全てのプレミアム（地域、品種など何らかの付加価値）の生豆を購入し、*風味をチェックしていきました。2000年に出版した「コーヒーのテースティング」（柴田書店）から20年以上たち、本書は、日本で流通してきた生豆の歴史をたどる試料としても活用できると考えます。

＊風味は、「香り＋五味＋テクスチャー」を意味する言葉として使用します。

## 表01-1・1990年当時の一般的なコーヒーの品名および風味

| 生産国 | 内容 |
| --- | --- |
| モカハラー | エチオピア、独特な香り、まろやかな酸味とコク |
| ブラジル | 中庸な味、適度の酸味と苦みがあり香りが高い |
| コロンビア | 甘い香りとまるい酸味とまろやかなコク |
| ベネズエラ | 軽い酸味と適度の香りとやや独特の苦味 |
| グァテマラ | 甘い香り、上品な酸味、芳醇な風味 |
| メキシコ | 酸、香りとも適度で柔らかい上品な味 |
| コスタリカ | 豊醇な香りと適度の酸味を融資、上品な味 |
| ブルーマウンテン | ジャマイカ、単品で味の調和のよい最高級品 |
| コナ | ハワイ、強い酸味と甘い香り |

| マンデリン | コクのあるやわらかな苦味と上品な風味 |
|---|---|
| ＊キリマンジャロ | タンザニア、強い酸味と甘い香りと上品な風味 |
| ロブスタ | 強い苦味と特異な香り |

**当時の三菱商事「coffee diary」から**
＊この当時は、タンザニア産はキリマンジャロと呼ばれていました。開業時からタンザニア表記にしましたが
　なじみが薄く、消費者に説明するのが大変でした。。


# ■01-2 1990代後半　プレミアムコーヒー全盛期

　スペシャルティコーヒーという言葉が使用される以前の比較的良いコーヒーは差別化のため「プレミアムコーヒー」とか「グルメコーヒー」とばれていました。多くは、生産国の輸出会社、＊日本の生豆輸入商社がつけたブランドネームで流通していましたので代表的な豆を**表01-2**にしました。


### 表01-2・1990年代のプレミアムコーヒーの一部

| 項目 | プレミアム（付加価値品） | 標準品 |
|---|---|---|
| 日本商社のブランド | クリスタルマウンテン | キューバ |
| | エメラルドマウンテン | コロンビア |
| | ブラジル・イパネマ | ブラジル |
| | ガヨマウンテン（スマトラ・アチェ地区） | スマトラ |
| | ミルキーマンデリン（リントン地区） | スマトラ |
| | ハイランドハラー | エチオピア |
| | コーラルマウンテン | コスタリカ |
| 輸出会社のブランド | スノートップ | タンザニア |
| | アデラ | タンザニア |
| | ジェヌイン・アンティグア | グァテマラ |
| | 樹上完熟豆 | ブラジル |

　この当時の日本市場は、ブラジル産、コロンビア産が中心に使用され、単一農園の流通はほぼない時期です。例外的に、1990年代終盤にタンザニア「エーデルワイズ農園」「モンデュール農園」、グァテマラ「カルモナ農園」、ブラジル「下坂農園」、パプアニューギニア「シグリ農園」などの流通が見られました。
＊当時の主な生豆問屋は、（株）エム・シー・フーズ、石光商事（株）、日本珈琲貿易（株）、ワタル（株）、ＵＣＣ上島珈琲特販部（株）の５社で、主に中小焙煎会社に生豆を販売していました。大手商社は、主に生豆問屋及び中堅以上の焙煎会社に生豆を販売していました。

　この時期のコーヒーを整理するために、2000年柴田書店から「コーヒーのテイスティング」を出版しました。この本では、生豆の情報として「ロットNo、入港時期」を明ら

かにし、生豆の外観である「スクリーンサイズ、欠点豆、生豆の色、乾燥状態」を、焙煎の情報として、「炒りあがり状態、死に豆」をチェックし、最終的に「粉の香り、抽出液のアロマ、味のダメージ、五味（苦味、酸味、渋味、甘味、コク）をテイスティングしています。1990年代のコーヒーの風味の概略がつかめると思います。

　このようなプロセスを経てスペシャルティコーヒー（SP）の扉を開けることが可能になったと考えます。


# ■01-3 1990 年代のプレミアムコーヒー のテイスティング

　コーヒー業界では、輸入商社、大手焙煎会社などの品質管理室でブラジルのコーヒー鑑定士の資格を取得した人達が品質チェックを行なっていました。ごく一部の人が輸入豆の欠点の有無をチェックしていた時代です。**表01-3** は、1990年代に、汎用品と差別化するために流通していたコーヒーを、筆者が「生豆、焙煎豆の品質で25点、官能評価で25点計 * 50 満点」でテイスティングしたものです。**評価点数（50点満点）は、評価時期、ロットにより変わりますので、その点留意してください。**詳しくは「コーヒーのテイスティング」をご覧ください。

**＊堀口俊英 / コーヒーのテイスティング / 柴田書店 /2000 絶版 / アマゾンで入手可能**


## 表 01-3・1990 年代の主なプレミアムコーヒーのテイスティング

| 生産国 | ブランド / | 精製 | 品種 | 点数 | テイスティング |
|---|---|---|---|---|---|
| Brazi MG | パライソ | N | Bu | 35 | クエーカーが目立つ、風味は平たんだが甘い香りがある |
| Brazil MG | イパネマ | W | Bu | 43 | めずらしい Washed、豆はきれいで欠点は少ない、きれいなブラジル |
| Brazil MG | 下坂農園 | N | Cu | 43 | 鮮度がよい、コクがあり、深い焙煎が可能、欠点豆が少ない |
| Brazil unk | セミミウォシュト | SW | unk | 41 | きれいな SW、N より香りが高く、コクがあり、安定した風味 |
| Colombia ウイラ | エスメラルダ | W | Cu | 38 | 乾燥にバラつき、濁りを感じるが一般のスプレモより風味バランスが良い |
| Colombia ナリーニョ | ミレニオ | W | Cu | 29 | サブクロップ、選別が悪い、アンズのような強い酸味 |
| Colombia unk | イロカタイ | W | Ti | 42 | 上品で繊細、花の香り、クリーン、この Crop は高品質な豆 |
| Colombia ウイラ | サンアグスティン | W | Cu | 40 | エクセルソ、見た目より豆質堅く、バランスよい豆、日本での輸入量は少ない |
| Colombia 北部 | ピコクリストバル | W | unk | 43 | コロンビア品種やメデリン地区のコーヒーより柔らかな風味 |
| Guatemala アンティグア | サンセバスチャン | W | Bu | 43 | 豆質堅く、鮮度がよい、甘い果実の香り、最近では珍しく深い焙煎が可能の豆 |

| Guatemala ウエウエ | ブルボン | W | Bu | 38 | めずらしいウエウエテナンゴ産プレミアムコーヒーの中で上品 |
|---|---|---|---|---|---|
| Guatemala | エスメラルダ | W | Bu | 37 | 甘味と酸味のバランスがよい、ピーベリーが混ざっている |
| Costa Rica | コーラルマウンテン | W | unk | 39 | きれいな豆だが鮮度が落ちている、酸味の強いコスタリカに比較してまろやか |
| Tanzania オルデニア | エーデルワイス | W | Bu | 39 | AA より風味は安定している、おとなしい風味、生豆のカラーが薄い |
| Tanzania 北部 | スノートップ | W | Bu | 44 | 豆質堅く、甘い果実の香り、キボー AA より選別がよい |
| Ethiopia | ハイランドハラー | N | 在来 | 33 | 一般のハラーより良い、やさしい酸味、赤ワイン、かすかな甘味、但し濁り |
| Ethiopia | イルガチェフ | N | 在来 | 38 | 若干枯れている、フローラルでトロピカルの果実感がある |
| Indonesia スマトラ | ウルトラマンデリン | S | 在来 | 38 | 十分な甘みと苦味、やや甘い果実、G-1 より味わい深い、リントン地区 |
| Indonesia スマトラ | ミルキーマンデリン | S | 在来 | 40 | 入港したてで新鮮、粒が大きく、十分なコクがある、リントン地区 |
| Indonesia スマトラ | ゴールデンマンデリン | S | 在来 | 35 | グリーンだが香りが弱い、このロットは粒にバラつきが多い、リントン地区 |
| Indonesia スマトラ | ガヨマウンテン | S | 在来 | 28 | 本来はよい豆だが、豆にバラつき、スパイス、ハーブが強く濁り感、アチェ地区 |
| PNG | シグリ農園 | W | Ti | 44 | きれいなグリーンの生豆、欠点豆なく、酸味、甘味があり、マイルドタイプ、 |
| Cuba | クリスタルマウンテン | W | Ti | 39 | きれいな豆で粒が大きい、マイルド、柔らかく、コクは弱い、青草の香り |
| Jamaica | ブルーマウンテン | W | Ti | 34 | 豆質柔らかくコクは弱い、入港後時間経過しているためクリーンさに欠ける |
| Hawaii | ハワイコナ | W | Ti | 45 | 粒が大きく、クリーンで煎り上りもきれい、コクがあり、甘い果実感 |

unk=unknown、MG= ミナスジェライス州、Cu= カトゥーラ品種、Ti= ティピカ品種
Bu= ブルボン品種、W(Washed・湿式 ) =ウォシェト、N(Natural・乾式 ) =ナチュラル、S= スマトラ式 (生豆を乾燥する)

# ■01-4 2000 年代前半　スペシャルティコーヒーの黎明期

　2000 年以降、消費国において、コーヒーの風味は、「抽出・焙煎」だけではなく, 栽培環境、品種、栽培・精製方法、選別、梱包材質、輸送コンテナ、保管方法により影響を受けると考えられるようになり、ごく一部のコーヒー関係者は生豆の品質に目を向けるようになりました。一方、生産国においても、生産者及び輸出会社の一部は、消費国のバイヤーと協力し生豆の品質の向上をめざし始めた時期といえるでしょう。

　2004 年には SCAA(Specialty Coffee Association of America / 米国スペシャルティコーヒー協会 )の*新しい評価方式が運用され初め、官能評価で 80 点以上をスペシャルティコーヒー (SP) とし、従来の汎用品であるコマーシャルコーヒー (CO) と区分する方法も紹介されました。ただし、2005 年時点では日本での認知度はごくわずかでした。

そのような状況下の 2003 年には SCAJ( 日本スペシャルティコーヒー協会 ) も発足しています。

＊現在も使用されている SCA のカッピングフォームです。それ以前のものは簡易的なものでした。

　1990 年代終盤から 2000 年前半にかけて SP 市場をリードしたのはグァテマラ・アンティグア産でしたが、2000 年にはエルサルバドルのパカマラ品種、2004 年にはパナマのゲイシャ品種、その他ケニアの農園の豆、エチオピアのイルガチェフェのウォシェド G-2、スマトラ・マンデリンなどの個性的な風味のコーヒーが市場に出回り、コーヒーは新たな時代を迎えたといえます。これら生産履歴の明らかな高品質の生豆の流通と同時に、環境保全しながら栽培されたコーヒー、フェアトレードコーヒー ( 公正交易 )、有機栽培の認証を受けたコーヒーなどの＊サスティナブルコーヒー（持続可能性）の概念もひろがりつつありました。レインフォレストアライアンス（Rainforest Alliance）やウツカフェ（UTZ kapeh）などの認証団体の関係者が来日し、積極的に日本市場にプロモーションした時期でもあります。

＊サスティナブルコーヒーは、自然環境や人々の生活を良い状態にたもつことを目指して生産、流通されたコーヒーの総称です。各認証団体は、環境保全、生産者支援などの目的を持つ非営利団体や第三者機関です。消費者は、認証マークなどからそのコーヒーが、環境や経済的側面に配慮されていることを知り、付加価値を支払い、そのプレミアムが生産者に還元されることになります。

　**スペシャルティコーヒーは、SCAA による生豆の品質基準およびサスティナブルコーヒー（表 01-4）という概念の両輪で広がっていったともいえます。**ただし、サスティナブルコーヒーの認証は、SCAA の品質基準とは異なりますので、**認証コーヒー =SP とはいえません。本書はあくまで生豆の品質の観点から風味を考察します。**

### 表 01-4・主な認証団体

| 認証団体 | 主な取り組み |
| --- | --- |
| 有機栽培コーヒー | 堆肥などの有機物を主な肥料として用いて、自然環境を保全しながらその土地が持つ地力を高めて、化学薬品の使用しない農法。**JAS( 日本 )、OCIA （米国）** |
| フェアトレード | 小規模農家が生産者組合を作り、生産能力を高める取組みをし、市場と直接つながり組織を発展させる仕組み。NGO などが最低販売価格を保障し、生豆を購入する貿易。筆者は、2003 年より NGO と協力し東ティモールのコーヒーの品質改善に取り組みました。**Fairtrade International　　fairtrade-jp.org** |
| ウツカフェ /レインフォレストアライアンスと統合 | ウツカフェは、主にカカオやコーヒー、茶などを生産する農園に、地球に優しい農法や優良な労働環境を推進する団体です。レインフォレストアライアンスは、熱帯雨林の保護を目的に設立された団体です。両団体は 2018 年に合併しています。**rainforest-alliance.org** |

　2000 年代の前半は、まさに SP の誕生の革命期にあたり、テロワール、トレサビリティ、サスティナビリティなど新しい概念が開花した時期でした。筆者は、多くのサンプルをテイスティングするとともに、生産地に出かけ、積極的に多くのトレーダー（輸入商社）、

エクスポーター（輸出会社）、農園主などとのパートナー関係も強化していきました。しかし、自社のコーヒーのみでは使用量は少なく、欲しい生豆の購入ができないため、2000 年代の 10 年間で 100 店の自家焙煎店の開業支援をし、LCF（リーディングコーヒーファミリー）という生豆の共同使用グループを構築し、SP の使用を拡大していきました。

　一方 2002 年には、トリッシュ・ロスギブ（Trish Rothgeb）さんが、SCAA のロースターズギルドの機関紙で*サードウェーブという言葉を使用しました。彼女はコーヒー市場に新しいコーヒーショップのスタイル、コーヒーの品質を見直す時代の萌芽を感じ取ったのだと思います。**2000 年代前半は、生豆の品質に目を向けた意味で、世界のコーヒー産業にとって劇的な変化の時期であり、まさにスペシャルティコーヒーの黎明期といえるでしょう。この時期は、多くの農園の生豆を試しました。**

＊ 1900 年代以降アメリカのコーヒー業界に新しい風を吹き込んだスターバックスの動きは著しく、従来のコーヒーショップのスタイルとは異なり一部でセカンドウェーブとも呼ばれました。その後、生豆の品質、シングルオリジンを模索するシカゴのインテリジェンシア (Intelligentsia Coffee)、ポートランドのスタンプタウン (Stumptown Coffee)、ノースカロライナのカウンターカルチャー (Counter Culture Coffee) などが台頭し、さらにサンフランシスコのブルーボトル (Blue Bottle Coffee) によるプアオーバー（ハンドドリップ抽出）などの動きもあり，この新しいムーブメントは一部でサードウェーブとも呼ばれました。


## ■ 01-5 2000 年代前半の SP のテイスティング

　表01-5 は 2000 年代前半に流通した SP の一部です。この時期は新しい SCAA 方式のカッピングフォームができたばかりで、世界的に見ても SCAA 方式で評価する事例はほとんどありませんでした。したがって、この時期は、官能評価のコンセンサスは形成されていません。筆者が SCAA のカッピングジャッジの資格を取得したのは 2005 年（更新をしていませんので資格喪失）ですので、SCAA 方式ではなく 10 点満点で評価しています。


**表 01-5・2000 年代前半に使用した農園の豆の一部**

| 生産国地区 | 農園他 | 精製 | 品種 | 点数 | テイスティング |
|---|---|---|---|---|---|
| Kenya キアンブ | ムネネ農園 | W | SL | 10 | 2002 年に初めて購入したケニア、強烈な個性に衝撃を受けた |
| Kenya キアンブ | ケントメアー農園 | W | SL | 10 | 驚くほど豊かな果実の風味、酸味とコクが素晴らしく、ケニアコーヒーに圧倒された |
| Kenya キアンブ | ゲズムブイニ農園 | W | SL | 10 | 乾燥プラム、熟した果実、2004 年当時としては最高峰の風味のコーヒー |
| Tanzania アルーシャ | ムリンガ農園 | W | Bu | 8 | タンザニア 20 農園をテイスティングしてこの年一番マイルドな豆と評価 |
| Tanzania カラツ | ブラックバーン農園 | W | Bu | 9 | 04-05Crop の EAFCA コンテスト 1 位、最も酸とコクのバランスが良い豆 |
| Ethiopia イルガチェフェ | イルガチェフェ地区 | W | 在来 | 7 | ウォッシュドの G-2 がメインの時代で、まだナチュラルの品質は向上していない時代 |

| Indonesia スマトラ | リントン地区 | Su | 在来 | 8 | 創業時から使用しているマンデリン、2005年に現地調査し、品質向上をはかった |
|---|---|---|---|---|---|
| PNG | シグリ農園 | W | Ti | 8 | このころまでブルーグリーンの生豆がみられ、ティピカ品種の青草の香りがした |
| 東ティモール レテホホ | レテホホ地区 | W | Ti | 6 | 独立直後からNGOとコーヒー支援し、品質の向上を目指した産地 |
| Brazil セラード | マカウバデシーマ農園 | SW | Mu | 8 | セラード地区の多くの農園から選んだパートナー、2005年にはブルボン品種を植樹 |
| Brazil スルデミナス | カショエイラ農園 | N | Bu | 7 | 欠点が少なく、複雑で厚みのあるコク、甘味もありフレンチの焙煎も可能 |
| Brazil MG | Pinheirimho | SW | Bu | 7 | 2002年の12月のCOEで落札、ブラジルには見られないきれいな風味、コクが弱い |
| Guatemala アンティグア | サンタカタリーナ農園 | W | Bu | 9 | アンティグアを代表する農園、アンティグアのブルボン品種のお手本 |
| Guatemala アンティグア | ウリアス農園 | W | Bu | 7 | 熟した果実のみ収穫する農園で、甘い酸味とコクのあるコーヒー |
| Guatemala ウエウエ | エルインフェルト農園 | W | Bu | 8 | フローラル、柑橘果実の酸味が心地よい、 パカマラ品種も作り始める |
| Guatemala アティツラン | パチュージ 農園 | W | Cu/Bu | 6 | 柔らかな酸味と甘い蜂蜜の余韻、一時期使用、農園内で蜂蜜も作っている |
| Guatemala コバン | オーロラ農園 | W | Ca | 6 | 雨の多い産地、濃厚な味わいと甘い余韻、品質の安定性が課題 |
| Costa Rica トレスリオス | ララグーナ農園 | W | Cu/Ca | 7 | 宅地化の進む産地、きれいな酸味に柔らかなコクでこの時期使用した農園 |
| Costa Rica ウエストバレ | サンタアニタ農園 | W | Cu/Ca | 6 | コスタリカの風味を模索していた時期に取引した農園の一つ |
| Costa Rica トリアルバ | アキアレス農園 | W | Cu/Ca | 6 | 大農園で主にスターバックスが使用、やや未熟が目立つが一時期使用した農園 |
| Costa Rica タラス | ドータ農協 | W | Cu | 6 | 大量生産でスタバが使用、未熟が目立つがしっかりしたコクはある |
| EL Salvador | パドレス農園 | W | Pa | 8 | 日本初入荷のパカマラ品種のシルキーさに衝撃を受け、この後パカマラ品種を探す |
| El SalVador | モンテシオン農園 | W | Bu | 7 | 酸味とコクのバランスの取れた風味、特徴はやや弱い |
| Nicaragua ヒノデカ | キリマンジャロ農園 | W | Cu | 6 | ニカラグアで初めて取引した農園、コクはないがバランスの良い風味 |
| Hawaii コナ | コナ100農園 | W | Ti | 10 | ブルーグリーンの見事な豆、明確な酸味とコク、さらにシルキー、全量空輸で購入 |
| Jamaica | メイビスバンク | W | Ti | 7 | やわらかな豆質、ティピカ種の原型、シルキーだが鮮度劣化は早いので注意が必要 |

SL=SL28、Cu = Caturra、Pa = Pacamara、Ca = Catuai、Ti = Typica、Mu=Mundo Novo、W=washed、N=Natural、SW=Semi washed 、Su= スマトラ式、EAFCA=東アフリカファインコーヒー協会ブラックバーン農園、マカウバ・デ・シーマ農園、サンタカタリーナ農園などの豆は現在まで20年間使用しています。

# ■01-6 2000年代後半スペシャルティコーヒーの発展期

　この時期は、生豆購入のために膨大な種類のテイスティングを繰り返し、さらにテイスティングセミナーを月に4回主催（定員15名）し、多くの方にSPのすばらしさを体験してもらった時期でもあります。このセミナーから自家焙煎店を開業した方も多くいます。このテイスティングセミナーは筆者のライフワークのようなもので、テーマごと（各生産

国、品種、精製方法など）にサンプルを集めました。

　この当時は、大手商社を除く日本のほぼすべての生豆問屋、輸入会社と取引していましたので、自社で使用している豆、今後購入を検討すべき豆などを徹底して比較しました。また、2000年代前半のSP黎明期を経て、積極的に生産地に出かけました。自家焙煎店の開業支援によりLCFのメンバーも増え始め、多様なコーヒーの使用に向かい始めた時期です。

　2000年代後半には、エチオピアのイルガチェフェのウォシェトのG-1、2000年代終盤にはケニアのニエリ、キリニャガ地区のファクトリー（農協の水洗加工場）のコーヒーが充実し、コロンビア南部のウイラ県の高品質のコーヒーが流通し始め、また中米のナチュラルの精製実験が実を結びつつありました。これら、新しいコーヒー豆が流通し始め、また全体的に品質・風味の向上がみられ、2010年代の、**ハイエンドのSP（SCA方式85点以上）と一般的なSP（SCA80～84点）の2極化の方向に向かいます。80～84点のSPと、85点以上のSPの違いが明確になりつつあり、その後の2010代の成熟期に入っていきます。**

　2000年代の終盤から2010年代初期に使用した豆の一部を**表01-6**にしました。この時期は、100種程度の＊シングルオリジン（Single Origin）を購入していた時期になります。このような中で、パートナー農園との信頼関係を築き、現在まで10年以上20年近く継続使用している農園も多くあります。

＊単一の農園、ステーション、特定の品種など生産履歴の明確なコーヒーをいいます。米国のサードウェーブ系のロースターなどがこの言葉を使用し、このころから日本でもこの言葉が使用され始めました。

　中でも、ケニア産、エチオピア産、ルワンダ産の豆を数多くテイスティングした時期で、毎年新しいステーションのサンプルを取り寄せ、新しい風味に驚きつつ、よいものは購入していきました。

　この当時は、ケニアのファクトリーの豆はエクスポーターがブレンドしていたため商品化されていませんでした。そこで、エクスポーターから毎週火曜のナイロビのオークションリストを取り寄せ、サンプルを依頼し、落札価格を連絡し購入するという方法をとりました。膨大なリストの中から何を購入すればよいのか手さぐりに状態からはじめ、1コンテナ分250袋(オークションロットのAAは30～50、ABは100袋程度/1袋60kg)たまったら購入するということを繰り返しました。

また、イルガチェフェのウォシェドには、現在のような風味の安定性がない中で、数少ないサンプルから選ばねばならない状況でした。ロットサンプルをよいと判断し購入しても、入港後がっかりするという失敗の体験を繰り返しながら、テイスティングのスキルを身に着けていきました。

生豆の購入については、自ら選択し、輸入手続きを商社に依頼してきました。購入リスクを負いますので、真剣にテイスティングの学習をした時期です。

2007年ケニアのエクスポーターにて

表01-6・2000年代後半から2010年初期に使用した豆の一部

| 農園/水洗加工場 | 精製 | 品種 | SCAA | テイスティング |
|---|---|---|---|---|
| **Kenya** | | | | ジャングル農園以外はファクトリーの豆 |
| タンガチ | W | SL | 86.00 | 香り高く、柑橘果実の酸味と甘い余韻 |
| カリマリ | W | SL | 86.00 | 甘いオレンジ、パイナップルの甘味 |
| キアンゴ | W | SL | 84.00 | キャラクターが弱く85点を超えない |
| カラツ | W | SL | 87.75 | フローラル、華やかな果実の酸味と十分なコク |
| ジャングル | W | SL | 85.00 | オレンジの甘い酸味に乾燥プラム、甘い余韻 |
| テグ | W | SL | 87.75 | フローラル、ブルーベリー、イチジク、酸味強い |
| ガトンボヤ | W | SL | 88.00 | フローラル、チェリー、プラムなどの赤い果実 |
| リアンシャギ | W | SL | 88.50 | フローラル、華やか、レモン、アンズ、ラズベリー |
| キアンゴ | W | SL | 87.00 | レモン、ミカン、濃厚なコク |
| ガクユニ | W | SL | 85.75 | レモン、カカオ、甘い余韻 |
| ガクイ | W | SL | 88.00 | アンズのような強い酸味にチェリー、ラズベリーの赤い果実 |
| **Rwanda** | | | | 多くのルワンダのステーションの豆が流通し始めた時期 |
| ムヨンゲ | W | Bu | 82.50 | さわやかな酸味 |
| ガテレ | W | Bu | 84.50 | フローラル、アンティグア産のブルボン品種に近い風味 |
| ルワビシンドゥ | W | Bu | 83.00 | 酸味とコクのバランスがよい |
| ウングカムズンズ | W | Bu | 82.00 | さわやかな酸味、柔らかなブルボン種の風味で穏やか |
| アヴァチュンジ | W | Bu | 83.50 | クリーン、華やかな酸味甘い余韻 |
| **Guatemala** | | | | 安定した品質の豆を常に探していた |
| サンタカタリーナ | W | Bu | 87.25 | 華やかな香り、オレンジの甘い酸味 |
| メディナ | W | Bu/Cu | 81.25 | ブルボンの華やかさにややかける |
| ラ・ホヤ | W | Bu | 85.00 | 柑橘果実の明るい酸味とほどほどのコク |
| サンホセオカニャ | W | Bu | 86.50 | プラムやアンズシャム、このロットは特殊 |
| アゾテア | W | unk | 83.50 | クリーン、柑橘果実の酸味 |
| トラベシア | W | Bu | 84.00 | やさしい酸味、ライチの甘味、コクは弱め |
| エルインフェルト | W | Pa | 87.00 | 香りよく華やか、オレンジにラズベリー、パカマラ品種の典型 |
| フェルナンド | W | Pa | 83.00 | パカマラの特徴は弱い |

| | | | | |
|---|---|---|---|---|
| ラスヌーベス | W | Bu | 82.00 | 未熟豆の混入が目立ちやや濁り |
| エル・ベルヘル | W | Bu | 85.50 | しっかりした酸味と明確なコクがあり複雑な風味 |
| **Costa Rica** | | | | **SP の中心がマイクロミルに移行する前の過渡期になります** |
| ラ・ピラ | PN | Cu | 85.50 | オレンジの酸味にしっかりしたコク、クリーンで甘い余韻 |
| エル・アルト | PN | Cu | 86.00 | しっかりした酸とコク、蜂蜜の甘味ですばらしい |
| ラス・カメリアス | PN | Cu | 84.00 | マイルドでコクとのバランスが良い |
| プロビデンシア | PN | Cu | 80.00 | 特徴が弱い |
| エル・セドラール | W | Bu | 85.50 | 濃厚で複雑な味わい、甘い余韻 |
| カンデリージャ | W | Cu | 83.75 | ティピカを思わせるクリーンさ |
| **El Salvador** | | | | **パカマラ種が世界的に認知され始めた時期** |
| サンタテレサ | W | Pa | 82.50 | 華やかさはなくおとなしい、エルサルバドルの典型 |
| シベリア | N | Pa | 87.25 | 乾燥プラム、黒ブドウ、かなり特殊な風味 |
| シャノグランデ | W | Pa | 84.00 | シルキータイプのパカマラ種、クリーン |
| **Panama** | | | | **Natural やゲイシャ品種の拡大期** |
| ドンフリアン | W | Pa | 87.00 | 華やかな酸と蜂蜜の甘味、クリーン、素晴らしいパカマラ品種 |
| コトワ | N | Cu | 88.00 | ブラックチェリー、赤ワイン、スパイス、チョコレート |
| カルメン | N | Cu | 88.00 | アンズのような強い酸にチェリーやラズベリー |
| カルレイダ | W | Geisha | 90.00 | フローラル、レモンティ、ブルーベリー、ピーチ |
| **Nicaragua** | | | | **ニカラグアの農園が注目され始めた時期** |
| フローレンシア | PN | Bu/Cu | 84.50 | PN へのトライ |
| ラモンパグアガ | W | Ma | 83.75 | 大粒のマラゴジペ種の中ではしっかりしたよい豆 |
| **Brazil** | | | | **常に品質の良いナチュラルを探していた** |
| イパネマ | W | Bu | 81.00 | やや埃りっぽい雑味の残るロット |
| カルフォルニア | N | Ob | 83.73 | 初めてオバタン品種を使用、酸味は弱いがしっかりしたコク |
| NS カルモ | N | Bu | 82.50 | ブラジルにはめずらしい柔らかな酸味がある |
| カショエイラ | N | Bu | 84.50 | 香り高く、酸、コクがあるが毎年ぶれる |
| ダテラ | N | Bu | 83.00 | 品質のブレが少なくなり、安定してきた |
| マカウバデシーマ | N | Bu | 85.00 | クリーンなナチュラル、安定して品質が高い |
| **Colombia** | | | | **南部産のコロンビアのよい豆が流通し始めた時期** |
| サンタンデール | W | Ti | 84.75 | やさしい酸、クリーンで甘い余韻が残る |
| ウイラ | W | Cu | 88.25 | 香り高く、パイナップル、甘く、コクもある、特殊なウイラ |
| ナリーニョ | W | Cu | 85.75 | 蜂蜜レモン、グレープフルーツ |
| **Indonesia** | | | | **スマトラ在来種の風味が他を圧倒した** |
| スマトラ・リントン | Su | 在来 | 89.00 | レモンのような強い酸味、檜の香り、なめらかなコク |
| スマトラ・アチェ | Su | 在来 | 83.50 | 草やハーブ、やや濁り感 |
| スラウェシ | Su | 在来 | 85.00 | なめらかな舌触り、かすかな酸味 |

2000 年代後半でも、日本で SCAA 方式の普及は少なく、国際的なコンセンサスも十分に形成されていません。そのため、90 点以上のスコアはつけていません。

## ■01-7 2010 年代前半スペシャルティコーヒーの成熟期へ

　2010 年以降は、購入生豆の種類も増加し、テイスティングも膨大となりました。コロンビアのウイラ県、ナリーニョ県などの南部産やパナマのナチュラルなど新しい風味も加わり。SP が成熟期に入った時期といえます。SP は 10 年間で大きな進化を遂げ、「各生産地の最もよい風味は何か？」が見え始めた時期です。

第1章 テイスティングとは

　2015 年には、ケニア産、エチオピア産、スマトラ産など SCAA 方式で 95 点以上をつけたい豆が多く出てきましたが、この時期は 90 点の世界的なコンセンサスはまだ形成されていませんでしたので 90 点前後をスコアの上限にしていました。

　また、この当時から、生豆購入は 1 コンテナ単位の量（250 袋 /1 袋 60 kg ）から小ロット化が顕著になり、生産地区、生産者が細分化されていきました。SCA 方式で 85 点以上のハイエンドの SP は、コロンビア南部ナリーニョの小農家の豆、コスタリカのマイクロミルの豆、エチオピアのステーションの G-1 の豆、ケニアのファクトリーの豆、中米の高品質ナチュラル、ゲイシャ種、パカマラ種に多く見られるようになり、生豆価格も SP 間で格差が生じ、高値安定傾向の状況になりました。

　それら小ロット化の傾向は、個性的な風味が生まれる可能性を増幅させ、ロースターや自家焙煎店における商品差別化には有用でした。反面、LCF は、多くの量を使用しましたので、ケニアのファクトリー（水洗加工場）、コスタリカのマイクロミル（水洗設備を備えた農家）、コロンビアの小農家などの豆は、多くのシングルオリジンのロット（10 袋から 50 袋 /1 袋 60 ｋｇ 換算）を確保する必要が生じました。そのため、ケニア産の 10 ファクトリーの AA を購入した時に、どの様な順番で販売していくのがよいのか？を決める高度なテイスティングスキルが問われるようになりました。また、使用豆の種類が多くなるにつれ、1 年間安定した風味を維持しなければならないブレンド作りのスキルも高度になっていきました。

　LCF のメンバーは、全国に 100 店舗を超え、2010 年代前半時点で成長するメンバーは、月間生豆使用量が 1 トンに達し、全体の生豆使用量も拡大し、シングルオリジンの調達も 150 種前後になった時期です。ハイエンドの SP（SCAA の点数で 85 点以上）を購入していましたので、生産国において、日本の SP 豆購入者としても認知されるようになっていきました。

　そのため、各生産国からの生豆の調達、生豆の販売、自社の焙煎豆使用などのロジスティック（Logistics：物量管理））はより複雑になっていきました。

　SP の黎明期から、10 年間で SP の品質は飛躍的に向上し、SP は成熟期を向かえたといえるでしょう。90 点以上をつけるべき風味のコーヒーが、パナマのゲイシャ種以外に多くみられるようになったといえます。

　**どのような風味が最高峰の風味なのか？その風味が、栽培から、精製、品種、流通に至るまでのどこから生じるのか？」テイスティングを通して解明していくことが本著の第一の目的となります。**

41

## ■01-8 2015年事業承継以降知的財産の承継と新しい評価基準

　コスタリカのマイクロミルは200以上となり全盛期を迎えつつあり、新たなSP産地としてペルーやホンジュラスなども加わり、SPはますます多様化していきました。米国をはじめ、北欧、オーストラリア、日本など世界的にマイクロロースター（日本では自家焙煎店）も増加し、日本のSPの生豆市場（図01-1）は、増加傾向にあります。しかし、2022年は生豆価格の高騰、円安などの影響もあり、市場の伸びは鈍化しています。

　また、SPの普及に伴い、新興消費国（図01-2）も増加し、*小ロット化が進み、生豆価格（図01-3）も高騰し、ハイエンドのSPの調達における世界的な競合が顕著な時代に入ったといえます。同時に、SPの風味も、80〜84点、85点から89点、90点以上と多様化し、3極化の時代に突入しているといえます。

＊麻袋も60kg（中米69kg、コロンビ70kgなど）のハーフサイズなども増えています。国内では自家焙煎店の増加に伴い10g単位で小分けする事例も多くみられます。

図01-1・SPの市場 SCAJ調査

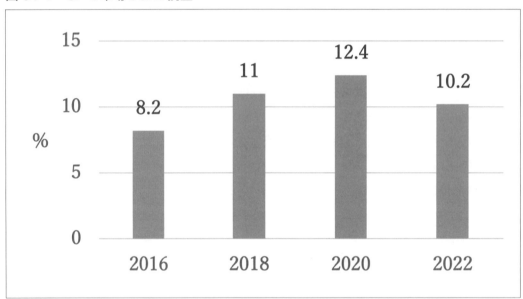

SCAJ会員からの聞きとり調査結果（SCAJ）

図01-2・アジア、アフリカ圏の消費

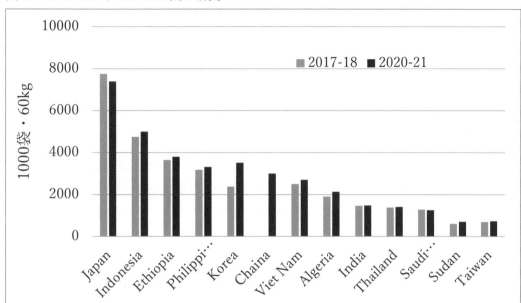

このグラフ以外に中国の消費量が300万袋程度あると推測されます。

図01-3・SP生豆価格の高騰

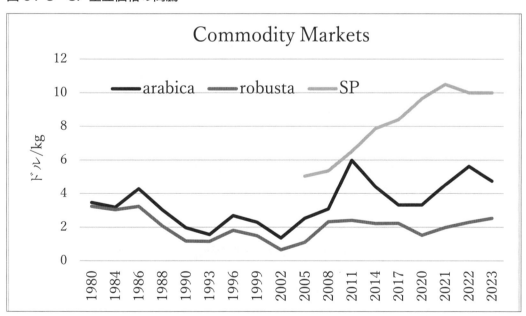

＊COに比べSPの価格幅は大きく、かつ高値で推移しています。SPはグァテマラ、コスタリカなどのFOB（積み出し港）価格。

筆者は2010年代中盤に優秀な社員に事業承継し、社長から会長職になり実務から離れ

ましたので、生豆バイヤーとしての仕事もスタッフに委譲しています。

したがって、会社としての使用豆は、従来からのパートナーシップ農園と新たな担当バイヤーが産地開拓した農園の豆で構成されています。

この事業承継は、社長の交代を意味するだけではなく、知的財産（専門的スキル）の承継も意味します。焙煎会社にとって、生豆の購入は極めて重要な職位の一つになります。**購入種類や購入量の決定のみではなく、輸入商社や産地の輸出会社、パートナー農園との信頼関係の維持、新たな産地の取引農園の開拓などが必要になり、さらに LCF メンバーの購入予測、最終的な在庫管理など複合的な仕事になり、経験を要す高度な専門性が問われます。** この専門性は、20 年近くかけて構築してきたもので、この知的財産を保持できる限り、会社の存続が可能と考えています。

2015 年には、大学の研究室に研究生として入り、2016 年に東京農業大学の環境共生学専攻の後期博士課程（社会人枠）に入学しました。大学では、生豆の品質をどのように見ればよいのか？について試行錯誤しました。官能評価を補完できる科学的要因を探り、生豆、焙煎豆の理化学的な成分分析を行い、さらに味覚センサーを使用しデータの蓄積を図りました。「堀口俊英・論文」でグーグルを検索していただければいくつかの論文を読むことができます。

現在も東京農業大学の食環境科学研究室の客員研究員としてコーヒー成分の分析をしています。そのため、2020 年、2021 年、2022 年、2023 年の*プライベートインターネトオークショサンプルを取り寄せ、テイスティングと分析を繰り返してきました。結果として理化学的数値と味覚センサーの分析値が SCA 方式の評価点数を補完できることが明らかとなりつつあります。

**最終的には、理化学的数値に裏付けられた評価基準に基づく新しい官能評価方式を作成し、それらを提案することが本書の第二の目的です。**


# ■01-9 2022 年以降 SP に対する消費国間、世代間の価値観の乖離

SP の消費市場は、米国、日本からやや遅れオーストラリア、ニュージーランド、北欧、10 年遅れで韓国、台湾に拡大し、さらに、新興勢力である中国、東南アジア、中東に拡大していくと考えられます。

SP の黎明期から 20 年経過し、当時の革命的な変化を知らない新興勢力国のコーヒー関係者および成熟した SP 市場の発展経過を知らない世代が増加しています。現在 40 歳

の生産者、輸出会社、輸入会社などのコーヒー関係者は、SP があたりまえにある時代に育っています。これは消費者にもいえることです。

　この新しい世代と黎明期を体験してきた世代との間には、SP に対する「概念や価値観」に大きな違いが生じてきています。それは、コーヒーの劇的な変化の場にいなかったことが大きく影響しています。新しい世代は、SP の発展の歴史を知りませんし、テイスティングの経験も少なく、致し方のないことです。結果として、新しい世代の一部は、ナチュラルの発酵臭やアナエロビックの発酵臭に対し、またゲイシャ品種をナチュラルにすることなどに対し抵抗を感じない方も増えています。コーヒーは嗜好品の一つですが、「コーヒーの正しい風味はなにか？」「おいしいコーヒーの本質はなにか？」については客観的な評価に基づく必要があります。**SP は、「主観的な嗜好品に向くのか？」「より特殊なコーヒーになるのか？」、「SP の基準が曖昧なまま広がりをみせるのか？」混沌とした状況に直面していると考えます。**SCA は、市場のグローバル化に対し、2022 年に SP の概念とカッピングフォームの修正を検討し、2023 年を周知期間とし、2024 年には改定する方向にあります。**現在の生豆鑑定および官能評価では、SP を理解するために、多くのテイスティングの経験を必要とします。90 点の風味の理解には、80 点、85 点の風味の理解を積み上げていくしかありませんので、短期間ではできません。そのため、Q グレーダーを養成してきた 20 年の歴史があります。この歴史の積み重ねは大きく、新しい世代が埋めていくのは大変なことですが、SP の品質評価の客観性、専門性を放棄するような方向には向かわないでほしいと願います。**

## ■01-10 コーヒー産業の構造的問題

　アラビカ種は、ブラジルの生産量の増減による相場の変動、さび病による減産、ピッカー不足、農地の宅地化、気候変動による減産などの生産阻害要因により、将来的に生産減少が懸念されます。一方、アジア圏を中心に消費は活発化し、近い将来、需要が供給を超えると危惧されています。＊WCR は、温暖化対策をとらずにいれば、2050 年にはコーヒー生産量は大幅に減産すると警告しています。

＊ WCR は、新しい害虫や病気の圧力、気候変動、環境の変化、霜の増加、干ばつ、気温の上昇に適応できる品種を開発する必要があるとの見解で、新たに品種改良を進めています。
**World Coffee Research | Ensuring the future of coffee.**

　1960 年代後半、ポルトガルの CIFC (Coffee Leaf Rust Research Centre) のコーヒー研究者は、コーヒー葉さび病に耐性のあるカティモール品種を開発し、世界中の育種プロ

グラムに配布しました。これにより、風味はやや劣るものの、その後の50年間のコーヒー産業を支えたともいえます。現在のWCRの取り組みは将来を見据えていますので、関心をもって見守っています。もしコーヒー関係者が手をこまねいて市場原理に任せれば、ロブスタ種の生産拡大により、コーヒーの風味は確実に低下するでしょう。極端に言えば、将来は*合成コーヒーとの戦いになってしまうかもしれません。

*コーヒー成分を分析し人工的な化合物でコーヒーの味を再現したものい

　現状は、ベトナムのカネフォーラ種、ブラジルのカネフォーラ種（コニロン種）などの生産量は増加傾向にあり、全体の収穫量の40〜45％程度で推移し、低価格コーヒー市場を形成してます。**COが大半を占めるコーヒー産業そのものは、消費者の「コーヒー離れ」という危うい産業構造下にあるといえます。**

　**したがって、生産者の収入増が期待できる価格の高いSPの市場拡大が必要と考えられます。また、SPとCOが市場で共存を図ることも重要で、そのために「コーヒーのおいしさとは何か？」について、すべてのコーヒー関係者や消費者が学ぶことも大切になります。品質に対して、適切な価格で流通する市場の創出はコーヒー産業の維持に寄与すると考えます。**一杯のコーヒーには、コーヒーショップなどで飲料として提供する店、ロースター（焙煎会社）、輸入商社、輸出会社、農園、農協、小農家など多くの人がかかわっています。

　**コーヒー産業は、グローバルな産業ですので、その産業維持についても考えていく必要があり、そのことが品質を研究する第3の目的です。**

## ■01-11 生豆調達と LCF（Leading Coffee Family）

　SPの風味の全体像を知るには、多くの生産国の多種の生豆を使用する必要があると考え、自分で選んだ豆を購入する力をつけることが必要と痛感しました。

　そこで、2000年前後からテイスティングセミナーおよび開業セミナーを通し、自家焙煎店の開業支援を行い、LCFというグループを作りました。2000年前後から2010年までの約10年間に約100店の開業支援をし、全国を飛び回りました。このことにより、自社の使用生豆とグループの使用量を併せることで購買力をつけ、多様なSPを調達することが可能となりました。LCFの理念は、「品質のよい、おいしいコーヒーをお客様に提供し感動していただくこと」で、ルールは「メンバーは堀口珈琲（株）から生豆を購入し、他から生豆を購入しない。堀口珈琲はメンバー以外に生豆を販売しない」ということで運営されています。この基本ルール以外に特に決め事はありません。メンバーが他の生豆問

屋（輸入商社）から購入し、堀口珈琲が誰にでも販売すれば、一般的な生豆問屋と同じ関係になってしまい、年間購入量のコントロールが困難となり、農園主とのパートナーシップを維持できなくなります。私の目的は、生豆問屋になることではなく、多くの種類のSP を使用して、おいしいコーヒーとは何か？を自ら追及し、そして広めることでした。

　一方、メンバーからみれば、厳選されたハイエンドの品質の生豆が担保され、市場で流通する生豆との差別化が可能になり、大きなメリットが生じます。

　LCF のメンバーの多くは私が開業支援した店および堀口珈琲（株）の出身者が占めます。2010 年には、メンバーも 120 店となり、ある程度生豆バイヤーとしての力もつきましたので、2010 年以降はメンバーを積極的には増やしてはいません。多くの種類の生豆を購入していますが、生豆販売そのものでの利益率は低く、在庫管理やロジスティクなどの煩雑さからすればビジネスとしては効率がよいとはいえません。

　LCF では、単純に「おいしさ」「日本市場での差別化」を求めてきましたので、輸入商社には購入が難しい価格帯のハイエンド SP も多く購入してきました。2022 年には、メンバーの中に月間 1 トンを使用するメンバーも増え、中にはが 2 トンを使用する店も生まれ始めていますので、全体の使用量は微増傾向にあり、年間購入シングルオリジンの種類も 200 近くに上っています。

　LCF では、これまで多くの＊産地見学ミッションなども行ってきました。2000 年代は一部を除き自家焙煎店が産地見学に行くことは難しい時代でしたのでこのミッションはコーヒーの勉強のために貴重でした。また、年 1 回の総会があり、情報交換をしています。
＊ブラジル、コロンビア、グァテマラ、コスタリカ、スマトラ、エチオピア、ケニア、タンザニアなど多くの生産国

## 02 テイスティングとは

### ■02-1 テイスティングとは

　一般的に食品などでは、品質評価の一つとして＊官能評価（官能評価分析に基づく評価：Sensory Evaluation）という言葉が使用され、五感（視覚、聴覚、味覚，嗅覚、触覚）により、多くのサンプルから良いものもしくは欠点を選択するために行われます。おいしさの追求といってもよいでしょう。

　官能評価には、「おいしい、まずい」など消費者の主観的な嗜好を調べる「嗜好型官能評価」と「品質が良いか悪いか」という客観的な視点から評価する「分析型官能評価」があります。本書での官能評価は「**これまで飲んだコーヒーと比べどの程度風味がよいのか？**」などについて決められた方法と評価基準で風味を判断しますので、**分析型の官能評価となります。そのため、＊パネル（評価者）はコーヒーに関する基礎知識も問われることになります（第5章）。**

　また、コーヒーの官能評価は、従来の CO の官能評価が、主に欠点の風味を見つけるマイナス評価の側面が強いのに対し、SP の官能評価は、そのコーヒーが内包しているよい風味を見いだしていく作業で、プラス評価の側面が強いといえます。ワインではテースティング（Tasting）といういい方が普及し、コーヒーでは SCAA の影響から 2000 年以降カッピング (Cupping) といういい方が広まっています。本書では，官能評価という言葉の同義語としてテイスティングという言葉を使用します。

＊日本官能評価学会 / 官能評価士テキスト / 建帛社 /2009
＊早川文代 / 官能評価パネルの選抜・訓練 / 化学と生物 Vol50/2012
＊パネルは評価者の集団で個人はパネリスト。テイスティングのパネリストはコーヒーの基礎知識（生産地、栽培から精製、品種など）を有し、SP の飲用経験が 5 年以上で、SCA 方式のテイスティングの経験がある者の中から選びました。

　ヒトは、食べ物を食べたときに、味覚、嗅覚、触覚、聴覚、触覚の五感で知覚し、快い感覚としてとらえたときに「おいしい」と評価します。

　食べ物のおいしさは、味や香りに含まれる化学的物質により感知できる部分もあり、甘味、酸味、旨味、塩味、苦味の五味を基本味としています。コーヒーの香りや味は、これらの基本味の複合的なものになります。また、おいしさの物理的要因として触覚も重要で、テクスチャーとか食感ともいわれます。

　**本書では、コーヒーの香り、味、テクスチャーを合わせた言葉として風味という言葉を使用します。**

コーヒーの風味は、生産地のテロワール（環境、微気候など）、品種、栽培、精製、乾燥、選別、梱包材質、輸送、保管方法などにより影響され、さらに焙煎、抽出に影響されます。風味の変動要因はあまりに多岐にわたります。

そのため、「コーヒー本来のおいしさとはなにか？」についてのコンセンサスの形成は難しく、各生産国や消費国のコーヒー関連各社は独自の評価方式で、コーヒーの風味を判別してきました。そのため、おいしさについては、曖昧な状態が続いていたといえるでしょう。その後、2004年頃から新しいSCAAの官能評価方式が消費国、生産国の一部で運用され初め、SPの概念が緩やかに広がりました。しかし、テイスティングは、コーヒー関係者も含め一般消費者には敷居が高く、その方法を学べる機会は少ないのが実情です。

コーヒーの楽しみは、「おいしい」「まずい」という主観的な嗜好のみで完結するのではなく、その風味が「良い風味なのか？」「何か問題があるのか？」について客観的に判断できるようになれば倍増します。抽出液に対し、その良し悪しを自分で判断できるスキルを身に着けることができるようになってほしいとの思いから、本書はスタートしています。

ワインを味わうには、ぶどうの栽培から醸造の知識が必要になり、いきなり「ロマネコンティ」の風味は理解できません。ブルゴーニュの様々なワインを「地域」「村」「クレマ（村の中の区画）」「生産者」と絞り込み、また「1級」、「特級」と順に飲み込んでいった結果として初めてその風味の偉大さを理解することができます。コーヒーも同じように、初めてケニアを飲んだときの「レモンやパッションフルーツやアンズのような酸味」は、中米諸国産やコロンビア産などの優れたコーヒーの「柑橘果実の酸味」を体験して、初めてその違いと素晴らしさを理解できるようになります。

## ■02-2 なんのためにテイスティングをするか

**テイスティングの目的は、客観的にコーヒーの風味を評価し、サンプル間の官能的差異を探し、選考順位等を決めることです。**また、それに付随して試料を比較するため風味を言語化し記録しておくことも重要です。これらは生まれつきの才能や感覚で行うものではなく、決められた正しい方法で行いながらその積み重ねによりスキルが形成されます。本書のテイスティングは、「おいしい、まずい」という主観的な嗜好から、「品質が良いか悪いか」という客観的な視点からコーヒーを見ていきます。テイスティングは、コーヒーの愛好家から、コーヒーの仕事に携わる関係者によりその目的（**表02-1**）は異なります。テイスティングにより、共通の評価基準で風味を判断できることは**コーヒーという商品が健全なマーケットを構築していくうえで重要**と考えますので、生産国から消費国までコー

ヒーにかかわる人及び消費者にとって必要となります。

表 02-1・テイスティングの目的

| 評価者 | 評価内容 |
|---|---|
| コーヒー愛好家 | 膨大な種類のコーヒーの品質や風味の違いを比べて楽しむことができます。 |
| コーヒーを提供する店 | コーヒーを提供して働いている人にとって、使用する焙煎豆が、適切な風味状態であるかを判断します。 |
| ロースター（焙煎会社）<br>自家焙煎店 | 仕入れる生豆の品質、風味の良し悪しが価格に見合っているかなどを判断します。 |
| 生豆輸入会社 | 生豆購入の判断のため、プレシップサンプル（船積み前）と入港時の風味の差異をみます。 |
| 生豆輸出会社 | 輸入会社へのプレゼンテーションのために、各生産者の豆の品質、風味の良否を判断します。 |
| 生産者 | 毎年の香味の安定性の確認や品質向上の為に行います。 |

# ■02-3 コーヒーの風味とは

「コーヒーの風味ってなんですか？」と聞かれると答えに窮します。

コーヒー関係者に聞いても、コーヒーは「主に苦味と酸味」、「甘い余韻がある」「香りが高い」とかさまざまです。実際にコーヒーの「香り」「酸味」「苦味」「甘味」とはどのようなものかについては具体的にはわかりにくいのが実情です。

コーヒーの成分からいえば、①酸味のベースとなるクエン酸、②ショ糖、アミノ酸がメイラード反応で生み出す香り、甘味・コク、③脂質が生み出すテクスチャー、④カフェインやクロロゲン酸が生み出す苦味などの複合的なもので、他の嗜好品に比べると複雑な風味特性をもっています。

それらは、生産国の気候条件や土壌、緯度や標高、栽培や精製方法、品種などによる影響を受け、さまざまな生産地の風味に強度と質の違いをもたらします。

これらの風味を感知するには、さまざまなコーヒーを体験し、「何がよい酸味で、心地よい苦味とはなにか？」などについて学習する以外にありません。

## 02-3-1 香り（嗅覚）

コーヒーは、焙煎により生じる揮発性成分が多い程香りが強く、その種類は焙煎豆で * 800 種、その他生豆で 200 種はあるといわれます。それらを * ガスクロマトグラフィー（Gas Chromatography：GC）を使用し、時系列で嗅ぐことができますが、私は 20 程度しか判別できませんでした。例えば、ゲイシャ品種を GC で分析すれば、Ethyl propionate（バナナ、パイナップルフルーツ香気）や Ethyl isovalerate（強いフルーツ香、

50

希釈すると甘いリンゴ様香気）などがみられますが、その香りの成分がゲイシャ品種の風味にどの程度関与しているかはわかりにくく、また閾値（人間が感じることのできる最小の量）がことなりますので、物質の濃度のみでは感覚量の大きさはわかりませんので香りはとても厄介です。

　一般的に、焙煎豆を抽出し飲用する時の香りは、表02-8　の3段階で確認することができますが、*コーヒーの香りは、いくつもの香りの複合したもので香りを単一の言葉で表現することは難しいといえます。

## 表02-8・コーヒーの3つの香り

| 香り | 英語 | 内容 |
|---|---|---|
| フレグランス | Fragrance | 粉砕したコーヒーから , 放出される気体の感覚で、品質による差が大きい |
| オルソネーザルアロマ | Orthonasal Aroma | 抽出液の表面の蒸気から放出されるもので、鼻から直接嗅ぐ香り |
| レトロネーザルアロマ | Retronasal Aroma | 抽出液の中に閉じ込められていたものが、口に含んだ際に放出される蒸気から生じるものと抽出液を飲み込んだあとに口蓋（こうがい）に残っている残留物から派生する蒸気から生じるもの |

＊熱で気化する気体や液体に含まれる特定のガスの量（濃度）を成分（化合物）ごとに分離・定量する装置
**＊ Ivon Flament/Coffee Flavor Chemistry/JOHN WILEY &SONS,LTD**
**＊東原和成 他 / においと味わいの不思議 / 虹有社 /2013**

## 02-3-2 味（味覚）

　抽出液の水溶性物質を、5味などの感覚で評価することといえます（表02-3）。

　コーヒー抽出液の98.6%は水分です。残りの*1.4%の溶質の成分は、100g中0.7gが炭水化物（水溶性の植物繊維）、タンパク質が0.2g、灰分が0.2g（カリウムが多く65mg）、アミノ酸が0.1g、その他脂質、有機酸などが微量に溶け込んでいると考えられます
**＊七訂日本食品標準成分表／女子栄養大学出版部**

## 表02-3・五味

| 味 | 主な物質 | 意味するもの |
|---|---|---|
| 甘味 | 蔗糖、ブドウ糖、人口甘味料 | エネルギー源 |
| 塩味 | ナトリウムイオンに代表される金属系陽イオン | 体液バランスに必要なミネラルの供給 |
| 酸味 | 酢酸、クエン酸などが解離し生じた水素イオン | 新陳代謝の促進、腐敗のシグナル |
| 苦味 | カフェイン、キニーネなど | 毒性の警告 |
| 旨味 | グルタミン酸、イノシン酸 | 生物に不可欠のアミノ酸など |

**都甲 潔／味覚を科学する／角川選書／平成14年**

### 02-3-3 テクスチャー（口触り、触感）

口蓋における触覚（末端神経）によりもたらされます。末端神経は、コーヒーの固形物質を粘性として感じる可能性が高く、テクスチャーはコク（Body：ボディ）という言葉で言い換えることができます。コーヒー生豆には、*他の嗜好飲料にはない 16g/100g 程度の脂質が含まれ、焙煎しても変わりませんので、メイラード化合物とともに、コクに影響を与えていると考えられます。但し、脂質は有機溶媒に溶けますが、水には溶けない性質ですので、抽出液に含まれる脂質は極めて微量です。

*カカオには 50% 前後の脂質が含まれますので、チョコレートドリンク（ショコラショー）は例外です。


## ■02-4 筆者のテイスティング

筆者は、取引農園のプレシップサンプル、輸出会社からのタイプサンプル、輸入商社の取り扱い生豆のサンプルなどに対し、焙煎後以下の 4 つの観点から生豆のポテンシャル（潜在性）を判断し、生豆購入の決定をしてきました。


### 1）自社で使用する生豆の品質基準を満たしているか？

SCAA の評価基準であれば 85 点以上（生産地域に特長的な風味特性のある豆）のコーヒーであるかをチェックします。


### 2）品質が購入価格と見合っているか？

単に希少性のみで価格が高いもの、例えば、コピ・ルアルク（ジャコウネコの糞から採られる未消化のコーヒー豆）、高額なコンテスト入賞の豆などは避け、品質に見合う生豆価格かどうかを見ます。


### 3）どの程度の焙煎度に耐えられるのか？

焦げや煙臭の生じないフレンチローストのコーヒーを作るためにこの仕事を始めましたので、深く焙煎しても十分な酸とコクの残る硬質の生豆であるかをチェックします。それにより、ハイローストからイタリアンローストの焙煎度を決めることができます。


### 4）一番よい風味状態がいつ頃になるのか？

生豆の品質は変化していきますので、プレシップサンプルと入港時のテイスティングから、何か月鮮度保持（脂質が劣化すると枯れた草の風味がでる）が可能な豆か？風味のピー

ク時がいつ頃になるのか？を判断していきます。例えば、ケニア産のファクトリー、コスタリカ産のマイクロミルのコーヒーを各10ロット購入した場合に、どのような順番で販売すればよいかを判断しなければなりません。また、10～20年間継続して取引しているパートナー農園の豆の場合は、これまでの収穫年の品質に比べてよいか悪いかの判断、他の生産者との品質差の判断をしなければなりません。テイスティングスキルは、長い経験の蓄積、*失敗の積み重ねを通し築いてきました。

*航空便で送られ素晴らしいと感じたサンプルが、入港後それほどでもなかった場合や、毎年購入している農園の品質がよくないのに買わなければならない場合など様々な事例を経験してきました。しかし、今では、輸入会社、輸出会社、生産者との間により綿密なコミュニケーションが取れ、ロット管理していますのでそのようなことはなくなりました。

## ■02-5 テイスティングの基本ルール

生豆の総酸量や脂質量は経時変化していきますので、同じ条件下で、同じ方法でテイスティングすることが問われます。

### 1）生豆を比較する場合は同じ時期にテイスティングを行う

5月に入港したグァテマラの農園の豆をテイスティングし、他の農園の豆を11月にテイスティングし比較することはできません。、同じ生産国の豆を比較して評価する場合は、必ず同時期（同月）に行う必要があります。

### 2）できるだけ生豆入港時にテイスティングを行う

表02-4は、コロンビア産のSPをバキュームパック（Vaccum Pack：VP）と麻袋に分け、さらにそれぞれをリーファーコンテナ（Reefer Container：RC）とドライコンテナ（Dry Container：DC）で輸入し、VP/RCを定温倉庫に保管し（夏場に15℃の定温とする）、麻袋/DCを常温倉庫に保管したものです。

結果として、VP/RCは、入港時はクリーンで、ｐHが低く柑橘果実の酸があり、脂質量が多く十分なコクがあります。また、脂質の劣化指標である酸価も小さくクリーンな風味といえます。1年後も大きな変化はなくＶＰと定温保管により鮮度保持されています。麻袋/DCは、入港時はほぼクリーンで酸とコクもありますが、1年後はｐHの上昇による酸味の減少、脂質の減少によるコクの低下、酸価が高く風味に濁りがみられ、官能評価でSP基準ではなくなっています。

したがって、生豆の品質を正しくとらえるには、生豆入港時もしくは経時変化の少ない入港3か月以内にテイスティングを行うのがベストです。

表 02-4・入港時と 1 年後の理化学的数値と官能評価の変化

| | pＨ | 総脂質量% | 酸価 | SCA 官能評価 |
|---|---|---|---|---|
| VP/RC 入港時 | 4.91 | 16.9 | 2.5 | 84.5 |
| VP/RC 1 年後 | 4.96 | 16.1 | 2.8 | 82.4 |
| 麻袋 /DC 入港時 | 4.94 | 15.8 | 3.0 | 82.0 |
| 麻袋 /DC 1 年後 | 5.05 | 14.7 | 3.6 | 78.0 |

pＨ、脂質量、酸価についての詳細は第 2 章を参照ください。

　一般消費者には、生豆の入港月などはわかりませんので、テイスティング日を記録しておくことが重要です。同じ店で、同じ豆を 5 月に購入し、次に翌年 3 月に購入しテイスティングしてみれば、違いを感知できる可能性があります。各生産国の収穫期と入港月をまとめましたので参照にしてください（第 5 章流通）。


### 3) 生豆の生産履歴を記録したうえでテイスティングします

　テイスティングを行う原材料となる生豆には、様々な風味の変動要因があります。生産国、生産地域、品種、精製、乾燥、選別、梱包材質などの生産履歴、輸送コンテナ、保管倉庫、焙煎度合い、焙煎日、テイスティング日などの条件をわかる範囲で記録しテイスティングし、その後の比較に役立てる必要があります。


## ■02-6 一杯のコーヒーから多くの情報を読み取ることができる

　グラスに注がれたワインから、その生産国、生産年度、品種、劣化の有無、品質、価格などについて類推することが可能になります。同じように一杯のコーヒーから読み取れる情報は多くあります（表02-5）。よいコーヒーであればあるほど、多くの情報が含まれている可能性が高く、コーヒーをより深く楽しめる時代になったといえるでしょう。


表 02-5・一杯のコーヒーからわかること

| テイスティング着眼点 | テイスティングの結果 |
|---|---|
| アラビカ種かカネフォーラ種か？ | アラビカ種は酸味があり、カネフォーラ種は苦味と焦げた麦茶の風味があり、簡単に判別できます。 |
| 生産国、生産地域は？ | エチオピア、スマトラ、ケニアなど特徴的な風味のある SP は、その違いを判別できるようになります。 |
| どのような品種なのか？ | ゲイシャ品種、パカマラ品種など華やかな風味の豆は、他の品種と異なり、比較的早く理解できるようになります。 |
| 精製方法は、ナチュラルからウォシュトか？ | ウォシェトはクリーンで、ナチュラルは微発酵の特徴があり、簡単に判別できるようになります |
| 生豆の鮮度がよい豆なのか？ | 生豆の成分が経時変化した豆も多く流通し、枯れた草の味がしますのでわかるようになります。 |
| 風味にどのような特徴があるのか？ | SP には特徴的な風味があり、経験を積み重ねればその特長を徐々に理解できるようになります |

# 03 テイスティングの基本用語

　コーヒー風味の記憶の手助けをするのがテイスティング用語です。テイスティングの結果を言葉にし、記録し、蓄積して行くことにより、新たなコーヒーと比較することが可能になります。

　コーヒーの場合は、ある食品から感じられる香りや味の特徴を類似性や専門性を考慮して円状かつ層状に並べた SCA の＊「フレーバーホイール」、＊WCR が研究用に開発した「LEXICON」などがありますが、共に米国で作成されたもので、米国食品の風味がベースになっています。

　現状は、パネリスト（評価者）が自由にアロマ、味、テクスチャーを表現するようになり、パネル（評価者集団）が共有出来ない語彙が増加しつつあります。あまり言葉を増やさない方が、多くの人と共通認識ができます。逆に、ワインの場合は産地や品種により表現がある程度きまっていますので、そこから大きく逸脱することができません。本書のテイスティングの中で使用される言葉の意味をまとめました。

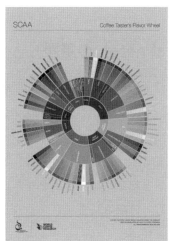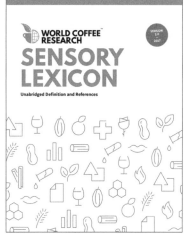

SCA のフレーバーホイール（左）
WCR の LEXICON（右）

＊ Coffee Taster's Flavor Wheel — Specialty Coffee Association (sca.coffee)
＊ WCR sensory lexicon

## ■ 03-1 JIS の基本用語

　用語選定の手順は、＊ISO11035 で定められていますので、本来は、コーヒー業界で SP の用語を可能な限り多く収集（100 語以上）、討議して、適切な用語集を作るべきと考えます。しかし、それを個人で行うには無理があり、業界にもその機運は感じられませんので現時点では難しいと考えます。そこで、＊JIS の基本用語（表03-1）をまとめました。

表 03-1・JIS の基本用語

| 基本用語 | 英語 | 定義 |
|---|---|---|
| おいしさ | Palatability | 食品を摂取したとき、快い感覚を引き起こす性質 |
| 風味 | Flavour | 食品を口に入れたときの味覚、嗅覚 ( 匂い ) などの総合的な感覚 |
| 苦味 | Bitterness | カフェインなどの物質により引き起こされる感覚 |
| 酸味 | Acidity | クエン酸などの物質により引き起こされる感覚 |
| 塩味 | Saltiness | 食塩などの物質により引き起こされる感覚 |
| 渋味 | Astringency | タンニンなどの物質により引き起こされる感覚 |
| 甘味 | Sweetness | ショ糖などの物質により引き起こされる感覚 |
| 旨味 | Umami | L- グルタミン酸ナトリウムなどの物質により引き起こされる感覚 |
| アルカリ | Alkalinity | 炭酸水素ナトリウムなどを代表とする物質により引き起こされる感覚 |
| あと味 | Aftertaste | 食品を摂取した後，口内が空になったときにもなお口内に残る感覚。 |
| 口あたり | Mouthfeel | 舌、歯茎及び歯を含む口内で知覚される触覚などの総合的な感覚 |
| ボディ | Body | 試料の持つ風味の豊かさ、または口内の触覚器官への刺激で検出される流動特性に対する感覚 |

**JIS 官能評価分析 - 用語 JIS Z 8144**
＊ISO(International Organization for Standardization：国際標準化機構 ) は、世界的に同じ規格を使えるようにする活動を行っています。
＊JIS (Japanese Industrial Standards：日本工業規格) は、2004 年に JIS Z 9080( 官能評価分析—方法 ) および JIS Z 8144 (官能評価分析—用語) を作成しています。

# ■03-2 フローラル（Floral note）の用語

　香りは嗅覚で感じます。香りの分子のほとんどは気体になりやすい低分子有機化合物です。コーヒーの香りは、粉の香りであるフレグランスと抽出液の香りのアロマに区分され、両者を総合的にとらえ評価します。

　香りは味と表裏一体で、区分することが難しいため、香味という言葉も使用されます。特徴的な香りとして表現してもよいと想定される言葉をリストアップしました。コーヒーの香り成分を感覚的に感知できるものは限られますし、香りは複合的なものですので、言葉での表現は極めて難しいといえます。

　例えば、コーヒーに「花の香り」を感じても、何の花かの特定は難しく、一般的な表現としては、「花のような香り」で十分と考えます。「バラ」「スイカズラ」「スズラン」「ラベンダー」などの表現は、他のパネルの混乱を招く可能性があるでしょう。これまで、テイスティングで使用してきた香りに関連する語彙についてリストアップしてみました。(**表03-2**) 個人的には、スパイス、ハーブ、ウッドなどはよい香りとして使用する場合とよくない香りとして使用する場合があります。

## 表03-2・フローラル（Floral note）の語彙

| 用語 | 英語 | 香り | 属性 |
|------|------|------|------|
| フローラル | Floral | 多くの花の甘い香り | ジャスミン |
| フルーティ | Fruity | 熟した果実の甘い香り | 多くの果実 |
| スイート | Sweet | 甘い香り | カラメル |
| ハニー | Honey | 蜂蜜の甘い香り | 蜂蜜 |
| シトラス | Citrus | 柑橘のさわやかな香り | オレンジ |
| グリーン | Green | 緑の草や葉のフレッシュな香 | 葉、芝 |
| ウッディ | Woody | 木や森のよい香り、木が朽ちた悪い臭い | 檜、杉、樟脳 |
| アーシー | Earthy | 土臭い嫌な匂い | 土 |
| ハーバル | Herbal | ハーブ全体の香り | 薬草、 |
| スパイシー | Spicy | 香辛料の刺激的な香り | シナモン |
| レザー | Leather | 皮製品の皮の匂い | 皮革製品 |

**Ted R. Lingle/The Coffee Cuppers handbook/1986**
**平山令明 / 香りの科学 / 講談社 /2017**
**富永敬俊 / アロマパレットで遊ぶ / ワイン王国 /2006 などを参照し筆者が作成**

　例えば、GC/MS( 高速クロマトグラフィー質量分析器 ) にかけたブラジルの SP には、Myrcene（バルサム、レジンなど樹脂）、trans -b-Ocimene（グリーン、ウッディ、ハーバル）、Linalool（シトラス、紅茶様）、3-Mercapto-3-methylbutanol（肉の調理感ロースト様）など様々な成分がみられ、それらの複合の香りがあります。

　CO には a-Pinene（樹脂、マツ）、Tetramethylpyrazine（ローストナッツ様、焦げ臭）、Hexanal（未熟のアップル様）などの様々な成分がみられ、それぞれ言葉で言い表しがたい香調を生じさせています。コーヒー関係者が香りを分子で表現する意味はありませんので、フローラルノートの範囲で語彙表現できれば十分だと考えます。


# ■03-3 フルーティ（Fruity）の用語

　コーヒーは果実の種ですので、SP には果実のような香味を感じることは多くあります。しかし、現状の SCA の評価基準でいえば80 〜 84 点であれば柑橘果実の酸を感じる可能性はあり、85 点を超えれば柑橘果実以外の果実の風味を感じる可能性があります。つまり、SP の中の一部の特別なコーヒーに多様な果実の香味があるということになります。様々なジャムやフランス菓子に使用されているピューレの香味などを参考にしてもよいでしょう。これまで多くのコーヒーをテイスティングし、感じてきた果実の香味を**表03-3**にしました。私は、これまで果実の香味を果実の色で区分してきました。また、それぞれの果実の風味は、焙煎度の違いにより感知できるものが変わります。

## 表 03-3・果実の用語

| 果実の色 | 果実 | 風味 |
|---|---|---|
| **白い果実**<br><br>焙煎が深くなると感じにくくなります | ライチ | 白い果実の代表はライチで、コーヒーの味の奥に隠れています。上品で繊細な甘味とかすかな酸味があります。年に一度台湾から生のライチが輸入されますので機会があれば食べるとよいでしょう。シルキーなパカマラ品種、ティピカ品種などにみられることがあります。 |
| | 白ブドウ（緑） | マスカット種系のデリケートな味で、ナイアガラのようなフォックス臭のラブルスカ種（米国系）の香味（ウエルチのジュースの味）ではありません。 |
| **中間色の果実**<br><br>核果があるものとは限らず、中心部を食さない果実<br>シティローストまでのコーヒーに見られます | リンゴ | 米国産の青リングではなく、酸味のある紅玉、中間のフジ、酸の弱い王林などの中で、程よい酸味のあるフジの味を基本にします。「リンゴのような」「蜜の入ったやや甘いリンゴ」は、ティピカ品種系のコーヒーに感じられることがあります。リンゴ酸を基本としますが、リンゴ酸そのものはよい風味に寄与する場合とそうでない場合もありますので、注意が必要です。コロンビアや中米のコーヒーに感じる可能性があります。 |
| | ピーチ | 桜桃、白桃など様々ですが、甘味のあるピーチを基本とします。柑橘果実の香味を覆い隠すような華やかな甘みを伴う香味の場合使用します。エチオピア・イルガチェフェなど余韻が甘いウォシェトコーヒーなどに見られることがあります。 |
| | メロン | 赤肉、青肉と品種も様々ですが、ピーチよりは弱い甘味で完熟した豆の中に感じられることがあります。 |
| **黄色い果実**<br><br>焙煎の浅い場合はレモン、フレンチでもかすかに感じます | 柑橘果実 | クエン酸を基本としたコーヒーの基本酸味で、大部分の高品質コーヒーに感じられます。日本には柑橘類は非常に多く、その差異は欧米人には理解出来ないでしょう。レモン、甘夏、オレンジ、グレープフルール、ミカン程度にとどめます。酸の強い場合はレモン、やや苦味を伴う場合はグレープフルーツ、甘味を伴う場合はオレンジ、みかん。 |
| **赤い果実**<br><br>ミディアムからシティローストのコーヒーに見られます | ラズベリー | 柑橘系の酸味にラズベリーが加わることで華やかさが増します。ただし、日本ではフレッシュなものは香味が弱く、日本人には苦手な味です。ジャムやケーキのピューレなどから類推するのがよいでしょう。グァテマラの「エル・インフェルト農園」のパカマラ種などはこの味が混ざることでコンテスト優勝したと考えます。 |
| | ストロベリー | 日本はイチゴ王国で米国産とは香味が異なります。酸と甘味のバランスのよい「とちおとめ」を基本味とします。エチオピアやパナマの優れたナチュラルもしくはイエメンの「バニマタリ」などの優れたコーヒーに見られることがあります。 |
| | チェリー | 日本の「佐藤錦」のデリケートな甘みのある赤いチェリーを指します。米国のレイニア種の香味も近いものがあります。 |
| **黒い果実**<br><br>ハイロースト以上の深い焙煎のコーヒーにみられます | ブルーベリー | 国産、オレゴン産、メキシコ産のものが多く流通しています。ジャムも多く、それらを参考にすればよいでしょう。エチオピアのナチュラルなどに頻繁に感じることができます。 |
| | 黒ブドウ | 黒系の果実は、やや焙煎が深く、ショ糖量が多い場合に感じられます。2000年前半のケニアのワンゴ、ゲズンブイニ農園などの豆に初めて感じました。その後、コロンビアのウイラ県産やトリマ県産などで遭遇します。黒ブドウは巨砲を基本とし、皮と実全体の香味です。 |
| | ブラックベリー | 香味が弱いので、ジャムなどから類推するしかありません。日本人にはわかりにくい香味ですので使わない方がよいでしょう。 |
| | ブラックチェリー | 米国産のもので、日本のチェリーやコーヒーチェリーの香味とは異なります。 |

| **トロピカルフルーツ**<br><br>ミディアムからシティのコーヒーに感じることがあります | マンゴー | アップルマンゴー（甘い順に日本、台湾、メキシコ産）とフィリピン、タイのマンゴーは品種が異なりますが、マンゴーのニュアンスがあればよいとします。ケニア、まれにスマトラのマンデリンなど。 |
|---|---|---|
| | パッションフルーツ | 酸味の強いケニアに感じることが多くあります。 |
| | アンズ | 酸味の強いコーヒーであるケニア、標高の高い産地のコロンビア、コスタリカの一部のコーヒーに感じることがあります。 |
| | パイナップル | 2004年にパナマのエスメラルダ農園のゲイシャ種に初めてこの香味を感じました。 |
| **乾燥果実**<br><br>ハイロースト以上の焙煎豆に感じることがあります | イチジク | トルコ産などの乾燥イチジクは、深い味わいのコーヒーに感じることがあります。 |
| | プルーン | 乾燥プルーンは、ケニア産、コロンビアのウイラ産の豆や深い焙煎にたまに見られます。 |
| | トマト | 2010年以降のケニアのファクトリー（水洗加工場）のコーヒーに多く感じます。 |

# ■03-4 その他の用語

フローラル、フルーティ以外の味覚の語彙を**表03-4**にまとめました。

SCAのフレーバーホイールではここをかなり細分化していますが、私には感知できないものも多く、個人的に使用してきた言葉に限定しています。

### 表03-4・その他の語彙

| 用語 | 英語 | 風味 |
|---|---|---|
| ワイニー | Winey | エチオピア、イエメン、中米の2010年以降に生まれた精製のよいナチュラルに使用します。微細な発酵臭を伴う場合もありますが、よい評価として使用します。赤ワイン。 |
| ハーブ | Herb | ハーブそのものを特定することは難しいと感じます。高い評価をすべきか難しいところで、刺激の強くないハーブ、コーヒーのフレーバーを邪魔しないハーブであればよい評価とします。 |
| レザー | Leather | 個性的な風味としてよい評価をします。マンデリン在来種などで、新鮮な青い芝から森の湿った匂いに変化していく中で感じられる香味です。 |
| ティー | Tea | 緑茶や紅茶の風味がまれにみられます。緑茶の渋味はコーヒーにとってよい味ではありませんが、新茶の香味を感じることがあります。紅茶は、浅い焙煎、粉に対し抽出量がかなり多いBrixの低いコーヒーに感じることがあります。エチオピアのウォッシュドにみられるレモンティーは高い評価をします。 |
| スパイス | Spices | シナモンは入港したての中米などの新鮮なコーヒーにみられ、風味のアクセントになります。ペッパーなどは香味そのものがきつくなる可能性があり、個人的には高い評価はしません。 |
| チョコレート | Chocolate | ミルクチョコレートは、ハイロースト、シティロースト以上の焙煎度のコーヒーにみられます。ダークチョコレートは、フレンチローストのコーヒーの濃縮感の中に感じられます。テクスチャーにも影響します。 |

| カカオ | Cacao | カカオはベリー系果実の味ですので、ベリーの中に粘性を感じる場合に使用します。カカオニブはやや濁りのある場合に使用した方が無難です。 |
|---|---|---|
| ナッツ | Nutty | 広く使用されていますが、アーモンド、ピーナツなどの感知は難しく、筆者はこの言葉を使用しません。使用する場合は、ややざらつきのある負の風味として使用します。 |
| バニラ | Vanilla | バニラビーンズは、風味に複雑さをもたらします。その味は、ショ糖と脂質の多い豆に感じられます。 |
| キャラメル | Caramel | ショ糖量の多い生豆をシティ以上の焙煎度にした場合に感じられる可能性があります。 |
| シュガー | Sugar | ショ糖量の多い生豆の幅広い焙煎度のコーヒーに感じます。口に入れた瞬間もしくはアフターテーストで感じます。 |
| ハニー | Honey | 優れた多くのコーヒーのアフターテーストに感じます。 |

# ■03-5 有機酸の用語

　一般的には、標高が高く昼夜の適度な寒暖差がある産地は呼吸作用がゆるやかとなり、総酸量（Titratable acidity）が増えると考えられます。また、ブラジルを例にとれば、セミウオッシュ（Semi-Washed）は、パルプドナチュラル（Pulped Natural）やナチュラル（Natural）の精製方法に比べ総酸量は多い傾向がみられます。

　また、焙煎度により有機酸の組成は変わります。生豆に含まれる有機酸はクエン酸、酢酸、リンゴ酸などですが、クロロゲン酸が焙煎によりキナ酸とコーヒー酸に分解され、新たに乳酸なども加わります。コーヒーの酸味は、これらの酸の量と組成により複雑に変化していると考えられます（表03-5）。中米産、コロンビア産はクエン酸をベースにしたオレンジのような酸味ですが、東アフリカのケニア産、エチオピア産はクエン酸にリンゴ酸がからみ複雑さが増す傾向がみられます。また、インドのセクション9品種などのカティモール品種、アナエロビックなどのコーヒーは酢酸の酸味を感じるものが見られます。

**表 03-5・焙煎豆の有機酸**

| 有機酸 | 英語 | 呈味と内容 |
|---|---|---|
| クエン酸 | Citric | 焙煎豆の中に多く含まれ、柑橘の果実の基本の酸です。<br>強ければレモン、甘ければオレンジのような酸、やや苦味を伴えばグレープフルーツのような酸。 |
| 酢酸 | Acetic | お酢の刺激的な酸で、酸味の強さに影響します。クエン酸より少なければ、全体の酸味を心地よくさせますが、多いと刺激的な酸味になります。 |
| リンゴ酸 | Malic | リンゴのような酸。酸味を複雑にする場合もあれば、わずかに収斂性を感じる場合もあります。他の有機酸との組み合わせで複雑さを生むと考えられます |
| キナ酸 | Quinic | 焙煎が深くなるにつれクロロゲン酸からキナ酸とコーヒー酸が生じます。かすかに苦味や渋味を感じる可能性があります。 |

　SP は CO より有機酸量が多い傾向があり、酸味が際立ちます。例えば、ケニア産の場合、

SPはCOより柑橘果実のクエン酸が、酸っぱい酢酸よりも多く含まれ酸味の質をよくしていると考えられます（図03-1）。

図03-1・ケニア産SPとCOの有機酸(クエン酸、酢酸)量 mg/100g

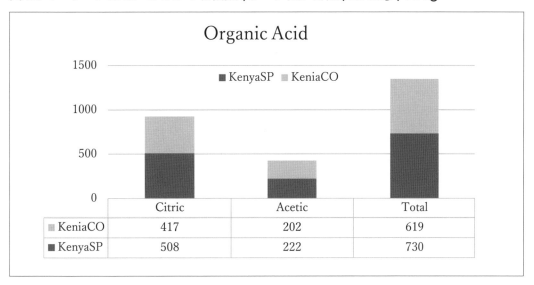

　これらの酸の組成は、論文、化学書などで異なり一様ではありません。SPの基礎的な有機酸と風味に関する分析研究はほぼありませんので、さまざまなサンプルの分析実験を積み重ねています。筆者の2023年の分析では、グリコール酸が関与していることが明らかになっています。

## ■03-6 テクスチャーの用語

　テクスチャーは、口内の触覚器官への刺激で感知される流動特性をいいます。複数の成分の総和により起きる口中の濃縮感をテクスチャーとします。口内で知覚できる物理的特性を本書では、ボディ（body：コク）として使用します。

　生豆に含まれる12〜18%程度の脂質は、香味を吸着し、コク（Body）に大きな影響を与えると考えられます。

　また、抽出液に浮遊するわずかなコロイド（油膜と沈殿物）は、口触りに質感を与えますが極めて微量です。また、抽出液に含まれる水溶性の植物繊維もテクスチャーに影響を与えると考えられます。口腔内で感知する粘性、なめらかさ、複雑さ、厚みなどの言葉を表03-6にリストアップしました。

## 表 03-6・テクスチャーの用語

| 用語 | 英表記 | 味 | 原因 |
|---|---|---|---|
| バター | Buttery | バターの粘性 | 脂質量が多い |
| クリーム | Creamy | クリームの舌触り | 脂質量がやや多い |
| 水っぽい | Watery | 水っぽい | 脂質が少ない |
| 重い | Heavy | 重い味 | 抽出時の粉が多すぎる |
| 軽い | Light | 軽い味 | 抽出時の粉が不足 |
| なめらか | Smooth | 滑らか | 油性物質、コロイド |
| 厚みがある | Thick | 厚みがある | 高レベルの固有物質 |
| 薄い | Thin | 薄い | 低レベルの固有物質 |
| 複雑 | Complexity | 複雑な味 | 多様な成分の複合 |

　ボディ感は、標高が高い産地で収穫され脂質量が多い豆、抽出液の*Brix が高い豆に強く感じる事例が多くみられます。ここでは、個人的に感じるボディを 3 段階に区分（表03-7）してみました。ただし、コロンビアなどの生産国で、ボディという言葉が多く使用されますが、その粘性の感覚は日本人とはかなり違うように思えます。

## 表 03-7・ボディの用語

| 用語 | ボディ感 | 脂質量 | Brix | 品種 | 生地の触感 |
|---|---|---|---|---|---|
| ライト | 軽いボディ | 14 ～ 16% | 1.2 前後 | ティピカ | シルク |
| ミディアム | 中程度のボディ | 15 ～ 18% | 1.4 前後 | ブルボン | フランネル |
| フル | しっかりした | 17 ～ 19% | 1.5 以上 | SL | ベルベット |

＊ Brix は、エチオピア産ウォシェドを使用し、25g の粉を 2 分 30 秒で 240 ㎖抽出し計測しました。

# ■03-7 欠点の風味の用語

　精製過程における生豆の汚濁、保管中における成分変化、焙煎による欠陥などにより生じる好ましくない負の風味を表03-8 にしました。SP といえども、生豆保管や焙煎の不備により発生します。

## 表 03-8・欠点の味

| 欠点の用語 | 英表記 | 風味 | 原因 |
|---|---|---|---|
| ひねた | Aged | 酸、脂質が抜けた味 | 経時変化、脂質の劣化 |
| 土っぽい | Earthy | 土のような味 | 乾燥工程の不備 |
| 穀物 | Grain | 穀物っぽい | 焙煎が浅すぎる |
| 焦げ | Baked | 焦げた風味 | 焙煎で急速な加熱 |
| 煙臭 | Smokey | 煙っぽい | 焙煎の排気不良 |

| 発酵 | Fermented | 不快な酸の味 | 過完熟他、糖分の変質 |
|---|---|---|---|
| 平坦 | Flat | 気の抜けた味 | 焙煎による成分の遊離 |
| 死に豆 | Quaker | 渋味や異質の味 | 未熟豆 |
| ゴム臭 | Rubbery | ゴムのような臭い | カネフォーラに多い |
| 枯れ味 | Straw | 枯れたわらの味 | 保管中の脂肪の酸化 |
| 朽ちた木 | Woody | 腐った不快な木の味 | 経時変化、有機物の消失 |
| 薬品臭 | Chemical | 塩素、化学薬品 | 細菌 |
| カビ | Fungus | カビ臭 | 真菌（カビ） |
| 埃っぽい | Musty | 埃っぽさ | ブラジルなどに見られる |

Ted R. Lingle /The coffee cuppers handbook/2000 を参考に筆者が作成

## ■03-8 コーヒーの感覚表現用語

　日本のコーヒー関係者たちが早川文代さんと作成した*語彙集（表03-9）があります。市販のレギュラーコーヒーから24種を試料とし、カリタＫＤＭ－300RG で中挽き、粉100 g に対し1700 m l の水を使用し、ブルマチックコーヒーメーカで抽出したものを10人のパネルがテイスティングしてあげた用語です。おそらく日本のコーヒー業界では初めての試みで、その実績は素晴らしいものですので、その一部を掲載しました。但し、SP に特化したものではないため特徴的な良い風味の語彙が少ないこと、また香りの表現には負の言葉が多く含まれています。

### 表03-9・味／風味 （口内の味覚で感じられる特徴、場合によっては嗅覚あるいは触覚が関与することもある）

| | 味の表現 | 用語の定義 |
|---|---|---|
| 酸味 | すっきりした酸味<br>シャープな酸味<br>広がる酸味<br>まろやかな酸味<br>さわやかな酸<br>酸味が後に残る | 余計なものがなく、クリアな酸味<br>際立って感じられるキレのある酸味<br>口の中でゆっくり広がる酸味<br>口あたりが柔らかくまた味が穏やかな酸味<br>際立って感じられ、心地よく持続する酸味<br>口の中やのどに残る酸味 |
| 苦味 | すっきりした苦味<br>シャープな苦味<br>まろやかな苦味<br>苦味が後に残る | 余計なものがなくクリアな苦味<br>際立って感じられキレがある苦味<br>口あたりが柔らかくまた、味が穏やかな苦味<br>口の中やのどに残る苦味 |
| 甘味 | 甘酸っぱい<br>甘味が後に残る | 甘さと酸味が調和した味<br>基地の中やのどに残る甘味 |
| その他 | コクのある<br>渋味が後に残る<br>苦渋い<br>雑味がある<br>塩味<br>エグ味のある | 口に含んだ量感・質感<br>口の中やのどに残る渋味<br>不快に感じられる苦味と渋味<br>不快に感じられる風味<br>しょっぱい味<br>のどを刺激する強い渋味 |

＊口当たり（口中で主として触覚で感じられる特徴）

| 綜合的な印象 | 用語の定義 |
|---|---|
| ボディのある | しっかりした口あたり |
| 収斂味のある | 舌を刺激するような渋味 |
| 舌触りの良い | 口に含んだ触感として舌触りがよい |
| なめらかな | 口に含んだ触感としてなめらか |
| とろみのある | 口に含んだ触感としてとろみがある |
| ざらつきのある | 口に含んだ触感としてざらつきがある |
| 粉っぽい | 口に含んだ触感として粉っぽい |
| べたつきのある | 口に含んだ触感としてべたつきがある |

＊綜合的な印象（複合的な感じを表し、印象を伴うことが多い）

| 総合的な印象 | 用語の定義 |
|---|---|
| キレのある | 特徴はあるが味が後までの残らないさま |
| すっきりとした | 後味が残らない爽快なさま |
| さっぱりとした | 後味が残らないさま |
| クリアな | 雑味のないさま |
| シャープな | 特徴が際立つさま |
| マイルドな | 味や香りが穏やかなさま |
| まろやかな | 口あたりが柔らかいさま　味が穏やかなさま |
| やわらかな | 刺激が少ないさま |
| 繊細な | 風味が細やかなさま |
| バランスの良い | 調和のとれた味 |
| 味の強い | 味全体が強いさま |
| ストロング | 口に含んだ時の味の強度が強い |
| 重い | 口に含んだ時の量感が強い |
| きつい | 口に含んだ時の量感が強く不快に感じる |
| ライトな | 口に含んだ時の強度が控えめなさま |
| ニュートラルな | 調和が取れているが際立った特徴がないさま |
| 単調な | 単一の風味が特徴 |
| 平坦な | 味の特徴がない |
| 淡白な | 味の特長が薄く、あっさりとしているさま |
| 芳醇な | 香り高く味がよい |
| ワインのような | 甘味により酸味が包み込まれている |
| リッチな | 風味が豊か |
| きりっとした | 特徴が際立ち味や風味の立ち上がりが早い |
| ピリッとした | 個性的な風味のさま、軽くしびれるような感じ |
| 刺激的な | 個性的な風味のさま、軽く刺すような刺激 |
| ツンとした | 個性的な風味のさま、ある風味が突出して強く、つんと刺すような感じ |
| 刺すような | 個性的な風味のさま、さすような不快なさま |
| アルカリのよう | アルカリを思わせるような個性的な風味のさま |

＊日本家庭用レギュラーコーヒー工業会の「コーヒーと味覚と香りの研究・啓蒙に関するプロジェクト」で作成されたものから抜粋

＊早川文代 / コーヒーの感覚表現用語集 / 食品と容器VOL .53 N9/2012

＊ FUMIKO HATAYAWA et.al /SENSORY LIXICON OF COFFEE FOR JAPANESE CONSUMERS、UNTRAINED COFFEE POFESSIONALS AND TRAINED COFFEE TASTERS/Journal of Sensory Studies 25(2010) 917-939

## ■03-9 フレーバーホイール（Flavor wheel）

「フレーバーホイール」とは、ある食品から感じられる香りや味の特徴を、類似性や専門性を考慮して円状かつ層状に並べたもので、その食品に関わる人が香りや味について共通認識を持ち、コミュニケーションを行うためのツールとして用いられます。日本では、清酒、泡盛、ウイスキー、ビールなどの酒類にはフレーバーホイールがあり、紅茶や緑茶でもありますがコーヒーはありません。

SCAのフレーバーホイール（Flavor wheel（2016に改訂）は、大、中、小とカテゴリーが区分され、一番内側の大カテゴリーは9つに区分され、さらに細分化されていきます。

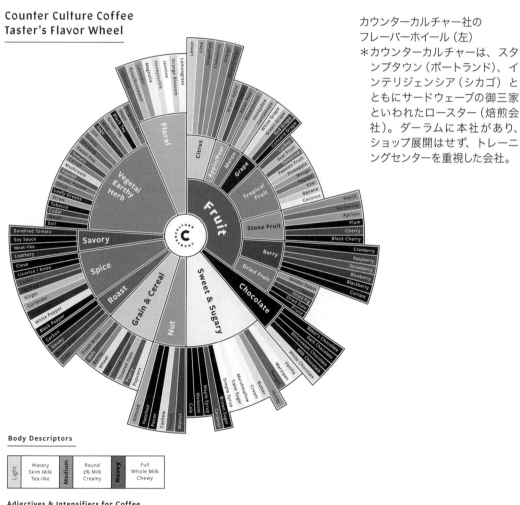

カウンターカルチャー社のフレーバーホイール（左）
＊カウンターカルチャーは、スタンプタウン（ポートランド）、インテリジェンシア（シカゴ）とともにサードウェーブの御三家といわれたロースター（焙煎会社）。ダーラムに本社があり、ショップ展開はせず、トレーニングセンターを重視した会社。

SCA のフレーバーホイールの大カテゴリーは、FLORAL、FRUITY、SWEET、NUTTY/COCOA，SOUR/FARMENTED、GREEN/VEGETATIVE、ROASTED、SPICES、OTHER の９種に区分されていますが、それらから派生するフレーバーを見ていくと、正の風味と負の風味が混在しています。また、フレーバーの基礎となる食材は米国のものがベースで、米国在住の人向けと推測されます。したがって、このフレーバーホイールを日本人が使いこなすのは難しいのではないかと感じます。そのためか、米国内でもフレーバーホイールを修正したものや、簡素化したものも生まれています。ノースカロライナ州ダーラム（Durham）の*カウンターカルチャー (Counter culture) が作成したフレーバーホイールもありますが、まだ複雑で共通のコンセンサスは取りにくいと考えます。

コーヒーの特徴的な風味については、多くのコーヒーを体験し、少しずつ理解していくもので、これらのフレーバーホイールを参考にするのはよいでしょう。しかし、カッピング会、競技会などで、フレーバーホイールからのコメントを積極的に使用する事例が多くなるにつれ、本当に風味を理解したうえでのコメントしているのか疑問を感じる事例も増えてきました。

2010 年代に入り、SP の風味が多様化し、複雑になるにつれ、世界中の焙煎会社やマイクロロースター（自家焙煎店）も、商品説明の語彙が増えています。

**コーヒーの風味を的確に表現するものもあれば、業界内でもコンセンサスが取れず疑義が生じるような表現も増加しつつあります。それらは、コーヒーを提供する側と消費者の受け止め方に乖離を生み出す状況も生み出しています。**多くの消費者は、コーヒーの風味について過剰に表現された語彙に戸惑い、自分の味覚に自信を喪失するような事例さえ生み出しているように感じます。テイスティングの表現は、消費者に分かりやすく伝えることが必要で、語彙はきるだけ簡潔にその風味を言い表している言葉がよいでしょう。

## ■03-10 WCR の LEXCON

WCR は、SENSORY LEXICON を 2016 年に公表しています。これは、SP を想定し、Sensory Analysis Center at Kansas State University のラボで開発され、The Labo of Rhonda Miller at Texas A&M University で検証されました。この LEXCON は、官能的な評価ツールとは異なり、**主に科学的な調査、研究を行うために作成されています。**そのため、よい、悪いという属性ではなく、15 段階のフレーバーの強度で比較し、評価の再現性を重視しています。110 の属性があげられ、属性名とその定義、参考品、風味の強度などからなり専門性が高く、研究者、科学者用といえます。

例えば、「Blackberry」は、「The sweet、dark、fruity、slightly、sour、somewhat woody aromatic」と定義され、強度はFlavor 5.5とされます。但し、参考品を「Smuckers Blackberry Jam」としています。

WCRのLEXCON（語彙集）は、味の強度を重要視し、米国の食品をベースに作成されていますので、現時点では米国用といえます。

## ■ 03-11 SUSTAINABLE HARVESTのTastify

SUSTAINABLE HARVEST社が2014年にSCAの展示会でお披露目した「Tastify」のフレーバーホイールはシンプルです。「Tastify」は、コーヒーを効率的に記述してスコア付けできるWebベースのアプリです。

フルーツのフレーバーが多くを占めていますので、「コーヒーはフルーツだ」というアメリカの新興勢力のマイクロロースターの人にはわかりやすいでしょう。テイスティング入門者は、これを見ながら風味のニュアンスをつかみテイスティングを行うのはよいと思います。

ただし、無理して言葉を探し、無理やり言葉を当てはめたりすることは避け、自分の感性で受け止めた言葉でコメントするべきと考えます。

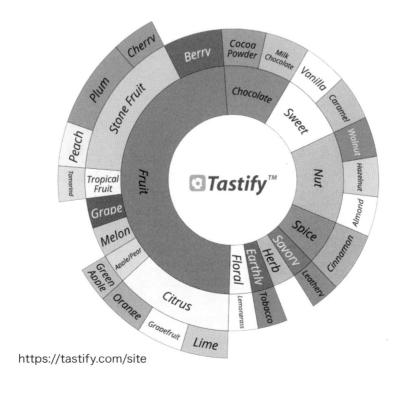

https://tastify.com/site

また、このフレーバーホイールは「ロースターと生産者が、異なる国で同時にコーヒーをカッピングでき、ウエーブ上で Tastify を介してそのコーヒーについて協議できることです」とサスティナブルハーベストの創業者の David Griswold さんは語っていました。

フレーバーホイールは、テイスティングの助けになり、コーヒーを感応的にとらえることができます。しかし、**生豆の品質を客観的に評価するには、そのスコアをつける際にその評価の基準が重要となります。生豆の品質評価の基準はどうあるべきかについては、世界的に見て十分なコンセンサスが取れているとはいえません。**

## ■03-12 コーヒーの風味表現 ピンクブルボン品種の事例

ピンクブルボン品種は、レッドブルボン品種とイエローブルボン品種の交雑種で、さびに対する抵抗力が強く、収量が多く、肥料をあまり必要としないようです。

チェリーは完熟手前のような色で、ピッキングの判別は難しそうな印象です。コロンビアのウイラ県、カウカ県、エルサルバドルなどで少量栽培され、日本でごくわずかに流通しています。このような特殊なコーヒーのコメントは複雑になりがちですがどのようにすればよいでしょう。米国人のコメントに接した時に、誇張されたかのような表現に違和感がありました。

### 1. 米国の某ロースターのコメント

「エレガントでトロピカル。ストロベリーグアバ（グァバの別品種）、スイカズラ（花）、アーモンド、サンダルウッド（香木、白檀）、カカオニブ（カカオ殻）の香りとカップ。明るく活気のある酸味を持つ豊かで甘い。シロップのような口当たり。繊細なフィニッシュのストロベリーとスイカズラの余韻。」

ここまで分析できるのは素晴らしいことですが、味覚の天才のように思えてしまいます。大部分のコーヒー関係者は理解できないでしょう。全体としては個人的な見解となり、共通言語としては成り立たないでしょう。したがって、**他人に理解してもらうための語彙は今少し簡潔にし、上記のような個人的な感性で受け止めたものとは分けて表現すべきと考えます。**

### 2. 日本の某商社のコメント

「グリーンアップル、キウイ、スパイシー、コンプレックス、ブライトオレンジ、キャラメル、スロッピーマウスフィール、ロングスウィート」

「ピーチ、チェリーの様な爽やかなアシディティ、シロッピーマウスフィール」

言葉を羅列するのはよい方法です。しかし、これが日本人のコメントであれば違和感を感ぜざるを得ません。現状では、このような語彙が自家焙煎店などに拡散されていく傾向が強く感じられます。**自分で最も強く感じるもの 3 つくらいに絞るのがよいでしょう。**

## 3. その他に見られるコメント

「ラベンダーの香り、ピンクグレープフルーツ、クリーミーな口当たり」

「甘く、花のような、エレガントでバランスのとれた味わい」

「ほのかに梨の香り。まろやかな舌触りで、後味はミルクチョコレートを思わせ、香ばしさが少し残る」「トロピカルフルーツ、ピーチ、紅茶など複雑かつ繊細なフレーバーをもつコーヒー」「クリーンな味わいと華やかな香りが特徴。口に入れた瞬間に果実感のある香りがふわりと口の中に広がる。」「苦味・酸味ともにマイルドで、果実のような甘みが感じられ、すっきりした味わいです。」

1 から 3 のコメントは、テイスティングしたプロの風味の受け止め方ですが、表現がかなり異なっていることがわかります。**但し、これらのコメントからは、「花のような香りがあり、果実の風味がありなめらかなコクがある」ということは感じとれます。**

そこで、2 と 3 の豆と同じサンプル（**表 03-9**）を入手し、個人的にテイスティングしてみました。当然サンプルの状態や焙煎が異なりますし、テイスティング時期が違いますのでコメントに違いは生じますので、3 年間継続しました。

### 表 03-9・ピンクブルボンのサンプルデータ　ミディアムロースト

| 生産国 | 生産地区 | 収穫年 | 水分値 | pH | Brix |
| --- | --- | --- | --- | --- | --- |
| コロンビア | カウカ県 | 2020.2021.2022 | 11.0 〜 11.6 | 5.0 | 1.2 |

2020 年「香りはコロンビアのコマーシャルコーヒーと同程度で弱め。柑橘系の果実の酸を感じますが、他のカウカ産のコロンビアと共にブラインド評価した時には突出した風味はみられません。」

2021 年「特別な選別はされてはいないようで、未熟豆の混入が見られ、やや濁り感を感じます。但し、豆質は堅く、甘いアフターテーストがあり、深い焙煎にも耐えられそうです。このサンプルからは SP としての評価は困難です。」

2022 年「特別なキャラクターはないものの酸味とコクのバランスの良いコロンビア産で、SCA 基準で 82 点の SP として評価できます」

特徴的な風味が見られる訳ではなく、このような評価になりました。

# ■03-13 2021年インターネットオークションにおける語彙事例

2021年に行われた*COE（Cup of Excellence）以外のプライベートオークションの豆のコメントをピックアップし、筆者のコメントも載せました（表03-10）。

＊COEは1999年のブラジルからスタートしたインターネットオークションです。COEとは別に、パナマの「エスメラルダ農園」、グァテマラの「エル・インフェルト農園」など多くのプライベートオークションが広まっています。2023現在、年間25程度のオークションが開催されています。

## 表03-10・2021年　オークションジャッジによるフレーバー表現

| 生産国 | 品種・精製 | ジャッジのコメント（英訳）　太字は筆者のコメント |
|---|---|---|
| Pride of Gesha<br>ETHIOPIA | Gesha<br>Natural | Floral flavor, Refreshing acidity reminiscent of hibiscus and pomegranate, Sweetness of mango, red apple and guava, Lingering aftertaste of peach with a hint of dark chocolate.<br>（フローラル、ハイビスカスやザクロのさわやかな酸味、マンゴー、リンゴ、グァバのような甘味、ダークチョコレート、ピーチのほのかな余韻）**フローラルで、明るく、華やかな果実の酸味を感じ、甘い余韻が持続、パナマのゲイシャフレーバーはない** |
| El Injerto<br>GUATEMALA | Mocca Natural | Body/buttery silky, Cup/Clean and transparent. Balance/Integrated. Sweetness/sweet honey. Fragrance/Red apple raspberry. Flavor/almonds, lemon tea, red wine. Aftertaste/Delicate persistent.<br>（リンゴやラズベリーの香り、シルキー。クリーンで透明感がある、バランスがよく、蜂蜜の甘味、アーモンド、レモンティー、赤ワインのフレーバー、繊細な後味が持続する）**かすかに華やかな果実の香り、ナチュラル特有の発酵臭はなく丁寧な乾燥がクリーンで繊細な風味を生み出している。** |
| Taza Dorada<br>ECUADOR | Tipica-Sidra<br>Washed | Black currant, floral, jasmine,<br>（ジャスミンのようなフローラルさ、ブラックカラント）**フローラル、繊細で甘い余韻が残る、なめらかで柔らかな舌触りに特長が感じられ、よい豆と評価できる** |
| Exclusive<br>COSTARICA | Tipica<br>Yellow Honey | Aromas of flowers and vanilla, apple flavour, slim body and sugarcane aftertaste.（フローラルでバニラの香り、リンゴのフレーバーがあり、スリムボディでサトウキビの甘い余韻）**フローラル、複雑なコク、イエローハニーであるにも関わらず繊細な舌触り、クリーンな印象、ティピカ種がこの地に適応しているのがよくわかる。** |
| Best of Panama<br>PANAMA | Geisha<br>Natural | cup with great depth, syrupy body and apple like acidity Strong jasmine notes mixed with fruit notes such as papaya, strawberry peach, blackberry, dried apricot, plums, black cherry and mulberry.（深みのある味、シロップのようなコク、リンゴの酸味、パパイヤ、ストロベリー、ブラックベリー、乾燥アンズ、プラム、ブラックチェリー、マルベリー（桑の実、ブラックベリーに近い）、とジャスミン）**華やかな果実の香り、やや微発酵ながらアルコール臭はない、クリーンで完成度の高いナチュラル、黒系の葡萄、乾燥プラム、熟度の高い赤ワインの風味** |

第1章　テイスティングとは

　ナチュラルは、ウォシェトに比べ多様なキャラクターが出るためコメントが多くなる傾向があります。ここ数年は、ナチュラルには高い点数がつきますが、国際的なコンセンサスは形成されていないように感じます。個人的には微発酵で許容できる場合もありますが、エーテル臭の出ているものは高い評価をしません。オークションなどでは、SCA の Flavor wheel を念頭に置いて風味を表現しようとする方が多く見られます。無理やりフレーバーを当てはめているような印象さえあります。表のオークションコメントは、**複数のジャッジのコメントがまとめられている場合もありますので、複雑なように見えますが、一人のコメントでは今少し簡潔です。**

## ■03-14　2022年インターネットオークションにおける語彙事例2

　＊オークションロットは、SCA 方式で 85 点以上の風味の豆が多くなり特徴がつかみやすいといえますが、市場に SP として流通している豆の 99% 以上は 84 点以下で強いキャラクターはありません。同じようなコメントするにはかなり無理が生じますので、**84 点以下のコーヒーに過剰な表現は控えた方がよいと考えます。**2022 年のプライベートオークションのジャッジのコメントの一例をあげました（**表03-11**）。複数のジャッジのコメントが混ざっていますので、その一部からコメントを拾ってみました。

表 03-11・2022 年　オークションジャッジによる得点とフレーバー表現事例

| 生産国 | 精製 | 品種 | ジャッジ | ジャッジのコメント |
|---|---|---|---|---|
| Yemen | N | Udaini | 89.95 | カカオニブ、グレープフルーツ、イチジクのジャム |
| Costa Rica | N | Geisha | 93.16 | 花と蜂蜜のアロマ、きび砂糖と柑橘類のフレーバー、よわいボディとサトウキビの後味 |
| Honduras | W | Parainema, Lempira | 88.00 | アプリコット、フローラル、ストロベリー、マンゴー、アボカド、サトウキビ、蜂蜜、チョコレート、バニラ、オレンジ、ネクター、柔らかな酸味、クリーミーなボディ |
| India | N | Selection 9 | 90.43 | フルーツボウル、みかん、スパークリング、酸味 |
| Ethiopia | N | Gesha | 90.75 | パイナップル、スイカズラ、クレームブリュレの香り、ラズベリーとピーチティーのフレーバー、スイカズラの後味と甘い柑橘類の酸味 |
| Brazil | N | Geisha | 87.22 | ゴールデンレーズン、イエロー プラム、スパイシーなノート、クローブ、中程度の酸味、甘いテクスチャー、バランスのとれた、余韻 |
| Laos | N | Caturra | 84.86 | パイナップル、ハイビスカス、ダークチェリー カカオニブ、ビター、ワイニー |
| Colombia | Honey | CGLE | 89.00 | フローラル、レーズン、すいか、カモミール、クルミ、スパイス、クリーミー、ブドウ、赤ワイン、ピーチ |

＊オークションの場合は、スコアは高くなる傾向があり参考程度にとどめるべきと考えます。

71

エチオピア輸出会社

さまざまなオークションサンプル

コスタリカの ICAFE

エルサルバドル

コスタリカの輸出会社

生豆サンプル

# 第2章

# 品質評価の方法

コーヒーの品質評価の方法は、2004年以降SCAAのカッピング（＝テイスティング＝官能評価）によるところが大きく、SPの発展に寄与してきました。しかし、SPの風味の多様性が進む中2015年頃から、SCAAのカッピングフォームでの評価基準が曖昧になり、テイスティングンのみでは客観性が担保されないと考えるようになりました。そこで、官能評価以外に品質評価できるものがないかと考え、第一段階として、理化学的な分析数値や味覚センサー値などで官能評価を裏付けることができるかについて、第2段階として新しい官能評価表の評価基準が作れるかについて検証してきました。

## 04 SCA方式による品質評価

### ■04-1 スペシャルティコーヒーとは

米国では1970年代以降、大手ロースターの価格競争による品質低下が著しく、1950～60年代に比べ*消費量が半減しコーヒー離れが進みました。この状況に歯止めをかけようとする動きもあり1982年にSCAA（Specialty Coffee Association of America: 米国スペシャルティコーヒー協会）がSPの啓蒙、普及及び市場の活性化のため発足しています。2017年にはSCAE（ヨーロッパスペシャルティコーヒー協会）と合併しSCA（スペシャルティコーヒー協会 /https://sca.coffee/）となりました。

*米国は、1950年代には200社程度のロースターがありましたが、1970年代には20社程度のロースターに寡占化され、低品質コーヒーが増え、コーヒーが薄くなり、一人当たりの消費量も半減しています。

当時SCAAの事務局長であったDon Hollyさんは、SPについて、*「The Definition of Specialty Coffee」で、1978年フランスのモントルーユ（Motreuil）で開催された国際コーヒー会議のKnutsen Coffee社のErna Knutsenさんの「地理的に異なる気候は、ユニークな風味のプロファイルを持つコーヒーを生み出さす（略）」という考え方が基盤になっていると述べています。

さらに、「この際立ったユニークな風味のためには特定の生産地で、ティピカ品種やブルボン品種などを正しく栽培、精製、選別し、さらに輸送管理し、最適な焙煎プロファイルと新鮮な梱包管理、正しい抽出、官能評価のスタンダード化などが必要である」としています。Erna Knutsenさんは、SCAA内でGod Motherと呼ばれています。2014年に彼女の功労賞受賞式に立ち会いましたが、SCAA会員の熱狂度はすざましいものがありました。

この考えは、2000年代初期のSCAAのホームページ（HP）の*「What is the SCAA?」でも「SCAAの大きな役割の一つとして栽培、ロースト、抽出のための業界基準を確立すること」と継続されていました。

また、現在のSCAAのHPでも「What is Specialty Coffee?」では、「品質を最優先する農家、バイヤー、ロースター、バリスタ、消費者の献身により支えられているいる」とし、コーヒーの品質について広範囲に、高い意識で取り組もうとしていることがわかります。

\* The Definition of Specialty Coffee: Don Holly, SCAA (mountaincity.com)
\* What is Specialty Coffee? — Specialty Coffee Association (sca.coffee)
　広瀬幸雄、圓尾修三他 / コーヒー学入門 P106 / 人間の科学社 /2007

2004年に当時のSCAAの会長であったChristian B. Wolyhersさんが来日した際にお会いしましたが**「SPは、品質への取り組みのみならず、サプライヤーとの協力、社会的な問題意識、環境問題、倫理的ビジネス観などとの関連の中でとらえることも重要」**と話してくれました。

その後、SCAは、これらの文脈の中で世界的にSPという概念を広げてきています。市場にも多くの高品質の生豆の流通が目につくようになっています。

SCAは、よりグローバルな方向に進み、会員も増加しています。2020年代に入りSPの概念は、アジア諸国のみならず、中東などの新興諸国にも広がりつつあります。現在SCAは、「イベント、教育、研究におけるリーダーシップを通じて、持続可能な世界的なスペシャルティコーヒー コミュニティを育成し、業界の発展寄与する」というミッションを掲げています。

しかし、SPの拡大は、その概念を曖昧にする反作用もあり、SCAはSPの概念の変更を検討しています。2023年11月に現会長Yannis Apostolopoulosさんが来日し、SCAJ展示会で説明会を開催しています。（04-13に記述）


## ■04-2 日本のスペシャルティコーヒー

1999年に*「コーヒーのテースティング」（柴田書店 /2000/ 絶版）を書いていたときには、日本でSPという言葉はほとんど使用されていませんでした。

2001年マイアミで開催されたSCAAの展示会あたりから日本からの参加者も増え始め、2003年にはSCAJ（Secialty Coffee of Japan: 日本スペシャルティコーヒー協会）が発足しました。その活動は、年1回の展示会によるSPの啓蒙、バアリスタやハンドリップなどの競技会、テクニカル委員会、サスティナビリティ委員会などの活動、コーヒーマ

イスター、＊Qグレーダーの養成などです。

2004年4月26日に、私はSCAAのアトランタの展示会で「日本のスペシャルティコーヒー市場」について講演しています（講演内容は＊「スペシャルティコーヒーの本」に掲載）。このあたりが、日本のSPの黎明期といえるかもしれません。

＊Qグレーダー:SCAが定めた基準、手順にのっとってコーヒーの評価ができるとCQIが認定した技能者をいいます。資格は終身ではなく、3年ごとに更新試験があります。＊SCAJ（日本スペシャルティコーヒー協会）は、2003年に日本におけるSPの啓蒙、拡大のため発足しました。
＊堀口俊英 / コーヒーのテースティング / 柴田書店 /2000
＊堀口俊英 / スペシャルティコーヒーの本 / 旭屋出版 /2005

2000年代の前半には、コーヒーの風味が「抽出・焙煎」だけではなく，栽培環境、品種、精製・乾燥方法、選別、梱包材質、輸送コンテナ、保管方法により影響を受けると考えられるようになり、生豆の品質に目が向けられるようになった時代です。日本において、このムーブメントを牽引したのは、1990年代に起業した一部の自家焙煎店であり、その影響を受け2000年代に開業した多くの自家焙煎店でした。**SPには、公的な定義はありませんので、筆者がCOとの大まかな違いについて表04-1にしました。**

表04-1・アラビカ種のSPとCOの違い

| 項目 | スペシャルティコーヒー | ＊コマーシャルコーヒー |
|---|---|---|
| 栽培地 | 気候、土壌、標高などの栽培環境がよい | 標高が低い地区産が多く見られる |
| 生豆格付け | SCAのグリーングレーディング | 各生産国の輸出規格による |
| 生産履歴 | ＊生産履歴が把握できる | 生産履歴が曖昧なものが多い |
| 精製 | 精製、乾燥工程で丁寧な作業 | 量産される事例が多い |
| 品質 | 欠点豆少ない | 欠点豆が比較的多く含まれる |
| 生産ロット | 水洗加工場、農園単位など小ロット | 広域のコーヒーが混ぜられたロット |
| 風味 | 生産地区の風味の個性がある | 風味の個性が弱い |
| 生豆価格 | 独自の価格形成 | ＊先物市場と連動 |
| SCA評価 | 80点以上 | 79点以下 |
| 流通名事例 | エチオピア・イルガチェフェ G-1 | エチオピア |

＊SP以外の汎用品は、コモディーコーヒー(Commodity Coffee)、メインストリームコーヒー(Mainstream Coffee)など様々な言い方がありますが、本書はコマーシャルコーヒー(Commercial Coffee 以下 CO)という言葉を使用します。
＊生産履歴＝トレサビリティ(traceability)は、食品の安全を確保するために，栽培から加工・流通などの過程を明確にすること。コーヒーの場合は、生産国、生産地域、農園主、栽培・精製方法、梱包材、輸送方法、入港日（通関日）保管方法などの履歴をいいます。
＊先物市場は、将来の一定の期日に商品を受渡することを約束して、その価格を現時点で決める取引で、アラビカ種はNY市場、ロブスタ種はロンドン市場の影響を受けます。

## ■04-3 SCAの生豆鑑定

生豆の輸出規格は、各生産国が生豆300g中の欠点豆の種類や数、粒の大きさ、収穫地

第 2 章　品質評価の方法

区の標高などで格付けし、輸出等級を決めていますが、官能評価の基準は明確ではありません。そのため、輸出等級が上位であっても、よい風味が伴わない事例もみられ、生産国と消費国の品質に対する価値観の乖離が生じるようになっています。そのため、SCAA は2004 年頃から新たな品質基準の運用を始めました。欠点豆の数で格付けをする*生豆鑑定（グリーングレーディング /Green arabica coffee classification system）を導入し、さらに 10 項目 100 点満点の新しいカッピングフォーム（官能評価表）で 80 点以上の評価を得た豆をスペシャルティコーヒーとしました。SCAA はこのカッピングフォームを普及するために SCAA カッピングジャッジの養成を各生産国、消費国で行っていきました。現在、この方式は、* CQI（Coffee Quality Institute/ https://www.coffeeinstitute.org/）に受け継がれ、Q グレーダーが養成され国際的な広がりを見せています。

＊CQI の使命は、コーヒーの品質とそれを生産する人々の生活を向上させること。

　SCA の生豆鑑定は、生豆 350g の欠点数による評価を行います。欠点豆はカテゴリー 1とカテゴリー 2 に区分されています。SP として認定される条件は、カテゴリー 1(primary:黒豆や発酵豆など）がないこと、カテゴリー 2（secondary: 香味に決定的なダメージのないもの）を数え、5 欠点以下としています。また、スクリーンサイズは 14 から 18 と決められ、水分含有量は 9 〜 13% としています。また*生豆の色および焙煎後の豆 100g中のクエーカーの数も参考にしています。

＊生豆の色 =Blue-Green、Bluish-Green、Green、Greenish、Yellow-Green、Pale-yellow、Yellowish、Brownish。ウォシェトで適切に生成された豆はきれいなグリーンになりますが、ナチュラルの場合はやや薄茶になります。


　生豆鑑定では、欠点豆の数から、スペシャルティグレード、プレミアムグレード（表04-2）に区分されます。さらに、SP グレードに区分された生豆について、焙煎して分析型官能評価であるカッピング（Cupping）を行い、その結果 80 点以上を SP としています。生豆の品質を、生豆鑑定とカッピングという 2 つの側面から評価し、この評価方式を世界的に普及させた点において画期的で、SP の拡大に大きな貢献をしていると感じます。

## 表 04-2・SCA の欠点豆によるグレード

| 等級 | 内容 |
| --- | --- |
| Specialty Grade | 5 欠点以下、アロマ、フレーバー、ボディ、またはアシディティに少なくとも 1 つの特徴的な属性が必要。味に汚染がないこと。クエーカーが含まれないこと。 水分含有量は 9 〜 13%。 |
| Premium Grade | 8 欠点以下、アロマ、フレーバー、ボディ、またはアシディティに 1 つの特徴的な属性が必要。3 以下のクエーカー |

　カテゴリー 1 とカテゴリー 2 の欠点豆については表 04-3、04-4 のとおりです。

77

## 表04-3・カテゴリー1の欠点豆

| カテゴリー1 | 英語 | 原因及び風味 |
|---|---|---|
| 黒豆 | Full Black bean | 地面に落ちて発酵、菌によるダメージ、不快な発酵臭 |
| 発酵豆 | Full Sour bean | 発酵槽で発生、果肉除去の遅れなど、発酵臭 |
| ドライチェリー | Dried Cherry | 乾燥したチェリー、発酵臭、異臭 |
| カビ | Fungus Damaged | 菌によるダメージ、精製過程で起こる、不快な味 |
| 異物 | Foreign Matter | 木や石 |
| 虫食い | Severe Insect Damage | ひどい虫食い、ピンホールが多い、5粒で1欠点 |

虫食い以外は一粒でも混ざっていればSPグレードにならない

## 表04-4・カテゴリー2の欠点豆

| カテゴリー2 | 英語 | 原因及び風味 | 1点/粒 |
|---|---|---|---|
| 黒豆 | Partial Black | 一部が菌によるダメージ | 3 |
| 発酵豆 | Partial Sour | 一部が発酵、発酵臭 | 3 |
| 虫食い豆 | Slight Insect damage | 虫食いのピンホールがある、味の濁り | 10 |
| 未熟豆 | Immature | 未熟豆、シルバースキンの付着、渋味が出る | 5 |
| フローター | Floater | 密度の低い豆で水に浮く、乾燥などの不良 | 5 |
| しわ豆 | Withered | 豆の表面にシワ、生育不良 | 5 |
| 欠け豆 | Broken Chipped | 主にはパーチメントの脱穀の時に生じる | 5 |
| 貝殻豆 | Shell | 中身がない貝殻状の豆、生育不良など | 5 |
| パーチメント | Parchment | パーチメントの脱穀不良 | 5 |
| 外皮、殻 | Full/Husk | カビやフェノール、汚れた味 | 5 |

各気泡は5粒で1欠点というようにカウントします。欠点豆については、SCAのDefect Handbook/SCAAに写真と詳細がのっています。

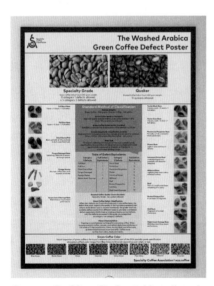

Green-Coffee-Defect-Handbook.pdf (coffeestrategies.com)

## ■ 04-4 サンプルの欠点豆をカウントしてみる

実際にナチュラルのブラジル、ウォシェトのコロンビア各3種をサンプリングし、生豆各350g中の欠点数を数えてみました（表04-5）。コロンビアのW1、W2は欠点数が少なくSPグレードとなりますが、W3および3種のブラジルのN1、N2、N3は欠点数が多くSPグレードにはなりませんでした。

表04-5・ブラジル乾式とコロンビア湿式の欠点豆の数

| 欠点豆 | N1 Brazil | N2 Brazil | N3 Brazil | W1 Colombia | W2 Colombia | W3 Colombia |
|---|---|---|---|---|---|---|
| 黒豆 | | | | | | |
| 発酵豆 | | | 1 | | | |
| 虫食い | 25 | 63 | 10 | 2 | 4 | 6 |
| 未熟豆 | 15 | 5 | 12 | | 4 | 10 |
| 欠け豆 | 10 | | 10 | 1 | 3 | 20 |
| フローター | | | 6 | 1 | | |
| 計 | 50 | 68 | 39 | 4 | 11 | 31 |
| *クエーカー | 25 | 10 | 18 | 0 | 2 | 3 |

＊クエーカー（quakers）は、未成熟豆で色が薄く目立ちます。糖質、アミノ酸が少ないと考えられ、褐色反応が弱いため焙煎豆の色付が悪く、不快な苦味や渋味を伴います。

## ■ 04-5 SCAのカッピング規約（プロトコル）

SCAのカッピング規約（Cupping Protocols）は、詳しく決められています。これらの世界規格を作ることがSCAAの目指してきたこととともいえます。2020年時点のSCAのHPに掲載されている「Protocols & Best Practices」の要点を抜粋しましたが、実態としてはすべてがこのように運用しているわけではありませんので、堀口珈琲研究所の方法の一部を併記しました（表04-6）。

## 表 04-6・SCA のプロトコル

| 必要な器具（Necessary Equipment） | 筆者注釈 |
|---|---|
| 明るく、静か、快適な温度、きれいで匂いがないなどの環境で行う。<br>厳密にはカッピングルームの基準もある。サンプルロースター、アクトロン | Agtoron scale はコーヒーの色調を計測し、日本の色差計とは異なります。SCA で販売しているカラースケールで代用します。サンプルロースターは様々 |
| ミル、テーブル | 高さ 85cm くらいのものがやりやすいが、日本で見つけるのは難しいためオーダーするか、IKEA などで 80cm くらいのものを探すのがよい。 |
| カッピング容器は、強化ガラスまたはセラミック材料。これらは、7 〜 9 液量オンス（207 ml 〜 266 ml）で、上部の直径は 3 〜 3.5 インチ（76 〜 89 mm）。 使用されるカップはすべて、同一の容積、寸法、材料のもので、蓋が付いているものとする。 | 5 〜 6 オンス（リビー）のロックグラス、無印良品のグラスなど 200ml 容量のものでよい。グラインド後、速やかに行うのであれば蓋なしでもかまわない。 |
| 給湯器具、スプーン、はかり、カッピングフォーム、鉛筆、クリップボード | 給湯器具は、電気ポットなどを使用。タイマーなども準備。 |

| サンプル準備（Sample Preparetion） | 注釈 |
|---|---|
| サンプルは、ロースト後 8 時間はおき、24 時間以内にカッピングする。 | 実際には焙煎後すぐ行う場合や、24 時間後、48 時間後に行っている。 |
| 焙煎度は、SCA カラースケールで 63。 | 日本の一般的な中煎り、一度目のハゼの終了前後。実際には、生産国、消費国、コンテストなどにおいて微差がある。 |
| 焙煎時間は 8 分以上 12 分以内、すぐに空冷し、密封容器などに入れ冷暗所（20℃）に保管する。冷蔵、冷凍は不可。 | サンプルローストは 10 分前後。アルミ包材に入れ、冷暗所に保管する。1 週間後などに行う場合は冷凍庫に保管。 |
| コーヒー 8.25g に対し水 150ml の比率 | グラスの大きさに合わせ左の比率を適用する。 |

| カッピング準備（Cupping Preparetion） | 注釈 |
|---|---|
| 試料は個別にグラスに計量し、かっピングの直前に挽き、挽いてから 15 分以内に熱水を注ぐ。 | グラインドしたら速やかに熱水を注ぐ。 |
| 粒度はペーパードリップ向けよりやや粗目（US スタンダードサイズ 20 メッシュ篩で粉が 70 〜 75 ％ 通過する粒度）。 | やや粗目の中挽き。フジローヤル 440 ではダイヤル 4 を使用。1mm の篩で 50% 通過する粒度。 |
| 各試料を個別に挽き、蓋をし、5 カップ用意する。 | 2 カップに省略して行っている。次の試料を挽く時は前の付着分を取り除くための豆を少量挽いてから行う。 |

| 熱水の注入（Pouring） | 注釈 |
|---|---|
| 水はきれいで匂いのないもの、蒸留や軟化したものは使用しない、約93℃。 | 一般的には浄水器を通した水道水でよい。 |
| 理想的な総溶解固形分（TDS）は 125 〜 175ppm であり、100ppm 未満または 250ppm 以上は不可 | 日本では Brix 計（濃度 / 溶質）でよい。ミディアムロースト Brix1.2 〜 1.4% 前後。 |
| 熱水は粉にカップの縁まで直接かけ、3 〜 4 分置いてから評価を始める | 熱水を注いでから 4 分後にブレーク（浮かんだ泡を崩し香りを嗅ぐ）する。 |

第 2 章 品質評価の方法

# ■ 04-6 SCA の評価手順

## 1) サンプルの評価（Sample Evaluation）

　テースティングの目的は、①サンプル間の官能的差異を判断する、②サンプルのフレーバーを描写する、③商品の選好を決めることです。**特定のフレーバー属性を分析し、カッパーの過去の経験に照らし、数値基準に基づき評価します**。SCA のカッピングフォーム（P84）　は、Fragrance/Aroma、Flavor、Aftertaste, Acidity、Body、Balance、Uniformity、Clean Cup、Sweetness、Overall および Defects　の 11 種のフレーバー属性を記録できます。フレーバー属性はプラスの評価となり、不快なフレーバーのディフェクトのみ減点とします。評価目盛りは 6 〜 10 点で、0.25 きざみで評価します。

## 2) 品質のスケール（Quality Scale）

　　SP の場合は、多くの場合各項目の評価は、6.00 点以上になります。6 未満の尺度は、コマーシャルコーヒーに適用するもので、それらはディフェクトの種類や強度の評価を目的とします。Good=6.00-6.75 、Very Good=7.00-7.75、Excellent=8.00 - 8.75、Outstanding=9.00-9.75。

## 3) SCA の評価手順（Evaluation Procedure）

　初めに焙煎の色を視覚で点検し、シートにマークし、フレーバー属性評価の際に参考にします。次に実際に官能評価を行います（表 04-7）。

### 表 04-7・SCA の評価手順

| Step #1 (Fragrance/Aroma) |
| --- |
| サンプルの粉のフレグランスを評価する。粉にしてから 15 分以内に行う。<br>熱水を注いだ後クラフト（液体の表面に浮かぶコーヒーの粉の膜）を壊さないで 3 〜 5 分置く。3 回かき回してクラフトを壊した後（ブレーク）、スプーンの背で泡をよけながら香りを嗅ぐ。フレグランス / アロマの評点をフォームに記入する。 |
| Step #2 (Flavor, Aftertaste, Acidity, Body, and Balance) |
| サンプルの温度が 70℃に下がったら（熱水を注いで 10 分前後）評価を始める。口腔内（舌と上顎）にコーヒーが広がるように吸い込む。鼻から抜けるレトロノーザルはこのような温度帯で感じられるため、フレーバーとアフターテーストをこの時点で評点する。 |
| 温度が下がっていく段階の 60 〜 70℃でアシディティ、ボディ、バランスを評点する。バランスは、フレーバー、アフターテースト、ボディが調和しているかの評価である。温度の低下の過程で、2 〜 3 回評価をする。フォームの尺度上の目盛りに丸を付ける。評価を変えるときは目盛りに再度印をつけ、初めの印から最終のしるしに→を引く。 |

81

| Step #3 (Sweetness, Uniformity, and Cleanliness) |
| --- |
| 抽出液が21～27℃に下がったら、スウィートネス、ユニフォーミティ、クリーンカップを評点する。カップごとに評価し、カップ当たり2点、最高点10点とする。<br>抽出液の温度が21℃になったら評価を止める。すべての属性を統合的に判断し、オーバーオールの評点を決める。 |
| **Step #4 (Scoring)** |
| 評価が終了したら、合計点を記入する。初めに7～9点台の数字を足し、次に各項目の0.25きざみの端数の合計を出すようにすると計算機がなくとも計算できる。 |
| 合計点は、ディフェクト分を減点してつける。ディフェクトは強度のものと軽度のものがある。 |

（補足）　風味をとらえる感覚には個人差がありますので、実際にはカッピングするときの温度帯は柔軟に考えてよいと思います。ブレークは、スプーンを下まで入れて抽出された粉をかき回さないで行います。

# ■04-7 個別の評価の仕方

　SCAのカッピングフォーム（評価表）の垂直の尺度は、その項目の強度の目安として評価者が自分用にマークします。水平の尺度は評価者が、特定の要素に関する自分の選好（preference）を経験上の理解に基づいて行います。（表04-8）。

## 表04-8・選好（preference）

| フレグランス / アロマ（fragrance/aroma） |
| --- |
| 熱水を注ぐ前に粉の匂いであるフレグランスを嗅ぐ、クラフトをブレークしながら放出されるアロマを嗅ぐ、コーヒー成分が浸出されるにつれ放出されるアロマを嗅ぐ。この3つの側面で評価することが望ましい。 |
| **フレーバー（Flavor）** |
| フレーバーはコーヒーの主要な特徴である。アロマとアシディティによる第一印象からアフターテーストに挟まれた中間領域的特徴を示す。味覚的感覚と口と鼻から抜けるアロマが複合したもので、その強度、質、複雑さであり、コーヒーを口に勢いよくすすったときに感じる。 |
| **アフターテースト（Aftertaste）** |
| コーヒーを飲みこんだときもしくは吐き出した後に、よいフレーバーが持続する長さと定義される。短ければ評点は低くなる。 |
| **アシディティ（Acidity）** |
| 好ましいときは明るい（ブライトネス）と表現され、好ましくないときはサワー（すっぱい）と表現されることが多い。<br>最高の状態では、コーヒーの快活さ、甘味、新鮮な果実のキャラクターを引き立たせ、コーヒーをすすると同時に感知される。過度に強い場合は不快の場合もある。アシディティの高いケニアとアシディティの低いスマトラでは、強度が異なるが選好評点は等しく高い点をつけることができる。 |
| **ボディ（Body）** |
| 口内の液体の触感、特に舌と口蓋の間で知覚される触感。ボディのあるコーヒーは、コロイドの存在により質的に高い評点になる。一方、ボディの軽いサンプルも口内で心地よい感覚をもたらすこともある。ボディが重いと想定されるスマトラと軽いと想定されるメキシコでは、強度は違うが選好点は等しく高い点をつけることができる。 |
| **バランス（Balance）** |
| フレーバー、アフターテースト、アシディティ、ボディがどのように調和し、どのように補完、または対照しあうかがバランスである。サンプルに、特定の属性が欠けていたり、一部が強すぎたりすればバランスの評点は低くなる。 |

| スウィートネス（Sweetness） |
| --- |
| 甘さを意味し、特定の炭水化物に起因する。反義語は、酸っぱい（sour）収斂性（astringency）といったフレーバーである。ショ糖を多く含んだ飲料のように直接感じられるものではないが、他のフレーバー属性に影響を与える。5 カップ ×2 点 =10 点が満点となる。 |

| クリーンカップ（Clean cup） |
| --- |
| 最初に口に入れた時から最後のアフターテーストまで、他の味に緩衝するマイナスの印象がない透明性を指す。カップごとに、異なるアロマや味があれば減点する。5 カップ ×2 点 =10 点が満点。 |

| ユニフォーミティ（Uniformity） |
| --- |
| カップ間においてフレーバーの一貫性を指す。5 カップ ×2 点 =10 点 |

| オーバーオール（Overall） |
| --- |
| サンプルに対し、個々の評価者が捉えた総合的な評定を反映する項目である。 |

| ディフェクト（Defects） |
| --- |
| テイント（taint: 汚れ）は顕著なオフフレーバーでアロマに見られる。強度は「2」<br>フォルト（fault）は味の側面に見られるもので、受け入れがたいもの。強度は「4」<br>その欠点の性質について、サワー、ゴムのよう、発酵臭、薬品臭などを記入し、強度が 2 か 4 かも記録し、欠点の数を乗じて合計点から減じる。 |

（補足）　優れた SCA 方式といえども、官能評価の評価基準は不明瞭な側面があります。アシディティの強弱であれば、マンデリンの場合は、在来種の場合クエン酸系の酸が強く、カティモール品種の場合は酢酸系の酸味が強くなり、クエン酸系の酸味を高く評価します。ボディをなめらかさという感覚でとらえれば、メキシコの場合は、ボディが弱いコーヒーですがティピカ品種のシルキーさがあれば高い評価をします。スウィートネスは、メイラード反応前のショ糖量の影響が大きく、アフターテーストの余韻の中で感知するようにするとわかりやすいといえます。クリーンカップは、欠点豆の混入が少ない方が濁りはありませんし、生豆の脂質が劣化していなければクリーンです。また、標高が高い産地の方がクリーンな傾向があります。SP のサンプルの場合、SCA 方式の定性評価である Sweetness、Clean cup、Uniformity は、10 点になる場合が多くなります。

## 最終採点（Final Scoring）

　SCA 方式では、トータルスコア（total score）マイナスディフェクト（defects）分がファイナルスコア（**表 04-9**）となります。

### 表 04-9・Total Score Quality Classification

| SCA 点数 | SCA の品質 |
| --- | --- |
| 90-100 | Outstanding – Specialty |
| 85-89.99 | Excellent – Specialty |
| 80-84.99 | Very Good – Specialty |
| < 80.0 | Below Specialty Quality |

（補足）個人的見解となりますが、2022 年現在、SP として流通している豆の評価の比率 は、80-84.99 が 99%、85-89.99 が 1% 弱、90-100 は例外的に少ないと考えます。

**SCA Cupping Form**

## ■ 04-8 筆者の SCA 方式の評価基準

　著者が、過去 20 年近く SCA のカッピングフォームを使用してきた評価基準を**表 04-10** にしました。SCAA の官能評価表の運用基準とは異なる部分もあります。

### 表 04-10・2016 年までの著者の SCA 評価基準

| 評価 | 内容 |
|---|---|
| 79 点≦ | 生豆の経時変化がある、濁り感を伴う、風味の特徴が乏しい、渋味を伴うなどの状態により 79 点以下の点数とします。 |
| 80 点 | 80 点は CO との境目で最も判断が難しい評価となります。最終的には液体のクリーンさで判断しています。 |
| 81〜84 点 | 81 点以上は優秀なカッパーであれば生産国を推定できる場合もあります。汎用品に比べ欠点が少なく、クリーンで酸とコクのバランスのよい豆に評価しています。各項目の点数の積み重ねで決まりますが、81 点と 82 点の差を合理的に説明することは不可能です。 |
| 85 点 | 84 点までのコーヒーとは明らかに異なり、風味特性が顕著に感じ取れます。この点数のハードルをかなり高く設定しています。 |
| 85 点≧ | 生産国の産地もしくは品種の風味特性が明確な優れたコーヒーです。多様な焙煎度でも風味特性が残ることを重視します。優秀なカッパーであれば生産地区を特定できる場合もあります。**各生産国の最高峰レベルの風味といえます。** |
| 90 点≧ | 風味特性が 85 点以上の豆より明らかに際立ち、かつ希少で生産地区、品種まで特定できる場合もあります。多様な焙煎度でも風味が際立ちます。**毎年安定して個性的な風味を維持し、高スコアを維持できる豆で、これ以上の特長のある風味のコーヒーは多くはないといえます。**ゲイシャ品種、ケニアのファクトリー、エチオピア G-1、スマトラ在来品種、パカマラ品種、特殊なイエメンなどの中で突出した風味のコーヒーなどに対し評価します。 |

| 95 点≧ | 生産地において最高の風味で、それ以上のものに簡単には遭遇しないレベルのコーヒーです。**過去 10 年の歴史の中で最高と思われる風味のもので、焙煎領域が幅広く、焙煎度により様々な風味が見られる可能性のある豆**について評価します。 |

（補足）　90 点以上の評価には、過去の風味との比較が必要となり、多くの 85 点以上の風味の体験が必須です。これ以上の素晴らしい風味はないと信じさせてくれる場合に評価します。

# ■ 04-9 COE の官能評価

　\* COE（Cup of Excellence）は、1999 年に初めてブラジル産インターネットオークションが開始されています。初期の段階では認知度は低く、参加者は限定されていました。しかし、当時としては珍しい単一農園の豆がラインアップされ、オークションのシステムも画期的でした。この COE の立ち上がりは SCAA により支援されていましたが、その後、2002 年運営母体として Alliance For Coffee Excellence, Inc（ACE）が設立され、2003 年には新たなプラットフォームでオークションが再開されています。この COE は、①国内審査された豆の中からを国際審査員が選び、②特別な品質の豆を生産者と消費国が共有し、③インターネットオークションという方法で、コーヒー関係者に対し啓蒙の機会を作り出す取り組みと認識しています。

\* cup of excellence cupping form pdf

　筆者は、初めて開催されたブラジル産のインターネットオークションに興味があり、1999 年有楽町のトーメン本社（総合商社 2006 年に豊田通商と合併）で、夜中の 3 時すぎまでビットしていましたが、最終的には落札しませんでした。その後、2003 年頃までの間に、ブラジル産、コスタリカ産、グァテマラ産、ニカラグア産などを落札したことがあります。ただし、筆者は、**2002 年から、産地開拓をし始め、農園とのパートナーシップの構築を模索し**、長期的な取引を目指しましたので、その後は COE で落札していません。

　SP ムーブメントの黎明期に、COE は消費国にとってよりよいコーヒーを知る機会が増え、生産者にとっては自分の農園の宣伝になり、両者にメリットがあり、このオークションは、SP の認知、拡大に貢献したと思います。

　しかし、COE が広まるにつれ、消費国サイドで 1 位を落札しようとする動きが顕著になり、それに伴い、袋数（60kg/1 袋）が減少し、梱包 kg も減り、全体の価格の上昇が起こりました。2000 年代は、日本の商社、ロースターの落札が顕著に目立ちましたが、オークション豆を落札しても、販売促進に利用するのみで入賞した優れた農園の豆を購入する事例は少なく、農園サイドからは COE に入賞しても農園の豆が売れないという不満も一部にくすぶりました。この時期は、自家焙煎店やロースターの SP 使用量は少なかったた

め、商社は農園との直接取引を拡大することは難しい状況下でしたのでやむを得なかった
ともいえます。その後、SP 市場が拡大していく中で、徐々に生産国の COE 参加が増え、
優れた農園が認知されいくような環境が形成されていきました。2010 年代には、日本の
商社が、各生産国の農園の豆を購入する事例も増えていきましたので、それに伴い落札は
減少し、徐々に新興勢力である中国、韓国、台湾などからの落札が目につくようになりま
した。そして、2020 年には日本からの落札は大幅に減り、COE に関わるプレーヤーが様
変わりしています。

　この COE のオークションに対し、力のある農園や一部の生産国は独自のプライベート
オークションを開催するようになっています。

　そのはしりは、パナマのエスメラルダ農園、次いでグァテマラのエルインフェルト農園
などで、2021 年には 25 程度のプライベートオークションが開催されています。このプ
ライベートオークションも、日本からの落札はほとんどなく、オークション市場は COE
同様中国、韓国、台湾その他 SP の新興勢力に移行しています。それだけ、世界中に SP
は認知されてきているといえますが、反面、官能評価表のキャリアの長い人と、新しく参
入してきている人たちの間には、SP の概念に対する認識のずれが拡大しているように感
じます。


# ■04-10 SCAJ の官能評価

　2003 年に誕生した SCAJ は、初級、中級カッピングセミナーで COE 方式を踏襲し官
能評価を行っています（表04-11）。ただし、SCAJ では、生豆の欠点数評価は SCA 方式
に準じています。

　各項目の評価は、フレーバー 8 点、後味の印象度 8 点、酸の質 8 点、口に含んだ質感 8 点、
ハーモニー均衡性 8 点、カップのきれいさ 8 点、甘さ 8 点、総合評価 8 点で合計点数は
最大で 64 点となります。100 点満点の評価にするため、最後に基礎点 36 点（欠点があ
ればマイナス）を足して総合点数を出します。0 〜 6 点は 1 点単位での評価ですが、6 点
〜 8 点は 0.5 点単位で点数をつけます。

　最終的に、8 項目を 6 点平均で点数をつけると、6×8 項目 =48 点 + 基礎点 36=84 点
になります。COE ではここを模範的な SP としていました。

表 04-11・SCAJ の官能評価基準

| 評価項目 | 評価基準 |
|---|---|
| Flavor<br>フレーバー | 味覚と嗅覚との組み合わせ。テロワールや農園の栽培、生産処理によってもたらされた適切なものであるかを判断します。**プラス評価は、「花のような香り」「果物を思わす風味」などと表現されます。チョレート、ベリー、フルーツ、キャラメル、スパイシー、蜂蜜などで、マイナス評価は、ジャガイモ、味気ない、草、枯れ、苦味、塩味、すっぱさ、腐ったようなど** |
| After taste<br>後味の印象度 | コーヒーを飲み込んだ後で持続する風味を意味します。「甘さの感覚が持続する」、「刺激的な嫌な感覚が出てくる」などで判断します。**プラス評価は、甘い、クリーン、長く続くなどで、マイナス評価は、苦い、収斂性がある、汚れている、不快、金属臭など** |
| Acidity<br>酸の質 | 酸の強さを評価の対象とせず、酸の質について評価します。**プラス評価は、明るい、爽やかな、繊細な酸味がどれ程であるか評価します。マイナス評価は、鋭い、薄い、無味乾燥、すっぱいなど** |
| Mouthfeel<br>口に含んだ質感 | 触感の強さは評価の対象にせず、口に含んだ触感 の「粘り」「密度」「濃さ」「滑らかさ」などをみます。 **プラス評価は、バターのよう、クリーミィ、丸い、スムーズ、豊か、ベルベットのよう、マイナス評価は、収斂性、荒い、水っぽい、薄い、軽い、ざらつきなど** |
| Balance<br>ハーモニー<br>均衡性 | 風味の調和がとれているのか？何か突出するものは無いか？反対に、何か欠けているものは無いか？など。**プラス評価は、均衡、安定、酸味やボディのバランスが良いなど、マイナス評価は、過度、調和していないなど** |
| Clean<br>カップのきれいさ | 「汚れ」また は「風味の欠点・瑕疵」が全くない。コーヒーの 風味に透明性があること。**プラス評価は、クリーン、欠点が見当たらないこと、マイナス評価は 汚れた印象、土、カビの香りなど** |
| Sweetness<br>甘さ | コーヒーチェリーが収穫された時点で、熟度が良く、風味に甘さがあること。**プラス評価は、果物が熟した甘さで、マイナス評価は、未熟、閉じている、すっぱいなど** |
| Overall<br>総合評価 | 風味に奥行きがあるか？風味に複雑さ、立体感があるか？単純な風味特性か？カッパー の好みか否か？を評価します。**プラス評価は、複雑性、広がりがある、豊かで、マイナス評価は、単純、平凡など** |

# ■04-11 現状のコーヒーテイスティングの問題点

　過去 20 年 SCA のカッピングフォームを使用してきました。分析型官能評価方式としては非常に優れたものだと思います。しかし、2010 年以降生豆の品質は向上し、風味はより個性的になり、2000 年代の SP とは大きな違いが生じています。高い標高で栽培される豆、小農家の丁寧な栽培、ナチュラルの品質向上、小ロットの生産による高品質の生豆が生まれ、何点をつければよいのは判断に迷うことが多くなりました。徐々に評価のコンセンサスは形成されていくものとは思いますが、従来の評価基準だけではでは対応しきれなくなっていると感じています。

　その主な課題は以下の通りです。

1)　2020年のベスト・オブ・パナマ（Best of Panama）のゲイシャ種においては95点がつけられていますが、他の豆のでは95点の評価コンセンサスはできていません。しかし、2013年には90点以上、95点のスコアをつけてよい豆が多くみられますが、現状では最高でも90〜91点でとどめてスコアをつける状態が続いています。

2) 10項目のカッピングフォームは複雑です。新たに、コーヒー業界に参入する人にとっては、80点、85点、90点と95点の点数をつけることができるようになるには5年以上のテイスティングの経験が必要になると考えます。

3) SCA方式は、ウォシェトを対象にしたものですが、ナチュラルにも代用して使用せざるを得ません。現状では、微発酵から生み出される風味についてどのような評価をすべきか曖昧な状態です。

4) 世界の生産量の35%前後を占めるブラジル産のコーヒーは、酸味が少なくウォシェトに比べ点数が低くなる傾向が強く、この評価項目とは異なる評価が必要と考えます。

5) 日本の食品の官能評価では一般的である苦味（Bitterness）及び旨味（Umami）の評価項目がありません。共に日本の食文化の中では重要な味で、日本人にはわかる可能性があり、今後の検討課題と考えています。

6) 生豆の品質を評価する方法として官能評価は極めて重要ですが、それを補完するための科学的な①ケミカルデータ、②分析機器などによる数値での補完も必要と考えます。

## ■04-12　SCA の SP 基準の見直し

SCA は、2022 年に SP の市場のグローバル化や多様化により、SP の概念やカッピングフォームについて改善余地があるとの考えを示しています。

主にはコーヒーの属性を内在的属性（カッピングスコア、形状、焙煎色、記述的プロファイル）と外在的属性（品種、証明書、産地、生産者、商標など）と区分し、**よい属性を多く持つのもが SP とし、少ないものが CO としています。**

現状のカッピングフォームは、記述的官能評価と感性的官能評価が混在しているためを分けて評価するとの理由です。

記述的評価（Descriptive Assessment）は、Lexicon、Flavor Wheel に基づき全ての属性を評価し、感性的評価（Affective Assessment）は Impression of Quality（品質の印象：刺激に対する受容性、好み、嗜好性、テイスターの意見など）を反映させて評価します。これらに外在的属性の情報を加え、市場価値を測るツールとするとし、今後 2023 年以降、使用方法の検討、習熟を図り、2024 年の運用を目指しています。

**しかし、2005 年からの SP の歴史の中で外在的属性は当たり前に問われてきたことであり、記述的評価を Lexicon と Flavor Wheel（ともに米国の食品に基ずく属性）に依存することは国際的な広がりにはつながらないと考えます。**

また、SPのカッピングフォームの歴史はすでに20年近くになり、新たな参入者にはわかりにくいのは事実ですが、Qグレーダーの養成により使い慣れている人も多くいます。個人的には、カッピングフォームの改定は、**記述的評価（Descriptive Assessment）と感性的評価（Affective Assessment）等よりも、点数評価の基準を明確に示すことが重要と考えます。（04-12は、2023年11月に記述したもの）**

新しい情報評価方法は、SCAのHP（Coffee Value Assessment ― Specialty Coffee Association (sca.coffee)）で確認できます。β版が出て、現在日本でもSCAJが中心になって説明会などが行われつつあります。この運用がスタートすれば、今後は3つの官能評価方法（カッピング方式）が並立する可能性があります。

1．CQIによるQグレーダーの養成のために使用される2004年から運用ののSCA方式
2．SCAJが踏襲しているCOE方式
3．改定されるあたらしいSCA方式

このため、SPの概念は曖昧にならざるを得ず、最終的には個々の会社の価値観や主観的な解釈により、これまで以上にSPの概念は不透明な状況になり、品質に対する客観性が失なわれていくのではないかと危惧します。

大きな問題は、「優れた品質や風味は何か？」という根本的な問いが曖昧になることです。「コーヒーは嗜好品だから自分にとっておいしいと感じられれば良い」と考えられてきた20~30年前までの価値観に逆行しかねない状況になりかねません。おいしさには、おいしさを測る客観的な基準があるはずです。異論があるであろうと推測はしますが、**品質に裏付けられたおいしさ（風味）というものがあるということを、新しい世代に伝承していくための記録として本書を執筆しています。（2024年6月校正時追記）**

2024年7月17日のニュースレターでSCAとCOEのコラボが発表されました。今後の展開はまだ不明ですが、新しい市場（中国を含むアジア圏、中近東など）に向けた取り組みと推測します。

Cup of Excellence (COE) and the Alliance for Coffee Excellence (ACE) are thrilled to announce a transformative partnership with the Specialty Coffee Association (SCA) through the signing of a Memorandum of Understanding (MoU) on Thursday June 27, 2024 at the World of Coffee Copenhagen trade show. This collaboration aims to unify the approach to defining and appreciating top-quality specialty coffees, ushering in a new era for the industry. （024.07/18 追記）

# 05 理化学的数値による品質評価

## ■05-1 科学的な観点からコーヒーをみる

　SCA の品質評価は、欠点豆の数および官能評価で行われ、世界的な SP の普及にとって必要不可欠なものでした。

　しかし、**2010 年以降、SP の品質の 3 極化（SCA 方式で 80 ～ 84 点、85 ～ 89 点、90 点以上）が進む中で、官能評価を補完するために、生豆および焙煎豆の理化学的な数値による評価基準も重要になると考えるようになりました。**

　コーヒーは、他の食品に比べると多くの化学成分（**表05-1**）を含み、それらが複雑に絡み合って、コーヒーの酸味や、苦味、甘味などを生み出しています。そのために、生豆及び焙煎豆の成分がどの程度風味に影響するのかを理解しておく必要があります。特に、有機酸と脂質量はコーヒーの風味における酸味とコクに大きな影響があると考えられ、またショ糖やアミノ酸による**メイラード反応（アミノカルボニル反応 / 褐色反応）**によるメラノイジンも何らかの影響が考えられます。

### 表 05-1・生豆および焙煎豆の成分表

| 成分 | 生豆 | 焙煎豆 | 特徴 |
|---|---|---|---|
| 水分 | 8.0 ～ 12% | 2.0% ～ 3.0% | 減少する |
| 灰分 | 3.0 ～ 4.0 | 3.0 ～ 4.0 | カリウムが多い |
| 脂質 | 12 ～ 19 | 14 ～ 19 | 標高などで差が生じる |
| たんぱく質 | 10 ～ 12 | 11 ～ 14 | 大きな変化はない |
| アミノ酸 | 2.0 | 0.14 | アスパラギン酸、グルタミンが多い |
| 有機酸 | ～ 2.0 | 1.8 ～ 3.0 | クエン酸が多い |
| 蔗糖（小糖類） | 6.0 ～ 8.0 | 0 ～ 2.0 | 果実の熟度による |
| 多糖類 | 50 ～ 55 | 24 ～ 39 | デンプン、植物繊維など |
| カフェイン | 1.0 ～ 2.0 | ～ 1.0 | 苦味に 10% 程度影響する |
| クロロゲン酸類 | 5.0 ～ 8.0 | 1.2 ～ 2.3 | 渋味、苦味に関与 |
| トリゴネリン | 1.0 ～ 1.2 | 0.5 ～ 1.0 | 減少する |
| メラノイジンなど | 0 | 16 ～ 17 | 苦味、コクに影響する |

Coffee chemistry Voi1 R.J Clarke P33 に筆者の実験データを追加して作成

## ■05-2 コーヒーの基本成分を分析する

　コーヒーの風味の解明のため、5 カ国の SP および CO を試料に、食品の**基本成分である、水分、灰分、脂質、タンパク質、炭水化物（差し引き法）を分析（05-2）**しました。また、

pH 計により焙煎豆の酸の強さについても計測しました。

　水分は、10.8 〜 12.8%、タンパク質は 10.5 〜 12.1%、脂質量は 16.1 〜 18.5%、灰分は 3.3 〜 3.9%、炭水化物は 53.6 〜 58.5% の幅であることがわかり、成分表と大きな誤差はないことがわかります。この分析で、SP は CO に対し、脂質量は有意に多く、pH は有意に低いことが明らかになり（*p<0.01*）、この 2 つはコーヒーの風味に重要な影響を及ぼすと考えられました。

表 05-2・2016 収穫生豆の一般成分分析結果　％　n=5

| 生産国 | 水分 | | タンパク質 | | 脂質 | | 灰分 | | 炭水化物 | | pH/ 焙煎豆 | |
|---|---|---|---|---|---|---|---|---|---|---|---|---|
| | SP | CO | SP | CO | SP | CO | SP | CO | SP | CO | SP | CO |
| Colombia | 10.8 | 11.0 | 11.0 | 10.9 | 18.5 | 17.4 | 3.4 | 3.5 | 56.3 | 57.2 | 4.80 | 4.95 |
| Ethiopia | 10.9 | 11.1 | 10.9 | 11.0 | 18.1 | 17.1 | 3.3 | 3.4 | 56.6 | 57.6 | 4.90 | 5.15 |
| Brazil | 12.1 | 12.3 | 12.1 | 11.5 | 18.2 | 17.5 | 3.8 | 3.9 | 53.6 | 55.0 | 5.00 | 5.03 |
| Indonesia | 10.8 | 11.3 | 11.4 | 10.5 | 17.5 | 16.1 | 3.5 | 3.5 | 56.9 | 58.5 | 4.85 | 4.90 |
| Guatemala | 11.2 | 11.6 | 11.4 | 11.0 | 18.5 | 16.7 | 3.3 | 3.3 | 55.4 | 57.6 | 4.95 | 5.00 |

SP は、日本市場で SP として流通している豆の中から、コロンビアウイラ産、エチオピア・イルガチェフェ、ブラジル・セラード産、スマトラ・リントン産、グァテマラ・アンティグア産を選び、CO はコロンビア・スプレモ、エチオピア G-4、ブラジル No2、スマトラ G1、グァテマラ・SHB を選びました。

## 05-2-1 水分量

　生豆の*水分量は、生産国、精製方法により輸出時および入港時の数値は微妙に異なります。13% を超えるとカビの発生リスクが増加するため、生産国では 10 〜 12% で輸出します。水分は、生豆の梱包材質、輸送方法、保管倉庫、入港からの経過日数など外気の影響を受けて変動するため、入港時に水分量を計測することは重要です。焙煎により、水分値は 2% 程度に減ることで粉砕しやすい状態になります。サンプルの入港時水分量は、10.8 〜 12.3%/100% の範囲であり、適切な水分量と考えられます。表 05-3 は、チェリーから生豆にいたるまでの水分値と重量をまとめたものです。

表 05-3・コーヒーの水分量と重量

| | Dry/ 水分量 % | Dry/ 重量 Kg | Wet/ 水分量 % | Wet/ 重量 Kg |
|---|---|---|---|---|
| Fresh cherries | 65 | 100.00 | 65 | 100.00 |
| Dry cherries | 12 | 37.20 | | |
| Wet parchment | | | 55 | 45.00 |
| Dry parchment | | | 12 | 23.30 |
| Green coffee | 12 | 19.00 | 12 | 19.00 |

Dry は Natural、Wet は Washed の精製
＊ Coffee :growing, processing, sustainable production Edited by Jean Nicolas Wintgens

## 05-2-2 灰分

　灰分は、コーヒーを燃焼させた後に残る無機質をいい、カリウム、マグネシウム、カルシウム、ナトリウムなどのミネラル分です。

　3.3 ～ 3.8% と生産国間に有意差は見られません。コーヒー抽出液では、カリウムが65mg/100g とリン、マグネシウムの 10 倍近く多く含まれ（日本食品標準成分表 2017年版）、その成分量および組成は土壌からのみではなく肥料などの影響もあると考えられます。カリウムは酸味、ナトリウムは塩味、マグネシウムは苦味、カルシウムは苦み＋塩味ともいわれますが微量であり、**風味との相関性を見出すのは難しいと考えられます。**

## 05-2-3 総脂質量

　総脂質量は、17.5 ～ 18.5% の幅があり、風味に対する影響は大きいと推測されます。脂質は日本食品標準成分表では「食品中の有機溶媒に溶ける有機化合物の総称であり、中性脂肪の他にリン脂質、ステロイド、ろう、脂溶性ビタミンなども含んでいる」と定義されます。＊「栄養学的にエネルギー必須脂肪酸の供給源として重要で、**食品学的には食品の触感や物性に寄与する**」といわれ、滑らかさなどのテクスチャーに影響すると考えられます。

　一般的に、アラビカ種の生豆の脂質は、13 ～ 19% 程度はあり、大豆（20%）、ゴマ（50%）、カカオ（50%）には及びませんが比較的多いといえます。その 75% 前後はトリアシルグリセロール（油脂）で、その脂肪酸組成の多くがリノール酸（47.7%）、パルミチン酸（33.3%）です。また脂質の一部には生豆の表面にワックス（ろう）、ビタミン E であるトコフェロールも微量含まれます。

　そのため、抽出したコーヒーの表面をよく見ると油脂が浮かぶこともあります。

　脂質量は、同じ生産国でも、品種、栽培環境で異なり、中米の多くの国では標高を品質等級の基準とし（表 05-4）、標高の高い産地の豆の方が価格も高くなります。これまでの実験では、図 05-1 のように標高の高い産地から収穫される生豆の方が、脂質量が多い傾向にあり、脂質含有量はテクスチャーに影響すると考えられます。

### 表 05-4・ANACAFE（グァテマラコーヒー院）、エルサルバドルの標高による等級

| グァテマラ品質等級 | 栽培地標高　（m） | エルサルバドル等級 | 標高　（m） |
| --- | --- | --- | --- |
| Strictly hard bean | 1.400m 以上 | Strictly high grown | 1.200 以上 |
| Hard bean | 1.225 ～ 1.400m | high grown | 900 ～ 1.200 |
| Semi hard bean | 1.100 ～ 1.225 | central standard | 500 ～ 900 |
| Extra prime washed | 900 ～ 1.100 | | |
| Prime washed | 600 ～ 900 | | |

＊食品の脂質劣化及び風味変化に関する研究　日本食品科学工学会誌 53 巻（2006）

図 05-1・グァテマラ産の標高による成分差

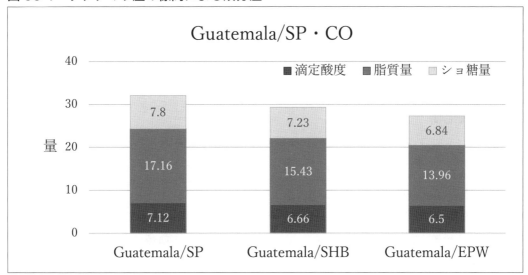

筆者による分析データ（2018 年）、滴定酸度は総酸量（ml/100g）を意味し焙煎豆を測定、脂質とショ糖量（g/100g）は生豆で測定。

また、図 05-2 は、各生産国の SP の脂質量と pH を測定したものです。このサンプルの場合では、エチオピアは脂質量が多く酸が強いことが、ブラジルは脂質量が多めであるが酸が弱いことが読み取れます。ベトナム（カネフォーラ種）は脂質量が少なく、酸味も弱いことがわかります。脂質量と pH の間には ,**r=0.6034** の負の相関性が見られます。

図 05-2・各生産国の脂質量と pH

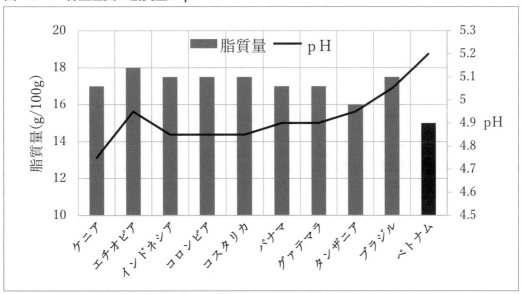

各生産国の試料には個体差がありますので、その点留意してください。

## 05-2-4 たんぱく質

　アミノ酸が結合してできる巨大分子です。生豆の一般的なタンパク質量は 10 〜 12% 程度ですが、今回の分析ではブラジルの SP が 12.1% と他の生産国よりやや多い傾向がみられました。風味への影響は少ないと考えられます。

## 05-2-5 炭水化物

　炭水化物は、デンプンなどの糖質と植物繊維の総称で、多糖類とも言われます。たんぱく質、脂肪と共に多くの生物種の栄養素であり、「三大栄養素」とも呼ばれます。炭水化物は，生豆に 50 〜 60% 程度含まれますが、焙煎で 30 % 程度に減少します。コーヒー抽出液には水溶性の植物繊維が 0.7mg 含まれ、コーヒーの濃度 (Brix) に影響すると推測されます。多糖類は、多くの糖が結合したものです。コーヒーに含まれる二糖類はショ糖を意味し、ブドウ糖と果糖が合わさったものです。ショ糖は、生豆に 6 〜 8% 程度含まれますので風味に大きく影響すると考えらます。


# ■05-3 理化学的分析方法

　**生豆および焙煎豆の成分は、古い論文や化学本には掲載されていますが、生産履歴が曖昧な試料（サンプル）のため参考になりません。**その後、新たに SP を分析した論文は見当たりませんでした。そのため、理化学的な数値がどの程度コーヒーの風味に影響を及ぼしているのかについて試行錯誤しながら**表 05-5** の方法で実験を行いました。入港後 2 か月以内の SP 及び CO 試料を用いて分析し、長期にわたる場合は -30℃の冷凍庫で保管し、実験は 5 回（n=5）行っています。並行してパネルによる官能評価も行いました。

　この分析結果から、コーヒーの重要な成分である酸味以外に、脂質の重要性が明らかになりました。**脂質を抽出してみると生豆が香りを吸着している**ことがわかり、風味に重要なかかわりがあると考えられました。**最終的に、酸の強さである pH と滴定酸度（総酸量）を焙煎豆で、総脂質量と脂質の劣化の程度を表す酸価およびショ糖量を生豆で分析し、それら理化学的数値と官能評価との相関性を探り、あたらしいテイスティングの評価基準を検討して行くことにしました。**

第 2 章　品質評価の方法

表 05-5・生豆で実験、太字は焙煎豆で*分析　2015 以降〜現在まで

| 実験 | 内容 | 実験方法など | 風味への影響 |
|---|---|---|---|
| 水分 | 水分量 | 電気炉で蒸発分を秤量、簡易水分計 | 生豆の水分量 |
| 灰分 | ミネラル量 | 電気炉で白くなるまで燃焼させ秤量 | カリウムが多い |
| タンパク質 | タンパク質量 | *ケルダール法 | 不明 |
| 脂質量 g/100g | 総脂質 | クロロホルム・メタノール混液で脂質抽出 | 粘性、コク |
| 炭水化物 | 多糖類 | 100-（水分＋灰分＋たんぱく質＋脂質） | 一部が粘性 |
| **pH** | 水素イオン濃度 | 抽出液を pH 計で測定 | 酸の強さ |
| **滴定酸度 ml/100g** | 有機酸の総量 | 抽出液を pH7 まで水酸化ナトリウム（NaOH）で中和滴定して求める | 酸の複雑さ |
| **有機酸** | 有機酸の組成 | *HPLC、*LC/MS で測定 | 酸味の質 |
| 酸価 | 脂質の劣化度 | ジエチルエーテルで、脂質抽出後測定 | クリーンさ |
| ショ糖量 | ショ糖量 | HPLC で測定 | 甘味 |
| **カフェイン** | カフェイン量 | HPLC で測定 | 苦味 |
| **アミノ酸** | アミノ酸組成 | HPLC、LC/MS で測定 | 旨味 |

＊ HPLC（high performance liquid chromatography/ 液体クロマトグラフィー）液体中の成分を分離・検出する装置
＊ LC/MS は HPLC に質量分析器を加えた機械。
＊ケルダール法は、試料と硫酸を混ぜ加熱し、アンモニア量を滴定して算出します。
**＊片岡栄子・古庄律他 / 食品学を学ぶヒトのための食品化学実験 / 地人書館 /89 〜 91/2003**
**＊宇田靖 , 大石祐一編著 / 食品の基礎と機能性分析法 / アイ・ケイコーポレーション /98 〜 102/2015**
**＊独）農林水産消費安全技術センター：食用植物油脂の酸価測定手順書（農林水産消費安全技術センター）**

# ■ 05-4 有機酸（Organic Acid）が風味に与える影響

　コーヒーにとって酸味は重要な属性で、クエン酸、リンゴ酸などの物質により引き起こされる味覚です。電離性の水素を含む酸は、水に溶けた際に水素イオンを放出する為、酸の強さはコーヒー抽出液の水素イオン濃度（pH）と概ね一致します。また、総酸量である滴定酸度（Titratable acidity）は、有機酸の量をアルカリ滴定（水酸化ナトリウムによって中和滴定した数値）したもので酸の総量と関連します。酸味の質については、有機酸の組成とその量により影響を受けると考えられ、酸味（Acidity）に大きな影響を与えます。

## 5-4-1 pH と滴定酸度

　最も酸の強いコーヒーであるケニア産と、酸の弱いブラジル産の pH を比較しました。表 05-6　のサンプルでは 0.3 の差があり、酸の違いを多くの人が感知できます。また、ケニア産、ブラジル産を焙煎度の違いで見ると、ミディアムローストに対しフレンチローストは、pH が高くなり、滴定酸度は低くなり、酸が弱くなり、焙煎度が酸味に大きな影響を与えることもわかります。

95

表05-6・pH と滴定酸度の相関性　　2016-17 クロップ

| 生産国 | 生豆 pH | 生豆 滴定酸度 | 焙煎豆 pH | 焙煎豆 滴定酸度 |
|---|---|---|---|---|
| ケニア SP（M） | 5.98 | 1.30 | 4.74 | 8.18 |
| ケニア SP（F） | ― | ― | 5.30 | 5.29 |
| ブラジル SP（M） | 5.96 | 1.32 | 5.04 | 6.84 |
| ブラジル SP（F） | ― | ― | 5.57 | 3.65 |

M=medium　F=French

## 5-4-2 有機酸の組成

　コーヒーの有機酸は、1）生豆に由来するクエン酸とリンゴ酸、2）乳酸、ギ酸、酢酸、3）クロロゲン酸類に由来するキナ酸、コーヒー酸などがあります。これらの有機酸の量、組成などによりコーヒーの酸味が形成されると考えられます。一般的な有機酸の味は**表05-7** の通りですが、HPLC の分析では、クエン酸、酢酸、リンゴ酸、ギ酸、キナ酸を検出できました。官能評価との関係からみるとクエン酸量が酢酸量より多い方が心地よい酸味になることが明らかになっています。中米産やコロンビア産は、クエン酸がオレンジのような酸味をもたらしていますし、ケニア産やエチオピア産の場合は、クエン酸以外にリンゴ酸などがからんでいると推測されます。さらに、LC/MS の分析からは、ゲイシャ品種、SL 品種、パカラ品種などはコハク酸やグリコール酸が酸味の複雑さに関与していると推測されます。

表 05-7・有機酸類と酸味

| 有機酸 | 英語 | 味 | 味の例 |
|---|---|---|---|
| クエン酸 | Citric | おだやかで爽快な酸味 | 柑橘果実 |
| リンゴ酸 | Quinic | リンゴのような酸、収斂味 | リンゴ |
| 酢酸 | Acetic | 酸っぱい酸、刺激的な臭気 | ビネガー、お酢 |
| ギ酸 | Formic | 強烈なにおいの酸 | 刺激臭 |
| 乳酸 | Lactic | 渋味を伴う酸味 | ヨーグルト |
| コハク酸 | Succinic | 旨味や苦味を伴う酸 | |
| グリコール酸 | Glycolic | 丸みにある爽快な酸 | パイナップル |
| フマル酸 | Fumaric | 鋭く強い酸 | |
| イソクエン酸 | Isocitric | やや渋味のある穏やかな酸味 | |
| ピルビン酸 | Pyruvic | 酢酸のような刺激のある酸 | |

　また、酸味には、酸の閾値も関係します。閾値は酢酸が最も低く、リンゴ酸、クエン酸、クロロゲン酸と感じやすく、酢酸が増えればきつい酸味になります。

　これまでのテイスティングでは、優れたウォシェドにはクエン酸（Citric）を感じ、カチモール系のナチュラルには酢酸（Acetic）を感じます。

図 5-3 は、LC/MS でパナマ産のゲイシャ品種とケニア産の SL 品種の有機酸の組成を調べたものです。Geisha/W は、クエン酸、グリコール酸、リンゴ酸が均一な組成バランス。Geisha/N と Kenya/W はグリコール酸が多い組成ですが、ケニア /W はリンゴ酸よりグリコール酸が多くトロピカル系の果実の風味が強いと推測されます。

＊筆者以外の有機酸の分析データもありますが、分析者によりかなり違いがみられます。試料の履歴が曖昧な事例が大部分であること、分析方法がことなることによると推測されます。

図 05-3・有機酸の組成

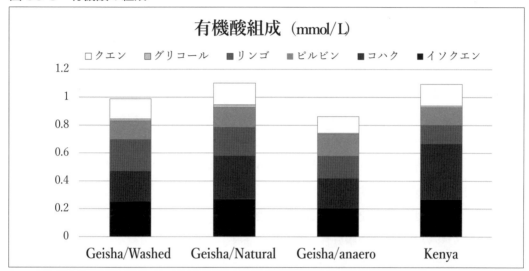

テイスティングでは、よいコーヒーの酸味は果物に例えられる場合が多くなりました。果物の有機酸（表 05-8）は、1. クエン酸が多く含まれるもの、2. リンゴ酸が多く含まれるもの、3. 酒石酸が多く含まれるもの（葡萄）などに大別されます。コーヒーには、クエン酸が最も多く含まれますので、レモン、オレンジ、グレープフルーツ、キウイ、パイナップル、イチゴなどの果実のニュアンスを感じとれる可能性があります。

表 05-8・果物の可食部 100g あたりの有機酸成分

|  | クエン酸 | リンゴ酸 | キナ酸 |
| --- | --- | --- | --- |
| レモン | 3.0 | 0.1 | |
| オレンジ | 0.8 | 0.1 | |
| グレープフルーツ | 1.1 | | |
| リンゴ | | 0.5 | |
| キウイ | 1.0 | 0.2 | 0.8 |
| バナナ | 0.3 | 0.4 | |
| イチゴ | 0.7 | 0.1 | |
| パイナップル | 1.0 | 0.2 | |
| ピーチ | 0.1 | 0.3 | |
| ブドウ | | 0.2 | |

伊藤三郎編 / 果実の科学 / 朝倉書房 /1991

## ■05-5 脂質（Lipid）の風味にあたえる影響

　生豆の総脂質量は、アラビカ種の場合 12 〜 19% 程度はあり、コーヒーの風味を形成する重要な成分です。生豆の脂質の抽出実験をすると、脂質が香味成分を吸着し、高い香りを生み出しているように感じます。ケニア産の SP やエチオピア産のナチュラルの SP などを抽出した脂質には、果実感を含む香りがします。焙煎後の脂質含有量は生豆と大きく変わらないことから、脂質がコーヒーの風味に大きな影響を与えていると考えられます。

　現在世界で多用されている官能評価表では、SCA 方式では「ボディ」、COE（SCAJ）方式では「マウスフィール」という言葉が使用されています。

　本書のテイスティングでは、それらを包括してコク（body）という言葉として使用します。コクは味というより、「触感、粘性、複雑性、厚み」というような感覚で、コクの強弱は、「硬さ、柔らかさ、水っぽさ、油っぽさ」などの感覚で、口触りにクリーミーなどの質感を与えます。これらは主には脂質量に影響されると考えられます。また、焙煎でにじみ出た*油（オイル）が、抽出液の中にかすかに浮遊することがありますが、抽出濃度に影響すると考えられます。

　脂質は、食品のおいしさを左右する重要な要素でチョコレート、マグロのとろ、その他脂質含有量の多い食品は高い嗜好性を持っています。

*油は液体、脂は固体で、油脂（= 脂肪）は油も脂も含めた総称。脂質はエーテルなどの有機溶媒に溶け、水には溶けにくい成分の総称で油脂は脂質の一部です。

　図05-4 はブラジルの 5 農園の SP（Natural）の豆の脂質量を測定、筆者が SCA 方式でテイスティングしてグラフ化したものです。

　このサンプルの脂質量は 17.44 から 17.99g/100g で比較的多いといえます。総脂質量と官能評価の間には **r=0.8209** の高い相関性が見られました。脂質量が多いほど官能評価点数が高くなる傾向があると考えられます。

図05-4・ブラジルの脂質量と官能評価の相関性　n=1

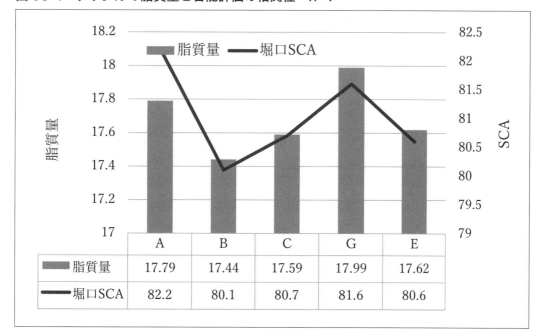

## ■05-6 酸価（Acid Value）の風味に与える影響

　コーヒー生豆の油脂は、75％前後がトリアシルグリセロールで、その脂肪酸組成の多くはリノール酸（40〜48％）、パルミチン酸（31〜34％）、オレイン酸（8〜12％）です。リノール酸などの不飽和脂肪酸は、食品の調理加工や保存過程で酵素や光・熱により劣化が促進されることがよく知られています。＊M.Y.Rendonらは、麻袋によるコーヒー生豆保存過程でリパーゼ活性の上昇に伴い、脂質の酸化により遊離脂肪酸、ヒドロペルオキシドが増加し、フレーバーが朽ちた木のウッディ（woody）になると報告しています。**官能評価では、有機物を喪失した状態の味をウッディ、その前に生じる干し草の味をストロー（straw）としています。**この風味は、生豆の鮮度劣化とみなされ、マイナス評価されます。

　米においても、脂肪酸度（遊離脂肪酸の割合）が高くなるにつれ古米臭がでて、食味が低下すると知られ、米の品質判定の重要な指標とされています。脂質の劣化指標である酸価と官能評価とは負の相関性があり、コーヒーにおいても生豆の酸価の数値は、品質における重要な指標の一つとなると考えられます。

　表05-9は、ケニア産とグァテマラ産のSPとCOのpH、滴定酸度（総酸量）、総脂質量、酸価値をまとめたものです。この数値により、SPはCOに比べ、pHが弱く、総酸量が

多いため酸味が強く、脂質量が多くコクがあり、酸価値が少なくクリーンであることがわかります。**SP の値は CO の値に対し有意差（＊＊ *p<0.01*）がある**こともわかります。また、ケニアはグァテマラに比べ、酸が強く、コクがあり、鮮度が高いため官能評価が高くなったと考えられます。

＊ M.Y. RENDÓN/Protein and Lipid Oxidation Level in Just Prepared Coffee Beans/ASIC

表 05-9・SP と CO の総脂質量、酸価の比較　2017-18crop　n=5

| Origin | pH | 滴定酸度 ml/g | 総脂質量 g/100g | 酸価 | SCA 点数 |
|---|---|---|---|---|---|
| Kenya/SP | 4.90 | 7.7 ＊＊ | 17.8 ＊＊ | 3.6 ＊＊ | 84.05 ＊＊ |
| Kenya/CO | 4.98 | 6.4 | 17.2 | 4.5 | 76.3 |
| Guatemala/SP | 5.01 | 6.9 ＊＊ | 17.0 ＊＊ | 4.45 ＊＊ | 81.2 ＊＊ |
| Guatemala/C0 | 5.05 | 6.2 | 16.1 | 6.7 | 70.0 |

SP は、ケニア・キリニャガ産、グァテマラ・アンティグア産で、CO はケニア AB、グァテマラ SHB。

　酸価は、脂質の酸化を数値化したもので筆者の実験では、1〜3まではフレッシュで、4以上はかすかに濁りを感じる場合もあり、5以上は枯れた草の味がでて、さらに数値が多くなるにつれ鮮度劣化による濁り感が生じます。官能評価と酸価の間には **r=0.9463** の強い相関性が見られますので、酸価の少ないものは濁りの風味が少ないといえますので官能評価が高くなると考えられます（図 05-5）。

図 05-5・酸価と官能評価の相関性　n=1

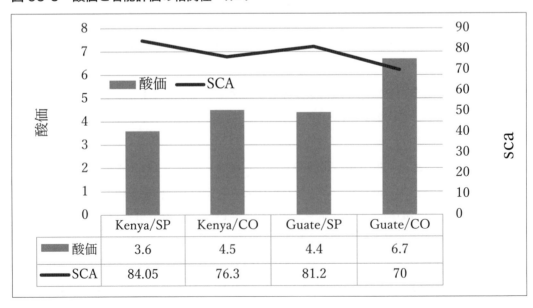

## ■ 05-7 ショ糖（Scrose）の風味に与える影響

　タンザニア産、グァテマラ産、エチオピア産、ブラジル産の4生産国のSPおよびCOのショ糖量をHPLCで分析し表05-10にしました。分析の結果、SPは、7.32～7.90g/100gでCOの7.00～7.62g/100gより多い傾向が見られ、SCA方式でSPは80点を超えましたが、COは80点未満でした。

　ショ糖量は、焙煎により98%程度は減少し、カラメル化し、甘い香り成分に変化しますが、ショ糖の多い方が甘味（Sweetness）によい影響を及ぼすと考えられます。また、ショ糖はアミノ酸と結合し、メイラード化合物を生成し、さらにクロロゲン酸と結合し褐色色素をうみます。最終抽出液に甘味、コク、苦味を感じさせていると考えられます。8種のサンプルの官能評価とショ糖量の間には **r=0.6045** の相関性が見られましたので（図05-6）、ショ糖量の多い豆の方が、官能評価が高くなると推測されます。

### 表 05-10・ショ糖量　2017-18crop　n=5

| 生産国 | SP生産地区 | ショ糖 | SCA点数 | CO等級 | ショ糖 | SCA点数 |
|---|---|---|---|---|---|---|
| Tanzania | カラツ | 7.32 | 82.2 | AA | 7.00 | 77.1 |
| Guatemala | アンティグア | 7.90 | 83.6 | EPW | 7.62 | 77.4 |
| Ethiopia | イルガチェフェ | 7.61 | 85.2 | G4 | 7.38 | 78.5 |
| Brazil | セラード | 7.77 | 81.2 | No2 | 7.23 | 77.7 |

### 図 05-6・官能評価とショ糖の相関性

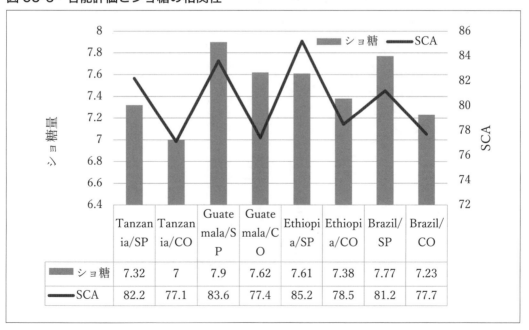

## ■05-8 アミノ酸が風味に与える影響

　SCAの官能評価表には旨味（Umami）の項目がありません。焙煎豆のアミノ酸をHPLCで分析した結果、生豆のアミノ酸量の98%程度が減少することが判明しました。また、生豆にはグルタミン酸（Glutamic acid）が多くを占めますが、焙煎するとグルタミン酸は99%近く減少し、アスパラギン酸（Asparagine）の組成が増し50%程度を占めます。さらに、微量のアラニン（Alanine）やグリシン（glycine）など甘味に関与するアミノ酸が含まれています。これらのアミノ酸が、苦味に関与するバリン（Valine）などより多い場合によい風味を醸し出すと考えられます（図05-7）。

**図05-7・アミノ酸の味**

| うま味・酸味 | 甘味 | 苦味 |
|---|---|---|
| グルタミン酸<br>アスパラギン酸 | グリシン<br>アラニン<br>トレオニン（スレオニン）<br>セリン<br>グルタミン<br>プロリン<br>アスパラギン | トリプトファン　フェニルアラニン<br>イソロイシン　　アルギニン<br>ロイシン　　　　バリン<br>システイン　　　メチオニン<br>リシン(リジン)　ヒスチジン<br>チロシン |

　アミノ酸の水溶液の試料を作りテイスティングした結果、**アスパラギン酸は旨味とともに酸味を強く感じます。有機酸と絡み酸味にも影響を与えていると推測されます。また、グリシンは甘味を感じますのでショ糖と相まって甘味に影響を与えていると推測されます。**アミノ酸は、ショ糖と結合してメイラード反応によるメラノイジンを生成し、その後クロロゲン酸と反応し褐色色素を生みますが、この変化がコーヒーの風味に大きな影響を与えていると考えられます。

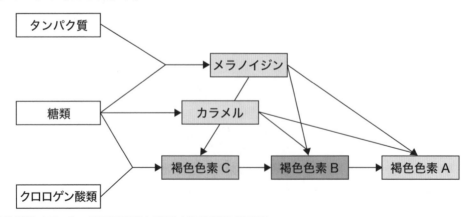

中林敏郎他 / コーヒー焙煎の科学と技術 / 弘学出版 /1995

　日本の多くの食品の官能評価は五味を基準としますので、コーヒーの評価項目にも旨

味を追加すべきと考えます。そこで、5カ国の2019-20CropのSPとCOをサンプルとしてテイスティングセミナーで官能評価したものを**表05-11**にまとめました。さらに味覚センサーにかけた結果が**図05-8**です。**SPはCOに対しSCA方式で評価が高く、旨味センサー数値もアミノ酸が多い結果**となりました。官能評価と味覚センサー値の間にはr=0.8155の高い相関性が見られました。SPにはアスパラギン酸（aspartic acid）やアラニン（alanine）などが含まれ、旨味を形成していると考えられますので、今後、旨味（Umami）を意識してテイスティングし、トレーニングをすべきと考えます。

表05-11・2019-20Crop5カ国の官能評価点数　n=10

| 生産国 | 産地/等級 | SCA方式 | 10点方式 | テイスティング |
|---|---|---|---|---|
| SP/Kenya | キリニャガ | 88.00 | 43.3 | 華やかな風味 |
| SP/Colombia | ウイラ | 85.25 | 38.6 | やさしい酸味、バランスよい |
| SP/Brazil | セラード | 81.75 | 38.2 | 十分なコク、ややにごり感 |
| SP/Ethiopia | イルガチェフェ | 87.50 | 41.6 | フローラル、果実の風味 |
| SP/Indonesia | リントン | 86.50 | 40 | 明るい酸、ややハーブ |
| CO/Kenya | AA | 79.25 | 29.7 | 酸味あるがやや重い |
| CO/Colombia | スプレモ | 75.00 | 28.9 | かすかに酸味 |
| CO/Brazil | No2 | 74.25 | 27.6 | 特長が弱い |
| CO/Ethiopia | G-4 | 72.00 | 29 | ややにごり感 |
| CO/Indonesia | G-1 | 74.50 | 27.3 | やや濁り、重い風味 |

なお、当該サンプルについては、第2章「10点方式による品質評価」で紹介した10点方式でも評価していますが、SCA方式との間にr=0.9563の相関性が見られました。味覚センサーについては、第2章「味覚センサーによる品質評価」で詳しく解説しています。

図05-8・2019-20Crop官能評価と味覚センサーの旨味値

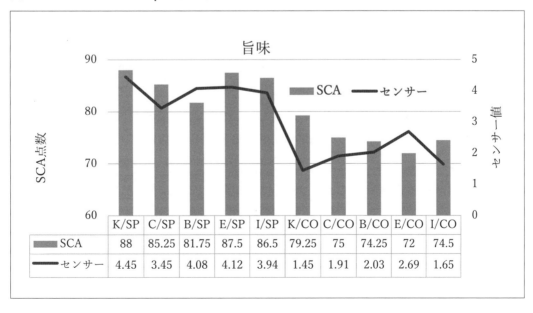

# ■ 05-9 カフェインが風味に与える影響

植物に含まれる代表的な苦み物質は、アルカロイド類で、多くは神経に作用する毒性、生理作用があります。これらの成分は、生体防御のため他の味に比べ*閾値が最も低く、感知しやすくなっています。

コーヒーの苦味成分として代表的なものはカフェイン（Caffein）です。カフェインは、コーヒー以外にも、紅茶、煎茶に含まれ注意力や気分を高めてくれる薬効があります。10g の粉で抽出した 100 ～ 150ml のコーヒー抽出液に含まれるカフェイン量は 60 mg（0.06g/100ml:**7 訂食品分析表**）です。

一般的には、1 日 3 ～ 4 杯程度の摂取量であれば問題ないといわれます（**米国食品医薬品局（FDA）、欧州食品安全機関（EFSA）など**）。健康な大人であれば、1 日あたり 3mg/ 体重 kg であれば健康リスクはないという指標もあり、1 日 200mg 程度は問題ないと思われます。なお、最近のカフェインレスコーヒーは風味が向上していますので、カフェインが苦手の方にはお勧めします。

コーヒーの苦味物質としては、カフェイン以外にクロロゲンサン類、トリゴネリン、メラノジンなどが考えられますが、風味への影響度はよくわかりません。

アラビカ種のカフェインは、0.9 ～ 1.4%、カネフォーラ種 1.5 ～ 2.6% と、カネフォーラ種に多く含まれています。SP 生豆の場合、1.2 から 1.4% 程度であり、焙煎後も大きく変わりません。風味への影響としては、苦味の 10% 程度に関与しているのではないかといわれています。

＊閾値はある反応を起こさせる、最低の刺激量、もしくは生体の感覚に興奮を生じさせるために必要な刺激の最小値です。

図 05-9 は、12 生産国の SP を HPLC で分析した結果です。各試料には個体差があり、この結果をもってすべての豆に当てはめないように配慮ください。

図05-9・SPのミディアムローストのカフェイン量　2018-19Crop

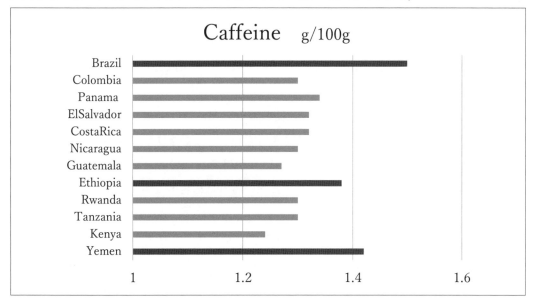

このサンプルでは、Brazil、Yemen、Ethiopiaなどナチュラルの豆にカフェインが多くみられます。

また、次の図05-10は、ブラジルのセラード地区産とコロンビアのサンタンデル県産の焙煎度の異なるSPをHPLCで分析した結果です。ミディアムローストに比べフレンチローストはややカフェイン量が減少しています。

図05-10・焙煎度とカフェイン量 2018-19 Crop

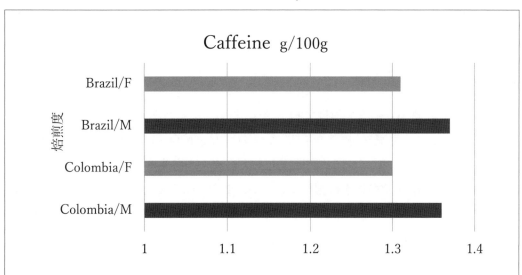

## ■05-10 香りの影響

コーヒーのよい香りは、フローラルで心を穏やかにしてくれます。人間が感じる「味」は、香りと一体化していますので、鼻をつまんでコーヒーを飲むと味がわかりにくくなります。

コーヒーの香りのサンプルとして、36種の香りの瓶がセットになったルネデュカフェ（Le Nez du café）が販売（アマゾンで購入可能）されています。Qグレーダー養成コースでは、Olfactory（オルファクトリー）という科目で各種の香りを識別・同定する能力があるかを審査しています。しかし、コーヒーの香りは複合的なものであり、特定の香りを見出すことは極めて難しいと感じます。

現在、世界中の多くのコーヒー研究機関において、ガスクロマトグラフィー質量分析機（GC/MS :Gas Chromatography Mass spectrometry）を使用し、香りを解析しています。堀口珈琲研究所でも分析してきました。結果として、多くの香り分子を感知しますが、どの分子がどの程度香りに関与しているかを確認することは厄介で、香り研究の難しさがあります。例えば、質量分析の解析結果、ケニア産のウォッシュドにはacetone（アセトン：甘酸っぱい、接着剤のような）、propanal（プロパナール：甘酸っぱい焦げたような）、butanol（ブタノール：麦芽のよう）が、エチオピア産のナチュラルにはMethyl Formate(酸メチル：フルーティーでラム酒のような香り)、ethanol(エタノール：アルコール、viridin（ピリジン：下水のような）など多くの成分が検出されました。しかし、それらの分子がどの程度香りに関わっているのかについては、発表できる段階にはありません。

## ■05-11 生豆の水分値

生豆は、水分値10〜12%程度で輸入されます。主には外気温度に影響され数値は微変動します。生豆の水分含有量については、ICO（The International Coffee Organization）は、は8〜12.5%が適正としています。**各生産国の入港2か月以内の300サンプルのSPの水分値を計測しましたが、平均11.27%でした。**水分値12%の場合の保管条件は、15℃、相対湿度は60%が適切と考えられますので、SPについては、5月から9月まで15℃の定温倉庫で保管しています。

常温倉庫の場合は、梅雨期、夏場は蒸れて成分変化のリスクを負います。

**適度な水分含有量は、生豆品質の維持、焙煎後の適切な酸性度、素晴らしい香りに必要と考えられます**ので、生豆の保存には湿度の安定が必要です。生豆は13%を超えるとカ

ビのリスクが発生します。湿度が増えると呼吸活動、酵素活動が増加します。水分値が14.5% を超えると呼吸数の増加で熱、CO2 を放出し、15.5% を超えると害虫、16.5% を超えるとマイコトキシン（mycotoxins/ カビ（真菌）による有毒な化合物）を生成し化学組成が変わってしまいます。例えば、湿気の多いスマトラ島は、乾燥後の生豆の水分値の管理が重要で、輸出前の保管については慎重に対応しています。また、ハワイコナも湿度が高く、パートナー農園（廃園）の豆を輸入していた当時は、現地での生豆保管を空調管理し、空輸で輸入しました。

## ■05-12 水質が風味に与える影響

コーヒー抽出液の 98.6% は水分ですので、水は風味に大きな影響を与えます。

天然水には主にカルシウムイオンとマグネシウムイオンが含まれ、水 1000ml 中に溶けているカルシウムとマグネシウムの量を表わした数値を「硬度」といいます。 WHO（世界保健機関）の基準では、硬度が 120mg/L 以下を「軟水」、120mg/L 以上を「硬水」としています。日本の水道水では、硬度 100㎎ / 以上の地域は多くはありませんのでほぼ軟水です。

焙煎豆の基本成分として灰分（ミネラル）は 4% 前後含まれます。抽出液もカリウムは 65mg（150ml 中）と、マグネシウム 6mg、カルシウム 2mg、ナトリウム 1mg に比べ圧倒的に多く含まれています。

ミネラルの味は、一般的にはカリウムが酸味、カルシウムが苦味 + 塩味、マグネシウムが苦味、ナトリウムが塩味に関与するといわれ、それらの組成がコーヒーの風味に影響を与える可能性があります。しかし、官能的に感知するのは難しいでしょう。表 05-12 は、エチオピア産の SP のウォシェドを様々な水で抽出した結果です。さらに味覚センサーにもかけてみました図 05-11。

### 表 05-12・エチオピア　ハイロースト　クレバーで 20g を 250ml 抽出

| 水の種類 | 硬度 | pH1 | pH2 | テイスティング | Brix |
|---|---|---|---|---|---|
| 純水（ミリ Q） | | 7.0 | 5 | やわらか、なめらか、きれいな柑橘果実の酸、クリーン、香り高い | 2 |
| 水道水 | 60mg/L | 7.4 | 5.1 | アフターにやや強い酸味、かすかに雑味も混ざる | 1.8 |
| ミネラル水（日本） | 30mg/L | 7.1 | 5.0 | なめらかな触感と酸味、クリーンでよい風味、（Ma0.1 ～ 0.3、Ca0.6 ～ 1.5、Na0.4 ～ 1.0、Calium0.1 ～ 0.5） | 2 |
| ミネラル水（仏） | 304mg/L | 7.4 | 5.4 | マグネシウムが多く苦味、味の余韻が重い、液体に濁り感（Ma2.6、Ca8.0、Na0.7） | 1.9 |
| 温泉水（日本） | 1.7mg/L | 9.5 | 5.2 | なめらかで飲みやすい、柔らかな酸味（Ma0.01、Ca0.05、Na5.00、calium0.08） | 1.9 |

pH1 は水、pH2 はコーヒー抽出液　数値は mg　n=5

図 05-11・コーヒーと水の相性

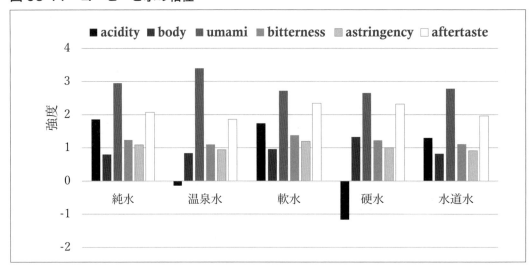

　結果として、**ミネラルが少ない純水および軟水でコーヒーを抽出した方が、SP の成分をより際立たせる**と考えられ、官能的にも風味が柔らかく、きれいな酸味があり、飲みやすいコーヒーといえます。逆に、ミネラルの多い硬水で抽出した場合は、味の余韻が重く、かすかに液体に濁りを感じます。また、pH そのものが高く、酸味は出にくくなります。

　浄水器は、基本的には人体に影響を及ぼす化学成分などを除去して安全でおいしい水を作ることで使用されます。日本の一般的な家庭用浄水器は、活性炭が主流で残留塩素やカルキ臭、カビ臭、水道管のさび臭などを取り除きますので、取り付けたほうがよいでしょう。

第2章　品質評価の方法

## 06 味覚センサーによる品質評価

### ■06-1 味覚センサーとは

　味覚センサー（TS-5000Z,（株）インテリジェントセンサーテクノロジー）は,食品の呈味成分の定量分析装置として、また官能評価に代わる味覚認識装置としてコーヒーを含む食品業界で活用されています。本書では,官能評価結果を可視化および補足するためサンプルの一部を味覚センサーにかけています。抽出液は、粉8.5gに93℃の熱水180mlを注ぎ、4分間浸漬・抽出し,常温に戻した上清（じょうせい）液を使用しています。

　センサーでは、「酸味」,「苦味雑味」,「旨味」,「塩味」,「渋味刺激」の5つの先味と「苦味」、「旨味コク」、「渋味」の3つの後味を数値化できます（表06-1）。

表06-1・各センサーが感知する成分

| センサー名 | 先味（総合的な味覚情報） | 後味（持続性のある味） |
|---|---|---|
| 旨味センサー | 旨味・アミノ酸、核酸由来 | 旨味コク・持続性のある旨味 |
| 塩味センサー | 塩味・塩化Naなどの無機塩 | なし |
| 酸味センサー | 酸味・クエン酸、酢酸、酒石酸 | なし |
| 苦味センサー | 苦味雑味・苦味物質由来、 | 苦味 ビール、コーヒーの苦味 |
| 渋味センサー | 渋味刺激・渋味物質由来 | 渋味・お茶、ワインの渋味 |

風味変化の少ないインスタントコーヒーをスタンダードとして、それらとの差からグラフ化しています。

### ■06-2 味覚センサーの効用と限界

　味覚センサーは、企業においては,自社製品の味の差、自社と他社製品の味の差を数値化することができ、呈味の安定性の確保、新たな商品開発に有用です。コーヒーの場合は、新らしい活用方法として,生産地毎のSPのデータを蓄積しておけば、生豆の品質評価に利用できる可能性があると考えています。ただし、味覚センサーは複雑な人の味覚受容体を模倣した装置のため、その応答メカニズムは複雑で、センサーごとに応答する物質も不明瞭な部分も見られます。

　コーヒーの場合、酸味センサーは、pHとの相関性が高い（インテリジェントセンサー調べでr=0.990）ですが、pH2を基準としているためpH5前後のコーヒーは、すべてマイナスの数値で出ます。また、すべての有機酸を感知するわけではありません。苦味センサーは,ニコチン酸,ニコチン酸アミドなどを感知するという報告もありますが,カフェインは感知しません。渋味はカテキンを感知しますが、著者の実験では欠点豆である未熟

109

豆や虫食い豆などによる雑味も感知します。また、旨味センサーは、グルタミン酸などのアミノ酸を感知し、塩味センサーは塩化物イオンなどを感知します。

　分析数値は強度（濃度）を示めします。各属性の化学成分の特定ができる訳ではありませんので、質的側面の評価は難しい面もあります。複雑な成分からなる SP については、データの蓄積を通し、センサーの特性を見極めて使用する必要があります

## ■06-3 味覚センサーのグラフのみかた

　味覚センサーの結果を可視化するため、図06-1 のように 8 角形のレーダーチャートを作ることができます。しかし、このチャートはわかりにくく、チャートの簡素化や、2 次元散布図などにすることもできますが、筆者は、数値を一部補正して図06-2 のように簡潔な棒グラフにしています。グラフ作成に当たっては、酸味センサーの応答値を「Acidity」、旨味センサーの旨味コクの応答値を「Umami」、苦味センサーの応答値の苦味を「Body」、苦味雑味を「Bitterness」、渋味センサーの渋味刺激を「Astringency」としました。

### 図06-1・レーダーチャート例

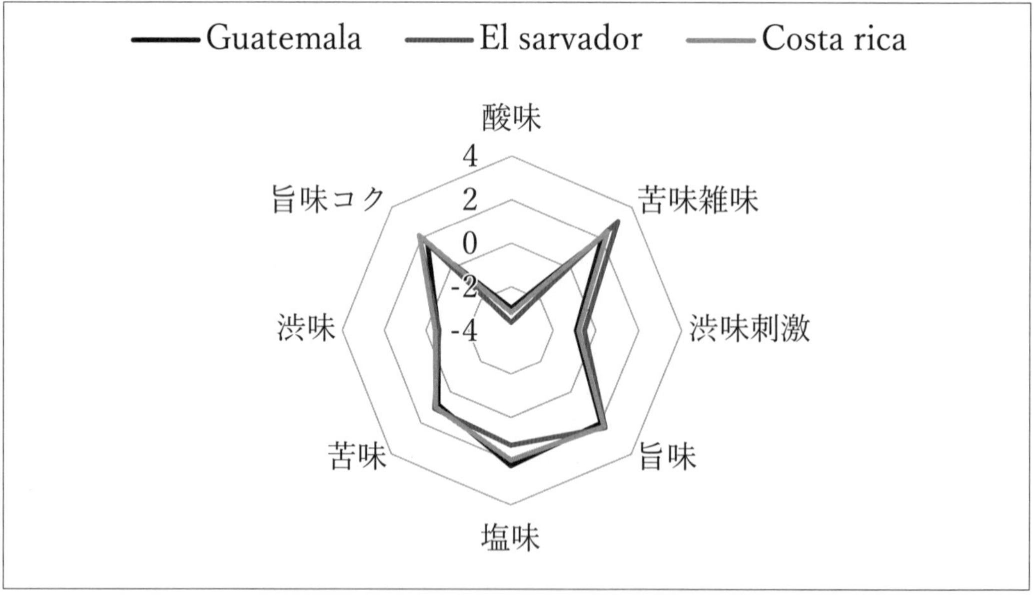

食品の味の特性により、適合する味の項目をグラフ化したほうがわかりやすいといえます。

110

図 06-2・棒グラフ例

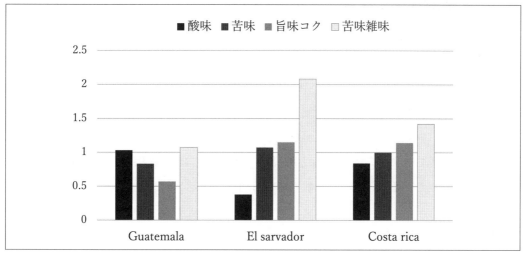

コーヒーの場合、塩味センサーや渋味センサーは活用しにくく、主には酸味、苦味、旨味センサーを主に利用しました。

　センサー値は、同じ属性の比較（acidity 同士の比較）に利用できますが、各属性の比較（acidity と body のどちらが強いか）はできません。ただし、多くの分析の結果、各属性の強度と風味のバランスからある程度そのコーヒーの品質を予測できると考えます。
　図 06-3 は、グァテマラの El Injerto 農園の 3 品種を味覚センサーにかけた結果です。このサンプルの場合、パカマラ品種の酸味が強いことがわかりますが、酸味の質まではわかりません。グラフのパターンからパカマラ品種、ゲイシャ品種、モカ品種はよいコーヒーであると推測できます。

図 06-3・味覚センサーの各属性の強度

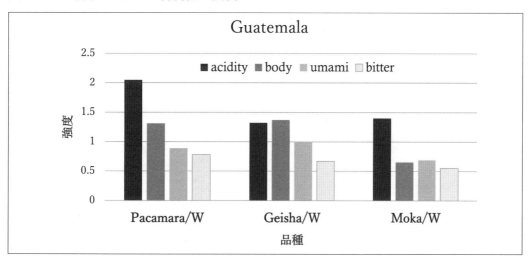

## ■06-4 官能評価と味覚センサーの相関性

### 06-4-1 事例1 SPとCO

　味覚センサーを官能評価の点数を裏付けるツール（Tool）として利用できると考え、その相関性について検証しました。SP、CO、Brazil、Robustaと風味差の明確な4種のコーヒーを官能評価し、味覚センサーにかけたものです（図06-4）。SPは酸味が強く、ブラジルはやや弱く、ロブスタ種は酸味がないことが読みとれます。また、ロブスタ種には雑味が多いと判断できます。官能評価と味覚センサー値には **r=0.9937** と高い相関性がみられ、味覚センサー値が官能評価を補完できる可能性が示されました。

**図06-4・官能評価と味覚センサーの相関性**

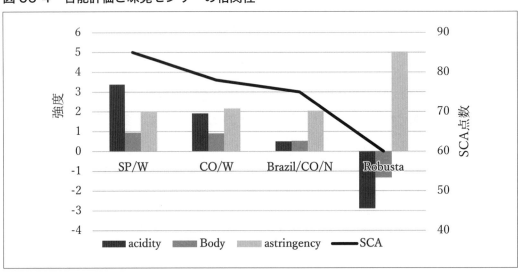

### 06-4-2 事例2 ウォシェトコーヒー

　サンプルは、パナマ産のゲイシャ品種のウォシュトコーヒーです。このサンプルの場合（図06-5）、乾燥状態がよいと推測され、パネル（n=10）の官能評価平均点数と味覚センサー値の間には、r=0.9147の高い相関性が見られます。

図 06-5・味覚センサーとウォシェトコーヒーの相関性　n=10

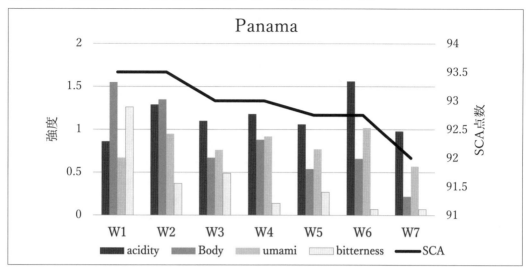

### 06-4-3 事例3 ナチュラルコーヒー

　図06-6は、2022年に行われたブルンジのオークションロットからランダムにナチュラルを抜き出し、官能評価し、味覚センサーにかけたものです。9種のセンサー値はバラついています。オークションジャッジの点数は高値で差異がなく、筆者のスコアにはばらつきがみられます。

図 06-6・味覚センサーとナチュラルコーヒーの相関性　n=10

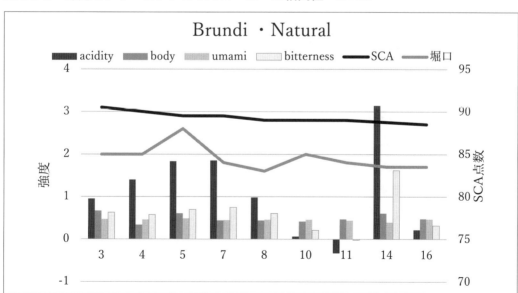

ナチュラルは、多くの場合チェリーを天日乾燥しますので乾燥過程で酵母の発酵の影響を受けやすく、ロットによる差が出やすくセンサーがばらつき相関がとれないと考えられます。また、一般的にナチュラルの評価差も多くみられるため、相関がとれない事例も多くみられます。図06-6 の場合、ジャッジの点数と味覚センサー値の間には全く相関性がありませんが、筆者と味覚センサー値の間には **r=0.5412** の相関性が見られました。

　ただし、乾燥がよいと推測される Natural の場合は相関性がとれることもあります。図 06-7 は、フィリピン産のカティモール種ですが、センサー値とオークションジャッジの点数との間に **r=0.5226** の相関が、筆者の点数との間には **r=0.9698** の高い相関性がみられます。

図 06-7・2022 フィリピンのオークションロット

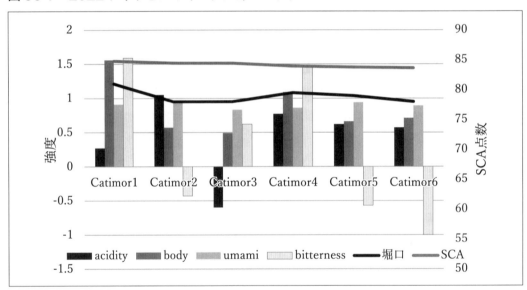

## 06-4-4 精製方法の異なる豆

　ウォシュド、ナチュラル、アナエロビックを一緒にセンサーにかけた場合には、センサー値がばらつき、官能評価との相関性がとれない場合が多々みられます。また、アナエロビックの場合は、官能評価そのもののコンセンサスがナチュラル以上にとりにくく、評価がばらついている可能性もあり、相関性がとれない事例もみられます。図06-8 は、パナマのオークションのゲイシャ品種を味覚センサーにかけたものです。ジャッジの官能評価と味覚センサーの相関性は **r=0.1426** と相関性がみられません。したがって、味覚センサーには精製別で分析したほうがよいと考えます。

図06-8・パナマ　2020-21Crop　味覚センサーとの相関

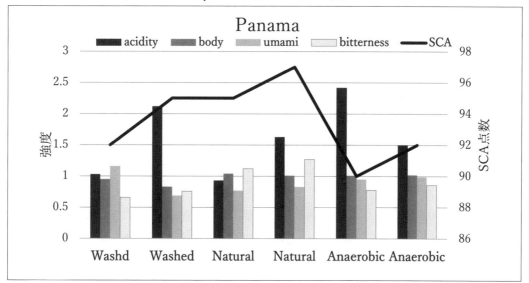

　本書では、できるだけ多くの試料を味覚センサーにかけ，統計処理して官能評価との相関性をみるようにしています。結果として、相関性の取れない事例もでてきますが、より客観的な官能評価の補完データとして役立てばよいと考えています。

カッピング

テイスティングサンプル

## 07 新しい10点方式（50点満点）の官能評価

### ■07-1 消費者が可能な官能評価へ

SCAの品質評価は、生豆鑑定と官能評価で行われ、SPの発展に寄与する優れたものです。テイスティングセミナーでもこの官能評価表を2005年から使用してきました。しかし、主には、コーヒー業界の中でも輸入会社、焙煎会社など一部のプロ向けの方法で、コーヒー関係者すべてが行っているわけではありません。ましてや、消費者にとってはハードルが高いといえます。

このSCAの官能評価の理念を踏襲して、一般消費者でも使用可能な簡便な新しい官能評価方法を検討してきました。作成に当たっては、**SCA方式の点数と新しい方式の点数に相関性があるように設計し、官能評価点数を理化学的数値及び味覚センサー値が補完できるようにしました。**

### ■07-2 新しい官能評価へ

現在、SCAの官能評価を簡易化した新しい官能評価方法を作成し、「10点方式」として2020年からテイスティングセミナーで実践し、よりよい方式を模索しています。

1) SCA方式の基本的考え方を踏襲し、SCAプロトコルに準じ行います。
2) 比較的簡単に行えるように官能評価表をAroma（香り）、Acidity（酸味）、Body（コク）、Clean（きれいさ）、Sweetness（甘味）の5項目に簡略化しています。ナチュラルの評価については、Sweetnessの代わりにFermentation（発酵）としました。ブラジルの評価については、acidityのかわりにBitternessを検討しています。
3)「10点方式」は、品質評価基準に理化学的な数値を加味したものです。

**SCA方式の点数とこれまで分析してきた理化学的数値の間には$r=0.6$以上の相関性が見られます。この結果から、pHおよび総酸量を官能評価のAcidity（酸味）、脂質量をBody（コク）、酸価をClean（クリーン）の基準として考えました。**また、ショ糖量は、焙煎により98%程度が消失しますが、新たな香り成分であるヒドロキシメチルフルフラール（HMF;5-hydroxymethylfurfural）を生み、甘味に関与すると考えられ、**Sweetness（甘味）の基準値になる可能性も示されています。**

図07-1〜3は、2017-18Crop収穫のコロンビアのSPおよびCOの生豆各9種、計18種を試料とし、pH、脂質量、酸価の理化学的数値と官能評価の得点の相関を検討したも

のです。結果として、官能評価の総合点と酸価（脂質の劣化）には **r=-0.910** の高い負の相関が、また官能評価 Acidity の得点と pH（酸の強さ）にも **r=-0.873** の高い負の相関があり、官能評価 Body の得点と総脂質量には **r=0.684** の正の相関が見られました。これらから、官能評価を理化学的数値により補完できる可能性が示されました。

### 図 07-1・pH と官能評価 Acidity との相関

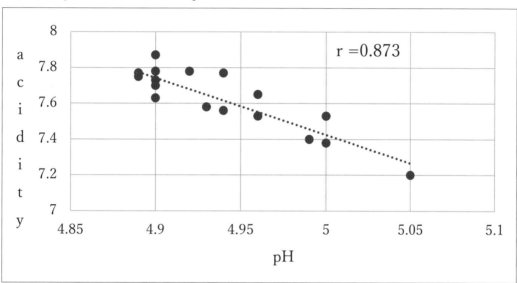

### 図 07-2・脂質と官能評価 Body の相関

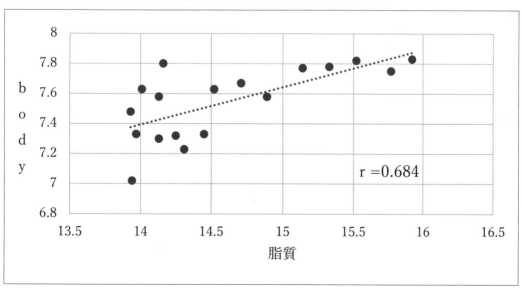

図 07-3・酸価と官能評価総合点との相関

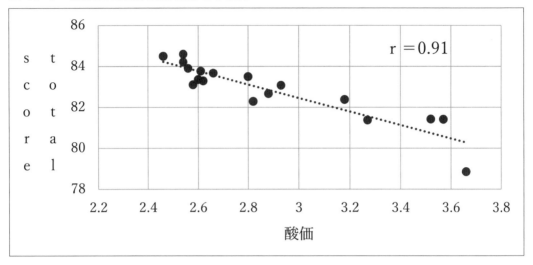

## ■ 07-3 官能評価と理化学的数値の相関性

さらに、官能評価と理化学的数値の相関性を裏付けるため、コロンビア産、グァテマラ産、ケニア産、タンザニア産、エチオピア産、ブラジル産の6カ国から2017〜2018Cropの*SP および CO 各 25 種計 50 種のサンプルを集め、生豆及び焙煎豆の、pH、滴定酸度（総酸量）、脂質量、酸価、ショ糖量を分析し、各サンプルの理化学的数値の振れ幅と平均値を出しました。SP は CO に対し、官能評価は高く、pH、酸価は有意に低く、滴定酸度と総脂質量は有意に高い結果（*P<0.01*）がえられています（表 07-1）。

また、官能評価 acidity と pH の間には **r=-0.809** の負の相関が、官能評価 body と脂質量の間に **r=0.853** の正の相関性があることが明らかとなりました。 また、官能評価総合点と酸価の間には **r=-0.938** の負の相関が、ショ糖量の間にも **r=0.778** の相関性がみられ、この結果から、SCA の官能評価点数を理化学的数値が補完できると考えられました。

表 07-1・理化学的数値の振れ幅と平均値　n=50　実験 2016--19Crop

| 実験項目 | SP の幅 | SP 平均 | CO の幅 | CO 平均 | SP+CO 平均 |
|---|---|---|---|---|---|
| pH | 4.73〜5.07 | 4.91 | 4.77〜5.15 | 5.00 | 4.96±0.12 |
| 滴定酸度（ml/100g） | 5.99〜8.47 | 7.30 | 4.71〜8.37 | 6.68 | 7.00±0.83 |
| 総脂質量（g/100g） | 14.9〜18.4 | 16.2 | 12.9〜17.9 | 15.8 | 16.0±1.20 |
| 酸価 | 1.61〜4.42 | 2.58 | 1.96〜8.15 | 4.28 | 3.39±1.49 |
| ショ糖量（g/100g） | 6.83〜7.77 | 7.34 | 5.98〜7.64 | 7.01 | 7.17±1.50 |
| 官能評価総合点 | 80.3〜87.0 | 83.5 | 74.0〜79.8 | 74.0 | 80.6±3.60 |

SP は、優れた風味を生み出すと認知されてきた生産地区などから、栽培から精製まで丁寧な作業プロセスを経たものを選んでいます。また、CO は、各生産国の輸出等級上位および下位の生豆から選びました。

## ■07-4 理化学的数値の振れ幅と平均値から評価基準を決める

### 07-4-1 新しい評価方法の全体像

表07-2 は、新しい10点法式の評価6項目と理化学的数値など評価方法の全体像をまとめたものです。

表07-2・新しいSP用の評価方法の全体像

| 評価項目 | 評価の着眼点 | SPの理化学的数値幅 | 風味表現 |
|---|---|---|---|
| AROMA | 香りの強弱と質 | 香り成分800 | 花のような香り |
| ACIDITY | 酸の強弱と質 | pH4.73〜5.07、総酸量5.99〜8.47ml/100g | さわやか、柑橘果実の酸、華やかな果実の酸 |
| BODY | コクの強弱と質 | 総脂14.9〜18.4g/100g メイラード化合物 | なめらか、複雑、厚みのある、クリーミー、 |
| CLEAN | 液体のきれいさ | 酸価1.61〜4.42（脂質の酸化）欠点豆の混入 | 濁りがない、クリーン、透明感がある |
| SWEETNESS | 甘味の強さ | 生豆のショ糖量 6.83〜7.77g/100g | ハニー、ショ糖、甘い余韻 |
| FERMENTATION | 発酵臭の有無 | 過完熟、発酵臭 | 発酵臭がない、微発酵果肉臭、アルコール臭 |

## ■07-4-2　10点方式の品質スコア

pH、滴定酸度、総脂質量、酸価の数値および官能評価点数の平均値および度数分布を参考にし、もっとも上位のものを10点とし、1〜10段階に区分し、生豆の「品質スコア表」を作成しました（表07-3）。各評価項目は最高点が10点で最低点は1点とし、5項目で50点満点としました。

表07-3・10点式の品質スコア表

| | 10-9 | 8-7 | 6-5 | 4-3 | 2-1 |
|---|---|---|---|---|---|
| Aroma | 香りが素晴らしい | 香りがよい | やや香りある | 香りが弱い | 香りがない |
| Acidity | 酸味が強く華やか | 酸味が心地よい | やや酸味ある | 酸味が弱い | 酸味がない |
| Body | コクが十分ある | コクがある | ややコク | コクが弱い | コクがない |
| Clean | とてもきれいな味 | きれいな味 | ややきれい | やや濁り | 濁っている |
| Sweet | とても甘い | 甘い | やや甘い | 甘味が弱い | 甘味がない |

**現時点では、評価者は、すべての項目を評価する必要はなく、自分のわかる範囲で行い、徐々に評価できる範囲を広げていけばよいと考えています。**新しい評価方式は完成形ではなく、より精度の高いものをめざしテイスティングセミナーで運用実験を継続中です。新

しい 10 点方式の品質評価では SP、CO にかかわらず、また、焙煎度、サンプルの抽出方法にかかわらず評価することを最終目標にしています。

## ■07-5 SCA 方式と新しい 10 点方式の官能評価点数の相関性

　SCA のスコアの評価基準は、過去 20 年の運用の歴史によりある程度の評価コンセンサスが形成されてきています。そこで「10 点方式」では両者の間に相関性がとれるように設計しました（表07-4）。2020 から 2023 年まで 3 年間に行われたインターネットオークションジャッジの点数および筆者の点数とテイスティングセミナーで行ってきた 10 点方式の点数の相関性を検証し、**多くのデータから r=0.7 以上の正の相関性を確認しています**。しかし、ナチュラルなどの豆の一部については官能評価にブレが生じる可能性も想定され、相関性がとれるとは限りません。

　SCA 方式と 10 点方式との相関に関しては、最高峰の点数である SCA95 点≧ =10 点法48-50 点については、pH は 4.8≦（滴定酸度は 8.0ml/g≧）、脂質は 18 g/100 g≧、酸価は 2.0≦で設定し、SP の*境界線である SCA 方式 80 点 =10 点法 35 点については、pH を 5.00、総脂質 16.0g/100g、酸価 4.00 で設定してあります。10 点方式の評価基準を裏付ける目安として理化学的数値を当てはめていますが、検討の余地はあると考えています。これらの指標は生豆入港後 2 か月以内に分析した結果から作成したものです。

### 表 07-4・10 点方式の評価と理化学的数値の品質表

| 10 点方式<br>点数 | SCA 方式<br>点数 | pH | 脂質量<br>g/100g | 酸価 | ショ糖<br>g/100g | 官能評価の基準 |
|---|---|---|---|---|---|---|
| 48〜50 | 95≧ | 4.80≦ | 18≧ | 2.0≦ | 8≧ | 現時点で考えられる最高峰の風味 |
| 45〜47 | 90〜94 | 4.85≦ | 17≧ | 3.0≦ | 7〜8 | 各生産地、品種において極めて優れた風味 |
| 香り高く、明確な酸とコクがあり、華やかで特長的な風味をもち、かつ極めてクリーンな豆。産地や品種の個性が極めて明確であり、他の豆と明らかな区別がつくもの。<br>Medium ローストから French ローストまでの焙煎で風味がぶれず、French でも酸味がかすかに残り風味個性が残る豆。最高峰レベルの SP で SP 全体の 0.1% 程度。 | | | | | | |
| 40〜44 | 85〜89 | 4.90≦ | 17≧ | 3.5≦ | 7〜8 | 各生産地における個性豊かな風味　各生産地における |
| 35〜39 | 80〜84 | 5.00≦ | 16≧ | 4.0≦ | 7〜8 | 際立った風味、SP の境界 |
| 35〜39 点の豆は、香りがよく、しっかりした酸とコクがあり，クリーンな豆。99% 程度の SP がこの領域に区分される。40〜44 点の豆はさらに特徴的な風味があり、産地や品種の個性が明確で他の豆と区別がつきやすい豆。Medium から French までの焙煎度合いで極めて優れた風味を醸し出す。優れた SP で、2023 年時点で SP 全体の 1% 弱程度。 | | | | | | |
| 30〜34 | 75〜79 | 5.10≦ | 16≧ | 4.5≦ | 6〜7 | 比較的欠点が少ない |
| 25〜29 | 70〜74 | 5.10≦ | 15≧ | 5.0≦ | 6〜7 | 特徴が弱く平凡な風味 |

| | | | | | | | |
|---|---|---|---|---|---|---|---|
| 30〜34点の豆は、香りはやや弱い、酸とコクのバランスがよいがやや濁りを感じる。産地や品種の区別は難しく、限定された範囲での焙煎度となり、Frenchの場合は抽出液に焦げや濁り感が生じる。ハイエンドのCOに位置する。||||||||
| 25〜29点の豆は、多くのCOが該当し、よい風味特性はみられない。 ||||||||
| 20〜24 | 65〜69 | 5.1 ≧ | 15 ≦ | 6.0 ≧ | 5〜7 | 酸味およびコクが弱く、欠豆点による濁り ||
| 20 ≦ | 60〜64 | 5.2 ≧ | 14 ≦ | 6.0 ≧ | 5〜6 |||

pHはMediumローストで（色差計21〜22）計測した値です。
pH5.0は平均的数値で、酸価4.0は濁り感などが感知できる数値です。脂質量16g/100gは生産地による差が生じます。SCAには明確な点数基準はなく、筆者が過去20年間、個人的に運用してきた点数を基準に作成しています。

　図07-4は、ルワンダの2021年10月11日に行われたA Taste of Rwandaのオークションサンプルからウォシェドのみ7種を選び、SCA方式の点数と10点方式の点数を比べたものです。SCAはオークションジャッジの点数で10点方式はテイスティングセミナー参加者16名（n=16）の点数です。両者の間には**r=0.7821**の正の相関性が見られましたので、10点方式をSCA方式の代わりに使用できると考えられました。

図07-4・Rwanda 2021-22CropのSCA方式と10点法の相関性

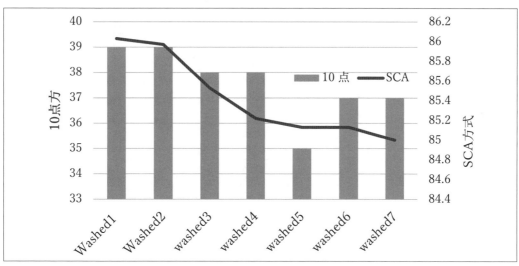

## ■07-6 10点方式と理化学的数値の相関性の検証

　表07-5のサンプルは、2021年7月に行われたグァテマラのアナカフェ（Anacafe）主催の「One of a Kind」オークションからウォシェトを選んだものです。ゲイシャ品種とパカマラ品種についてはEl Injerto農園のオークションからピックアップしました。コメントは、筆者主催のテイスティングセミナーでのものです。

表 07-5・Guatemala 2020-21Crop ANACAFE　n=24

| 資料 | 標高 | 地区 | テイスティングセミナーコメント |
|---|---|---|---|
| Geisha | 1600 | Huehuetenango | フローラル、白ブドウ、甘味 |
| Pacamara | 1600 | Huehuetenango | フローラル、ミカンの甘い酸味、華やか |
| Typica | 1820 | Huehuetenango | 枯れた味、やや渋味、鮮度がやや落ちている |
| Bourbon | 1600 | Huehuetenango | フローラル、やや枯れ、オレンジ |
| Caturra | 1820 | Huehuetenango | この中では標準的な風味、やや濁り、 |
| Pache | 1900 | Chimaltenango | オレンジ、しっかりしたコク |
| Villa Sarch | 1800 | Unk | 甘いオレンジの酸味 |

　表07-6 には、理化学的数値とともに、新しい官能評価 10 点方式スコアと味覚センサーの数値も載せました。＊酸価以外は、10 点方式の点数と理化学的数値の間に高い相関性が見られましたので、理化学的数値が官能評価点数を反映していると考えられます。酸価の場合は、すべて空輸サンプルのため生豆鮮度に差がなく 10 点方式のスコアと相関性が低いと考えられます。

表 07-6・Guatemala　Anacafe Auction Lot 2021-2022Crop

| 品種 | pH | 滴定酸度 ml/100g | 脂質量 g/100g | 酸価 | 10 点 方式 | SCA 方式 | 味覚 センサー |
|---|---|---|---|---|---|---|---|
| Geisha | 4.83 | 8.31 | 15.75 | 2.68 | 42 | 91.75 | 4.96 |
| Pacamara | 4.83 | 8.85 | 16.11 | 2.8 | 44 | 92.5 | 5.73 |
| Typica | 4.94 | 7.80 | 15.50 | 2.91 | 34 | 87.19 | 2.99 |
| Bourbon | 4.94 | 8.29 | 14.63 | 2.86 | 37 | 86.31 | 3.53 |
| Caturra | 4.96 | 7.32 | 15.08 | 2.82 | 35 | 86.88 | 2.93 |
| Pache | 4.97 | 7.60 | 15.22 | 2.79 | 30 | 87.31 | 2.73 |
| Villa Sarchi | 4.9 | 7.14 | 15.56 | 2.86 | 38 | 87.42 | 2.1 |
| 10 点法式との相関 | -0.9371 | 0.6572 | 0.6144 | -0.4086 | | 0.8108 | 0.7891 |

SCA 方式の点数はオークションジャッジのものです。10 点方式の点数は、テイスティングセミナーのパネル n=16 の平均値です。

　図 07-5 は、7 品種を味覚センサーにかけた結果です。ゲイシャ品種、パカマラ品種、ビラサルチ品種は、同じ風味パターンでよい豆であると予測できます。10 点法の点数とセンサー値の間には r=0.7891 の相関性が、また SCA 方式の点数とセンサー値の間には r=0,7464 の相関性が見られます。さらに、SCA 方式の点数と 10 点法の点数間にも r=0.8108 と高い相関性がみられ、従来の SCA 方式に変わる評価方式として使用できると考えられます。

　これらの結果から、官能評価を補完するツールとして理化学的数値及び味覚センサー値を使用できると考えました。

図 07-5・Guatemala2021-22Crop の 7 品種

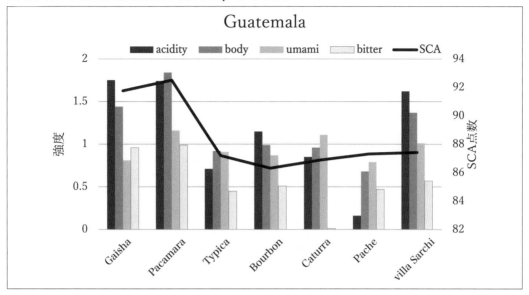

## ■ 07-7 10 点方式と味覚センサーの相関性の検証

　味覚センサーは、同じ精製方法の豆であれば適正な数値がでる可能性が高く、官能評価が適切な点数であれば両者の間に相関性が見られます。図 07-6 は、コスタリカのマイクロミルの品種別のサンプルで、10 点方式と味覚センサー数値との相関性を表したものです。ウォシェトの精製で、相関係数は **r=0.8510** と高く、味覚センサーの値が 10 点法式を補完できると考えられます。

図 07-6・2020-21 新しい 10 点方式と味覚センサーの相関性

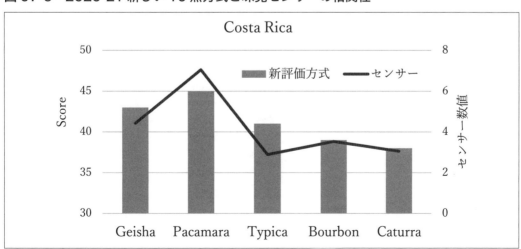

# ■07-8 「10点方式」のわかりやすい評価基準

　新しい10点方式の評価項目については、過去20年間のSCA方式での評価経験をベースに新たな見解を追加してまとめたものです。

## 07-8-1 香り（Aroma）

　コーヒーの香り（嗅覚）は、焙煎により生じる揮発性成分が多い程香りが強くでます。GC/MS（ガスクロマトグラフィー質量分析機）で分析できますが、様々な香りの分子が官能的に感じた果実香にどの程度関与しているかは簡単にはわかりませんので、香りはとても厄介です。したがって、何がよい香りか？については基準を設けることは非常に難しく、実際には、SCAのフレーバーホイールを使いこなすには無理があります。

　たとえば、バラの香りといってもいくつかの分子から構成されますので、ある人がその中の何か一つに引っ掛かればバラの香りと感知する場合がありますが、大部分の人はバラの香りとは感知できません。香料物質には、それぞれ嗅覚閾値が異なるため、GC/MSによる物質濃度だけでは感覚量の大きさは分かりません。

　GC/MSは、熱で気化する気体や液体に含まれる特定のガスの量（濃度）を成分（化合物）ごとに分離・定量する装置で、ブラジルのSPとCOを分析したデータをあげてみました（表07-7）。、コーヒーは他の食品に比べ香りが複雑すぎ、ここからブラジルの香りを読み取ることはほぼ不可能で、コーヒーの香り研究の難しさがあります。

## 表07-7・GC/MSによるBrazilのSPとCOの主な香り

| SP　成分 | 香調 |
|---|---|
| Myrcene | 甘いバルサムないしレジン様香 |
| trans -b-Ocimene | アニス、シトラスライム、ウッディ、ハーバル香気 |
| Linalool | シトラス、紅茶様のフローラルな香り |
| 3-Mercapto-3methylbutanol | 肉様の調理感を伴うロースト様香気 |
| CO　成分 | 香調 |
| a-Pinene | 樹脂様、パイン（マツ）様香気 |
| b-Pinene | 樹脂様、パイン（マツ）様香気 |
| Hexanal | 未熟なアップル様、脂肪様グリーン香 |
| trans-2-Nonenal | 強い脂肪様オリス香 |
| Tetramethylpyrazine | 甘い焦げ臭でチョコレート、ローストナッツ様香気 |
| 2-butyl acetate | ローズ様の濃厚な香り |

SPはセラードの農園の豆で、COは4/5。

したがって、複合的な香りの評価は、粉及び抽出液の香りを嗅いだ時の香りの強さと心地よさで判断するのがよいと思います。飲んだ後の口蓋に残っている香り，鼻から抜ける香りも加味します。

| 7〜10点 | 花のような、果実のような香りを連想できる場合 |
| 6点≦ | 香りが弱い場合 |
| 4点≦ | 異臭を含む場合 |

「**どのような焙煎度でも、心地よいものは高い評価とし、焦げ臭や煙臭の強いものは低い評価とします。**」個人的には「**心地よい香り**」「**花のような香り**」「**果実っぽい香り**」程度の表現で十分と考えます。焙煎から日にちが立ち炭酸ガスが抜けると同時に香りは減少しますので、焙煎豆の鮮度の判断基準にもなります。

## 07-8-2　酸味（Acidity）

酸味は、酸を強く感じるか？どのような酸味があるか？を見ます。同緯度であればより標高の高い地区の方が昼夜の寒暖差があり、酸味が生じやすくなります。SP の方が酸を強く、また柑橘系果実の酸を感じる可能性があります。10 点方式 40 点（SCA85 点）以上のコーヒーであれば、柑橘果実以外の酸味も感じられます。ミディアムローストの場合 pH は 4.75〜5.20 程度の幅があり、0.45 の差は非常に大きく、簡単に識別できます。「**酸は、風味の輪郭を形成し、味に深みをもたらしますので強い方がよく、その質も含め評価とします。**」

**ミディアムローストであれば、レモンに多く含まれる柑橘果実のクエン酸系の酸味は高く、酢酸の刺激的酸は低い評価とします。**」

| 9〜10点 | 柑橘系果実以外の熟した果実なども感じることができる |
| 7〜8点 | クエン酸ベースの柑橘果実の酸を感じることがでる豆 |
| 6点≦ | 酸味の弱い豆、カチモール種系などの酢酸を感じる豆 |

シティローストであれば pH5.20〜5.40 程度となり酸は減少しますが、標高が高い産地の豆であれば、まだ酸味を感じることができますので高い評価にします。フレンチローストの場合は、pH5.6 と酸味をさらに感じにくくなりますが、苦味の中に味の奥行きを生み出します。よい焙煎であれば、かすかな酸味を感じることができ、高い評価とします。コーヒーは、弱酸性の嗜好品飲料として酸味は重要です。焙煎度にかかわらず評価します。

**「さわやかな酸味」、「しっかりした酸味」、「心地よい酸味」、「オレンジのような甘い酸味」**

のような表現で十分です。さらに複雑なニュアンスを感じることができれば、果物を想像してください。エチオピアの G-1 にはブルーベリー、レモンティ、華やかなパカマラ種にはラズベリージャム、パナマのゲイシャ種にはパイナップル、ピーチ、ケニアの SL 種には多様な果実のニュアンスを感知できる可能性がありますが、無理してここまで掘り下げなくても「華やかな酸味を感じます」「果実のような酸味を感じます」で十分です。

### 07-8-3 コク（Body）

テクスチャーは、口蓋における口触り、なめらかさなどで、触覚（末端神経）によりもたらされます。末端神経は、コーヒーの固形物質を粘性として感じる可能性が高く、テクスチャーはコク（Body: ボディ）という言葉で言い換えることができます。本書では Mouthfeel（口あたり /JIS 官能評価分析用語）も含めた総合的な感覚とします。

この感覚は主には、脂質の含有量に影響を受けます。コーヒー生豆には、15g/100g 前後の脂質があり、焙煎しても変わりませんので、メイラード化合物とともに、コクに影響を与えていると考えられます。脂質量が多い方がなめらかさは増しますので Body の評価が高くなります。

| 8 〜 10 点 | 粘性、クリーミーな触感があり複雑な風味の豆、マンデリンなどはベルベットのような粘性や奥行きを感じる場合は 8 点以上 |
| | ティピカ品種などシルキーな触感があれば 8 点以上 |
| 7 点≦ | カティモール品種系の重い風味 |
| 6 点≦ | 薄く、粘性、厚み、濃度のない豆 |

焙煎度が深くなっても同じように評価します。注意してほしい点は、重い味 =Body（コク）ではありません。雑味や抽出過多の風味などからくるものもありますので分けてとらえます。

また、コクは濃度とも関係します。Brix10 のエスプレッソ抽出液は、Brix1.4 のペーパードリップ抽出液よりはるかに濃縮感がありますので、コクが強いといういい方が可能です。同じ条件で抽出した場合（粉の量、粒度、抽出時間）は、焙煎度が深くなるにつれコクは減少する傾向がありますので、深い焙煎で苦味ではなくコクを感じる場合は高い評価とします。

スマトラ産の在来品種のマンデリンのベルベットのようなコクと軽やかでシルキーなハワイコナ産のティピカ品種も質感がよければ共に高い評価をします。優れたイエメン産などには「チョコレート（チョコレートは脂質含有量が 50% 程度と高い）のようななめらかさ」を感じます。「牛乳より生クリームの方が、水よりオリーブイルの方がなめらか」という感覚です。

## 07-8-4 きれいさ (Clean)

　コーヒーの風味の「CLEAN」(きれいさ)は、SP と CO を区分する極めて重要な要素です。対する言葉として濁り感などがあります。

　口に入れた時からの透明感の印象です。濁りのないきれいな味の感覚としてとらえます。標高の高い産地の豆、嵩密度の高い豆の方が抽出液の透明度は高い傾向が見られます。

　この透明感はわかりにくい概念ですが、2 つの観点から説明できます。

　欠点豆の混入数が多ければ濁り感が生じ、クリーンな感覚から外れていきます。酸価が高い（脂質の劣化）程濁りを感じ、少なければ雑味を感じなくなります。クリーンさは、SP に多く感じることができますが、SP の中でもよりクリーンな方が高い評価になります。

　例えば、優れたティピカ品種は、透明感がありクリーンといえますが、経時変化とともにクリーンさは減少し、枯草の風味に支配されます。グァテマラ産のブルボン品種は、クリーンですがカトゥーラ品種が混ざるとやや濁ります。コスタリカの 2000m のマイクロミル産のカトゥーラ品種はクリーンですが、標高が下がると濁り感を感じます。欠点豆の混入数、酸価数値以外でも、品種差、標高差などの要素もあり、乾燥の状態、その後の流通過程などの影響も受けますので、「きれいな感覚」というテイスティングスキルを身に付けるしかありません。一般的には、ウォシェトはきれいで、ナチュラルはやや濁りを伴う場合もあります。

| 8 点以上 | 経時変化がなく、雑味のない抽出液のきれいな豆 |
|---|---|
| 7 点≦ | 欠点豆による雑味を感じる豆 |
| 6 点≦ | 経時変化に伴う脂質の劣化により枯れた草などの風味 |

　焙煎度に関わらず評価します。ブラジル産のナチュラル、パルプドナチュラルのコーヒーは、かすかに濁り感を伴うものが見られますが、これは産地特徴の風味としてウォシェドとは分けてみます。濁り感の強いものは低い評価で構いませんが、あくまで、欠点豆による雑味、生豆の劣化の側面からとらえます。

　**よい評価は「きれいな風味」「透明度が高い」「クリーンカップ」、マイナス評価であれば「にごっている」「埃っぽい」「土っぽい」などでよいでしょう。**

## 07-8-5　甘味 (Sweetness)

　生豆のショ糖の含有量に影響を受けます。焙煎すれば、ショ糖は 98.6% が減少してしまいますが、甘い香り成分に代わり、それらが口腔内で甘味を感じさせます。抽出液を口にふくんだときに甘味を感じれば高い評価をします。また、生豆に含まれるアミノ酸も焙

煎により 99% 近く減少しますが、わずかに残ったアミノ酸のグリシンやアラニンなどの甘味がショ糖の甘味と絡み合って舌に余韻（Aftertaste）として残る可能性があります。口内に入れた瞬間と飲み込んだ後の余韻で感知してください。

| | |
|---|---|
| 9点以上 | 口に含んだ瞬間、飲み込んだ後に甘い余韻を感じる豆 |
| 7〜8点以上 | ショ糖量 4% の水溶液以上の甘味を感じる豆 |
| 6点≦ | 甘味が弱い豆 |

フレンチローストの豆にも甘味を感じますので、焙煎度に関わらず評価します。

**非常に優れたコーヒーの場合は、甘味を感知できる可能性があり「蜂蜜のような甘味」「メープルシロップのような甘味」「甘い柑橘果実」「砂糖のような甘味」「黒砂糖のような甘味」「チョコレートのような甘味」「ピーチのような甘味」「バニラのような甘味」「キャラメルのような甘味」など様々です。**

## 07-8-6 発酵（Fermentation）

ナチュラルの精製の場合の評価項目は、「Sweetness」の代わりに「Fermentation」を評価項目に入れました。本著では、ナチュラルの精製で感じる発酵臭は、精製プロセスにおける微生物による何らかの異臭と考えますので、高い評価はしません。ただし、かすかな微発酵が風味によい影響を与えている場合、上品で発酵を感じさせないものは高い評価をします。従来から流通しているエチオピアの G3 〜 G5, イエメンのモカマタリなどの発酵は、ダメージの発酵臭と判断します。しかし、エチオピアの G-1, イエメンの生産履歴の明らかなニュークロップ（流通は極めて少ない）、2010 年以降に見られる中米産のナチュラルの多くは、この異臭としての発酵臭は微細になっています。

ナチュラルの場合、発酵系の風味をどこまで許容するかが問われますが、適切な精製プロセスから生じる風味は良しとます。

| | |
|---|---|
| 8〜10点 | エチオピア産の G-1、中米産の優れた豆などで発酵臭がない豆 |
| 7〜8点 | 微発酵で正の風味ととらえることができる豆 |
| 6点≦ | 過完熟、収穫後のチェリーの発酵、発酵槽における発酵臭などのを感る豆の場合はその強度による、アルコール臭のある豆 |

評価に個人差がでやすい属性ですが、**精製プロセスにおける不備を、個性的な風味として見る風潮は問題です。焙煎度に関わらず評価します。**

第 2 章　品質評価の方法

## ■07-9 今後の評価項目とその基準

　日本における食品の官能評価は、多くの場合 5 味（酸味、甘味、苦味、塩味、旨味）を基準とします。しかし、SCA の評価基準には、苦味（Bitterness）と旨味（Umami）がありません。SCA のカッピングフォーム及びフレーバーホイールは米国人が作成したもので、苦味は忌避すべき味としての認識が強く、また旨味は食文化の中にこの味が少ないことによると考えられます。

　今後、アミノ酸や苦味成分の分析を通し、新たに Bitterness、Umami の評価項目として入れることを課題としています。

## 07-9-1 苦味（Bitterness）

　日本では春の味としてフキノトウ、たけのこ、ぜんまいなど心地よい苦味食品を食べますので、苦味の質を理解できる素養があります。日本人は、食文化の中でこの苦味とうまく付き合ってきました。*苦味は、カフェイン、*クロロゲン酸、*ニコチン酸アミドおよび*メイラード化合物（褐色色素）などによりもたらされる感覚です。また、苦味は焙煎により大きな影響を受けます。ミディアムローストの豆であれば、苦味の強弱の識別は難しい感覚ですが、その質は評価できる可能性があります。

　コーヒーの苦味には、**よい苦味として、すっきりした苦味（余計なものがなくクリアな苦味）、まろやかな苦味（口あたりが柔らかくまた、味が穏やかな苦味）、などがあります。また、負の苦味として、焦げた苦味（焙煎時に火が入りすぎた苦味）、煙の苦味（焙煎時に過剰な煙をかぶった苦味）などもあります。**これら苦味は、他の評価項目に影響します。

　図 7-7 は、インドネシアのスマトラ、スラウェシ、バリ島のコーヒーを官能評価し、味覚センサーにかけたものです。インドネシアは酸味もありますが、苦味も感じやすく、評価基準に Bitterness を加えた方がよいと考えます。味覚センサーの苦味値と官能評価との間には **r=0.6973** の相関性が見られましたた。

＊ Coffee Science, News, Research, and Information on Coffee Chemistry - CoffeeResearch.org
＊和泉眞喜子、高屋むつ子 / コーヒーの味におよぼす抽出条件およびクロロゲン酸の影響 / 日本調理科学会 Vool.41,N04、257~261/2008
＊本間清一 / メラノイジンに関する食品科学的研究 / 日本栄養・食糧学会誌 58 巻 2 号 /2005
＊ Fujimoto, Narita et al,Bitterness Compounds in Coffee Brew Measured by Analytical Instruments and Taste Sensing System. Food Chemistry 2021, vol342

図 07-7・Indonesia 2021-22Crop

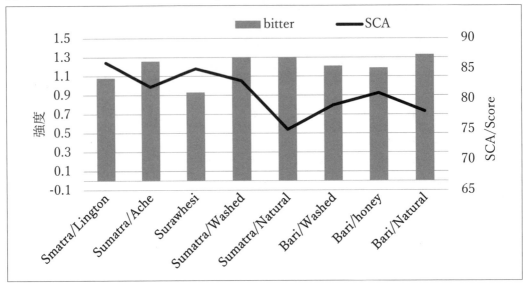

## 07-9-2 旨味（umami）

　日本人は、子供のころから、昆布（グルタミン酸）、かつおぶし（イノシン酸）、椎茸（グアニル酸）などの味に親しんできました。これらの旨味はアミノ酸が関与する味です。コーヒー生豆にはアミノ酸が2%程度含まれ、そのうちグルタミン酸（Glutamic acid）とアスパラギン酸（Aspartic acid）が全体の30%程度を占めます。しかし、私の分析では、焙煎によるメイラード反応により98%程度は減少し、メイラード化合物を形成します。焙煎豆の主なアミノ酸はアスパラギン酸が50%前後を占める組成に変化します。しかし、2023年の筆者の分析では、パナマ産もゲイシャ品種の風味ににはググルタミンが大きく関与していることが明かになりました。この旨味は、酸味や甘味と複雑に絡んでいると考えられますので、評価項目に加えるにはアミノ酸水溶液などで官能評価のトレーニングが必要と考えています。

　2020年11月に市場に流通しているケニア、コロンビア、ブラジル、エチオピア、インドネシアのSPとCOをサンプリングし、10点方式で官能評価を行い味覚センサーにかけました（図07-8）。10種のコーヒーの点数と味覚センサーの旨味コクの数値の間にはr=0.9414の高い相関性が見られました。味覚センサーの旨味値は、SPとCOの間に$p<0.01$の有意差が見られます。

図07-8・旨味（Umami）　n=20

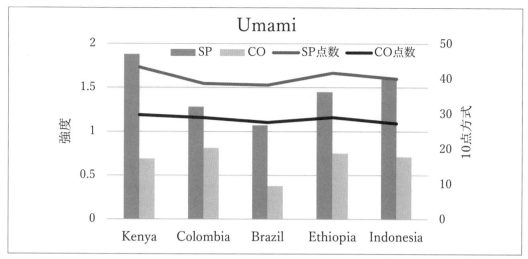

　図07-9は、2023年のエルサルバドルのSin Caféのオークションロットです。様々な精製方法の品種を官能評価し、味覚センサーにかけた結果です。センサーのUmami値とジャッジの点数との間には**r=0.2235**と相関がみられませんが、センサー値と筆者の点数との間には**r=0.6630**の相関性が見られました。官能的にUmamiを感知することは難しいと思いますが、トレーニングすれば可能になると考えます。テイスティング会では、グルタミン酸、アスパラギン酸、グリシン、アラニンなどの閾値を基準に水溶液を作り、感知実験を行っています。

図07-9・El Salvador Auction Lot　2022-23Crop　n=1

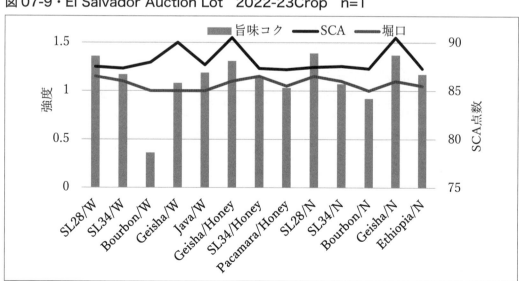

# ■ 07-10 新しい10点方のテイスティング事例

　グァテマラ・アンティグア産、コロンビア・ウイラ産、ケニア・キリニャガ産のウォシェトコーヒーのSPとCO計6種をサンプリングして実際にテイスティングしました。初めに、生豆の欠点数をカウントし（表07-11）、ディスカバリー焙煎機（富士珈機（株））でミディアムローストに焙煎しました（表7-12）。また、生豆および焙煎豆の成分を分析しました（表07-13）。

　生豆鑑定の結果、SPおよびケニアCOはSPグレードに合致しています。グァテマラ産、コロンビア産のCOはSPに比べ欠点豆の混入が多く見られます。

## 表 07-11・サンプルの欠点豆

| 項目 | G/CO | G/SP | C/CO | C/SP | K/CO | K/SP |
|------|------|------|------|------|------|------|
| 黒豆全部 | | | 1 | | | |
| 発酵全部 | | | | | | |
| カビ | 1 | | | | | |
| 異物・石 | 1 | | | | | |
| 虫食重度 | 2 | | 7 | 1 | 1 | |
| 発酵部分 | 1 | | 2 | | | |
| 虫食軽度 | 9 | 3 | 7 | 1 | 6 | 1 |
| フローター | | | | 1 | 1 | |
| 未成熟 | 12 | 1 | 6 | | | |
| しわ | 5 | | 3 | | | |
| シェル | | | | 1 | 3 | 2 |
| われ／かけ | 33 | 9 | 15 | 2 | 20 | 4 |
| 合計 | 64 | 13 | 43 | 5 | 30 | 7 |

G (Guatemala)、C (Colombia)、K (Kenya)

## 表 07-12・サンプルの焙煎データ

| g | G/CO | G/SP | C/CO | C/SP | K/CO | K/SP |
|---|------|------|------|------|------|------|
| 投入量（g） | 131 | 130 | 130 | 132 | 131 | 131 |
| 煎上がり（g） | 113.6 | 112 | 112 | 112.9 | 114.8 | 114.9 |
| 歩留り（%） | 87.7 | 86.2 | 86.2 | 85 | 87.6 | 87.7 |
| クエーカー | 3 | 1 | 1 | 0 | 0 | 0 |

焙煎はミディアムローストで時間は10分

## 07-13・サンプルの理化学的数値

| 生産国 | 等級 | pH | 滴定酸度<br>（ml/100g） | 総脂質量<br>(g/100g) | 酸価 | ショ糖<br>(g/100g) |
|---|---|---|---|---|---|---|
| Kenya | SP | 4.75 | 8.11 | 17.8 | 3.5 | 7.5 |
| Kenya | CO | 4.79 | 7.86 | 17.6 | 7.1 | 7.2 |
| Guatemala | SP | 5.00 | 6.46 | 18.4 | 4.4 | 7.1 |
| Guatemala | CO | 5.05 | 6.29 | 17.2 | 6.7 | 6.5 |
| Columbia | SP | 4.88 | 6.89 | 18.2 | 2.7 | 7.3 |
| Columbia | CO | 5.00 | 6.32 | 17.6 | 3.6 | 6.6 |

SP は、CO に対し酸味が強く、脂質量、ショ糖量が多い傾向が見られます。また酸価も SP は CO より低く、生豆の鮮度劣化がないことを表しています。

　官能評価は、パネル 11 名で、SCA 方式で行いました（表07-14）。その後、私が 10 点方式で再評価しました（表07-15）。

## 表 07-14・SCA 方式による官能評価結果

| 生産国 | 等級 | 官能評価 | SCA |
|---|---|---|---|
| Kenya | SP | 華やかな強い酸、レモン、プラム、 | 86.1 |
| Kenya | CO | 強い酸、やや濁り感 | 78.7 |
| Guatemala | SP | 柑橘果実の酸、しっかりしたコク、バランスがよい | 82.6 |
| Guatemala | CO | 全体的に濁り感、枯れた草の香味 | 77.7 |
| Columbia | SP | さわやかな酸、オレンジ、みかんの甘味、クリーン | 85.5 |
| Columbia | CO | 全体的に濁り感、枯れた草の香味 | 78.2 |

## 表 07-15・新しい 10 点方式による官能評価

| 試料 | | aroma | acidity | body | clean | sweet | total |
|---|---|---|---|---|---|---|---|
| Kenya | SP | 9 | 9 | 8 | 9 | 8 | 43 |
| Kenya | CO | 6 | 6 | 7 | 4 | 6 | 31 |
| Columbia | SP | 8 | 8 | 9 | 8 | 8 | 41 |
| Columbia | CO | 6 | 6 | 6 | 7 | 6 | 31 |
| Guatemala | SP | 8 | 8 | 8 | 8 | 7 | 39 |
| Guatemala | CO | 4 | 6 | 6 | 4 | 5 | 25 |

　SCA 方式と 10 点方式の点数を単回帰分析した結果、両者の相関係数は **r=0.8919** となり、極めて相関性が高く、SCA 方式の代わりに 10 点方式を使用できると考えられました。

# ■07-11 2022-23Crop で SCA 方式と 10 点方式の相関性を検証

　表 07-16 は、2022-23Crop の①エチオピア・イルガチェフェ産ウォシェトとナチュラルの豆 6 種と、②グァテマラ・エルインフェルト農園産のオークションロットのゲイ

シャ種とパカマラ種計5種をSCA方式と10点方式でテイスティングした結果です。Ethiopia は、**r=0.9623**（図07-10）、Guatemala は、**r=0.980**（図07-11）と高い相関性が見られますので、10点方式がSCA方式にかわる新しい評価方法として活用できることが明らかになりました

表07-16・SCA方式と10点方式の相関性　2022-23Crop　n=10

| Ethiopia | SCA方式 | 10点方式 | Guatemala | SCA方式 | 10点方式 |
|---|---|---|---|---|---|
| W1 | 88.00 | 44 | Geisha/W | 89.25 | 45 |
| W2 | 87.50 | 43 | Geisha/N | 87.00 | 43 |
| W3 | 87.50 | 43 | Pacamara/W | 89.00 | 45 |
| N1 | 85.75 | 40 | Pacamara/N | 87.00 | 43 |
| N2 | 86.50 | 41 | Pacamara/A | 88.5.0 | 44 |
| N3 | 85.00 | 40 |  |  |  |

＊Pacamara/A はアナエロビッ

図07-10・エチオピア

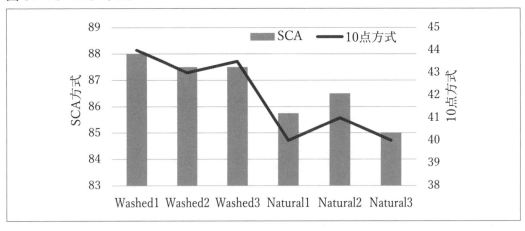

図07-11・グァテマラ

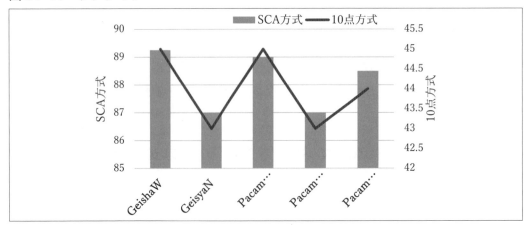

# 第3章

# さまざまな品種の

# テイスティング実践

# 品種の特定は難しい

　第3章では、品種についてまとめましたが、品種は木の形態のみではわからなくなりつつあり、遺伝子解析も取り入れられ専門性が高くなっています。また、小農家などでは、栽培中の品種について曖昧で不明な事例も多くみられます。そのため、品種に関する記述内容の一部については明確な裏づけがとれていないものもありますのでその点留意してください。品種のデータとして、SCA および WCR がまとめたものがありますので参照してください。

　https://varieties.worldcoffeeresearch.org/varieties

　Coffee Plants of the World — Specialty Coffee Association (sca.coffee)

　また、植物学者の Aaron P.Davis の論文 などを参考にしてください。

　High xtinction risk for wild coffee species and implications for coffee sector sustainability/Science Advanes/2019

## 08 アラビカ種のテイスティング

### ■08-1 品種とは

#### 08-1-1　種（Species）と品種（Variety）

　コーヒーの木は、熱帯に自生もしくは栽培されているアカネ科の常緑本木です。植物学的分類では、種子植物の被子植物（胚珠が子房に包まれている）で、双子葉類（若葉が2葉）、合弁花類（花弁がくっついている）のアカネ科（Family）の Coffe 属（Genus）です。Coffea 属の下に種（Species）が位置します。この種が、アラビカ種（*Coffea arabica*）を意味し、他に栽培されている主な種としては、カネフォーラ一種（*cofffea canephora*）、リベリカ種（*coffea liberica*）があります。その他の種（Species）も多く、遺伝子研究がされていますが、ほとんど知られていません。

　このアラビカ種（Species）の下に位置する Sub Species は、亜種（Subspecies）、変種（Variety）、栽培品種（cultivar）などに区分されます。

　亜種は、その生育地が同種の仲間と地理的に隔離されていて、通常は他の地域の同種の仲間との交雑は起こらないとされ地理的特徴ある形態を示すことが多いといわれます。変種（variety）は、種の集団の中で自然に起きた形態、色など他の品種とは異なる外観の

変異を示し、他の品種と自由に交雑し、その特徴は遺伝されます。また、栽培品種(cultivar)という変種に相当するものがあり、これは人為的に選択、改変された品種となります。

しかし、亜種と変種と栽培品種の厳密な系統的な分類は非常に厄介です。種（Species）をアラビカ種、カネフォーラ種、リベリカ種の３つとし、その下に位置し、栽培され流通している品種（subspecies）はすべて包括的に品種として表記します。したがって本書では、アラビカ種 Typica 品種、アラビカ種 Bourbon 品種と表記します。

UPOV（The International Union for the Protection of New Varieties/of Plants 植物新品種保護国際同盟）は、植物の新品種の開発、保護のための国際条約で、1961 年にパリで採択されました。UPOV によれば、品種としての要件は、①均一性があり植物として同じように見えること、②他の品種と区別できること、③次世代で変化しない安定性があることを挙げています。但し、栽培品種として流通しているものでもこの定義を満たしていないものもあります。例えばパカマラ種などは、均一性と安定性を欠いているともいわれます。

コーヒーの品種の系統分類は、木の形態上の特徴に頼っていましたが、*Coffea Arabica* の品種は長い年月の間に交雑を繰り返し、変異していると考えられます。現在では、遺伝子解析が分類学の主流となっています。

すでに、ネスレはブルボン種の遺伝子解析をしていると ASIC（国際コーヒー科学会 / 中国・昆明 /2016）で発表していました。また、WCR も遺伝子解析を進めています。

*Coffea Arabica* の品種は、イエメンから伝播したティピカ品種とブルボン品種の系統のものが多く、それ以外のものはそれらの突然変異種や 1920 年に東ティモールでアラビカ種とカネフォーラ種の自然交雑種で生まれたハイブリッドティモール（Hibrid de Timor:HdeT）との交配によるものが多く見られます。

本書でいうハイブリッドは、異なる種（species）、品種（Varieties）のコーヒーが他家受粉により生まれたものをいいます。また、本書の品種は、実際に栽培され、市場に流通しているものを取り上げています。

## 08-1-2　品種の系統

コーヒーの品種については、さまざまな理由で重要です。

コーヒーの品種の開発は、業害虫対策以外に、多くの異なる風味特性をもたらします。生産者にとって、品種の選択は、収穫量や価格差による収入につながりますので重要です。また、消費国のロースターや消費者にとっては多様な風味の選択が可能となります。

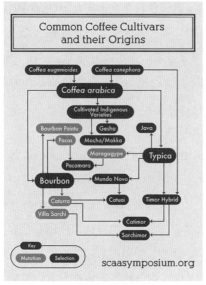

品種の系統　　　　　　　　　　　生育したブルボン種

　SCA の写真は、最も一般的なコーヒーの品種間の関係を表しています。*植物グループを結ぶ線と矢印は、親子関係を示します。薄い色は、自発的な遺伝的変化に起因（突然変異）する品種です。**coffea arabica** は、**coffia eugenioides** と **coffea canephora** の子孫です。coffia eugenioides は、コンゴ民主共和国、ルワンダ、ウガンダ、ケニア、タンザニア西部など東アフリカの高地に自生し、**coffea arabican** の親として知られています。またアラビカ種よりカフェイン含有量が少ないといわれています。

\* Coffee Plants of the World — Specialty Coffee Association (sca.coffee)
\* Wintgens JN. 2009. Coffee: Growing, Processing, Sustainable Production, 2nd ed. Weinheim: Wiley-VCH Verlag GmbH & Co. KGaA.

## ■08-2 アラビカ種とカネフォーラ種の違い

　アラビカ種は、樹高 4~5m まで伸び、葉は 10~15cm で濃緑色、標高 800~2000m 程度の高地栽培（生産地の緯度にもよる）に向きます。一般的には、種子の発芽まで6週間、開花、収穫までに3年かかりますが、十分な収穫には 4~5 年程度かかります。品種により木の寿命は異なりますが、概ね20年前後です。ただし、剪定、*カットバック等で寿命を延ばすことができます。アラビカ種は、主に*レギュラーコーヒー（RC:Regular Coffee）に多く使用され、カネフォーラ種は、主にインスタントコーヒーや工業製品である缶コーヒーおよび安価な RC のブレンドに使用されます（表08-1）。

　本書ではアラビカ種を中心に解説します。

＊収穫量の落ちた木を地面から 30~40cm のところでカットします。種を植えるより早く生育し、収穫できます。
＊ RC＝一般的には焙煎されたコーヒー豆（粉）を意味し、便宜上インスタントコーヒーと区分するために使用される和製語です。

### 表 08-1・アラビカ種とカネフォーラ種

| 項目 | Cofeea arabica | Coffea canephora |
|---|---|---|
| 原産地 | エチオピア | 中央アフリカ |
| 標高 | 800~2,000m（最近は 2000m 以上も） | 500~800m |
| 気象条件 | 雨季と乾季による適度の湿潤と乾燥 | 高温、多湿下でも生育 |
| 収穫量 | ティピカ種などの在来系品種は少ない | 粗放栽培に耐え多い |
| 耐病性 | さび病に弱い | 耐さび病 |
| 稔性 | ＊自家稔性 | 自家不燃性 |
| 生産比率 | 1990 年 70%　2022 年 55% 前後 | 1990 年 30%　2022 年 45% 前後 |
| 生産国 | ブラジル、コロンビア、中米諸国、エチオピア、ケニア他 | ベトナム、インドネシア、ブラジル、ウガンダ他 |
| pH | 5.0 前後、強いものは 4.7 程度（中煎り） | 5.4 程度で酸は弱い（中煎り） |
| カフェイン | 1.00% | 2.00% |
| 風味 | 良いものは酸が華やかでコクがある | 酸がなく、苦く泥臭い |
| 価格 | 安価なものから高額のものまでさまざま | 多くはアラビカ種より安い |

＊自家稔性＝同じ株に咲く花同士で交雑して、次世代の種子が形成される性質、自家不稔性は、他の株の花粉による受粉で、次世代の種子が形成される性質。アラビカ種は風やミツバチにより自家受粉しますので 1 本の木から増やすことができます。

***Coffea canephora***（以下カネフォーラ種）には、＊ロブスタ種（Robusta）やコニロン種（Conilon: ブラジルで生産されている）、ウガンダ種（Nganda）などの呼び名があり、現状ではカネフォーラ種にかわり、ロブスタ種名で広く生産、取引、流通、消費面で使われ、世界中に定着しています。本書では一部ロブスタ種として表記する場合もありますが、できるだけカネフォーラ種として表記しています。アラビカ種より樹高は高く、葉が厚く大きいのが特徴です。生育が早く、3 年で商業的な収穫量に達します。さび病に強く、粗放管理に耐え、収量も多い品種ですが、風味の点でアラビカ種より劣ります。800m 以下の標高で栽培が可能です。

***Coffea liberica***（以下リベリカ種）は、アフリカ西部リベリア原産の強健な品種です。樹高は 10m になり、葉、花、チェリーも大きく、低地栽培用品種で耐病性があります。生命力がありアラビカ種の接ぎ木苗の台木としても利用します。

カネフォーラ種（東チモール）

＊ロブスタ種の品種について詳しく知りたい方は、WCR のロブスタ・カタログを参照ください。
**World Coffee Research | Varieties Robusta Listing Page**

## ■08-3 アラビカ種とカネフォーラ種の風味差

　市場で流通しているアラビカ種のSPのウォシェトとナチュラル、COのウォェドとブラジル産とカネフォーラ種を調達し（表08-2）、テイスティングし、味覚センサーにかけました（図08-1）。テイスティングは、テイスティングセミナー初級で毎回行っているものです。10点法の点数と味覚センサーの関にはr=0.9398の高い相関性が見られました。

表08-2・2019-20Crop テイスティングセミナーの評価　n=10（2020.09.12）

| 試料 | pH | Brix | 10点 | コメント |
|---|---|---|---|---|
| SP・Washed | 4.9 | 1.2 | 45 | 華やかな香り、果実感、きれいで甘い余韻 |
| SP・Natural | 4.9 | 1.1 | 46 | 微発酵、柑橘果実の酸味、赤ワイン |
| Brazil Natural | 5.1 | 1.1 | 30 | 酸味は弱い、ややざらついた余韻 |
| CO・Washed | 4.9 | 1.2 | 25 | かすかに酸、やや枯草の風味 |
| カネフォーラ種 | 5.4 | 1.05 | 20 | 焦げた麦茶のよう、酸味なく、コクも弱い |

図08-1・アラビカ種とカネフォーラ種の風味の違い

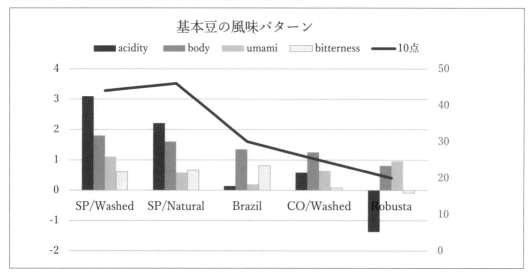

「アラビカ種には酸味があり、複雑な風味を形成します。反面カネフォーラ種には酸味がなく、やや重く濁りがあり、焦げた麦茶の風味が特徴です。ベトナムはカネフォーラ種の最大の生産国で、練乳を入れて飲みます。」

## ■08-4 アラビカ種の栽培品種

　アラビカ種の中には、商業的に栽培され、流通している品種が多くあります。本書では、これらの品種を、表08-3のように伝統種、在来種、突然変異種、自然交雑種、交雑種という区分にしてみました。

第3章 さまざまな品種のテイスティング実践

表08-3・栽培品種

| 系統 | 品種 | 内容 | 主な生産国 |
|---|---|---|---|
| 伝統在来種 | エチオピア系 | 古くから栽培されている野生種などの品種 | エチオピア |
| | イエメン系 | Udaini、Tufahi、Dwairi などの伝統品種 | イエメン |
| 在来種 | ティピカ | イエメンからジャワ、カリブ海の島経由で伝播 | ジャマイカ |
| | ブルボン | イエメンからレユニオン島経由で伝播 | グァテマラ |
| | ゲイシャ | エチオピア由来の品種、パナマで栽培された | パナマ |
| 選抜種 | SL | ケニアの研究所でブルボン種から選抜された | ケニア |
| 突然変異種 | モカ | ブルボン品種の突然変異種で粒が小さい | マウイ島 |
| | マラゴジペ | ブラジルで発見されたティピカ品種の突然変異 | ニカラグア |
| 自然交雑種 | ムンドノーボ | ティピカ品種とブルボン品種の交雑種 | ブラジル |
| 人工交雑種 | パカマラ | パカス品種とマラゴジペ品種の交雑種 | エルサルバドル |
| | カトゥアイ | ムンドノーボ品種とカトゥーラ品種の交雑種 | ブラジル |

　交雑種（Hybrid: ハイブリッド）は、異なる種類の品種の*交雑（他家受粉による）により生まれた植物です。アラビカ種は他家受粉もしますので、人の手を介さず自然に生まれた品種は自然交雑種とします。

*一般的に、交配は2個体間の受精を通じて次世代を作ることで、交配のうち遺伝子型が異なるもの（品種が異なるもの）どうしをかけあわせたものを本書では交雑という言葉を使用します。2022現在、遺伝子工学技術によって遺伝物質を変化させた豆の流通は確認していません。


# ■08-5 WCR のアラビカ種の品種区分

　17世紀後半にイエメンから持ち出されたコーヒーの木は、現在のアラビカ種の様々な栽培品種を生み出してきました。イエメンから、オランダ人によって種子がインドに運ばれ、インドからインドネシアのジャワ島に運ばれています。この樹の子孫は、アムステルダムの温室に運ばれ、18世紀にパリの植物園に送られた苗木が植民地時代の貿易ルートに沿ってカリブ海の島々、アメリカ大陸に広がり「ティピカ品種」系統を形成しました。また、イエメンから種子がブルボン島（現レ・ユニオン島）に持ち込まれ、「ブルボン品種」系統が生まれ、アフリカにも伝播しています。1850年以降、ブルボン品種はブラジルを経由してアメリカ大陸に伝播しています。

　ティピカ種とブルボン種に由来した品種は，栽培品種の97.55%を占めるといわれ、さび病(Coffee Rust)の影響を受けやすく、重大な遺伝的ボトルネックの一因となっています。

　WCR（Warld coffee Research）は、*2022年までのカタログではメソアメリカ(Mesoamerica: メキシコ、中米地域）及びカリブ海地域のアラビカ種の品種区分を作成しています。伝統的な品種として、表08-4 のようにブルボン系、ブルボン・ティピカ系、ティピカ系の3つに区分していましたので参考までにまとめておきました。

*現在はアルファベット順に品種を整理しています。

141

一方、1920年代、東ティモール島のアラビカ種とカネフォーラ種は、有性生殖しティモールハイブリッド品種（Timor Hybrid:HdeT）が生まれました。HdeTには、さび病に抵抗するロブスタ遺伝物質が含まれていますが、アラビカ種に区分されます。コーヒー研究者は、HdeTを高収量アラビカ種のカトゥーラ品種およびヴィラサルチ品種と交雑（HdeTx Caturra、およびHdeTx Villa Sarchi）し、さび病に抵抗できる新しいカティモール品種（Catimor）とサルティモール品種（Sarchimor）の2つのグループを生み出しています。この品種は、風味がやや劣りますが、さび病が主要な脅威であるコーヒー農家にとって不可欠で、アジア、中米地域に植樹されています。

## 表08-4・メソアメリカ（Mesoamerica）およびカリブ海地域の品種区分

| 1.ブルボン系 | 風味 | 収量 | 樹高 | 完熟 | 新芽 | 豆サイズ |
|---|---|---|---|---|---|---|
| Bourbon | 4 | 2 | Tall | Early | Green | Ave |
| Caturra | 3 | 3 | Dwart | Ave | Green | Ave |
| Pacas | 3 | 3 | Dwart | Ave | Green | Ave |
| Tekisic | 4 | 2 | Tall | Early | Green | Ave |
| Venecia | 3 | 3 | Dwart | Late | Green | Large |
| Villa sarchi | 3 | 3 | Dwart | Ave | Green | Small |

| 2.ブルボン/ティピカ系 | 風味 | 収量 | 樹高 | 完熟 | 新芽 | 豆サイズ |
|---|---|---|---|---|---|---|
| Catuai | 3 | 3 | Dwart | Ave | Green | Ave |
| Pacamara | 4 | 3 | Dwart | Ave | G or B | Very Large |

| 3.ティピカ系 | 風味 | 収量 | 樹高 | 樹高 | 新芽 | 豆サイズ |
|---|---|---|---|---|---|---|
| Maragogipe | 4 | 1 | Tall | Ave | Bronze | Very Large |
| Typica | 4 | 1 | Tall | Ave | Bronze | Large |

**Arabica Coffee Varieties | Variety Catalog (worldcoffeeresearch.org)**

　WCRは、この3つの系統以外に、エチオピア系統としてGeisha（Panama）とJavaをあげています。さらにロブスタ遺伝子を含むCatimorおよびSarchimor系品種を、またHybridsとして、在来種系×エチオピア系、カティモール系×エチオピアの交雑種をあげていますが流通がほとんどありませんので省きました。

　表は著者がWCRのデータを基に作成しました。表の見方は以下の通りです。

風味（quality potential at high altitude）、収量（yield potential）は5が最大
樹高（stature）は、が高い（Tall）、低い（Dwart）
完熟（ripening of fruit）までの速さは、Average（（平均）、Early（早い）、Late（遅い）
新芽（leaf tip color）の色は、Green（緑）、Bronze（ブロンズ）
記載品種はすべてさび病（coffee leaf rust）、CBDには、耐性がありません。
流通 =Tekisic、Venecia、Villa sarchi は、日本での流通はほとんどみられません。

# ■ 08-6 エチオピア在来種のテイスティング

エチオピアには、多くの野生種(3500以上ともいわれます)が自生しています。そのため、近隣の地域、村、さらには小規模農家でさえ、まったく異なる品種を育てている可能性があります。エチオピアで、実際に栽培されている品種は、特定できませんが、その地域、地区との適合性が独特の風味を生み出していると考えられます。実際に現地で木を見ると、違う形状のものが多く見られます。

エチオピアの品種は、地元の栽培環境に適合し、かつ長年にわたって栽培されてきたものが多く、**Local Land Race（ローカル・ランド・レイス：土着品種）**とか**Heirloom（エアルーム：遺産）**と呼ばれることがあります。ジマ（Jimma）のJARC（Jimma Agricultural Research Center）では、Forest Coffeeの研究、耐病性の向上や収量の増加などの特性のために品種の開発および研究をしています。例えば、エチオピアで最高峰コーヒーの宝庫であるGedeo（Yirgacheffe）Sidama、Gujiのゾーンには、Wolisho品種、Kudume品種、Dega品種の3つのローカル品種があり、JARCが配布した74110等のCBD耐性選抜種もあります。

しかし、流通しているコーヒーでは品種の混在は当たり前のことですので、ローカルの細かな品種特性はわかりません。したがって、**エチオピアの場合は、品種という観点から風味をとらえるのではなく、生産地区やステーションによる風味差についてテイスティングした方がよいと考えます。**

エチオピアの農家の裏庭

## 08-6-1 現在のエチオピアSPの風味

SPのイルガチェフェが流通する前のエチオピアコーヒーは、ハラー、シダモ、リム、ジマ、レケンプティ、カッファなどの各地区のコーヒー名で流通していました。多くの場合G-4、G-5グレード（欠点数が多い）のナチュラルで、現在のSPのG-1と比べると濁り感や発酵臭があり品質は低く、その差は顕著です。しかし、2000年以降は、イルガチェフェG-2、シダモのG-2（ともにウォッシュド）が生まれエチオピアの品質は著しく向上し、さらに現在はG-1が流通しています。エチオピアのSP6種をサンプリングし（表08-5）、比較のためCOのハラーを入れました。試料を10点方式でテイスティングし、味覚センサー

にかけた結果、両者の間には **r=0.7209** の高い相関性が見られました（図08-2）。

表08-5・エチオピア 在来種 2019-20Crop　n=16　（2020.11）

| サンプル | 精製 | 水分 | pH | Brix | 10点法式 | コメント |
|---|---|---|---|---|---|---|
| シダモ G1 | W | 10.2 | 5.1 | 1.2 | 43 | フローラル、甘いアフター、洋ナシ |
| イルガ G1 | W | 10.5 | 5.1 | 1.1 | 41 | オレンジ、リンゴ、スイート、紅茶 |
| シダモ G1 | N | 9.7 | 5.2 | 1.2 | 41 | 穏やかな酸、黒ブドウ、クリーン |
| イルガ G1 | N | 10.5 | 5.1 | 1.2 | 40 | 果実感、赤ワイン、イチゴ |
| ゲシャ | W | 10.9 | 5.1 | 1.28 | 43 | 果実感、レモン、スイート |
| ゲシャ | N | 10.4 | 5.1 | 1.2 | 37 | 微発酵、エーテル臭、醬油、みそ、 |
| ハラー | N | 10.7 | 5.3 | 1.1 | 21 | 枯れ草、麦者、藁、渋味 |

ゲシャ品種は、Gesha Village の豆です。CO のハラーは、SP に比べると酸味が弱いことがわかります。

図08-2・エチオピア在来種 2019-20 Crop

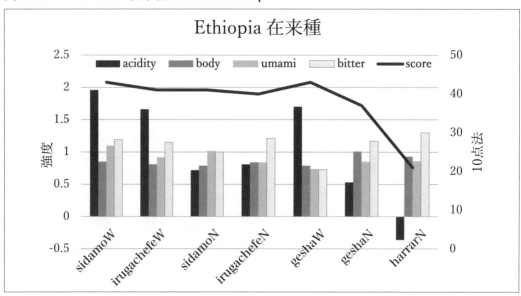

## 08-6-2　Gesha1931 品種

　2022年 Pride of GESHA（Gesha Village）のオークションの中のゲシャ品種のウォシェド（表08-6）をテイスティングし、味覚センサーにかけました（図08-3）。このウォシェドは発酵槽に水をいれず12時間発酵後、ミューシレージを水洗し、さらにきれいな水に一晩漬けてからアフリカンベッドで29~36日間陰干しししたものです。

　味覚センサーとオークションジャッジの点数の間には **r=0.5793** の、10点方式によるテイスティングセミナーのパネル（n=24 ）との間には **r=0.6418** の相関性が見られました。また、ジャッジの点数と10点方式の間には **r=0.9452** の高い相関性が見られました

表08-6・エチオピア Gesha1931　2021-22Crop　n=24

| サンプル | ジャッジ | 10点 | テイスティング |
|---|---|---|---|
| Washed1 | 90.45 | 41 | レモン柑橘果実、華やか、きれいなコーヒー |
| Washed2 | 89.5 | 40 | クリーンで上品、バランスよい |
| Washed3 | 89.35 | 40 | シトラス、紅茶、クリーン |
| Washed4 | 89.05 | 39 | 柑橘果実、ブルーベリー、さわやか |

　Gesha1931品種は、ゲイシャ品種発祥の地といわれるゴリ・ゲシャの森（Gori Gesha Forest）に生育し、木の形成や生豆のサイズがパナマ・ゲイシャ品種にちかいとしてなずけられていますが、遺伝的にはパナマのゲイシャ品種とは異なります。そのため、GeishaではなくGesha表記になっています。

図08-3・エチオピア Gesha1931　2021-22Crop　n=24

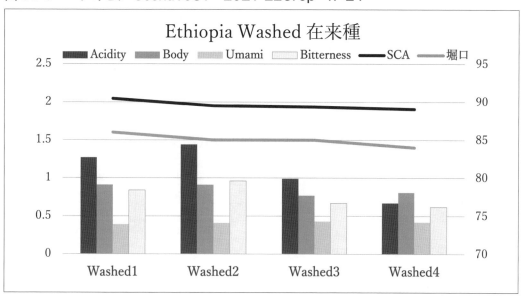

## ■08-7 イエメン在来種のテイスティング

　イエメンコーヒーは、2010年前後に初めて生産地区が特定できる数種のコーヒーを購入できるようになったばかりで、それまでは汎用品のモカマタリなどが流通していました。プレミアム品として、少量ですがアールマッカやバニーマタルなどもありましたが、ニュークロップはほとんど見られませんでした。（ただし、ごく一部の自家焙煎店が独自に豆を入手して使用していました。）イエメン産の品種の特定は困難ですので、エチオピア同様生産地区でテイスティングするのが望ましいと考えます。

テキサス A&M 大学と WCR（World Coffee Research）は、イエメンコーヒーの品種である Tuffahi、Dawairi、Udaini、Burrai、Ismaili、Jaadi などの遺伝子解析のほか、

＊近赤外分光法 (Near Infrared Spectoroscopy: NIRS) を使用して生豆の成分、特定の化合物を分析しています。

＊測定対象に近赤外線を照射し、吸光度の変化によって成分を算出します。

イエメンの在来種

また、USAID（United States Agency for International Development）は、以下のように報告しています。「ダワイリ品種は、標高の低いところから標高1,700mまでに自生し、タファヒ品種、ウダイニ品種は、標高 2,000 m までの中高度から高高度で見られ、ブライアイ品種はより高い高度に耐え、2,500 m の高さまで見られる」（表 08-7）

### 表 08-7・BASIC CHARACTERISTICS OF PRIMARY LANDRACES

| 品種 | 樹高 | チェリー | 葉 | 収穫 |
|---|---|---|---|---|
| Dawairi | 1-4m | Large | Rounded | Year around |
| Tuffahi | 2-6m | Large | Elongated | Alternative years |
| Udaini | 2-4m | Medium | Pendulous | Once a year |
| Burrai | 1-3m | Medium | Pyramid | Year around |

USAID の 2005 年の Yemen レポートから

2022 年 8 月に初めて＊NYCA（National Yemen Coffee Auction）オークションが開催されました。1200 点以上のコーヒーは、イエメン初の全国カッピング チームによるブラインド カッピングを経て、上位 50 ロットがカリフォルニア州マリン（Marin）のブート・コーヒー・キャンパス（Boot Coffee campus）に送られ、何人かの Q グレーダーによって評価され、30 ロットに絞り込まれています。表 08-8 は、それらの豆の中から Udaini 品種のナチュラルのみを選び、テイスティングし、味覚センサーにかけたものです（図 08-4）。

＊このオークションは、イエメンコーヒー農家協同組合連合 (collaboration between the Union of Yemeni Coffee Farmer cooperatives)、イエメン・ユニティ・オブ・コーヒー・オーガニゼーション、イエメンコーヒー輸出業者協会 (Yemen's Unity of Coffee Organization, Yemeni Coffee Exporters Association)、モカ・インスティテュート (Mokha Institute.) の協力によるものです。

第3章　さまざまな品種のテイスティング実践

表08-8・イエメン・Udaini品種　2021-22 Crop　ナチュラル　n=24

| サンプル | SCA | 10点 | テイスティング |
|---|---|---|---|
| 2270 | 88.35 | 36 | やや草っぽい、 |
| 2229 | 88.04 | 39 | フローラル、オレンジ、クリーン |
| 2285 | 89.95 | 35 | スパイス、ハーブ、クリーンさに欠ける |
| 22106 | 88.6 | 38 | レモン、十分なコク、チョコレート |
| 2282 | 88.2 | 36 | やや枯れ草、ハーブ、 |
| 2261 | 89 | 39 | オレンジピール、コク、チョコレート |

　オークションジャッジの点数と味覚センサー値、テイスティングセミナーのパネル（n-24）の点数と味覚センサー値の相関はとれていません。各ロットの乾燥状態の違いをセンサー値が感知しているためと推測します。この試料は、SPとして評価しますが、**ややコクが弱く、濁り感があり、これまでテイスティングしてきた最高峰のイエメンコーヒーの風味を超えません。**個人的にはSCA方式で85点（10点方で40点）以上をつけるのは難しいと判断しました。また、オークションにおける点数は高くなりやすい傾向があります。

図08-4・イエメン・Udaini品種のナチュラル2021-22 Crop

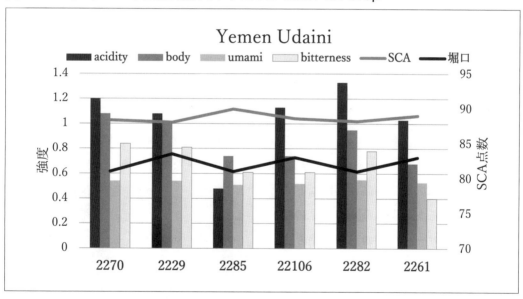

## ■08-8 ゲシャ品種のテイスティング

　ゲシャ品種はエチオピアの「ゲシャ」という村で発見された野生種といわれ、1953年CATIE（Tropical Agriculture Research and Training Center: コスタカの熱帯農業研究

トレーニングセンター）に植えられ、そこからパナマに持ち出された品種です。

　2000年代初期には、コーヒーの酸味を柑橘果実の酸と認識する人さえほとんどいなかったことを考えると、2004年にパナマのBest of Panamaコンテストで優勝デビューした**ゲイシャ品種は、コーヒーのテイスティングの歴史に重要なインパクトを与えたといえます。ゲイシャ品種がきっかけで「コーヒーの果実感」という風味が世界に広まっていくことになります。**

　この品種は、もともと1930年代にエチオピアで採取され、タンザニアのリアムング研究所（the Lyamungu research station）に送られ、1953年にコスタリカのCATIEに運ばれ、そこで登録番号T2722として記録されています。コーヒーの葉さび病への耐性が認められた後、1960年代にCATIE経由でパナマ全土に配布されましたが、この木の枝はもろく、農家に好まれなかったため、広く植えられませんでした。しかし、パナマのボケテ（Boquete）のピーターソン一家が「ベスト・オブ・パナマ」コンペティションに出品し優勝したことで有名になりました。高地でうまく管理されている場合、フローラル、ジャスミン、ピーチのような風味を生み出します。

### 08-8-1 ゲイシャ品種の基本風味

　2004年のBest of Panamaでの優勝後、エスメラルダ農園は、独自に区画ごとの豆をオークションで販売し、その価格が高騰した経緯を持ちます。そのため、パナマの他の生産者およびパナマ以外の生産者もこの品種に関心を持ち2010年代には多くの生産者が栽培するようになりました。

　良質なゲイシャ品種の風味は、「**花の香り、ライチのような甘味、柑橘果実のオレンジ、時としてマンゴーやパイナップルの香味があり、シルキーなテクスチャーがあります。また、ボケテ地域の標高の高い農園などの豆は、柑橘レモンのような強い酸味のなかに、赤いベリーの果実の風味が絡みます。さらに、かすかにピーチの香味が隠れていますので、それらが様々な果実感を醸し出します。一般的には、「柑橘果実のやさしい酸味とともに明るく華やかな果実感を感じることのできる稀有なコーヒー」くらいの表現でよいと考えます。**」

ゲイシャ品種の果実

第3章　さまざまな品種のテイスティング実践

## 08-8-2　2010年代初期のゲイシャ品種普及期

　ベスト・オブ・パナマでこの新種が優勝したからといって、多くのコーヒー関係者が認知していたわけではなく、この時期はまだ一部の市場で例外的に流通していたにすぎません。筆者のテイスティングコメントを載せました（表08-9）。

### 表08-9・2010年代前半のパナマのゲイシャ品種の一例

| 地域 | テイスティング | SCAA |
|---|---|---|
| ボケテ Washed | クリーンで上品。ライチや白ブドウのような甘さが混ざります。フローラルで華やか、メロンのような風味、この農園は標高も高く、収穫に4年以上かかります。 | 89.5 |
| ボケテ Natural | ナチュラルの風味とゲイシャの風味がお互いを消しあうことなく、より相乗効果を上げています。しっかりした酸に熟した果実の酸が混ざりより複雑で、余韻の残る奥深い香味になっています。最近は品質が向上し華やかな乾式が生まれています。スペインのサングリアのような風味。 | 90 |
| ボルカン Washed | かすかなレモンにはちみつの甘さ、オレンジ、プラムなどの濃厚な味わい。滑らかな舌触り、マイルドな味わいは従来の中米の風味と一線を画します。 | 88.75 |

## 08-8-3　さまざまな生産国のゲイシャ品種の風味

　2004年、2007年のビュー時のゲイシャ品種の風味と2018-19Cropのゲイシャ品種の風味の比較です。様々な生産国のゲイシャ品種をサンプリングしました（表08-10）。官能評価の結果は表08-11にまとめました。

### 表08-10・各生産国のゲイシャ種　2004~2019Crop

| | 生産国 | 入港 | 水分 | pH | 焙煎 |
|---|---|---|---|---|---|
| 1 | パナマ・ボケテ | 2004.6 | 11.0 | 4.95 | M |
| 2 | パナマ・ボケテ | 2007.8 | 11.5 | 5.2 | C |
| 3 | コロンビア・ナリーニョ | 2019.9 | 11.0 | 5.6 | F |
| 4 | ジャマイカ | 2019 | 10.0 | 5.0 | M |
| 5 | マラウイ | 2019 | 11.8 | 4.95 | M |
| 6 | ブラジル・スルデミナス | 2019 | Unk | 5.0 | M |
| 7 | グァテマラ・アカテナンゴ | 2019 | 9.9 | 5.0 | M |
| 8 | パナマ・ボルカン | 2019 | 9.5 | 4.9 | M |
| 9 | パナマ・ボルカンN | 2019 | 8.8 | 4.9 | M |
| 10 | パナマ・ボケテ | 2019 | 8.8 | 4.9 | M |
| 11 | コスタリカ・ウエストバレー | 2019 | 9.8 | 4.9 | M |
| 12 | コスタリカ・サン・ホセ | 2019 | Unk | 5.4 | C |
| 13 | コスタリカ・サン・ホセN | 2019 | Unk | 5.4 | C |

149

表08-11・各生産国のゲイシャ品種　2014-19Crop　n=10~25　（2019.12）

| | 梱包 | コンテナ | 倉庫 | テイスティング | 点数 |
|---|---|---|---|---|---|
| 1 | | air | 定温 | デビュー時のオークションサンプル、ケニアとは違う衝撃の果実感、さめるとパイナップルジュースで強い衝撃を受けました。 | 90.00 |
| 2 | VP | RC | 定温 | デビューから3年後の Esmeralda Special、甘い果実、レモン、蜂蜜入りリンゴ、パイナップルなどの熱帯果実の風味。 | 88.50 |
| 3 | VP | RC | 定温 | アフターに甘味が強い、パナマのゲイシャフレーバーは少ないが、アフターに果実感、アンズジャム、グレープなど複雑な酸味。 | 91.00 |
| 4 | UNK | RC | 定温 | ブルーマウンテンと異なりきれいな酸味、甘い果実の余韻。 | 85.00 |
| 5 | GP | DC | 定温 | パナマのゲイシャ品種とは別系統の品種、リンゴやミカンの酸味、甘い余韻、フルーティー。 | 87.00 |
| 6 | VP | RC | 定温 | ブラジルにはない華やかな酸味で甘く、粘性もある、ただしブラジル特有の濁り感がある。 | 87.00 |
| 7 | GP | RC | 定温 | 甘く、オレンジやショ糖の甘味がある、ゲイシャ品種の華やかさは残っている。 | 89.00 |
| 8 | VP | RC | 定温 | 柑橘系の酸味に、明るいプラムなどの甘味が強い、鮮度に物足りなさを感じる。 | 88.00 |
| 9 | VP | RC | 定温 | アンズ、梅などの酸味があるが、コクが弱い、鮮度状態がやや低下し、保管状態もしくは、乾燥工程に問題があると考えられる。 | 84.00 |
| 10 | VP | RC | 定温 | オレンジの甘味、明確なコクがある、華やかな反面微細な果肉臭を感じる。9月の時点では風味が豊かであったが、やや状態はおちている。 | 87.50 |
| 11 | VP | RC | 定温 | 鮮度状態はよいが、香り、風味共にゲイシャ品種としては特徴が弱くやや物足りない。 | 85.50 |
| 12 | VP | RC | 定温 | すっきりした味、透明度が高くクリーン、蜂蜜やショ糖の強い甘さとなめらかなコクがありバランスがよい、この時期生豆の状態が落ちていないゲイシャは珍しい。 | 92.00 |
| 13 | VP | RC | 定温 | とても上品なナチュラル、オレンジ、アンズジャム、乾燥プルーン、甘味があり、クリーン、微細なオイリーの印象があるが、温度が下がると消え、ベリー系の風味が出てくる。 | 91.00 |

## 08-8-4 ゲイシャ品種の絶頂期

　パナマの Best of Panama は、ゲイシャのオークションに様変わりし、2019年5月のオークションでは、SCA方式で90.75から95.25と高い点数がつけられています。このスコアは画期的なもので、SCAの評価の仕方の大きな転換点にすべきで、ケニアの優れた豆も95点をつけるべきと考えています。

　2010年代後半は、多くの生産国でゲイシャ品種の栽培がされるようになり、風味のバラツキが目立ち始めています。また、パナマにおいても風味差は顕著になり、ゲイシャ品種に異常な執念をもって取り組む生産者も増加しています。ゲイシャ品種の風味も幅広くなり、ゲイシャ品種なら何でもよいという風潮に対し、的確なテイスティングが必要に感じています。表08-12 は、中米3カ国のゲイシャ品種をテイスティングした結果です。比較のため、4年前の豆も入れましたが劣化した風味が強く出ています。（1.2は同じ農園の豆です）また、図は5種の豆を味覚センサーにかけた結果で（図08-5）、パーストク

ロップは酸が抜けているのがわかります。10点方の点数と味覚センサーの数値に間には、**r=0.8807** の強い相関性があり、評価は適切と考えられました。

表 08-12・19-20Crop ゲイシャ種　n=8　（2020.12）

| 試料 | 精製 | 水分 | pH | 10点 | コメント |
|---|---|---|---|---|---|
| Panama | W | 9.8 | 5.2 | 23 | 生豆が4年経過し、枯れた風味 |
| Panama | W | 11.6 | 5.1 | 45 | 明確な甘い酸味　木の香り |
| Guatemala | W | 10.2 | 5.1 | 47 | 柑橘の酸味にラズベリー |
| Panama | N | 10.1 | 5.1 | 45 | レモンの明るい酸、なめらか |
| Costa Rica | N | 10.2 | 5.1 | 45 | 柑橘果実の甘い酸味に華やかさ |

図 08-5・19-20Crop ゲイシャ品種

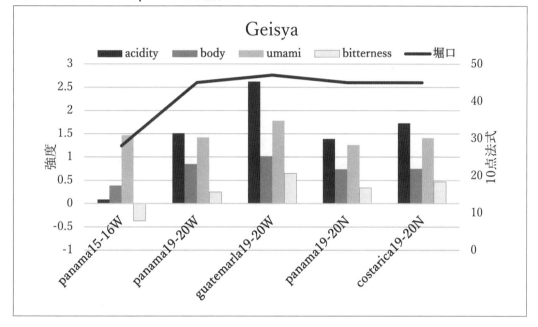

## 08-8-5 パナマのゲイシャ品種とその他の品種の比較　ナチュラル

パナマ産のナチュラルのさまざまな品種を入手し（**表08-13**）、テイスティングし味覚センサーにかけました（**図08-6**）。10点方式と味覚センサーの間には、**r=0.8762** の高い相関性が見られました。ゲイシャ品種の酸味が最も強く華やかで、ブルボン品種はバランスがよくこの2種の風味が突出しています。カトゥアイ品種はすれた味が強くSPに達していません。

表08-13・パナマの品種 2020-21Crop　ナチュラル　n=24　（2021.10）

| 試 | 10点方式 | コメント |
|---|---|---|
| Geisya | 45 | 上品、ワイニー、柑橘の酸、よいナチュラル |
| Bourbon | 43 | フローラル、甘い柑橘の酸味、ボディがありきれい |
| Caturra | 38 | 酸味よわい、風味特長が弱い |
| Catuai | 34 | ややハーブ、すれた味、枯れた味の印象 |
| Pacamara | 38 | ワイニー、かすかにアルコール臭、乾燥に難あり |

図08-6・2020-21Crop　ナチュラル　n=24

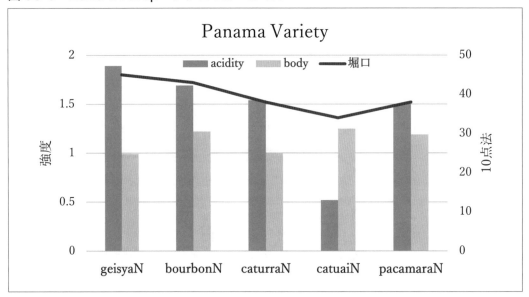

## 08-8-6 コロンビアの2023Wala Coffee Auction Lot

　2023年に行われたコロンビアの*Wala Coffeeのオークションは、コロンビア各県のゲイシャ品種を集め*嫌気性発酵（アナエロビック）にした豆でした。Huila県とCauca県の5種のゲイシャ品種を官能評価し、味覚センサーにかけました（図08-7）。味覚センサー値はやや乱れていますが、官能評価と間にはr=0.6577の相関性がありました。「**標高の高い産地の豆で、複雑なコクがあり深い焙煎が可能ですが、パナマのようなゲイシャフレーバーはありません。**」各産地の風味特性を求め、ウォシュドの精製にすべきでしょう。

図 08-7・2023Wala Coffee Auction Lot

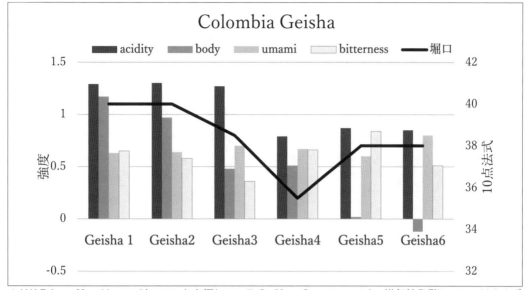

＊WARA coffee は、マイクロロットを探している Coffee Curators です。嫌気性発酵についてはさまざまな方法が試されています。例えば、anaerobic は 60 時間タンクに入れ、その後 40 時間水につけています。Double anaerobic は、ビニール袋にチェリーを入れ 24 時間発酵させ、その後果肉をとり缶の中で発酵させていますが細かな方法はわかりません。

## ■08-9 ティピカ品種のテイスティング

### 08-9-1 ティピカ品種の伝播

　イエメンから、スリランカとインドに移植され、最終的にインドネシアのジャワ島に移植。ここから、1706 年にアムステルダムの植物園に直接運ばれ、パリの植物園からマルチニーク島に伝播したといわれます。その後中南米諸国に導入され、多くのコーヒーの遺伝的バックボーンを形成しています。

　側枝が並行に伸び、若葉がブロンズであることによりブルボンと区別できましたが、現在は他の品種にもブロンズの若葉が見られますので、全体の木の形態もみて区分します。20 年前に取引していたグァテマラの農園のティピカ品種は幹や枝の先端にひもを結び、引っ張って収穫していました。さび病に耐性がなく、生産量は減少傾向にあります。

### 08-9-2　ティピカ種の重要性

　筆者は、この品種を最も重要と考えるティピカ主義者で、この品種こそがコーヒーの風味の基本（Standard）といい続け、過去 30 年間この品種を追い求めてきました。ティピカ種の風味がよいということではなく、多くのコーヒーがこの品種を起源としていること

によります。テイスティングの観点から考えると、この品種を風味をスタンダードとして位置づけ、他の品種と比較することが可能となります。ティピカ品種とブルボン品種、カトゥーラ品種、カトゥアイ品種など多くの品種との風味差を確認すればコーヒーの風味がわかりやすくなるというのが筆者の持論です。

30 年前まではティピカ品種の主要産地としてカリブ海というくくりがありましたが、現在はジャマイカくらいしか産地として認知されていません。キューバのティピカ品種は壊滅し、ドミニカはカトゥーラ品種やカトゥアイ品種に植え替えられました。南米では、コロンビアの多くはカトゥーラ品種に植え替えられ、ボリビア、ペルーなどでごくわずか生産されています。その他ハワイコナ、東ティモール、パプアニューギニア（PNG）などに多く植えられています。

## 08-9-3　ティピカ品種の基本風味

ティピカ品種の基本的な風味は、「控えめでさわやかな柑橘果実の酸味、ほどほどのコク（ミディアムボディ）、やさしいシルキーな舌触り、甘い余韻とクリーンさ」です。ゲイシャ品種やパカマラ品種などのような個性的風味はありませんが、「コーヒーの風味が果実」だけではないということを知らしめてくれます。

各生産地のティピカ品種の風味は異なります。しいていえば、ジャマイカはやや甘味があり、PNG 産はコクがあり、東ティモール産はかろやかな柑橘果実の風味があります。かすかに青い草の香りのある豆もみられ、ジャマイカ産、PNG 産などはこの系列の風味といえます。コロンビア北部のカリブ海性気候の影響を受けるセサール県産などの豆は酸とコクのバランスがよいものの、かすかに青草の香りを伴います。

肥料を十分に与えて、木の栽培管理もきちんとしていたハワイコナ産やパナマ産のティピカ品種は、豆の形状も細長く生豆の色もグリーンで見た目にも素晴らしいと感じるものが見られましたが、現在は品質が落ちています。最近ではコスタリカのマイクロミルのティピカ品種に、柑橘系の柔らかな酸味に程よいコクを感じます。

## 08-9-4　各生産国のティピカ品種のテイスティング

表 08-14 は、ティピカ品種の 2018-19Crop を 2019 年 10 月に筆者が SCA 方式で官能評価したものです。年々この品種のサンプルを集めることが難しくなっていますので、本書に掲載しました。「基本的には、SCA 方式では85点を超えるものは少ないといえますが、このサンプルのコスタリカ産及びコロンビア産は優れた風味といえます。」サンプルは入港時期、生豆の梱包材質、輸送、保管方法で生豆の状態が変化しますので、この表の結果

がすべての豆に当てはまるわけではありませんのでその点留意ください。

表08-14・各生産国の2018-19crop ティピカ品種　n=16　(209.10)

| 生産国 | 精製 | 入港 | pH | 水分 | 梱包 | コンテナ | SCA | 官能評価 |
|---|---|---|---|---|---|---|---|---|
| グァテマラ | W | 2019.07 | 5.0 | 12.1 | GP | RC | 79 | やや重い風味 |
| ホンジュラス | W | 2019.09 | 4.8 | 10.5 | GP | RC | 82 | 柑橘果実、新鮮 |
| コスタリカ | W | 2019.08 | 4.9 | 11.8 | VP | RC | 85 | 酸＋コクがよい |
| コンゴ | N | 2019.07 | 4.9 | 11.1 | GP | DC | 79 | 優しい乾式 |
| ボリビア | W | 2019.01 | 4.8 | 11.3 | GP | DC | 82 | 鮮度を維持 |
| コロンビア | W | 2019.05 | 4.9 | 12.0 | GP | DC | 86 | 甘い酸味とコク |
| PNG | W | 2019.01 | 4.9 | 11.5 | GP | DC | 81 | やや青草 |
| フィリピン | W | 2019 | 4.9 | 10.9 | unk | Air | 78 | 穏やかな酸、濁り |
| 東ティモール | W | 2019 | 4.8 | 11.6 | GP | DC | 83 | シルキー |
| ジャマイカ | W | 2019.04 | 5.0 | 11.5 | 樽 | DC | 82 | 優しい風味 |
| キューバ | W | UNK | 5.0 | 10.6 | GP | DC | 78 | 生豆の鮮度劣化 |

VP=真空パック、GP=グレインプロ、RC=リーファーコンテナ、DC=ドライコンテ

筆者がティピカ種の原点ともいえる風味を確認したのは、2000年前後に数年取引していたハワイ島のコナ100農園のティピカ品種（廃園により取引停止）、2010年から数年取引したパナマのカーサルイス社のベルリナ農園で特別精製したティピカ品種（品質管理責任者の変動などにより取引中断）です。共に、ブルーグリーンで、甘い余韻を伴う酸味とデリ

ハワイコナのティピカ品種の古木

ケートなコクは出色で、SCA方式で85点を超える豆といえます。現在では、コロンビアのナリーニョ県産、コスタリカのマイクロミル産などに優れたティピカ品種がまれに見られますが生豆価格は高騰しています。

## ■08-10 ブルボン品種のテイスティング

### 08-10-1　ブルボン品種の伝播

1715年にフランスインド会社がイエメンの苗木をインド洋上のブルボン島（現レ・ユニオン島）の修道院の庭に植え、その子孫が当時のブルボン王朝にちなんでブルボン品種

と名づけられています。その後、1878 年には、フランスの宣教師がレユニオン島から東アフリカのタンザニアに持ち込みます。これがフレンチミッションブルボン品種の祖先です。タンザニアのキリマンジャロの山麓ではドイツの植民者なども栽培するようになり、1900 年にはスコットランドの宣教師がケニアに持ち込みます。これらレユニオン島から派生したものがブルボン品種系になり、東アフリカ、ブラジルに伝播し、その後、中米諸国にも植えられていきます

　一方、オランダは、1718 年に植民地のスリナム（Surinum: オランダ領ギアナ、南米北東岸で 1975 年に独立、当時のギアナは、イギリス領、フランス領、オランダ領に 3 分割されていた）にアムステルダムの植物園の苗木を送っています。1727 年頃この地の若木がブラジル北部のバラ州に植えられ、曲折を経て 1760 年リオデジャネイロ州、1780 年サンパウロ州で栽培されます。また、1859 年にレ・ユニオン島からブルボン種が持ち込まれて、サンパウロ州とパラナ州が主要産地となります。しかし、1975 年の大霜害で打撃を受け、生産地は北部のミナスジェライス州、エスピリトサント州、バイア州に移行します。この間のブラジルの品種の変遷は、1875 年に赤ブルボンの栽培、1930 年に黄ブルボンが発見され、その後カトゥーラ品種、ムンドノーボ品種、カトゥアイ品種が生まれています。

## 08-10-2　ブルボン品種

　標高は 1,100 〜 2,000 メートルまで適応性があり、平均スクリーンサイズは S16 でやや小粒、Red、Yellow、Orange、Pink 色に完熟するものがあり、最近のブラジルでは、イエローブルボン品種の植樹が増えています。ティピカ種に比べ 20% から 30% 生産量が多いといわれますが、ブルボン品種由来の矮小種であるカトゥーラ品種、パカス品種などと比較すると、生産性は低くなります。そのため、ティピカ品種同様カトゥーラ品種に植え替えられる傾向がみられます。ティピカ品種同様さび病に弱い品種です。

　現在、ブルボン品種の基本の風味は、グァテマラのアンティグア地域の豆に代表されます。この地域の生産者の多くは先代からの農園経営を受け継ぎ、長い歴史をもち、品質の安定性が高いといえます。内戦により 1990 年から 2000 年代までの 20 年近く品質の安定性に欠けたコロンビア産のコク（Body）の代役を務めることができた数少ない産地の豆といえます。グァテマラ、エルサルバドルなどの中米諸国、タンザニア、ケニア、ルワンダなどの東アフリカやブラジルが主な生産地です。

## 08-10-3 ブルボン品種の基本風味

　アンティグア地域のブルボン品種は、酸味とコクのバランスがよく、濃厚感とクリーンさがあります。そこに矮小種のカトゥーラ品種が混ざるとやや風味が重くなります。このアンティグアのブルボン品種の風味を、ブルボン品種の基本風味としてとらえることができます。同じ中米産でブルボン品種の多いエルサルバドルのブルボン品種の生産地域はアンティグアより標高が低く、ややコクが弱くなります。

　2010年以降の東アフリカのルワンダ産及びブルンジ産の優れたブルボン品種は、アンティグア産にやや近い風味の豆が見られます。北部タンザニア産もブルボン品種系ですが、他の品種との混在もみられ、やや濃縮感は弱くアンティグア程の明確なコクはありません。ケニアのSL種もブルボン種系ですが、風味が華やかで他の生産国の風味とはかなり異なります。ブラジルにもブルボン品種はありますが、品種の風味よりも標高（500~1100m程度）、気温、土壌などの栽培環境（テロワール）の方が風味に与える影響が大きいと考えられます。

　表08-15は、各生産地のブルボン品種をサンプリングし、テイスティングした結果です。

### 表08-15・ブルボン種のテイスティング　2018-19Crop　n=16　（2019.12）

| 生産国 | 入港 | pH | 焙煎 | 水分 | 梱包 | コンテナ | 10点 | テイスティング |
|---|---|---|---|---|---|---|---|---|
| グァテマラ | 2019.07 | 4.9 | M | 12.1 | GP | RC | 42 | 爽やかな酸、甘味 |
| グァテマラ | 2019.08 | 5.2 | C | 10.5 | GP | RC | 44 | なめらかなコク |
| ルワンダ | 2019.09 | 5,5 | F | 11.8 | GP | DC | 40 | 柔らかな苦味 |
| セントヘレナ | 2019 | 4.95 | M | 11.5 | VP | Air | 45 | ショ糖の甘味 |
| タンザニア | 2019.11 | 5.2 | C | 10.5 | GP | RC | 39 | かすかな酸味 |

M=medium C=city F=Frennch と焙煎度が異なりますが、10点方式で点数をつけています。この年のセントヘレナは、華やかな酸味と甘みが突出していたので加えました。

## 08-10-4 ブルボン品種の選抜種のテキシック品種

　アンティグアのブルボン種に匹敵するコーヒーとしては、エルサルバドル産のブルボン品種の選抜種であるテキシック品種（Tekisic）があります。1977年にISIC（エルバドールコーヒー研究所 / Instituto Salvadoreño para Investigaciones del Café）によってリリースされた品種です。標高900mから1500mの範囲で早く熟し、

ブルボン品種

ブルボンより生産量が多い品種です。しかし、この品種は、ブルボン種の突然変異種のカトゥーラ品種（Caturra）、パカス品種（Pacas）とは異なり大きな節間間隔があり、収量が低くなります。また、さび病などの主要な病気耐性がなく、日本での流通はほぼありません。

## ■ 08-11 SL品種のテイスティング

### 08-11-1　Scott Agricultural Laboratories

　SL28は、スコットラボラトリー（SL:Scott Agricultural Laboratories/1934年から1963年の間に複数の栽培品種を開発したケニアの研究所）がブルボン系品種から42本を選抜したものの一つ。SL34は、カベテ地区のロレショー農園のフレンチミッション（フランスの宣教師が持ち込んだ木/ブルボン）の変異種から選抜したものといわれます。SL28は干ばつに抵抗性、SL34は高標高での生産性がよく降雨に対して抵抗力があるといわれます。

　SL品種は、ケニアの風土とマッチし、華やかな果実の風味を生み出しています。しかし、2000年以前は、高価格で酸味が強く、敬遠され日本入荷は極めて少ない状態でした。しかし、2000年代の初め、素晴らしいケニア産に遭遇し、積極的にワンゴ、ケントメアーなどナイロビ近くの農園の豆を購入して使用しました。その後、多くのファクトリー（水洗加工場）

SL品種

の豆を使用してきました。ケニア産には多様な風味があり、テイスティングの基本は、ケニア産で学んだといっても過言ではありません。

### 08-11-2　ＳＬ品種の基本風味

　「風味は、レモン（強い酸）、オレンジ（甘い）の黄色い果実に含まれるクエン酸に特長があります。さらに、チェリー、プラム、ラズベリージャムなどの赤い果実、ブラックベリー、黒ブドウなどの黒い果実、パッションフルーツ、マンゴーなどの熱帯果実、プルーン、干しブドウなどの乾燥した果実、その他アンズジャムやトマトなどの風味が優れたコーヒーの中に含まれていました。ケニアは、豆質が固く、ミディアムからフレンチまで多様な焙煎で複雑な風味を生み出します。」

第3章 さまざまな品種のテイスティング実践

## 08-11-3 ケニア産 SL 品種の基本テイスティング

2013~2015 年前後のニエリ、キリニャガ産のケニア産の風味は、ゲイシャ品種に匹敵し、現在であれば SCA 方式で 95 点以上のスコアをつけることができたでしょう（表08-16）。

**表08-16・ケニア産 SL 品種 15-16Crop　n=30　（2016.11）**

| 等級 | pH | 脂質 | 酸価 | SCAA | テイスティング |
|---|---|---|---|---|---|
| SP | 4.75 | 17.6 | 3.49 | 89.5 | キリニャガ産、柑橘果実のレモンにアンズが加わり複雑な風味、しっかりしたコク、きれいな風味のコーヒー |
| AA | 4.79 | 17.6 | 7.14 | 78.50 | 明確な果実の強い酸味、トマトの柔らかさが加味されますが、抽出液の濁りが風味を低下させています。 |
| AB | 4.98 | 17.0 | 7.60 | 74.50 | 酸はありますが、汚濁された風味で高い評価はできません。 |

SP の pH は 4.75 と非常に酸味が強く、世界で最も酸味の強いコーヒーといえます。SP は、酸価 3.49 と脂質の劣化が少ないため官能評価は高いといえます。

## 08-11-4 コスタリカ産の SL 品種と他の品種の違い

サンプルは、2021 年 6 月 24 日に開催されたコスタリカのエクスポーターである Exclusive Coffees のオークションのサンプル（表08-17）です。多くのマイクロミルの試料から代表的な品種をランダムにセレクトしました。官能評価と味覚センサーの間には、**r=0.9958** の高い相関性が見られました（図08-8）。

**表08-17・コスタリカ産の SL 品種と他の品種　2020-21Crop　n=1**

| 品種 | 10 点方式 | テイスティング |
|---|---|---|
| カトゥーラ | 43 | コスタリカの基本品種ですが、2000m 前後の高標高ではよい風味を醸し出します。 |
| ティピカ | 41 | クリーンでさわやかな酸味の素晴らしい風味で、コスタリカの高標高に適応性があると感じます。 |
| ケニア（SL） | 44 | フローラルで、十分な酸味とコクがあり、コスタリカの高い標高に適応性があると考えられます。 |
| ゲイシャ | 42 | ゲイシャフレーバーは、パナマに比べやや弱い印象ですが、それでも十分な果実感があります。 |

159

図 08-8・コスタリカの SL 品種と他の品種　2020-21Crop

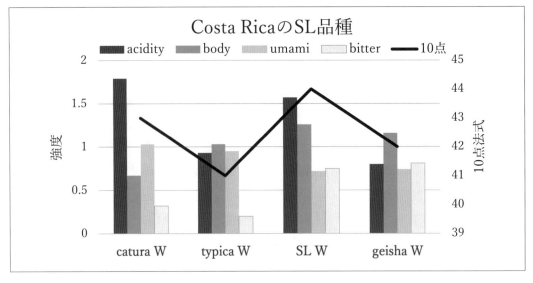

## 08-11-5　焙煎度の異なるケニア産 SL 品種のテイスティング

　ケニア産は、産地を含め多くの消費国でミディアムローストからハイローストの浅めの焙煎にする傾向があります。黄色や赤系の果実の風味はまさにフルーツバスケットと呼ぶにふさわしいものです。しかし、ゲイシャ品種の風味を超える SL 品種のポテンシャルは、深い焙煎でも風味が崩れないところにみられます。優れたファクトリーの SL 品種は、硬質で酸価値の上昇率が少なく、賞味期限が長く、イタリアンの焙煎度にも十分耐えられます。4 種の深煎り（表 08-18）をテイスティングし、味覚センサーにかけました（図 08-9）。

表 08-18・ケニア産の深い焙煎度の SL 品種　2022-23Crop　n=1

| 焙煎度 | 生産地区 | 10 点方式 | テイスティング |
| --- | --- | --- | --- |
| City | キアンブ | 45 | 黒ブドウ、プルーン、イチジク |
| Full city | キアンブ | 45 | 乾燥プラム、黒糖、キャラメル、チョコレート |
| French | キリニャガ | 47 | 香り高い、微細な酸味、ミルクチョコレート |
| Itarian | キリニャガ | 46 | イチゴミルク、ブラックベリージャム |

　45 点が SCA 方式 90 点に相関します。高品質ですぐれた風味を維持するファクトリーが減少している最中、突出した風味のコーヒーといえます。

図 08-9・ケニア産の深い焙煎度の SL 品種　2022-23Crop

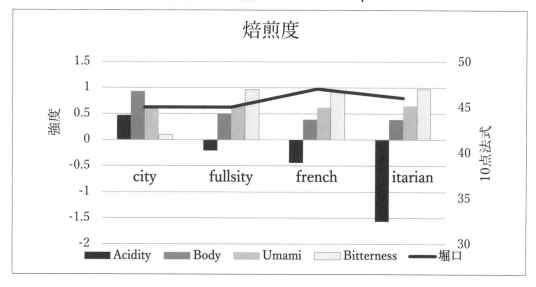

## 08-11-6　エルサルバドルの SL 種

2023年に行われたシベリア農園などを所有するSICAFEのオークションロットの中からSL品種のみを選び、官能評価し、味覚センサーにかけました（図08-10）。レモン、ミカン、アンズ、十分なコク、赤ワイン、上品なアナエロ臭など風味はよく、すべてSCA方式で85点以上を付けました。しかし、センサー値はバラつき、ジャッジの官能評価点数と味覚センサー間には相関性はなく、筆者との間には **r=0.3073** の相関にとどまりました。

図 08-10・エルサルバドル産の SL 種

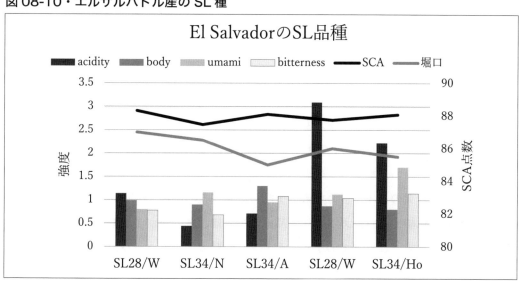

# ■08-12 カトゥーラ品種のテイスティング

## 08-12-1　矮小種

　ブルボン種の突然変異種で、同様の変異は、エルサルバドルのパカス（Pacas）品種とコスタリカのビラ・サルチ（Villa Sarchi）品種があります。1915年から1918年にかけて、ブラジルのミナスジェライス州の農園で発見された、植物を小さく成長させる（矮小化と呼ばれる）遺伝子変異です。カトゥーラ品種の発見後、1937年からブラジルのカンピナスにあるサンパウロ州の農学研究所（IAC:Agronomical Institute of Campinas）によって選抜が行われました。Caturra Velmelho（レッドカトゥーラ）、Caturra Amarelo（イエローカトゥーラ）があり、黄色の品種の果実は、赤の品種の果実よりも早く熟するといわれます。

　ブルボン品種に比べると矮小で収穫量は多めになります。特にコスタリカのICAFE（コスタリカコーヒー研究所／Institute del café de Costa Rica）はこの品種を推奨してきましたので、コスタリカ産の多くはカトゥーラ品種です。

カトゥーラ品種

## 08-12-2　カトゥーラ品種の基本風味

　「2000年までのコスタリカのコーヒーは、大量生産（農家は農協などの大きな加工場（ウエットミル）にチェリーを持ち込む）で、グァテマラなどのブルボン品種に比べクリーンさに欠ける傾向が見られました。しかし、2010年以降、品質に対する意識変化がマイクロミル（小規模農家が自ら果肉除去を行う）を誕生させ、品質に対する探求がよい風味のカトゥーラ種を生み出しています。それらは、2000m前後の標高の高い地域で栽培されたカトゥーラ品種で、十分なコクがあり、酸味が強く、新しいコスタリカのコーヒーを生み出したといえます。多くの場合、豆質が固く、極めて焙煎が難しい豆です。その分生豆の賞味期限は長いといえます。

　また、コロンビアのウイラ、カウカ、ナリーニョ各県の標高1600m以上の高標高で降雨量の多い産地に植えられたカトゥーラ品種の場合は、総酸量が多い傾向があり、かつ明確なコクが伴います。これまでのテイスティングの結果、カトゥーラ品種は高標高の風土に適した品種と考えられます。」

## 08-12-3　カトゥーラ種のテイスティング

　コロンビア産のカトゥーラ品種をピックアップし10点方式で筆者がテイスティングしました（表08-19）。コロンビアのウイラ産、コスタリカのタラス産は、フレンチローストでも風味がぶれていません。

**表 08-19・カトゥーラ品種　2019-20Crop　n=1（2020.10）**

| 生産国 | 地区 | 入港 | pH | 焙煎 | 梱包 | コン | 10点 | テイスティング |
|---|---|---|---|---|---|---|---|---|
| コロンビア | トリマ | 2019.8 | 5.05 | M | GP | RC | 45 | フルーティー |
| コロンビア | トリマ | 2019.8 | 5.2 | C | GP | RC | 43 | バニラ、ヨーグルト |
| コロンビア | ウイラ | 2019 | 5.5 | F | GP | DC | 44 | やわらかな苦味 |
| コスタリカ | タラス | 2019.8 | 5.6 | F | VP | RC | 45 | 蜂蜜の甘味 |

# ■08-13 カトゥアイ品種のテイスティング

## 08-13-1　IAC で開発されたハイブリッド

　1949 年にブラジルの IAC によって開発されました。ムンドノーボ品種（Mundo Novo）とイエローカトゥーラ品種のハイブリッドです。ブラジル国内で栽培されているアラビカ種の 50% 近くを占め、中米諸国にも多く植えられています。ホンジュラスでは、1983 年 IHCAFÉ（Instituto Hondureño del Café ）によって商業的にリリースされ、現在栽培されているアラビカ コーヒーのほぼ半分をカトゥアイ品種が占めています。カトゥーラ品種と同じ矮小種で、イエローカトゥアイ（Catuaí Amarelo: 黄色）とレッドカトゥアイ（Catuaí Vermelho: 赤）の 2 種ですが、ブラインドでは風味の区別は困難です。収穫量は多いのが特徴ですが、病害虫には弱い品種です。

## 13-13-2　カトゥアイ品種の基本風味

　「ブラジルに多く植えられていますが、中米諸国でも多く見かけます、2010 年以前は全体的に重く、やや濁りを伴う風味でしたが、2010 年以降一部風味の優れた豆が見られます。基本的な風味は、ティピカ種のクリーンさに比べるとやや重い風味となります。濃厚というよりやや濁るといえばよいのでしょうか。ただし、標高が比較的高く十分な肥料が与えられているような場合、非常に華やかで甘味のある豆に遭遇することがあり、生産国の環境により風味の違いが大きい品種と感じます。」

### 08-13-3　コスタリカのカトゥアイ品種

コスタリカのマイクロミルのサンプルをシティとフレンチローストにし、テイスティングしました（表08-20）。10点方式で全て45点以上のスコアを付けました。

表08-20・コスタリカのカトゥアイ種　2018-19Crop　n=8

| 地域 | 入港 | 焙煎 | 梱包 | コンテナ | テイスティング | 10点 |
|---|---|---|---|---|---|---|
| San Jose | 2019.8 | F | VP | RC | 乾燥プルーンやイチジク、華やか | 45 |
| Tarrazu | 2019.8 | C | VP | RC | 柔らかでデリケートな舌触り | 46 |
| Tarrazu | 2019.8 | F | VP | DC | フレンチでも全くぶれない力強さ | 47 |

「生豆のポテンシャルが全開した飲みごろの状態といえ、スコアを高くつけました。深い焙煎度でもクリーンで風味がぶれないため高評価にしています。」

### 08-13-4　ブラジルのカトゥアイ品種

ブラジルのカトゥアイ種の精製方法の異なる豆をサンプリングし（表08-21）、10点方式でテイスティングし、味覚センサーにかけました（図08-11）。ナチュラルを高い評価としましたが、ややクリーンさにかけるため40点（SCA方式で85点）は超えていません。精製方法が異なるにもかかわらず、10点方式と味覚センサーの間には、**r=0.9914**の高い相関性が見られました。

表08-21・ブラジルのカトゥアイ種　2020-21Crop　n=1　（2021.3）

| 品種 | 精製 | 入港 | 10点 | テイスティング |
|---|---|---|---|---|
| Yellow | N | 2021.02 | 38 | 酸、脂質共に明確でしっかりした風味 |
| Red | PN | 2021.02 | 34 | 酸味弱く、やや苦味を感じる |
| Yellow | PN | 2021.02 | 36 | ブラジルの平均的な風味 |

図08-11・ブラジルのカトゥアイ種　2021-22Crop

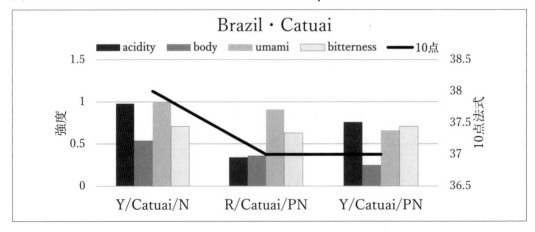

第3章　さまざまな品種のテイスティング実践

# ■08-14 パカマラ品種のテイスティング

## 08-14-1　ISIC の開発したハイブリッド種

　1950 年代の終わりにエルサルバドルの国立コーヒー研究所（2007 年に訪問した時は栽培品種の圃場は荒れていました）により作られたハイブリッド種です。パカス品種（Pacas: ブルボン品種の変異）とマラゴジペ品種（Maragogype: ティピカ品種の変異）と交雑、名前はそれぞれの親の最初の 4 文字からとっています。比較的低身長で、高い生産性がパカス種から、大きな果実は マラゴジペ種より受け継がれています。

　2000 年に初めてこの品種を体験し、そのシルキーな風味はティピカ品種の遺伝子を踏襲していると感じました。それ以降、毎年継続して使用しています。

　2006 年にグァテマラの「エル・インフェルト農園」産のパカマラ品種が COE コンテストで優勝しています。柑橘の果実の酸をベースにラズベリーのような赤い果実の風味が混ざり華やかさを生み出して世界に衝撃を与えました。

## 08-14-2　パカマラ品種の基本風味

　**「風味は、2 パターンあり、多くはエルサルバドル産にみられるさわやかな柑橘系果実の酸味とシルキーな舌触りが特徴の豆で「モンテ・カルロス農園」産に代表されます。いま一つは柑橘の果実の風味をベースにベリー系の華やかな果実の風味を感じさせるものがあります。グァテマラの「エル・インフェルト農園」やエルサルバドルの「シベリア農園」などに代表されます。中米産のコーヒーの酸味はクエン酸ベースの柑橘果実の酸ですが、環境と品種の特性がかみ合う場合に例外的に華やかなコーヒーが生まれるのだと知らしめてくれた品種です。」**2000 年代は、エルサルバドルやグァテマラを中心に栽培されていましたが、2010 年代に入ると、パナマ産も流通するようになり、またウォシェド以外に、ナチュラルのパカマラ品種も誕生します。

## 08-14-3　2010 年代のパカマラ品種の基本の風味

　代表的な 2 農園のウォシェドとナチュラルのパカマラ品種（表 08-22）を 2010.10 月のテイスティングセミナー 30 名で評価評価しました。共に素晴らしい風味ですが、この当時は SCAA 方式で 90 点以上をつけるコンセンサスは形成されていませんでした。

165

表08-22・2010年代のパカマラ品種　n=30　（2010.10）

| 生産国 | 精製 | テイスティング | SCAA |
|---|---|---|---|
| エルサルバドル | W | ベーシックなシルキーなパカマラ種で気品がある | 87.00 |
| | N | 樹上完熟のパカマラ、蜂蜜の甘い香り、黒ブドウ | 86.75 |
| グァテマラ | W | 柑橘果実の酸味にチェリーやフランボアーズ | 88.50 |
| | N | ナチュラルとわからないくらいクリーンで気品 | 87.00 |

### 08-14-4　2020年代の優れた風味のパカマラ品種

エルサルバドルの農園以外のパカマラ品種が多く市場に流痛するようになり、この品種の認知度は拡大しました。過去20年間パカマラ品種を使用してきました。代表的なパカマラ品種を選び（表08-23）、さまざまな焙煎度でテイスティングしました。

パカマラ品種

表08-23・代表的なパカマラ品種　2019-20Crop　（2020.12）

| 生産国 | 入港 | 水分値 | pH | 焙煎 | 10点 | テイスティング |
|---|---|---|---|---|---|---|
| Washed | 2019.9 | 11.0 | 4.95 | M | 46.0 | さわやかな酸、みかんの甘味、シルキー |
| Washed | 2019.8 | 11.5 | 5.2 | C | 45.5 | 柑橘果実の酸味、フランボアーズジャム、華やか |
| Natural | 2019.8 | 11.0 | 4.95 | M | 45.0 | フローラル、かすかに微発酵、華やかな酸 |
| Natural | 2019.9 | 11.0 | 5.6 | F | 47.7 | 甘い余韻とコク、黒ブドウ、ビターチョコレート |

焙煎度に関わらず、25gの粉を、円錐ドリッパーを使用し2分30秒で240m抽出した抽出液をテイスティング

## ■08-15 マラゴジペ品種、マラカトゥーラ品種、ジャバ品種、ジャバニカ品種のテイスティング

### 08-15-1　マラゴジペ品種

マラゴジペ品種（Maragogipe）は、1870年にブラジルのバイア州の都市マラゴジペの近くで最初に発見されたティピカ品種の突然変異です。ブルボン品種またはティピカ品種よりも樹高が高く、葉、種子が大きくエレファント豆とも呼ばれます。生産性は低く、さび病に弱い品種で、ブラジル、中米諸国で一部栽培されています。

「大味でボディがやや弱いものが多く見られます。しかし、2013年にニカラグアの

1,500メートル以上の生産地で、濃厚なオレンジやアンズジャムのような甘い酸のある素晴らしいマラゴジペ品種に遭遇し使用ました。ただし、同じ風味が毎年安定して継続することはまれです。」したがって、よい風味に遭遇した際は、生産履歴および風味を記録しておくのがよいでしょう。

マラゴジペ品種

### 8-15-2 マラカトゥーラ品種

　マラカトゥーラ品種（Maracaturra）は、マラゴジペ品種とカトゥーラ品種のハイブリッドで、1800年代後半に自然に誕生しています。マラゴジペ品種の遺伝子の影響で粒は大きめ。さび病に弱く、エルサルバドル、ニカラグア、ブラジルなどで栽培されています。流通量は少なく、特殊な品種となります。「**ニカラグア産の中に、まれにレモンのようなしっかりした酸があるものに遭遇します。ミディアムより少し深いハイローストのほうが個性的な風味になるように感じます。**」

### 08-15-3 ジャバ品種

　ジャバ品種（JAVA）は、名前が示すように、19世紀初頭にオランダ人によってエチオピアから直接ジャワ島に導入されています。若葉はブロンズ、生産性はやや高く、やや細長いチェリーです。20世紀中盤に、アフリカのカメルーンに持ち込まれ、CBDに耐性があることがわかり、PROMECAFE（本部グァテマラ、コーヒー栽培の技術開発プログラム）諸国であるコスタリカ、パナマ、ホンジュラス、エルサルバドルなどに種が送られましたが、リリースされませんでした。その後、2016年に、高地でのジャバ品種の潜在的な品質がパナマで認められています。ゲイシャ品種と同じ、エチオピア系在来種を起源としていますので、風味がよいとされています。しかし、ジャバ品種としての流通はほとんどありません。

### 08-15-4 ジャバニカ品種

　ジャバニカ品種（JAVA NICA）は、ジャワ島からニカラグアのコーヒー研究所経由で持ち込まれた品種で、ニカラグアの農園で栽培されています。生豆の形状はロングベリー。ニカラグアの特殊な品種で生産量も少なく、希少性で注目されています。「**ミディアムに**

すると明るい酸が際立ちます。ティピカ系の風味の系列です。」表08-24は、ニカラグア産の希少なの品種で、この当時風味の良さで使用しました。しかし、生産性、風味においてやや安定性に欠け、毎年同じ量を継続して購入することは困難でした。。

表08-24・ニカラグア産の特殊な品種　2012-13Crop　n=1

| 生産国 | 品種 | テイスティング | SCAA |
|---|---|---|---|
| ニカラグア | マラゴジペ | フローラル、オレンジの酸味、華やかでクリーンで滑らか、初めて風味のよいマラゴジペを体験 | 85.00 |
| ニカラグア | ジャバニカ | 柑橘果実のしっかりした酸味、なめらかなコクに甘い余韻が残る | 84.75 |
| ニカラグア | マラカトゥーラ | さわやかな柑橘果実の酸味、やわらかな口あたりで甘味がある | 84.50 |
| パナマ | マラゴジペ | 珍しくコクがある、黒ブドウ、複雑な風味 | 83.25 |

# ■08-16 サン・ロカ - ケニア品種（San Rocca-Kenia）のテイスティング

コスタリカでは、San Roque、St Roch、Santo Rocco などさまざまな表記があります。Naranjo 州および Grecia 州で栽培されていました。2015年のコスタリカの COE に Finca Leoncio が SL28 として出品し優勝したのが始まりのようです。このころは SL 品種（ケニア産）とみられていました。その後、木の形態が違うのではないかなど議論があり最近はサン・ロカ品種として認知されつつあるようです。ただし、遺伝子の同定はされていませんので2018年以降は「San Rocca kenia」と表記される事例が増しています。Finca Leoncio は、農家におしみなく苗木を配ったためこの品種は広まり、コスタリカの2021年の Exclusive Coffees のオークションでは、40のファイナリスト中にサン・ロカ品種は17ノミネートされ、ゲイシャ品種は は 10しかノミネートされていません。コスタリカではゲイシャ種に匹敵する風味の品種といえます。「**コスタリカの高い標高で華やかな風味を醸します。**」多くのマイクロミルが栽培し始めている超硬質豆（**super hard beans**）です。

表08-25は、Exclusive Coffee の2022年のオークションから、*ダブルウォシェト精製のサン・ロカ品種を4種選びました。筆者の点数が低いのは、航空便サンプルを受領後半年間生豆を研究室に常温で保管しておいたためと考えられます（図08-12）

味覚センサーとジャッジの間には r=0.5410 の相関があり、筆者との間には r=0.8479 の相関がみられました。

表 08-25・2022 コスタリカ San Roque-Kenia　n=1　（2023.01）

| Farm | 水分 | SCA | 10点 | テイスティング　英語はジャッジ |
|---|---|---|---|---|
| Nacho | 10.1 | 92.41 | 40 | レモンの強い酸とオレンジの甘い酸味<br>Fruit aromas, raisin flavors and good body, with sugar cane aftertaste. |
| El Alto | 10.2 | 91.06 | 40 | やさしい酸味、甘い余韻、バランス<br>Dark fruit aroma, with plum flavors, creamy body and aftertaste with notes of maple syrup. |
| Gloriana | 10.4 | 88.87 | 40.5 | オレンジピール、チョコレート<br>Very sweet aroma, white wine and caramel flavors, thin body and long aftertaste of caramel. |
| La Union | 10.1 | 88.58 | 39.5 | チョコレート、なめらかな舌触り<br>Fruit aromas, plum flavors and good body, with sugar cane aftertaste. |

＊ダブルウォッシェドは、水洗後さらにきれいな水に一晩漬けておきます。

図 08-12・コスタリカ San Roque-Kenia 2022-23Crop　（2023.01）

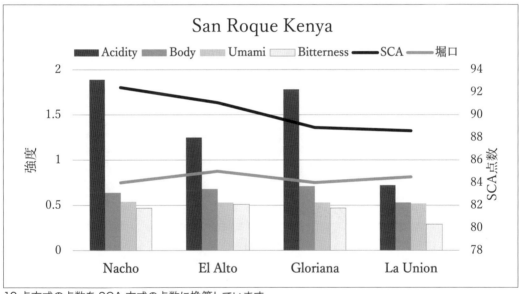

10点方式の点数をSCA方式の点数に換算しています。

## ■08-17 シドラ品種のテイスティング

　シドラ品種（Sidra）は、ティピカ品種とブルボン品種の自然交雑種といわれますが、情報はほとんどありません。遺伝子検査の結果は、エチオピア在来種に遺伝的に類似しているとも言われますが、明確な遺伝的同一性を持っていないようです。そのため、農家は様々な名前でこの品種を扱っているのでしょう。エクアドルの2022年のTaza doradaのオークションには Tpica Sidra、Sidea-SL28、Bourbon-typica、Typica Caturra など

の名前があり、ほとんど品種不明です。2021年のオークションには、ティピカ メジョラード（Tipica Mejorado）という名前のコーヒーがみられましたが、WCRの遺伝子検査に基づくと、エチオピアの在来種とブルボン種が他家受粉したもののようです。エクアドルでは、2010年以降、これらの新しい品種を様々な名前で呼んでいるようです。シドラは、バリスタ選手権などを行っているWCC（World Coffee Championships）で使用され有名になった品種です。シドラ品種をテイスティング（表08-26）し、味覚センサーにかけました（図08-13）。ジャッジの点数と味覚センサーとの相関性はありませんでしたが、筆者の10点法との間には、**r=0.9198**の高い相関性がみられました。

シドラ品種

表08-26・Sidra品種　2022-23Crop　n=1

| 精製 | SCA | 10点方式 | テイスティング　英語はジャッジ |
|---|---|---|---|
| Washed | 90.5 | 39.5 | フローラル、白桃、白ワイン<br>Orange Blossom, Ripe Peach, Brown Sugar |
| Natural | 89.95 | 39.5 | ミカン、レーズン、きれいなナチュラル<br>Soursop, Strawberry, Pistachio, Watermelon. |
| Honey | 91.47 | 38 | やや雑味、かすかに濁り、十分なコク<br>Lavender, Chamomile, Tangerine, Mint. |

図08-13・Sidra品種　2022-23Crop

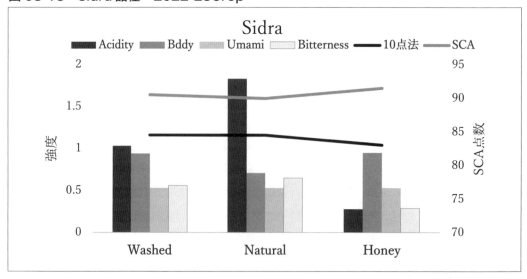

## ■ 08-18 スーダンルメ品種のテイスティング

　スーダンルメ種（Sudan Rume）は、エチオピア国境に近いスーダン南東部にあるボマ高原で生まれたコーヒー品種といわれます。最近は、「高品質」な遺伝子の供給源としてハイブリッド種の開発に使用されています。但し、収量が少ないため、一般的な流通はしていません。この品種が遺伝子の提供源として生き続けているのは、病気に対する中程度の耐性や高い品質と風味にあると考えられます。ケニアのバチアン品種（Batian）などのハイブリッド種には、このスーダンルメ品種の遺伝子が含まれています。

　図08-14のグラフは、コロンビア産のスーダンルメ品種のウォシェトとナチュラルの精製の豆を味覚センサーにかけたものです。

　「このサンプルでは、ウォシェトの酸味が強い反面コクはやや弱めです。官能的には、ウォシェトにやや雑味を感じ、ナチュラルは穏やかな微発酵でした。共にエチオピア系品種の華やかな風味は弱く、単一品種としての風味の豊かさは感じませんでした。このサンプルの場合はSCA方式で85点には達していません。」

図08-14・コロンビアのスーダンラム　2020-21Crop　n=1

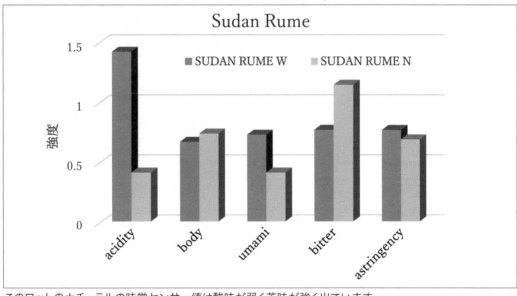

このロットのナチュラルの味覚センサー値は酸味が弱く苦味が強く出ています。

## ■08-19 F1 品種のテイスティング

### 08-19-1　F1 品種とは

　WCR は、気候変動に伴う生産量の減産予測に対し、耐病性以外にも風味のよい新しい品種の開発に取り組み、多くの F1 品種が開発されつつあります。

　植物から採取した種子は、親植物と同じ特性を持つとはかぎりません。これは分離（Segregation）と呼ばれ、収量、耐病性、品質、その他の何らかの農業的特性が失われる可能性があります。遺伝的に安定していない F1 ハイブリッド品種は、種子から増やそうとしても子孫に同じ風味特性などの遺伝情報を伝えられないため、増やすには葉を組織培養したクローンに頼らざるを得ません。

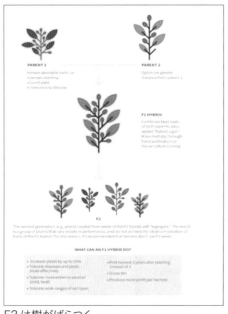

F2 は樹がばらつく

WCR の F1 品種サンプル

　これまで生産国では、農園や農家が苗床をつくり、種を作る事例が多く、F1 品種をクローン繁殖する仕組みは多くありません。気候変動問題が深刻化し、減産が予測される中で、新しい取り組みとして考えられています。

　WCR の品種紹介では、F1 ハイブリッドとしてカシオペア品種（Casiopea 種）や H3 品種などをあげていますが、商業的な栽培には至っていません。カシオペア品種や H3 品種は、カトゥーラ品種とコスタリカのカティエ（CATIE）に保存されていたエチオピア系の品種との交雑種で、フランス国際農業開発研究センター（CIRAD）、中央アメリカ各国

コーヒー研究所ネットワーク（PROMECAFE）、そしてコスタリカの熱帯農業研究教育センター（CATIE）の共同研究により開発されたF1ハイブリッド種です。この品種開発以降、WCRでは、気候変動に対応したF1品種をえらび、各生産国の圃場で栽培実験し、収穫が終わり、品種選定の段階に入りつつあります。

### 08-19-2　Milenia品種（F1）のテイスティング

2021年6月のコスタリカのExclusive Coffees（輸出会社）のオークションサンプルからF1品種およびF1のミレニア品種（Milenia）を選び他の品種と比較してみました。F1は品種不明、ミレニア品種は、スーダンルメ品種とT5296品種（HdeT×VillaSarch）のF1ハイブリッドです。オークションジャッジのスアはやや高く、味覚センサー値と相関がとれないため、テイスティングセミナーのパネルn=16で再度官能評価した結果**r=0.7477の高い相関性がみられました**（図08-15）。「**コスタリカのマイクロミル産の他の品種の味覚センサー値を比較しましたが、風味パターンが近く、F1品種は、明るい酸味があり風味バランスのよい品種だと感じました。**」

図08-15・2021 コスタリカ　Milenia品種　n=16

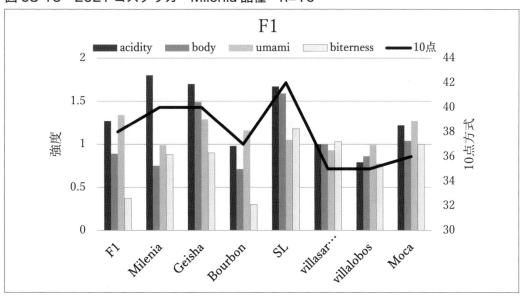

### 08-19-3　WCRのF1品種のテイスティング

2022年にWCRからテイスティングを依頼されたサンプルを焙煎し、テイスティングしました。WCRが選抜したF1種は、すでに各産地に植えられ収穫されています。現在、

世界中の関係者がテイスティングをし、最終選別される途上にあります（2023年1月現在）。多くのサンプルがあり、その中の一部がWCRから送られてきましたが、どのようなサンプルかは知らされていません。**表08-27**のSCAは筆者のスコアです。官能評価と味覚センサー値には、**r=0.7399**の高い相関性がありました（**図08-16**）。

表08-27・2022WCR F1サンプル n=1 （2022.6）

| サンプル | 水分値 | 生豆g | 焙煎g | SCA | テイスティング |
|---|---|---|---|---|---|
| 164 | 9.3 | 50.1 | 43.6 | 88.50 | 香り高い、かすかな果実の風味が心地よい |
| 165 | 8.8 | 50.1 | 43.2 | 77.50 | やや雑味を感じる |
| 173 | 9.2 | 50.1 | 43 | 85.00 | 酸味コクのバランスがよくクリーン |
| 180 | 9.2 | 50 | 43.3 | 88.75 | 華やか、柑橘の酸味、甘い余韻、チョコレート |
| 186 | 10.4 | 50.1 | 42.9 | 77.25 | やや濁りを感じる |
| 219 | 9.7 | 50 | 43.2 | 83.50 | 際立った特長はないが欠点もない |
| 221 | 9.7 | 50 | 43.2 | 87.00 | 柑橘果実の酸味に甘味、舌触りもよい |
| 227 | 9.4 | 50 | 43.1 | 85.00 | 酸味の中に蜂蜜の甘味、リンゴ |

図08-16・2022 WCR F1サンプル

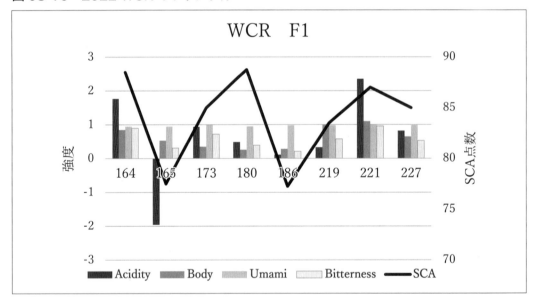

### 08-19-4　Starmaya品種

2001年に、コスタリカの種子研究所でもあるCATIEにおいて雄性不稔のアラビカ種が発見されています。その後、新しいさび病抵抗性品種であるマルセレサ品種（Marsellesa）と交雑し、ニカラグアでの生産テストの結果、＊スターマヤ品種（Starmaya）ができて

います。マルセレサ品種は（HdeT とビラ・サルチ品種の交雑種でさび病耐性が高く、カップクオリティに優れた品種）といわれています。雄性不稔の樹を F1 種の片親とすることで、この雄性不稔の樹は自家受精することなく、他の樹の花粉で確実に受精が行われる事で F1 品種を生産する事ができるということになります。遺伝子関係は専門外でわかりませんので、興味のある方は論文をご一読ください。
＊Starmaya:The first Arabica F1 Coffee Hybrid Produced Using Genetic Male Sterility

## 08-19-5　F1 品種の試飲会

　2024 年 5 月 7 日に WCR のロング博士（CEO）が来日し、関係者による F1 Hybrid（ゲイシャ品種とサルティモール品種の交雑）の試飲会が東京の UCC アカデミーで開催されています。サンプルは、コスタリカのアキアレス農園（マイクロミルガ誕生する前に訪問し、数年間の使用経験がありますが、当時はスターバックスコーヒーが大量に購入していました）で栽培されたものをアメリカのマイクロロースターが焙煎したもののようです。F1 品種のウォシュドとナチュラルの精製豆 4 種計 8 種をカッピングしました。

　F1 品種は、この交雑種に絞り込まれ、今後また栽培実験が繰り返されます。品種の交雑、遺伝子解析、世界中の農地での栽培、カッピングなど WCR の活動が進捗していますので、堀口珈琲研究所は微力ながら活動支援をしています。（2024 年 5 月追記）

San Roque kenia 品種

## 09 カティモール品種とサルティモール品種

### ■09-1 ハイブリッドティモール（HIBRID de TIMOR）

アラビカ種は自家受粉（自家和合性）しますので一本の苗木から増やすことができます。一方、カネフォーラ種は自家受粉（自家不和合性）しませんので、アラビカ種とは*染色体数が異なり自然交雑はしません。しかし、1920年に東ティモールでアラビカ種とカネフォーラ種の自然交雑種が発見され、ハイブリッドティモール（Hibrid de Timor:HdeT）と呼ばれました。その後、スマトラ島、フローレス島などに植えられ、それ以来、いくつかの変異が起こっています。この生産性が高くさび病に強いHdeT品種は、アラビカ種と同じ染色体をもちアラビカ種との交雑が可能となりました。

*遺伝情報の発現と伝達を担う生体物質で、細胞分裂期に観察される棒状の構造体。塩基性の色素で染色されることから染色体(Chrompsome)と名付けられています。カネフォーラ種は22本(2n=22)ですが、アラビカ種は44本で異なります。

HdeT品種は、①樹のサイズが小さいため密植が可能で、②果実はすぐに熟し、③さび病に対する耐性があり、④高い生産性が保証され、⑤標高も約700〜1,000メートルで収穫ができるなどコーヒー栽培には便利な特性を備えていました。このHdeT品種の発見で、コーヒー栽培は新しい品種開発が可能となり、さび病やCBDに耐性のあるカティモール品種（Catimor）、サルティモール品種（Sarchimor）などのハイブリッド種が誕生しました。

HdeT品種の流通はないため、東ティモールから試料を取り寄せテイスティングしましたが、「**カネフォーラ種系よりもアラビカ種系の風味を強く感じました。**」

### ■09-2 カティモール品種のテイスティング

HdeT品種とカトゥーラ品種の交雑種として、1959年にポルトガル で高収量、高耐病性、高密度の植え付けの品種として開発されたのがカティモール品種です。このカティモール品種は、急速に拡大しインドネシア、中国、その他のアジア圏、中米などで栽培されています。

「**カティモール品種は、味がやや重い傾向があり、濁りがあります。アラビカ種の多くの品種との間に官能的な違いを見出すのは難しいかもしれませんが、標高1,200メートル以上のアラビカ種のSPであれば、酸味の強さや質、及びクリーンさで差異を理解できます。**」

第3章　さまざまな品種のテイスティング実践

　表09-1 は、アジア圏のミャンマーのカティモール品種を 10 点方式でテイスティング
したものです。この T8667 というカティモール品種は、1978 年にブラジルの UFV 大学
（University Federal de Viçosa）から第 5 世代（F5）の子孫をコスタリカの CATIE が受
け取ったもので、その後中米の様々な国に種子が提供されています。（「T」は、CATIE の
あるトゥリアルバを表します）　その後コスタリカでは、CATIE が T-8667 の追加選択を
行い、コスタリカ 95 品種（Costa Rica95）を作成し、ホンジュラスの コーヒー研究所
（IHCAFE）は、レンピラ（Lempira）という品種を作り、エルサルバドルではサルバドー
ルコーヒー研究所（ISIC）がカティシック品種（Catisic）を作っています。

　**「残念ながら、2 つのサンプルは全体的にコクが弱く、鮮度状態もやや落ちています。
SP としての評価は困難です。」**

表 09-1・ミャンマーのカティモール品種　　n=1

| 試料 | 精製 | 水分 | pH | 10 点 | コメント |
|---|---|---|---|---|---|
| C R T8667 | Washed | 11.1 | 5.2 | 30 | 酸味よわい、冷めると濁る |
| C R T8667 | Honey | 11.7 | 5.2 | 29 | 風味が単調、冷めると濁る |

　表09-2 は、アジア圏のカティモール品種を輸入商社からサンプリングしたもので、10
点方でテイスティングしました。**「全体的に濁り感があり、重い味わいです。これはテク
スチャーのコク（Body）ではありません。残念ながら SP として評価できるものはあり
ませんでした。」**

表 09-2・アジアの生産国　　2019-20Crop　　カティモール品種　　n=1

| 試料 | 精製 | 水分 | pH | 10 点 | コメント |
|---|---|---|---|---|---|
| ラオス | W | 11.5 | 5.1 | 33 | やわらかな酸味、やや重い風味 |
| ラオス | PN | 10.6 | 5.1 | 30 | かすかな産、やや重い風味 |
| ベトナム | W | 11.6 | 5.1 | 29 | やや重い風味、冷めると濁る |
| 雲南 | N | 10.4 | 5.3 | 29 | 微発酵、にごり |
| 東ティモール | W | 10.4 | 5,1 | 24 | 冷めると濁る、特長が弱い |

## ■09-3 カティモール品種の再考

　カティモール品種は、風味が重く、個人的にもよい評価をしてきませんでした。しかし、
2022 年のインド、フィリピン、ラオスのインターネットオークションのサンプルをテイス
ティングした結果、完熟した果実を選別し、アフリカンベッドなどで丁寧に乾燥すれば
よい風味のコーヒーができる可能性を感じました。

177

そこで、インド、フィリピン、ラオス産から各2種を選び（表09-3）、理化学的数値の分析をし、味覚センサーにかけ、さらにLC/MSで分析しました。パネル20名で10点方式でテイスティングし、オークションジャッジの官能評価とあわせ、これらのコーヒーがSPとして評価できるか検証してみました。

表09-3・2022年アジア圏のカティモール品種サンプルと分析数値　n=20

|  | 精製 | 標高 m | pH | 滴定 酸度 ml/g | 脂質量 g/100g | 酸価 | ジャッジ | 10点法 |
|---|---|---|---|---|---|---|---|---|
| India44 | N | 1100 | 4.86 | 8.4 | 17.5 | 3.7 | 87.78 | 35.0 |
| India107 | N | 1300 | 4.89 | 8.3 | 16.9 | 3.8 | 90.43 | 35.0 |
| Philippine | N | 1500 | 4.86 | 8.4 | 18.6 | 3.7 | 84.79 | 35.5 |
| Philippine | N | 1480 | 4.90 | 7.8 | 18.9 | 3.4 | 83.96 | 34.5 |
| Laos211 | N | 1200 | 4.86 | 9 | 16.5 | 4.5 | 85.89 | 37.0 |
| Laos221 | H | 1200 | 4.88 | 8.2 | 15.7 | 4.3 | 83.75 | 37.5 |

理化学的分析数値からいえば、6種のコーヒーは、pHが低く、かつ滴定酸度は高く、明確な酸味があるコーヒーといえます。ラオス221を除くと総脂質量も多い傾向がみられます。酸価は、ラオス産が高い傾向を示し、やや鮮度劣化し、その他の豆も若干鮮度がやや落ちかけていますが、全体としての理化学的数値から判断すればSP評価できる可能性が読み取れます。

一方、官能評価は、中米諸国などの生産国のSPと比較すると、インド、ラオスのオークションジャッジの点数は高すぎるように思えます。表09-4にジャッジのコメントをあげてみました。

ジャッジおよび筆者の官能評価と理化学的数値には相関性がなく、味覚センサー値との間にも相関性はみられませんでした図09-1。その理由として、カティモール品種のナチュラルの官能評価が難しくジャッジやパネルの評価がぶれた可能性、味覚センサーがナチュラルの微発酵に対し感知しきれていない可能性が推測されます。

図09-1・2022 カティモール品種　n=1

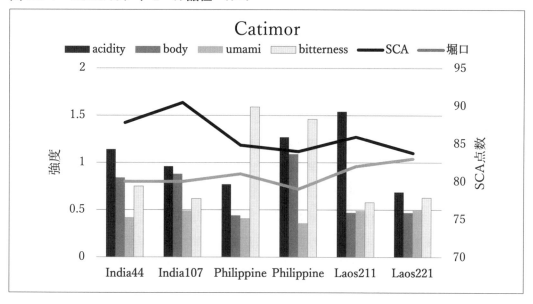

表09-4・2022 カティモール品種の官能評価　n=1

| サンプル | テイスティング　　英文はオークションジャッジ |
|---|---|
| India44 | さわやかな酸味がある、濃度を感じるがやや風味が重い<br>**Milk chocolate, crisp, plum, raisins and dates** |
| India107 | ナチュラルの風味感が強い、ややアルコール臭、やや濁り<br>**Fruit bowl, mandarin orange, sparkling, acidity** |
| Philippine | **微発酵、**やさしい風味、ワイニー、レーズン、<br>**Chocolate, Winey, Blueberries, Strawberries** |
| Philippine | 品のよいナチュラル、酢酸、ハーブ、スパイス、ややにごり感<br>**Orange, Plum, Spice, Lemongrass** |
| Laos211 | 焙煎色むら、**酢酸、やや発酵臭、**クリーン、イチジク<br>**papaya, dark cherry, red apple, vanilla, black grapes, cacao nibs, winey.** |
| Laos221 | しっかりしたコク、甘い酸味、乾燥プラム<br>**Nutty, herbal, bread, honey, chamomile, golden raisins.**<br>**Dried fruits, winey, sweet. chocolate, lemon, herbs, sour cherry, sharp acidity.** |

「全体的にやや重く、濁りがあるカティモール品種独特の風味があります。また、酸味が強いコーヒーですが、クエン酸の柑橘果実系ではなく、やや酢酸系の酸が加味されているように感じます。しかし、クエーカー（焙煎後の未熟豆）数は少なく、また発酵臭は少なめで、乾燥、選別状態はよいと推測され、SPとCOの境界線の風味の豆として評価してもよいと考えます。ただし、ジャッジのコメントは、表現が過剰のように感じます。チョコレート、赤ワイン、プラム、スパイス、ハーブ、ドライフルーツくらいにとどめた方がよいと思います。」

実際に流通している多くのカティモール品種は、このサンプルより品質が劣り、高い評価を受けにくいのは、生産地での保管や日本までの流通過程で何らかの不備があると考えられます。

## ■09-4 LC/MS による有機酸とアミノの分析

LC/MS によりアジアの 6 種（表09-3）の生豆と焙煎豆の有機酸を分析し、*主成分分析（principal component analysis:PCA）した結果、生豆中最も多いフマル酸（Fumaric acid）が焙煎により大幅に減少し、クエン酸（Citric acid）、イソクエン酸（Isocitric acid）、グリコール酸（Glycolic acid,）、リンゴ酸（Malic acid,）、ピルビン酸（Pyruvic acid）、コハク酸（Succinic acid）の濃度が増しています。したがってメイラード反応で酸味はやや強くなっていると推測されます。酢酸のような刺激的な酸味は、フマル酸とピルビン酸などが微妙に影響を及ぼしていると推測しました。

例えば、サンプルの中で、最も酸が強く、総酸量の多かったラオス 211 は、他のサンプルよりクエン酸、グリコール酸、イソクエン酸、ピルビン酸濃度が高い傾向が見られました。個人的な官能評価では酢酸を感じましたので、ピルビン酸が関与しているのではないかと推測しました。

＊多変量解析といい、たくさんのデータを解析する手法で、多くの変数を持つデータを集約して主成分を作成する統計的分析手法です。

また、ラオス 211 のアミノ酸は、生豆の状態で多く含まれるグルタミン酸は、焙煎により減少し、甘味に関与するアラニン（Alanine）、グリシン（Glycine）、セリン（Serine）、スレオニン（Threonine）濃度が増し、また旨味に関与するアスパラギン酸（aspartic acid）の濃度も高い傾向が見られました。これらのアミノ酸は、有機酸と複雑に絡み合いコーヒーの風味を形成していると考えられます。

今回の分析結果から、サンプルのカティモール品種は、焙煎豆の pH および滴定酸度（総酸量）で酸の強さが確認され、有機酸も多様であり、脂質量によりコクのあることも証明されていますのでジャッジの官能評価が高くなったと推測されます。しかし、個人的には、酢酸系の酸味を感じるため 85 点を超える SP として評価することはできません。

# ■09-5 コロンビア品種のテイスティング

バリエダコロンビア品種（Variedad colombia）は、栽培品種の開発における世界有数の研究機関である Cenicafe（コロンビアのコーヒー調査センター）がカトゥーラ品種とHdeT 品種を交雑したハイブリッド品種です。この品種は長年にわたって改善され、カスティージョ（Castillo）品種を含むさまざまなサブ品種の育種基盤となっています。コロンビア品種は、さび病に耐性があり、さび病の影響を受けるカトゥーラ品種に変わる品種として 1968 年から 1982 年の間に F5 まで開発され植樹されました。赤と黄色の完熟豆があり、樹のサイズが小さく、密植が可能な品種です。

このコロンビア品種は、カトゥーラ品種と何度もバッククロス（戻し交配 :Backcross）されていますが、「**ティモールハイブリッドのロブスタ種系の味がかすかに残る印象です。**」1990 年代に量産に伴う精製不良などと推測されますがフェノール臭（薬品臭でブラジルのリオ臭に近い / 細菌などによる）問題を発生させています。70kg の麻袋に 2~4 粒薬品臭を発する豆が含まれ、焙煎機から出した瞬間に異臭を感じました。輸入商社に伝えてもなかなか理解してもらえず、その後ヨーロッパから異臭への不満が噴出し、この品種の評判は落ちていきました。そのため、私は、1990 年中盤から 2000 年初めまでの間コロンビア産を使用しませんでした。このころは、まだ南部産のコーヒーの流通が極めて限定的でした。2000 年代を通し、コロンビア産のコーヒーの調達は、試行錯誤の連続で、その品質・風味に満足できず苦労した時代でした。

Cenicafe は、2005 年以降にカスティージョ品種（Castillo）を開発していきます。この品種のリリースまでには、F5 まで交雑され、その後戻し交配もされています。Cenicafe の品種研究は加速し、コーヒーの風味を犠牲にせず、かつさび病に耐性にあるものの開発に取り組み、2000 年代初めには Typica、Bourbon などと HdeT 品種を交配したタビ（Tabi）品種を発表しています。

木の形状は在来種系で、遺伝的にも在来種系に近そうなのですが、コロンビア全体の収穫量のなかで生産量は少なく、単一品種での流通はほとんどありません。

コロンビアの品種については、大まかには 7 つの品種（カスティージョ、コロンビア、カトゥーラ、ティピカ、ブルボン、タビ、マラゴジペ）が栽培されていますので詳細はFNC の HP を参照ください。（**cafedecolombia.jp**）

耕地面積当たりの Susceptible（さび病の影響を受ける品種：ティピカ品種、カトゥーラ品種）:Resistant（さび病に耐性のある品種：カスティージョ品種、コロンビア品種）と生産量比較は大まかには**表09-5** の通りです。

表・2008 から 2015 までのコロンビアの品種の耕地面積変化

| | Susceptible | Resistant |
|---|---|---|
| 2008 | 70% | 30% |
| 2012 | 46% | 54% |
| 2015 | 31% | 69% |

# ■09-6 カスティージョ種のテイスティング

　FNC（コロンビアコーヒー生産者連合会）の研究部門であるセニカフェが、コロンビア品種の後 2005 年に開発した品種がカステイージョ品種（Castillo）です。

　カスティージョ品種の場合、F1 は樹高が低くさび病に強い性質をもっていましたが、F2 は樹高がばらつき、その後 F5 まで交雑されています。40 種のクローンがあり各生産地区の環境に合わせ、南部カウカ、ナリーニョ、ウイラ県は、El tambo、トリマ県は La Trinidad、サンタンデール県は Pueblo bello などが植えられています。カトゥーラ種より生産性が高く、スプレモ（大粒）が多くとれるという特徴があり、さび病に耐性があります。

　一般的には、コロンビア産のコーヒーは、品種が混在し流通しています。ただし、最近は、個別の品種であるカトゥーラ品種 100% やカスティージョ品種 100% のコーヒーもみられます。FNC は、カスティージョ品種とカトゥーラ品種との間に重要な風味の差異は見いだせないとし、カスティージョ品種の品質認知の為に様々なプロモーションも展開してきました。2015 年シアトルの SCAA 展示会のシンポジウムで、CRS（Catholic Relief Service）が CIAT（International Center for Tropical Agriculture）、WCR（World Coffee Research）の支援のもと 2 つの品種間に品質差がないと公表しています。これは、ナリーニョ県のカツーラ品種とカスティージ品種を 22 サンプル準備し、SCAA 方式でさまざまなコーヒー関係者（著名な方々）に無作為にカッピングしてもらい、結果として 2 つの品種が同レベルであったとの結果に基づいています。しかし、この見解に関しては、素直に受け取れない側面もあり、カスティージョ品種をテイスティングできるチャンスを待っていました。

　2021 年の 5 月に、15 地域の 1100 生産農家のロットから選ばれたコーヒーの国内コンテスト「Colombia Land of Diversity」の入賞豆のオークションがあり、サンプルを入手（表 09-6）しましたので、Cundinamarca 県、Cauca 県、Tolima 県、Caldas 県、Magdalena 県など各県のカスティージョ品種などをテイスティングし、味覚センサーにかけました。両者の間には **r=0.8795** の高い相関性が見られました（**図 09-2**）。

「カスティージョ品種は、フラットでやや重い風味だと感じます。この感覚は、古くからコロンビアのティピカ品種に接してきた方には理解していただけると思います。標高の高い産地のカトゥーラ品種は、香りがよく柑橘果実の明るい酸味がありますが、カスティージョ品種はやや風味は控えめです。比較するとカトゥーラ品種の方がクリーンな傾向が見られます。」

表 09-6・2021 カスティージョ品種　n=1　（2021.06）

| 生産県 | 品種 | 水分 | pH | 10点 | テイスティング |
|---|---|---|---|---|---|
| Cundinamarca | Castillo | 11.5 | 5.0 | 38 | オレンジ、甘い余韻 |
| Cauca | Castillo | 11.7 | 5.0 | 38 | 微発酵、やや濁り |
| Tolima | Castillo | 11.4 | 5.0 | 37 | 軽い酸、ややざらつき |
| Antioquia1 | Caturra | 11.7 | 5.0 | 40 | フローラル、明確な酸味 |
| Antioquia2 | Colombia | 12.5 | 4.9 | 37 | やや濁り、ハーブ |
| Norte de Santander | Geisha | 11.3 | 5.1 | 40 | ジャスミン、華やか、ピーチ |

図 09-2・2021 コロンビア カスティージョ品種

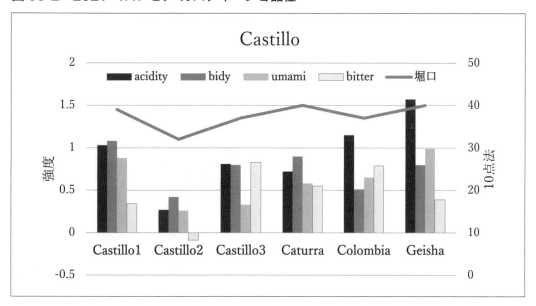

## ■09-7 その他のカティモール品種とサルティモール品種

さまざまなカティモール品種が開発されていますが、SPとしての流通は少ないといえます。Catimor129品種は、1970年代にケニア経由で1990年代にマラウィに導入され、Nyikaと呼ばれています。ブラジルのIAC（Instituto Agronomico de Campinas）

からプエルトリコに導入されたFronton品種は、HdeT と カトゥーラ品種の交雑種で、Limani品種はHdeT品種とサルティモール品種との交雑種です。この2つの品種については第4章プエルトリコのテイスティングを参照ください。

　その他サルティモール品種（Sarchimor）としては、HdeT品種とビラサルティ品種の交雑で作られたT5296品種があります。Iapar59品種はHdeT832/2品種とビラサルティ品種の交雑種でブラジルの IAPAR（Instituto Agronômico do Paraná）により選別されています。Parainema品種 は、IHCAFE（Instituto Hondureño del Café）によるT5296の選別種です。（第4章ホンジュラスでテイスティングしていますので参照ください）その他多くのカティモール品種とサルティモール品種がありますが、複雑でよくわかりませんし、体験する機会もありませんので、品種の研究者に任せた方がよいと思います。アジア圏ではカティモール品種が単一品種として栽培・流通していますが、中米ではサルティモール単一品種としての流通は目立ちません。

Castillo 品種

第3章　さまざまな品種のテイスティング実践

---

# 10 カネフォーラ種

## ■ 10-1 カネフォーラ種（ロブスタ種）のテイスティング

### 10-1-1　カネフォーラ種

　カネフォーラ種（ロブスタ種）は、全生産量の45%程度を占め（生産年度により変動する）、日本では生豆輸入の35~40%前後を占め（年度で変動）、低価格レギュラーコーヒー、工業用製品、インスタントコーヒーなどに使用されています。イタリア、フランスなどでは、エスプレッソコーヒーに多用されています。

　カネフォーラ種は、量産されますので収穫から乾燥工程で欠点豆の混入がみられ、品質の良い豆はまれです。また、標高800m以下の低地での栽培が多く、酸味の弱い豆で、価格もアラビカに比べ安く流通しています。

　このまま、価格の安いカネフォーラ種の生産が増加し、ディスカウント市場が拡大していけば、コーヒーの風味は相対的に低下していき、市場でのコーヒー離れを生み出す可能性も否定できません。反面、耐病性があり生産性がよいカネフォーラ種は、世界の需要拡大の中で欠かすこともできません。したがって、当面の課題としてはアラビカ種との共存、品質の向上が問われます。

　**「カネフォーラ種の多くは、酸味が弱く、焦げた麦茶、濁り感、苦味、重い風味があります。ナチュラルでありながらコクが弱いものも多くみられます。さらには、輸入時に生豆の鮮度が一定ではありません。」**

### 10-1-2　さまざまな生産国のカネフォーラ種のテイスティング

　カネフォーラ種は、工業用製品用、安価なレギュラーコーヒー用として大手焙煎会社などが使用しますので、一般の焙煎豆市場ではほとんどみかけません。

　主な生産地は、ベトナム、ブラジル（コニロンと呼ばれます）、インドネシア（WIB: ウォシェド）、インドネシア（AP-1: ナチュラル）、ウガンダその他タンザニアなどにもみられます。WIB以外はナチュラルの精製です。

　入手は困難ですので、いくつかの輸入商社に依頼し6種をサンプリングしました（表10-1）。筆者がテイスティングし、味覚センサーにかけました（図15-1）。サンプルのカネフォーラ種は、入港月は不明で、**「官能的には鮮度が落ち気味で比較的コクが低下した風味です。」**味覚センサー数値には、かなりばらつきが出ましたので、官能評価との間には $r=0.2543$ の相関性しかみられません。乾燥状態に違いがあるものと推測されます。また、アラビカ種のpH5.0前後に比べpHが高く、すべての豆の酸が弱いことがわかり

ます。

表 10-1・2018-19 カネフォーラ種　各生産国　n=1　(2019.11)

| 生産国 | 水分 | 10点 | pH | テイスティング |
|---|---|---|---|---|
| インドネシア WIB | 9.6 | 26 | 5.7 | 平坦な風味でコクは弱い、渋味 |
| インドネシア AP-1 | 9.3 | 27 | 5.8 | コクがある、やや重い味、渋味 |
| ウガンダ | 9.9 | 30 | 5.5 | かすかに酸味と甘味、コクもある |
| ブラジル・コニロン | 9.1 | 20 | 5.6 | フェノール、薬品臭などがある |
| グァテマラ | 10.9 | 20 | 5.3 | ロブ臭と枯れ臭が混在している |
| タンザニア | 9.7 | 28 | 5.5 | かすかに酸味と甘み、果肉臭 |

図 15-1・2018-19 カネフォーラ種　各生産国

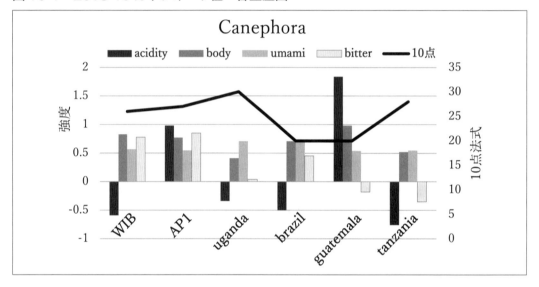

### 10-1-3　カネフォーラ種の評価基準

　2010年以降CQI (Coffee Quality Institute) は、カネフォーラ生産国の農家支援プログラムとして、カネフォーラ種（ロブスタ）の品質について、ウガンダコーヒー開発局（UCDA）と共同で研究し、2019年には標準的なグレーディング指標を提示しました。＊ Fine Robusta Standards and Protocols は、SCAのアラビカ種の規約に準じて作成されています。アラビカ種の風味と比較すれば、その評価は低くなりますので、カネフォーラ独自の評価基準が必要となりますので重要です。ただし、カネフォーラ種に複雑な評価基準を設けてもあまり意味はないように思えますので、簡潔にした方がよいと考えます。

＊Fine Robusta Standards and Protocols-Coffee Strategies

　個人的には、カネフォーラ種の評価は、表10-2のように1.ロブ臭、2.苦味、3.濁り、4.コク、5.鮮度の5項目程度で十分と考えます。

表10-2・ロブスタ種の評価基準　各項目10点で50点満点

| 評価項目 | 内容 |
|---|---|
| ロブ臭 | 焦げた麦茶のような香り、オイルっぽい香味が少なければよい。 |
| 苦味 | 刺激的、きつい苦味が少なければよい。カフェインは多い。 |
| 濁り | 欠点の混入による濁りがないほうがよい。 |
| 鮮度 | 枯れた草のような風味がないもののほうがよい。 |
| コク | 薄い味でコクがないより、クリーミーであるほうがよい。 |

### 10-1-4　ファインロブのテイスティング

　従来のロブスタ種より丁寧に作られたファインロブがわずかに流通し始めています。ベトナム産およびラオス産のファインロブのサンプルを取り寄せテイスティングしました (表10-3)。官能評価と味覚センサーとの間には **r=0.7861** の相関性がみられました (図10-2)。

表10-3・ファインロブ　19-20Crop　n=1

| 生産国 | 標高 | 精製 | 水分 | pH | 10点 | テイスティング |
|---|---|---|---|---|---|---|
| ベトナム | 700m | PN | 8.7 | 5.4 | 32 | ロブ臭がややある、渋味が残る |
| ベトナム | 700 | W | 9.5 | 5.4 | 30 | ロブ臭がややある、渋味が残る |
| ラオス | 800 | N | 9.0 | 5.5 | 31 | ロブとしてはきれい |
| カティモール種 | 1500 | W | 10.7 | 5.1 | 35 | 酸味がある、かすかにロブ臭 |

　ラオス、ベトナムのファインロブと呼ばれるものは、標高の高い産地（1,000m前後）で栽培されています。「**よい、新鮮なカネフォーラ種（ロブスタ）は、**かすかにバニラ、チョコレートなどの風味が感じられます。しかし、カティモール品種と比べると酸味と甘味が足りない印象です。」

図10-2・ファインロブ　2019-20Crop

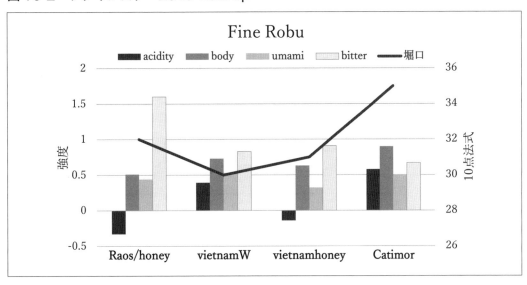

## 10-1-5 さまざまな生産国のカネフォーラ種のテイスティング

本著の出版が伸びたため、輸入会社からカネフォーラ種を再度サンプリングしテイスティングしてみました（表10-4）。入港月は不明です。

水分にかなりばらつきがみられ、かつ欠点豆の混入が多くみられ、それらが風味の濁り感や雑味を生み出しています。筆者の官能評価と味覚センサーの間には **r=0.7878** の相関性がみられました（図10-3）。

### 図10-4・カネフォーラ種　2022-23Crop　n=1（2023.03）

| サンプル | 水分 | Brix | 10点 | テイスティング |
|---|---|---|---|---|
| Uganda | 7.1 | 1.3 | 23.5 | クリーミー、やや苦味、濁り |
| Tanzania | 10.1 | 1.3 | 24.0 | しっかりしたコク、濁り |
| Guatemala | 10.7 | 1.3 | 24.5 | かすかに酸味がある、やや苦味 |
| IndonesiaAP-1 | 8.5 | 1.2 | 18.5 | 未熟豆多い、濁り |
| Indonesia WIB | 8.7 | 1.2 | 19.0 | ウォシェドの精製、コク弱い |
| India | 9.1 | 1.2 | 18.5 | 風味よわい、かすかに薬品臭 |
| Vietnam polish | 11.1 | 1.2 | 19.0 | *ポリッシュ、未熟豆多い、濁り |
| Vietnam | 12.4 | 1.2 | 19.0 | 未熟豆多い、濁り |

＊ Polish:Wet Polish（湿式研磨機）という大型の機械を使用します。洗濯機のような回転するドラムのなかで霧を連続的に噴射し磨き、シルバースキンをとり除く工程です。ロブスタ種の場合、きれいな仕上がりにならないためこの工程をとる場合がみられます。

### 図10-3・カネフォーラ種

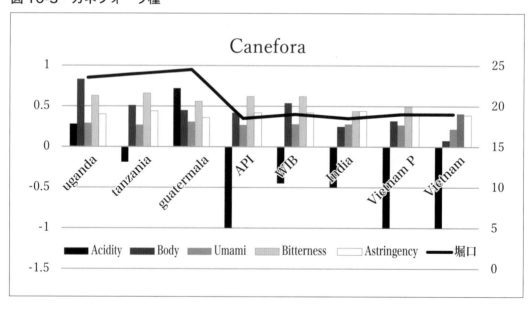

第3章　さまざまな品種のテイスティング実践

## ■ 10-2 リベリカ種のテイスティング

　リベリカ種は、リベリア（Liberia）、ウガンダ（Uganda）、アンゴラ（Angola）に自生していますが、19世紀終盤にさび病で壊滅状態のアラビカ種に代わる品種としてインドネシアに持ちこまれました。現在、多くはフィリピン、マレーシアで栽培（主には観光需要）されています。標高の低い熱帯の高温多湿に耐えられます。樹高が9mまで高く伸び、葉は大きく粒も大きいのが特徴です。

　バラコ（Kape Barako :Barako coffee）は、フィリピンで栽培されている品種で、ほとんどが地元で観光市場に販売されているため、輸出されない傾向があります。特徴としてカフェイン濃度が低く、アラビカ種1.61 g / 100 g、カネフォーラ種2.26 g / 100gに対しリベリカ種は1.23 g / 100 gです。

　ハワイコナのグリーンウェル農園では、リベリカ種の苗木にティピカ種を接ぎ木していました。実際にトライしましたが、かなり面倒な作業でした。マレーシアとフィリピンのリベリカ種をテイスティングしました（表10-5）。比較のため HdeT 品種を入れました。

　**「リベリカ種の味は平たん。酸味は微細、かすかにロブ臭に近い香りがあり、風味に個性はありません。ややクリーミーで、かすかに薬品臭のような余韻もあります。」**

表10-5・リベリカ種　特殊なコーヒー 2018-19　Medium　n=1　（2019.12）

| 生産国 | 水分 | pH | テイスティング | 評価 |
|---|---|---|---|---|
| HdeT<br>2019.11 空輸 | 10.1 | 5.0 | ロブの風味はしない、香り弱くカティモールに近い。酸味はなく苦味と濁り | 23/50 |
| マレーシア<br>リベリカ種 | unk | 5.6 | ナチュラルの発酵臭が強い、かすかな酸味に薄い薬品臭、クリーミー | 20/50 |
| フィリピン<br>リベリカ種 | unk | 5.5 | バラコ（Barako= 強い）コーヒー、未熟豆多く、苦く発酵臭が強い。 | 10/50 |

## ■ 10-3 カネフォーラ種増加に対しての対応

　カネフォーラ種(ロブスタ種)の生産量の増加は著しく、全体の45%程度を占めるに至っています。図10-4 は、カネフォーラ種の多い生産国です。

　一方、アラビカ種の生産比率は減少傾向にあり、多くを占めるアラビカ種の CO の品質低下も懸念されています。カネフォーラ種は、高収穫品種で、ナチュラルの精製が多く、丁寧な収穫、精製がなされていないと推測されます。そのような中で、丁寧な精製を行うファインロブという考え方も生まれていますが、現実的な流通はほとんど目立ちません。

　カネフォーラ種の増産は、消費国のディスカウント市場を助長しているのが現状で、生

産者には利益還元が少ないと想像されます。カネフォーラ種の産地は、標高が低く高温多湿でアラビカ種の生育には適しません。しかし、カティモール種やサルティモール種であれば生育できる場所もあると考えられますので、新たに植えるもしくは植え替えるなどの対策を講じ、品質の良いものを作ることが、コーヒー産業の維持につながると考えます。

　SPの黎明期から20年間、カネフォーラ種やカティモール品種については関心を向けませんでしたが、2023年現在、コーヒーの品質や風味のアベレージ低下は著しいと感じます。カネフォーラ種の生産増加に対し、カティモール品種の植樹やアラブスタ種（アラビカ種とカネフォーラ種の交雑種）の開発も必要になるのではないかと考えます。

図 10-4・カネフォーラ種の生産国

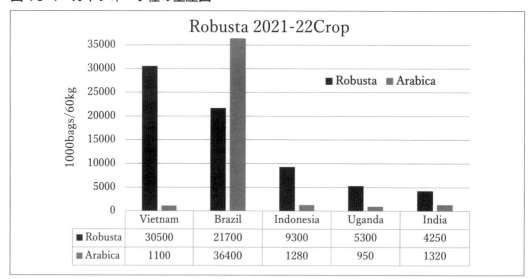

## ■ 10-4　病害虫について

　コーヒー栽培の歴史は、真菌類、寄生虫、害虫との闘いの歴史でもありました。

　生産国の多くのコーヒー研究所の大きなテーマの一つでもあります。カネフォーラ種やカティモール種は、その対策から拡大したもので農業従事者でない筆者にはその恐ろしさの実感が乏しいと自省します。

　直近では、ハワイコナが、CBBで壊滅的打撃を受けた後、2020年にさび病が発見され、ハワイコナは産地としての危機を迎えています。＊山岸さんの農園たよりを参照ください。
＊山岸コーヒー農園（yamagishicoffee.com）

## 1) Coffee Leaf Rust（CLR）

　さび病（coffee leaf rust）は、コーヒーの葉に感染する寄生真菌（parasitic fungus/ Hemileia vastatrix）によりもたらされます。最初に葉の裏に黄色の斑点として現れ、次に黄橙色の粉塵が植物間を容易に移動し発達していきます。コーヒー栽培では最も恐ろしい病気で、現在も中南米諸国、カリブ海諸島での被害は目立ちます。1860年代に東アフリカとセイロン（スリランカ）で初めて確認され、その後世界中のコーヒー栽培地域に広まっています。セイロンは、壊滅的な打撃を受け、コーヒーから紅茶の栽培に切り替え、インドネシアはアラビカ種からカネフォーラ種に植え替えています。2008年にコロンビアで発生した際には、生産量が1200万袋から700万袋に減少し、コーヒー相場は急騰しました。その後カスティージョ種の開発で収穫量は回復しています。その他、グァテマラ、ニカラグア、エルサルバドル、ジャマイカなどはさび病の脅威にさらされています。さび病は、生産国のどこかで発生を繰り返していますが、変異していることが対策を困難にしています。防カビ剤を散布するにも、高価ですので、WCRを初め各研究機関は耐性のあるハイブリッド種の開発に取り組んでいます。

　そのため、さび病に耐性のあるHdeTの出現はその後の品種改良の大きな転機になっています。HdeTとアラビカ種を交配したCATIMOR種などのハイブリッド種は、このさび病対策として生まれています。HdeTやCatimor品種は収穫量と風味の改善のための品種改良の重要な品種になっています。

## 2) Coffee Berry Disease（CBD）

　菌類（Colletotrichum kahawae）が原因で引き起こされる病気で、コーヒーチェリーが壊死して黒い斑点が現れます。湿度が高く、温かい気候で、特に標高の高い地域で菌の活動が活発になり、罹患しやすくなります。今のところCBDはアフリカ大陸から外部に広まった形跡はなく、何とか封じ込められている状態です。耐性品種として1985年にケニアでルイル11品種（RUIRU11）がリリースされています。HdeTとSudan Rume品種の間で交配が行われ、その後SL28およびSL34品種と戻し交配（backcross）しています。伝統的な品種の1300本/haに対し、2500~3300本/haの密度で植えることができるとされています。単一品種としてはほぼ流通していません。このルイル11はケニア国内で広まらず、その後CLRとCBDに対する耐性とよい風味を求め、2010年にケニアコーヒー研究所（CRI:Coffee Research Institute）がSL種と戻し交配し、バティアン品種（BATIAN）を開発しています。

### 3) Coffee Berry Borer（CBB）/Broca

　スペイン語でブロッカ（Broca）と呼ばれる害虫です。和名は、コーヒーノミキクイムシで学名は Hypothenemus hampei といいます。ゾウムシの仲間の幼虫がコーヒーチェリーに侵入し、生豆を食い荒らします。世界中の多くの生産地で被害が目立ちます。この害虫による被害は甚大で、2010年にハワイ島で大発生し、ティピカ種が壊滅的な被害を受けました。その後、ハワイコナの生豆価格は暴騰し、日本入荷は極端に減少しています。ブラジルの研究機関は、より多くの害虫や病気に強いハイブリッド種を開発するためにHdeT品種を使用しています。ICATU品種は、生産性が高く、害虫や病気への感受性が低いため、ブラジルで一般的に栽培されています。生豆鑑定を行うと、SPであっても虫食いのピンホールのあるものが混入している場合もあります。

### 4）さび病の感染

　これまで。アフリカ、東南アジア、中南米と世界中でさび病が確認されてきましたが、米国ハワイ州でも2020年に感染が確認され、栽培に打撃を受けています。スペシャルティコーヒーの普及に伴い、生産地を訪問するコーヒー関係者が増加し、感染リスクが高まったともいえるでしょう。

　コーヒーの歴史は、さび病との闘いの歴史ともいえます。この対策としては、

　1）密植を避ける、木の選定を行うなどの栽培管理をきちんとするなどが考えられますが、小農家には十分な対応がしきれません。2）耐性のあるロブスタ種やカティモール品種への植え替えも増加していますが、風味が落ちます。3）他の生産地から訪問者を規制する、申告制にするなども必要になると考えられます。

　ベトナムなどでは、ロブスタ種およびカティモール品種にも感染が広がっているとの報告もあり、今後も大きな生産阻害要因になっていく可能性があります。そのため、新たにアラビカ種とロブスタ種の交雑種であるアラブスタ種の開発も進められていますが、現時点では広がりはみられません。

# 11 さまざまな品種

## ■ 11-1 さまざまな品種のテイスティング

### 11-1-1 風味のマトリックス

　コーヒーの風味を特徴づける要因としてテロワール以外に品種があげられ、これまで多くの生産国の研究所で品種の開発、改良がおこなわれてきました。あまりに多くの品種があり、整理してみました。同じ品種でも生産地のテロワールとの適応性により風味は変わる場合もあり、品種のテイスティングは難しいと思います。したがって、在来系の品種であるティピカ品種の風味をマトリクスの中心に置き、風味差を理解していくのがよいと考えます。図 11-1 は、酸味とコクをベースに図を作成したものです。ただし、サンプルによる個体差はあります。

図 11-1　品種の風味（acidity と body）

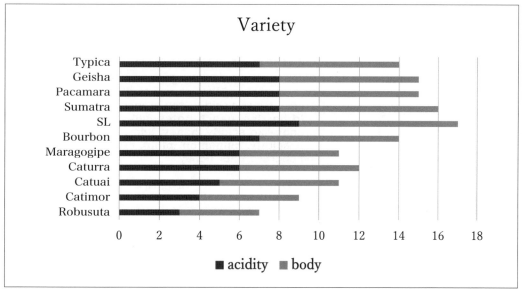

## ■ 11-2 グァテマラに植えられた様々な品種

### 11-2-1　2022 グァテマラ San José Ocaña

　グァテマラシティから車で約 1 時間半、サンホアン地区サカテペケスにあるサン・ホセ・オカニャ（San José Ocaña）農園は、標高 1800m 〜 1900m の高地に位置し主にブルボ

ン種を植えています。一時期この農園の豆を使用したことがあります。2022年のプライ
ベートオークションのウォシェドの豆（**表11-1**）の中にさまざまな品種が混ざっていま
したので、10点方式でテイスティングし、味覚センサーにかけました（**図11-2**）。プロデュー
サーのコメントを英文でいれておきました。

表 11-1・2022 グァテマラ San José Ocaña　n=1　（2022.06）

| 品種 | 水分 | 10点 | テイスティング　**Producer Cupping** |
|---|---|---|---|
| Java | 11 | 41 | シュガー、蜂蜜、チョコレート<br>**Floral aroma, jasmine, cocoa, chocolate** |
| Pache | 11.1 | 37.5 | みかん、やや風味が重い<br>———————————————————— |
| SL28 | 10.9 | 39 | レモンのような酸味、アンズのような強い酸<br>**Chocolate, mature fruits, raspberry** |
| Tekisic | 9.8 | 39.5 | 甘味強い、酸味とコクのバランスがよい<br>**Chocolate, mature fruits, raspberry** |
| ＊H1 | 11.2 | 36.5 | やや濁り、どっしりした風味、F1品種<br>**Very aromatic towards 、tropical fruits** |
| Geisha | 10.5 | 40.5 | 華やかな風味、パナマのゲイシャより弱い<br>**Floral aroma, Lemon grass, jasmine** |
| Pacamara | 10.2 | 42 | 香り高く、フルーティー<br>**Chocolate, guava, floral, jasmine** |
| ＊Sanrancisco | 10.2 | 40 | バランスよい、柑橘果実の酸味がベース<br>**Fruit-like notes, citric sweetness, honey** |
| Other comments | | | **Cinnamon, sugary, silky, jamaican rose, vanilla, round body, complex, juicy, plum, vanilla, jazmin. Chocolate aroma, tartaric acidity, red grapes, fruity notes, plum, wild berries, peach notes, silky. Chocolate, citric orange-like acidity, honey, juicy, cocoa, grapefruit-like acidity, cinnamon. plum, caramel, grapefruit, lemongrass, oats, honey,** |

SL種は酸味が強いコーヒーですが、味覚センサーでは、SL品種よりもH1品種とサンフ
ランシス品種の酸味がかなり強く出ていますので、味覚センサー値はかなりばらつきが大
きくなり、味覚センサーと官能評価の間には、相関がみられませんでした。

図 11-2・2022 グァテマラ San José Ocaña

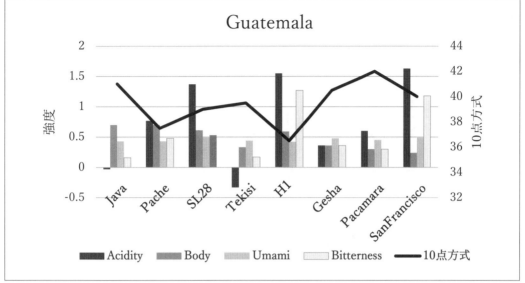

＊H1 品種（Centroamericano）は、サルティモア品種（Sarchimor:T5296）とスーダンルメ種（Rume Sudan）との F1 ハイブリッド種です。さび病に耐性があり、収量が多いようです。フランスの CIRAD、中米研究連盟の PROMCAFÉ、そしてコスタリカの CATIE によって生み出された品種です。San Francisco は、エルサルバドルのブルボン品種とパカス品種のハイブリッドです。

H1 品種

San Francisco 品種

Pache 品種

## 11-2-2　2023 サンホセ・オカニャのオークションロットのテイスティング

2023 年にサンホセ・オカニャ農園のオークションがあり、官能評価し、味覚センサーにかけた結果 **r=0.8607** の相関がみられました。10 点方式でゲイシャ品種、パカマラ品種は共に 40 点、ブルボン品種、SL 品種は共に 39 点と高い評価になりました。但し、ジャバ品種は生豆の状態が悪く低評価としました（**図 11-3**）。

図11-3・2023 San José Ocaña 品種（2023.06）

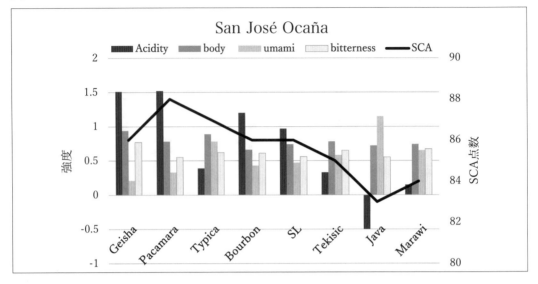

## ■ 11-3 コロンビアのさまざまな品種のテイスティング

　コロンビアの特殊な品種を栽培している Cafe Granja La Esperanza（CGLE）が2022年8月に行ったオークションロットに含まれていたウシュウシュ（Wushwush）品種を他の品種とともにテイスティングしました（表11-2）。ウシュウシュ品種は、エチオピア原産の品種で、原産地の「Wushwush」にちなんで名付けられました。コーヒーの木の収穫量はすくないようですが、風味はよく、今後コロンビアで広がる可能性があります。オークションジャッジの官能評価と味覚センサーの間には **r=0.8519** の相関性が、筆者と味覚センサーの間には **r=0.7028** の高い相関性がみられました（図11-4）。

表11-2・2022 Cafe Granja La Esperanza オークション　n-1（2022.08）

| 品種 | 精製 | 10点 | ジャッジ | テイスティング　**太字　Producer Cupping Not** |
|---|---|---|---|---|
| CGLE | Honey | 36 | 89 | 熟したプラム、グレープフルーツ、黒糖<br>**Hazelnuts, tangerine, white chocolate, peach, and watermelon** |
| Sidra | Honey | 40 | 90 | きれいなミカンの酸、メロン、なめらかな質感<br>**Mango, green apple, brown sugar, tangerine, and cocoa.** |
| Geisha | Honey | 40.5 | 90 | しっかりした酸、グレープ、十分なコク<br>**Tangerine, cherries, peach, and macadamia.** |
| WushWush | Natural | 39 | 89 | 華やかで繊細、ロワールの赤ワイン、<br>**Spiced, orange, cocoa, vanilla, and cherries in syrup.** |
| Geisha | Natural | 40.5 | 90 | 上品なナチュラル、メロン、さわやか<br>**Blueberry, peach, roses, and jam** |

図11-4・2022 Café Granja La Esperanza オークション

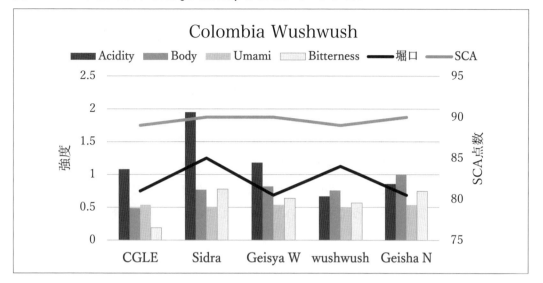

## ■ 11-4　ブラジルの代表的品種のテイスティング

### 11-4-1　ブラジルの品種の多様性と風味

　ブラジルでの IAC（Agronomic Institute of Campinas）による品種開発の歴史は長く、現在も様々な品種が開発されています。コーヒー農家は、環境に適した品種、収量の多い品種、カッピングスコアの高い品種、または病気に強い品種などのいずれかを選択する必要があります。

　ブラジルのコーヒー関係者は、生産地域ごとにコーヒーの風味差があるといいます。しかし、これまで Carmo de Minas、Sul de Minas、Matas de Minas、Cerrade、Sao Paulo、Espirit Santo、Bahia などの地域の SP を毎年テイスティングしてきましたが、他の生産国の SP ように官能評価の大きな差異はみられませんでした。多くの優れたブラジル産の SP でも、現状の SCA 方式では酸味が弱いため 80~84 点におさまってしまいます。**ブラジル SP の場合、地域環境、品種、精製プロセスによる評価の差異の判断がつきにくいと感じます。**

　例えば、スルデミナス地域のアカイア種の SW（セミウオッシュ）の標高差の異なるコーヒーをサンプルとした*ラブラス大学の研究があります。標高が高い地区の方がセリン (serine)、イソロイシン (isoleucine)、アスパラギン酸 (aspartic acid) などのアミノ酸、グリコール酸（glycolic acid）などの有機酸成分が多い傾向がみられたとしています。しかし、風味に有意差が生じているとは思えません。

　そこで、LC-MS で 7 地域の SP をサンプリングし、有機酸、アミノ酸を分析し、**ブラ**

ジルの生産地域特性について検証しました。評価の高い豆については、グリコール酸、リンゴ酸などの有機酸が多くみられ、イソロイシン、グルタミン酸などのアミノ酸がみられました。各サンプルには、有機酸及びアミノ酸の組成に微妙な違いがみられるものの、地域特性によるものと特定するには無理があり、さらなる分析が必要と考えます。

　個人的見解になりますが、**ブラジルは、広大な国土にもかかわらず生産地の標高、平均気温、降雨量などに大きな違いがなく、栽培環境もしくは品種の違いによる風味の有意差は見出しにくいと考えます。「ブラジルの風味は、どの様な地区、精製、品種であってもブラジルらしい微細な濁り感が風味として残ります。酸味はやや弱く、飲みやすいコーヒーともいえます。逆に言うとブラジル産コーヒーには風味の均一性があり、このことがブラジルコーヒーの特徴といえそうです。そのため、これまで多くの人々に飲まれてきたのだとも考えられます。」**

＊ J.H.S.taveira、D.E.ribeiro/LaVras Univ


## 11-4-2　ブラジルの風味

　そこで、市場で流通している 2020-21Crop の中から SP を 10 種選び、筆者を含め Q グレーダーなど 8 名でテイスティングを行いました（**表11-3**）。また、理化学的な分析も行い、味覚センサーにもかけました（**図11-5**）。官能評価は 79~84 点で平均値は 81.2 ですが、評価にバラつきが見られます。

　**「パネルのコメントに、ボディを形成するチョコレートなどの甘味もみられますが、反面、酸味に関するコメントはほとんどなく、ナッツ、大豆、ハーブなどが多くみられます。渋味、濁りなどの負の風味に近いものもみられ、これらのニュアンスが風味のベースを形成しているとも考えられます。」**


**表 11-3・ブラジル地域別の農園豆サンプル　2020-21Crop　n=8**

| 地域 | 精製 | SCA | 標高 | 品種 | テイスティング |
|---|---|---|---|---|---|
| Sul de Minas1 | N | 83 | 1.200 | Catuai | 麦茶、**ナッツ**、ざらつき、トースト、藁、**渋味** |
| Sul de Minas2 | PN | 79 | 1.000 | Bourbon | 甘い、ハニー、**大豆**、麦茶、**ナッツ**、**渋味**、クリーム |
| Sul de Minas3 | N | 81 | 1.050 | Bourbon | カカオ、ベリー、**ナッティ**、甘味、濃厚、微発酵 |
| Sul de Minas4 | N | 80 | 1.050 | Bourbon | フルーティー、トマト、**炒り大豆**、麦茶、**アーモンド** |
| Carmo de Minas | N | 81 | 1.200 | Bourbon | シトラス、バランス、甘味、**ハーブ** |
| Matas de Minas | PN | 82 | 1.125 | Catucai | マロン、トマト、ブイヨン、チョコ、赤ワイン、**渋味** |
| Cerrade | N | 81 | 1.100 | Bourbon | **ナッツ**、**やや濁り**、**ハーブ**、コク、 |
| Sao paulo | N | 79 | 1.100 | Catuai | 大豆、**枯れ草**、ベジタブル、トマト、**酸化臭**、藁 |
| Bahia | PN | 82 | 1.250 | Bourbon | シトラス、マイルド、**やや濁り**、ボディ |
| Espirito santo | PN | 84 | 1.050 | Catucai | シトラス、アーシー、、カラメル、紅茶、草、**ハーブ** |

味覚センサー値の酸味は大きく乱れています。ナチュラルとパルプドナチュラルを問わず、乾燥状態に差があると推測されます。官能評価および味覚センサーの両方に安定性がなく、ブラジルの風味の客観的な評価は難しいといえます。

図11-5・資料・ブラジル地域別の農園豆サンプル

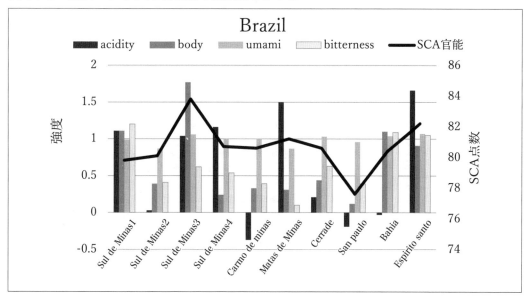

この10種の理化学的数値の平均値は、pHが5.01、滴定酸度7.33、脂質量17.81、酸価3.12でした。pHは、ウォシェドのSPに比べやや高いものの平均的な数値といえ、脂質量も多く、酸価も小さく鮮度劣化はしていません。理化学的数値はよいと思いますので、**苦味や渋味など他の評価項目を加味して評価する必要があると考えます。**

官能評価と味覚センサーの間には、**r=0.6394**とやや相関性が見られました。

但し、官能評価と理化学的数値の相関性はみられません。理化学的数値と味覚センサーの間には**r=0.7600**の相関性が見られました。

### 11-4-3　ブラジルの品種

ブラジルには、非常に多くの品種（表11-4）が植えられていますが、アカイア品種、カツアイ品種、ブルボン品種、ムンドノーボ品種、カツカイ品種以外の流通量は少なく、以下のさまざまな品種の風味を確認することは難しいといえますがわかる範囲でまとめました。

## 表 11-4・ブラジルの主な品種（太字は筆者のコメント）

| | |
|---|---|
| ACAIA | ムンドノーボ品種の選抜種で大粒。標高 800m 以上に適性があるが、病気には弱い。ブラジルのセラード地域で見られる品種で機械収穫に向いている。**「2000 年代の初めから 10 年程使用したが、ブラジルらしいマイルドな味といえる」** |
| ARAMOSA | *coffeea arabica* と＊ *coffeea racemosa* の交雑種。アラモサ品種は一般のアラビカ種よりもカフェイン含有量が少なく、フローラルといわれる。**「酸味は弱く、味が重い印象」** |
| ARARA | オバタン種(Obata)とイエローカツアイ種の自然交雑種。病気に強く、生産性が高い品種。**「酸味があり、ブラジルらしくない独特の風味がある」** |
| BOURBON | 他の品種よりも生産量が比較的高く、優れたカッププロファイルがありブラジルでは人気、チェリーの完熟色がレッドとイエローの２種。**「かすかな酸、ボディがありバランスが良い風味」** |
| CATURRA | 先住民の言語グアラニー語（Guarani）で「小さい」を意味する。矮小種で、密植を可能とし品種開発にも利用される。 |
| CATUAI | ムンドノーボ品種とカトゥーラ品種の交雑で生産性が高い品種。ブラジルでの生産は多い。1972 年にレッドとイエローのカトゥアイ品種が誕生している。**「たまに華やかな風味に遭遇することがあるが、やや濁りある風味。多く流通しているが、やや重い風味の印象」** |
| CATUCAI | イカツ品種とカトゥアイ品種の自然交雑種、日本流通は少なく、注意して品種をチェックしていないと Catuai とまちがえる。**「やや重い風味で、酸は弱め」** |
| IBAIRI | モカ種 × ティピカ種にさらにブルボン品種を交雑、小粒で焙煎がむずかしい豆。単一品種としての流通はほぼない。**「風味特性は弱めだがアフターに甘味が残る」** |
| ICATU | ブラジルで 1985 年に開発され、1993 年に IAC によって公式にリリースされた。カネフォーラ品種とブルボン品種の交雑種にさらに他の品種を交雑したもの。高い生産性があり、耐病性が強いのが特長。**「ロブスタ種系の重い風味を感じる」** |
| LAURINA | ブルボン品種の突然変異種でブルボンポワントと同じ豆。カフェインが少ないことでしられている。**「ミカンの甘い酸味で風味はよい」** |
| MOCHA (MOKKA) | ブルボン品種の突然変異種、種子は小粒で丸い、マウイ島、El Injerto にも植えられている。**「華やかな風味を感じるときもある」** |
| MUNDO NOVO | ブルボン品種とスマトラ品種（ティピカ種）の自然交配種で 1940 年代にブラジルの IAC よって発見された。ブルボン種より 30% 生産性が高い反面、完熟までが遅いといわれる。**「酸味の少ない甘い風味でやや濁りを感じる」** ブラジルでは一般的な品種で、アラビカ種の約 30% 程度を占める。ポルトガル語で「新世界」を意味し、沖縄に植えられている。 |
| MARAGOGIPE | 1870 年にバイア州マラゴジペ市で発見されたティピカ種の突然変異種。1883 年、農業省は 500kg の種子を購入し、ブラジルの農家に寄付したが、生産性が低く人気が持続していない。**「多くは大味な傾向」** |
| OBATA | パラナ州はブラジルの主要生産地でしたが 1975 年の霜害以降、生産は激減し、日本入港はほとんどない状態でした。2011 年にこの地の風味を確認したく、カルフォルニア農園のカツアイ種とオバタン品種を購入した。オバタン品種は、HdeT とビジャサルチ品種を掛け合わせたものに、カトゥアイ品種を掛け合わせたも。樹高は低く、若葉は緑で、サビ病には強いが干ばつに弱い品種。**「数年使用したが、パラナ州からの輸入ルートの確保が難しく継続は断念した。すかな酸とコクのバランスがよいコーヒー」** |
| PARAINEMA | HdeT と Villa Sarchi 品種の交雑種で IHCAFE (Honduras) で作られた品種。 |
| RUBI/TOPAZ | ブラジルのカンピーニャス農業試験場で開発、カツアイ品種とムンドノーボ品種の交雑種。ルビーは赤く、トパーズは黄色。**「1990 年終盤に使用したが、ブルボンより重く濁り感がある」** |

＊ *coffeea racemosah* は、ジンバブエとモザンビークの間の沿岸森林地帯の 600m 以下で自生している固有品種で低カフェイン種です。

## 11-4-4 ブラジルの15品種の旨味と苦味

　図11-6は、ブラジルDaterra社の2020年から2022までの3年間のオークションサンプル15種の品種データをまとめたものです。筆者の官能評価はSCA方式で75点から85点の幅がありました。（平均は81.33点）。味覚センサーの旨味と苦味値と官能評価との相関性は**r=0.4126**でした。今後官能評価項目に旨味（Umami）と苦味（Bitterness）を加えるためにデータを蓄積しています。

図11-6・ブラジルの15品種の旨味と苦味の違い

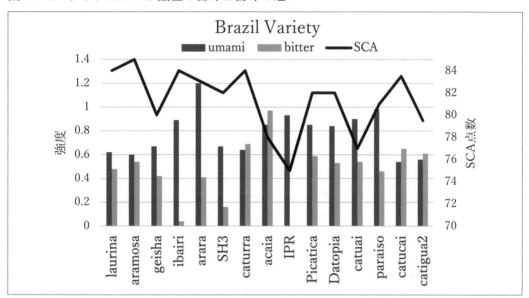

## ■11-5 インドネシアの品種のテイスティング

### 11-5-1 インドネシアの品種

　オランダ政府によってイエメンからジャカルタに運ばれたアラビカ種の苗木は、Bergendal / Sumatra Typica（スマトラに植えられた品種）、Java Typica（西ジャワ、中部ジャワに植えられた品種）、Blawan Pasumah（BlawanPasumahに植えられた品種：東ジャワのイジェン高原にある村）の3つの主要なティピカ（Typica）系品種に発展したといわれます。しかし、1800年代後半、コーヒー葉さび病がインドネシアを襲い、ほとんどのティピカ種が絶滅し、北スマトラの高地に植えられたティピカ品種がわずかに生きのこったと伝えられています。

　現在のトバ湖周辺の品種は、アチェ地域のガヨ高原またはアチェテンガの農民によって

運ばれていますので、農民はこれらの在来系の品種をアテン（Ateng:A-ceh Teng-ah）と呼ぶことが多いようです。しかし、その後さまざまな品種が植えられていますのでアテン品種は、カティモール系の品種全体の総称と見るべきでしょう。スマトラの場合、ローカル名があり、品種がわかりにくくなっています。また、実際の流通においては、品種は混在し、品種が特定されたものはほとんどありません。一般的には、スマトラの品種は、大まかには*5~6種の系統に区分されます。しかし、何度かフィールド調査をしましたが、インドネシアの品種専門家でないとほぼ判別できません。

## 1）Sumatra Typica

創業時からティピカ系品種の豆を使用していました（竹で編んだ10kg用包材入り、生豆がカティモール品種にくらべ長形）。そこで、その確認のために、2005年にドライミルを所有する輸出会社に依頼し、リントン地区の取引農家の調査をしました。しかし、この時はティピカ品種との特定ができませんでした。そこで、2010年に入り、農家から豆を仕入れているブローカに直接接触しフィールド調査をしました。アテン品種とは明らかに木の形状が異なることは確認でき、ティピカ品種系であろうと推測しました。遺伝子解析をしてもわからないと思いますので、今後は30年間飲み続けてきた風味で確認していくしかありません。残念ながら、2020年に入るとティピカ系品種の風味のコーヒーがなくなりつつあるのを感じます。

**「在来種系の風味は、強い酸味にフルーティーさが加わります。かすかに木の香り、青草や芝、ハーブ系の風味があり、なめらかな舌触りも特徴です。スマトラの大部分を占めるカティモール種の重い風味や雑味はありません。」**

## 2）Onan Ganjang

S795とブルボン品種の顕性遺伝の自然交配種もしくはS795の突然変異種といわれます。リントン地区の農家は、オナンガンジャン村で突然変異種を発見し、この品種をリントンニフタ地域全体からシマルングン地域まで植えたようです。その一部が現在も残っていると推測されます。オナンガンジャ品種の木に赤いリボンをつけ選別して精製してもらっています。

**「さび病にやや耐性があり、古いスマトラティピカ品種のフレーバがあります。青い草の香りにかすかにハーブ様、柑橘果実の酸味が豊かで、マイルドでコクもあり、クリーンです。」**

### 3）Ateng（Ateng Jaluk、SigararUtang）

　アテン品種は、ティムティム（Tim Tim：ハイブリッドティモール）とカトゥーラ品種もしくはブルボン品種との交雑種といわれ、広く栽培されています。一方、アチェ地区では、1年7か月で花が咲く収穫の早い品種が発見され Ateng Jaluk と名付けられましたが、木の寿命が短く広がらなかったようです。その後、Sigarar Utang 品種がジュンベル研究所で開発されています。

### 4）S795（Jember 種）

　インドのバレホヌールコーヒー研究所（ Balehonnur Coffee Research Station ）の選抜品種。*C. arabica* と *C. liberica* の自然交雑種である S288 品種 とケント品種の交雑種といわれています。S288 品種は、さび病に耐性があり、ケント品種は高収量の木で、S795 品種は優れたカップ プロファイルがあるといわれます。インドネシアでは、ジュンベル研究所から供給されたため、Jember とも呼ばれます。2021 年の COE に 2 種入賞していましが、単一品種としての流通はなく風味はわかりません。

### 5）USDA762

　エチオピア系品種で 1956 年に米国農務省によりジュンベル研究所に持ち込まれた品種です。エチオピアのミザンタファリ地域（標高 1.500m）で収穫されたものですが、1931 年に同地域でゲイシャ種が発見されていますが豆の形状が異なりキャラクターは弱いようです。アチェやガヨ高原に持ち込まれていますが、単一品種としての流通はみられません。

**Bibit Kopi, dari Ateng Jaluk, Ateng Janda, hingga Ateng Super**

**Coffee Variety: S795・Oil Slick Coffee**

**Indonesian Coffee Varieties Archives - Perfect Daily Grind**

　北スマトラ（ガヨ高原含む）で収集した 9 つの品種を標高別に収集し、精製方法と風味を調べた[*]研究があります。この時の品種は、Bergendal (Typica)、Borbor、Catimor Jaluk、S 288 (Indian selection)、S 795 (Indian selection)、BP 452 A (ICCRI's selection)、Timtim (Gayo station selection)、P88,P50 の 9 品種です。（P88,P50 については不明）但し、標高差は少なく、カップ評価の方法の詳細は書かれていません。現状では、このようなサンプリング自体が困難で、インドネシアの単一品種の風味を確認することができません。

**[*]Evaluation of Variety Cupping Profile of Arabica Coffee Grown at Different Altitudes and Processing Methods in Gayo Highland of Aceh (2008/ASIC)**

また、ICCRI (Indonesian Coffee and Cocoa Research Institute) による＊PPB (Participatory plant breeding: 参加型植物育種) の研究もあります。この論文の中では、Sigarar Utang 品種を Sumatra Typica 品種より、ヘクタール当たりの高収穫量、さび病に対する耐性、優れた風味で有望としています。また、ローカルな Timtim 品種、Borbon 品種、広がりのある S795 品種もある程度推奨されているようです。しかし、スマトラの品種は交雑が進行し、若葉のブロンズの色の濃淡に違いがみられるようになり、これらの品種を確認すること自体が非常に難しいと感じます。

＊ PPB= 育種者、生産者研究者などが一体となって品種開発していくこと。
　若葉 = スマトラティピカ品種の若葉はブロンズ色で、他の品種が緑色であることから区別できましたが、現在は他の品種にもブロンズ色がみられ、なおかつ濃淡がみられ、品種区分が困難になっています。

＊Participatory Breeding on Arabica Coffee to Obtain Superior Local Variety in orderto Support Origin Specialty Coffee Products Development in Indonesia (2012/ASIC)

### 11-5-2　スマトラ・マンデリン

　スマトラ・マンデリンのアチェとリントン地区の SP を 2023 年 4 月にサンプリングし官能評価し、味覚センサーにかけたものです（図11-7）。品種は混在しているものが多く特定できません。かなりセンサー値にバラつきがあるのはスマトラ式乾燥法の影響と推測されます。そのため官能評価との間に相関性はとれません。

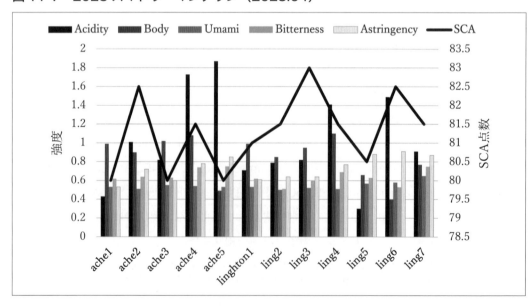

図 11-7・2023 スマトラ・マンデリン（2023.04）

インドネシアのスマトラ島の品種については何度かフィールド調査しましたが品種の交雑が進み、樹の形状だけでは特定できません。**品種については、わからないことが多くコーヒーの品種研究者、農業関係者と専門的に行なう必要があると考えます。**

カティモール系品種

## ■ 11-6　その他のさまざまな品種

表11-5は、単一品種としての流通はほとんどないため、体験することが難しい品種ですが、各生産国のコーヒーの中に混ざっている場合があります。風味を確認することは難しい品種です。

表11-5・単一品種でほとんど流通していない品種

| | |
|---|---|
| ARUSHA | タンザニアのアルーシャ地区（標高1500m前後）で栽培されていたものでティピカ品種系。パプアニューギニアのシグリ農園で木を見ましたが、ティピカ品種に近い印象でした。単一品種としての流通はほぼありません。 |
| ANACAFE14 | 2014年にリリースされたカティモール品種とパカマラ品種の交雑種です。オークションロットなどに含まれていることがあります。単一品種としての日本流通はほぼありません |
| BLUE MOUNTAIN | ジャマイカのブルーマウンテンで発見されたティピカ品種の変異種です。PNGに導入されました。 |
| BATIAN | ケニアのコーヒー研究所が2010年にルイル11の代わりに開発、ルイル11×（SL28、SL34、スーダンルメ、N39,K'7、HdeT）で複雑な交雑がされています。 |
| CASIOPEA | WCRによるFI開発種、エチオピア系品種×カトゥーラ品種の交雑種で、WCRは風味がよいとしています |
| GARNICA | INMECAFE（メキシコーヒー研究所/1989解散）が、ムンドノーボとカトゥーラ品種を交雑したが、未完成で民間がその後継続しています。 |
| H1 | サルティモール品種T-5296とスーダンルメ品種の交雑によるF1品種です。（CENTROAMERICANOともいわれる） |
| H3 | WCRによるFI開発種、カトゥーラ品種とエチオピア系の交雑種で風味がよいとされています |
| JAVA | エチオピアからジャワ島に導入された品種で、遺伝子解析の結果エチオピア在来種からの選抜と確認されています。種が中米諸国に送られていますが、あまりみません。 |
| K7 | フレンチミッションからの選抜、チェリーの成熟が早いといわれます |

| | |
|---|---|
| FRENCH MISSION | フランス人宣教師（Spiritans /The Congregation of the Holy Spirit）により、1893 年にケニアの Bura（Taita Hills）にレユニオン島から持ち込んだブルボン種の種が植えられ、そこから広まっています。そのため、French mission はブルボン種の別名であると広く理解されています。SL34 はフレンチミッションから選抜されたといわれますが、最近の遺伝子検査では、SL34 が Typica 遺伝子グループに関連していることも示されています。 |
| KENT | インドで生まれたティピカの突然変異による品種。1934 年にケニアのメル（Meru）に持ち込まれています。生産性が高く、さび病に対して耐性があるといわれます。KP423 は KENT の選抜種です。 |
| N39 | 1930 年代にタンザニアコーヒー研究所（TACRI）によって開発されたブルボン系の品種です。 |
| PACAS | ブルボン種の突然変異種、パカス農園を訪問した際、農園主の先代が特殊な木があることを発見し、米国で新しい品種と確認されたと話してくれました。生産性が高く、ブルボンよりはさび病に耐性がある。エルサルバドル、ホンジュラスなどで栽培 |
| PACHE | グァテマラの Anacafe（National Coffee Association）によると、Typica の自然突然変異であり、グァテマラの El Brito、Santa Cruz Naranjo、Santa Rosa の農場で発見されました。 |
| RUIRU11 | さび病対策種、単一品種での流通はありません |
| VILLA SARCHI | コスタリカでのブルボン種の突然変異種ですが、単一品種としては見かけません。 |

JAVA 品種

French Mission 品種

Kent 品種

Pacas 品種

# 第4章

## 各生産国のテイスティング実践

コーヒー生産者の多くは、小農家が多く、生産量の 70%～80% 程度を占めるといわれます。別表は、2016 年の雲南で開催された ASIC（Association for the Science and Information on Coffee）で発表されたデータです。ブラジルを除くと農園（国により規模が異なり農園の定義は難しい）は少なく、小農家を組織化した農協などが多いのも特徴です。例えば、エチオピア、ケニア、アルワンダなどの小農家は近くのステーション（加工場）にチェリーを持ち込みます。圃場は、3ha 以下が多くを占め、裏庭で栽培するような事例もみられます。1ha 当たりの収穫量は 500kg 以下の農家が多くみられ、エチオピアの農家の生産量平均は 290kg 程度にすぎません。コーヒー産業は、多くの人の生活をささえますが、反面零細で脆弱な産業構造ともいえます。（表 A,B,C）

## 表 A・小農家の規模（ha）

| 1ha 以下 | タンザニア 0.52、エチオピア 0.48、PNG0.44、中国 0.38、ケニア 0.16、ルワンダ 0.07 |
| 1～2ha | コロンビア 1.44、ペルー 1.38、グァテマラ 1.10、ベトナム 1.04 |
| +2ha | ブラジル 5.09、コスタリカ 2.60、ニカラグア 2.50、ホンジュラス 2.21、エルサル 2.10 |

## 表 B・小農家の生産量（kg/ha）

| 400kg/ha | ブルンジ 205、タンザニア 268、PNG273、エチオピア 290、ケニア 380、エル サルバドル 315 |
| 400～600kg<br>600kg～ | グァテマラ 480、ルワンダ 550、ニカラグア 558、<br>コロンビア 731、コスタリカ 930、ホンジュラス 1068、中国 1199、ブラジル 1674 |

## 表 C・過去 10 年間の小農家の生産傾向（%）

| +3% 以上成長 | 中国 23、ホンジュラス 5.8、インドネシア 5.7、ニカラグア 4.6 |
| 0～3% | ウガンダ 2.6、エチオピア 2.1、ラオス 2.0、コロンビア 1.9 |
| - 成長 | エル サルバドル 8.5、ブルンジ 6.4、ペルー 2.9 |

　各生産国の品質基準（* national quality standards）は異なりますので輸出等級として項目を設けましたが、IOC が各生産国から受け取った情報については以下にまとめられていますので参考にしてください。

＊icc-122-12e-national-quality-standards.pdf (ico.org)

　また、米国の CAFÉ IMPORTS 社がまとめた表 "COMMON GRADES FOR GREEN COFFEE BY COUNTRY もありますので参照ください。

　Common-Coffee-Grades-Chart（cafeimports.com）

# 12 南米産のコーヒーテイスティング

## ■ 12-1 ブラジル（Brazil）産のテイスティング

### 12-1-1　概要

　1990 年代のブラジル産は、「サントス No2」などと呼ばれで、スクリーンサイズ S18（Screen18）が比較的高級品の時代でした。一方、プレミアムコーヒーとして輸入商社などが付加価値を付けた「セミウオッシュト」「ブルボン」などの名称の豆が流通していました。大部分のコーヒーは生産地域が特定されたものではなく、各地の豆がブレンドされたものでした。したがって、当時のブラジルは、風味の安定性が重視されていましたので「中庸」、「ソフト」と認知されていました。

　2000 年代にはいって、セラード地区の「樹上完熟」などの名称のコーヒーが販売され始めましたが、単一農園という概念は希薄でした。ブラジルには、ナチュラルのよいコーヒーを求めましたが、欠点豆の混入が多く、風味に濁りがあり失望の連続でした。そのような中で、2001 年からセラードコーヒーの故上原社長に単一農園のサンプルを依頼し、選抜したのがアカイア品種を栽培していた「マカウバ・デ・シーマ農園」でした。その後、ブルボン品種を植えてもらい S16 〜 S18 で濃縮感のあるブルボン品種のナチュラルおよびパルプドナチュラルを 20 年以上して使用しています。

2005 年ブルボン品種の播種

2006 年

2008年初めての収穫

生育した樹

　2010年代に入っても、ブラジル産にはコクのあるナチュラルを求めました。パートナー農園以外にもミナスジェライス州のスル・デ・ミナス、カルモ・デ・ミナス、マタス・デ・ミナス、バイア州、パラナ州産の豆を使用しましたが、風味の安定性に乏しく、5年以上長く続くことは少なく、他の産地に比べ使用量は伸びませんでした。

　ブラジル産は、コロンビア産に比べ酸が弱く（pHが高い）、総酸量（Titratable acidity）がやや少ない傾向がみられるコーヒーです。しかし、脂質の劣化は少ない（酸価が低い）傾向がみられ、保存性は長いといえます。SPのブラジルについては、「**酸味（Acidity）よりもコク（Body）やクリーンさ（Clean）」について評価する必要があります。最終的には、未熟豆の混入が少なく、ブラジルの風土による濁り感がなければ高い評価をするというのが基本的な考えです。**」

　ブラジルの生産地域は広域にわたり、世界の生産量の35%程度を占め、ミナスジェライス州がメイン生産地で、全体の50%程度を占めています。他の生産国に比べ、生産規模が大きく大農園も多く見られます。ナチュラルが主流ですが欠点豆の混入を減らすためにパルプドナチュラル、セミウオッシュトの精製もみられます。

### 12-1-2　ブラジルの基本データ

| 項目 | 内容 |
|---|---|
| 産地 | 南ミナス（Minas Gerais）、エスピリトサント（Espírito Santo）、サンパウロ（São Paulo）、モジアナ（Mogiana）、バイア（Bahia）、パラナ（Paraná） |
| 標高 | 500〜1200m |
| 種 | アラビカ種70%、カネフォーラ種（コニロン）30% |
| 品種 | カトゥアイ（Catuai）、ムンドノーボ（Mundo Novo）、アカイア（Acaiá）、ブルボン（Bourbon）その他 |
| 収穫 | 5〜9月、大型の機械使用、ストリッピング、手摘み |

第4章　各生産国のテイスティング実践

| 精製 | ナチュラル（N）、パルプドナチュラル（PN）、セミウオッシュト（SW） |
|---|---|
| 乾燥 | 天日、ドライヤー |
| 生産量<br>（1000袋/60k） | 1990-91 /27.286、2000-01 /31.310、2005-06/32.933、2009-10<br>/55.428、2017-18/52.740、2020-21/68.960、2022-23/63.000 |
| 日本の輸入量<br>（60kg/袋） | 2010/2.051.000、2015/2.335.000、2018/1.865.900、2019/2.591.200、<br>2020/1.946.900、2021/2.437.381、2022/1.867.200、2023/2.074.550 |
| 生豆基本成分<br>（pH以外%） | 水分10.5、タンパク質12.1、脂質量16.5、灰分3.8、炭水化物54.3、ショ糖7.5、<br>pH5.0(Minas Gerais地区のブルボン種、カトゥアイ種.ムンドノーボ種26試料の平均値) |

生産量は、筆者開業時の2倍以上に増加しています
基本成分は筆者の実験による

## 12-1-3　等級

　ブラジル産の輸出等級には、**表12-1**から**表12-4**までのようにいくつかの格付けの方法
があります。

①欠点数によるブラジル方式等級はタイプ2から8までですが、日本市場では4/5が下
　位等級です。COB（ブラジル公式鑑定法）によります。

②スクリーンサイズ（粒が特大のマラゴジペ種から極小のモカ種まであります。）、風味
　（キャラクター）による格付けもあります。

### 表12-1・ブラジルの等級　欠点豆による格付け

| 輸出等級 | ブラジル方式 | 主な欠点 | 欠点の数え方 |
|---|---|---|---|
| タイプ2（No2） | 0～4欠点 | 黒豆 | 1個で1欠点 |
| タイプ2/3 | 5～8 | 発酵豆 | 2個で1欠点 |
| タイプ3 | 9～12 | 虫食い | 2～5個で1欠点 |
| タイプ3/4 | 13～19 | 未熟豆 | 5個で1欠点 |
| タイプ4 | 20～26 | 砕け豆 | 5個で1欠点 |
| タイプ4/5 | 27～36 | 外皮付き豆 | 1個で1欠点 |

### 表12-2

| スクリーンサイズ | 生豆の色 | 豆の形状 |
|---|---|---|
| 20-19（特大） | Green | Maragogype（大粒） |
| 18 | Greenish | Flat Beans（平豆） |
| 17 | Lightish | Bourbon（丸みがある） |
| 16（標準） | Yellow | Peaberry（ピーベリー） |
| 15 | | Mokka（極小粒） |
| 14（小粒） | | |

③風味評価は、コマーシャルコーヒーの評価に使用されることがありますが（**表12-3**）、
　SPについてはSCA方式が使用される事例が多くみられます。

211

### 表12-3・ブラジルの風味評価区分の一例

| 風味区分 | 英語 | 内容 |
|---|---|---|
| Estritamente Mole | Strictly Soft | アロマとフレーバーにおいてモーリよりよい |
| Mole | Soft | 心地よく、柔らかで味わいのあるカップ |
| Apenas Mole | | モーリより特徴が弱いが、渋味や雑味がない |
| Dura | Hard | 酸味、渋味、ざつみのあるもの |
| Riada | Rioy | フェノール酸の顕著な科学的なフレーバー |
| Rio | Rio | リアーダ以上に化学的なフレーバーを持つ |

　Screen は、生豆のサイズを測る篩。ブラジル式が一般的で、S18 は 64 分の 18 インチの篩の穴を通り抜けないことを意味し、それ以上の豆も含まれます。

### 表12-4・スクリーンサイズ

| 方式 | S20 | 19 | 18 | 17 | 16 | 15 | 14 | 13 |
|---|---|---|---|---|---|---|---|---|
| Brazil | 7.94mm | 7.54mm | 7.14mm | 6.75mm | 6.35mm | 5.95mm | 5.56mm | 5.16mm |
| ISO | 8mm | 7.50 | 7.10 | 6.70 | 6.30 | 6.00 | 5.60 | 5.00 |

ISO (国際標準化機構:International Organization for Standardization) とは、スイスのジュネーブに本部を置く非営利法人の名称で、この組織が定めた規格を『ISO 規格』と呼びます。 ISO の目的は、世界的な共通基準を定めることです。

## 12-1-4　ブラジルコーヒーの生豆鑑定

　ブラジルの 3 種の精製方法の異なる豆の SP と CO 各 2 種を 12 種選び、
（表12-5）生豆のグレーディング及び SCA 方式の官能評価を行いました。全体的にナチュラルは欠点数が多く、パルプドナチュラル（Pulped Natural）になると若干減少しますが、ばらつきが目立ちます。セミウォシェト（Semi Washed）になると選別がよくなり欠点豆の混入は減る傾向が見られます。

### 表12-5・ブラジル　2017-18Crop　12 サンプルの欠点豆数　生豆 300g 中

| 欠点豆 | N SP1 | N SP2 | N CO1 | N CO2 | PN SP1 | PN SP2 | PN CO1 | PN CO2 | SW SP1 | SW SP2 | SW CO1 | SW CO2 |
|---|---|---|---|---|---|---|---|---|---|---|---|---|
| 黒豆 | | | | | | | | | | | | |
| 発酵豆 | | | 1 | | | | | | | | | |
| 虫食い | 17 | 18 | 64 | 63 | 22 | 1 | 10 | 5 | 10 | | 48 | 2 |
| 未熟豆 | 10 | 26 | 11 | | 20 | 12 | 5 | 27 | | 15 | 15 | 8 |
| 欠け豆 | 24 | 21 | 7 | 5 | 13 | 6 | 15 | 13 | 5 | 3 | 8 | 5 |
| フローター | | | | | | 4 | | 18 | | | | |
| しわ | | | | | | | | | | | 1 | |
| シェル | 2 | 1 | | | 6 | | | | | | | |
| 他 | 11 | | | | | | | | | | | |
| 計 | 65 | 66 | 83 | 68 | 61 | 23 | 30 | 63 | 15 | 18 | 72 | 15 |

SCA の生豆鑑定では N はすべて SP 基準に達せず、PN の SP2、SW の SP1,SP2 および CO2 が SP グレードに該当しました。

## 12-1-5　ブラジルコーヒーの SP と CO の有意差

　12 サンプルの理化学的分析を行い、SCA 方式で官能評価しました（表 12-6）。ブラジルのミディアムの pH は 5.0 程度ですが、SP は CO より有意に酸が強い傾向があり（**p<0.05**）、特に SP の SW は、その他の豆に対し酸味が強いといえます。酸価は、SP が CO より低い傾向が見られ（**p<0.05**）、生豆の鮮度がよいと推測されます、しかし、脂質量は、SP と CO 間に有意差はみられませんでした。サンプリングした SP は、すべて 80 点以上になり、CO との間には有意差がみられました（**p<0.01**）。「**官能評価が 83.7 点と最も高い SW の SP2 は、欠点豆の数が少なく、脂質量が 18.1g/100g と多く、pH も 4.95 と最も低いことによると考えられ、12 種のサンプルのなかでは優れたコーヒーであるといえます。**」

### 表 12-6・ブラジルコーヒーと理化学的数値　2017-18 クロップ　n=13

| 精製方法 | 輸送 | 地域 | 品種 | 酸価 | pH | 脂質量 | SCA |
|---|---|---|---|---|---|---|---|
| N/SP/1 | D/GP/ 定温 | Sul de Minas | Bour | 1.53 | 5.07 | 16.7 | 80.2 |
| N/SP2 | R/M/ 定温 | Cerrado | Bour | 1.93 | 5.03 | 15.8 | 80.6 |
| N/CO1 | D/ 麻袋 / 定温 | Cerrado | unk | 3.42 | 5.11 | 15.2 | 77.7 |
| N/CO2 | D/ 麻袋 / 常温 | Mogiana | unk | 3.36 | 5.13 | 16.9 | 77.4 |
| PN/SP1 | D/GP/ 定温 | Sul de Minas | Bour | 1.61 | 5.07 | 16.1 | 80.2 |
| PN/SP2 | D/GP/ 定温 | Cerrado | Bour | 1.88 | 5.02 | 16.4 | 80.3 |
| PN/CO1 | D/ 麻袋 / 常温 | Cerrado | Bour | 1.97 | 5.07 | 15.8 | 78.2 |
| PN/CO2 | D/ 麻袋 / 定温 | Cerrado | Bour | 2.10 | 5.11 | 17.9 | 78.3 |
| SW/SP1 | R/M/ 定温 | Cerrado | Bour | 1.95 | 4.99 | 16.1 | 81.3 |
| SW/SP2 | D/M/ 定温 | Cerrado | Bour | 2.10 | 4.95 | 18.1 | 83.7 |
| SW/CO1 | D/ 麻袋 / 常温 | Espirito santo | unk | 2.71 | 5.08 | 16.6 | 75.4 |
| SW/CO2 | D/ 麻袋 / 常温 | Espirito santo | unk | 2.14 | 5.04 | 17.1 | 78.8 |

＊ D= ドライコンテナ、R= リーファーコンテナ、GP= グレインプロ（穀物用袋）、M= メタル系素材の包材、
　Bour=Bourbon/ ブルボン品種、＊ SP はすべて農園の豆。
＊ SCA 方式の官能評価は、Q グレーダーもしくはそれに準じるカッピングスキルのある 13 名で行っています。

　表 12-6 の官能評価の結果を**表 12-7** にまとめました。12 種のサンプルの官能評価と理化学的数値の相関性について、単回帰分析をした結果、官能評価と酸価の間には **r=-0.5794** とやや負の相関性が、官能評価と pH の間には **r=-0.8206** の負の高い相関性が見られました。ただし、官能評価と脂質量の間には **r=0.2466** と相関性はみられませんでした。

## 表 12-7・精製方法の異なるブラジルのテイスティング　2017-18Crop

| 試料 | SCA | テイスティング |
|---|---|---|
| N/SP/1 | 80.2 | SP といえども欠点豆の混入は多く、風味に濁りがある。 |
| N/SP/2 | 80.6 | 酸はかすかに CO より強く感じるが、コクの差はない。 |
| N/CO1 | 77.7 | 抽出液全体にやや濁りを感じ、コクが感じにくい。アフターテイストに埃っぽさが残る。 |
| N/CO2 | 77.4 | ミディアムローストの穀物系の味を強く感じる。 |
| PN/SP1. | 80.2 | やや濃厚さを感じる。ただし、十分に欠点豆の選別がされていないため重い味が伴う。 |
| PN/SP2 | 80.3 | コクがあり、深い焙煎に向いている。比較的クリーンな味わい。 |
| PN/CO1 | 78.2 | SP に比べるとコクはやや弱く、濁り感がある。 |
| PN/CO2 | 78.3 | 標高が低く、味のざらつきを感じる。 |
| SW/SP1 | 81.3 | やや酸味を感じ、N や PN とは明らかな風味差がある。欠点豆が少なくなりクリーン、ウォシェトの風味に近いが、よいブラジルの濃縮感に欠ける。 |
| SW/SP2 | 83.7 | 酸味があり、華やかでブラジルとは思えない個性的風味。プラムのような果実感がある。パネルの平均値は 83.7 だったが、著者はは 85 点をつけた。 |
| SW/CO1 | 75.4 | ややブラジル特有の濁りがある。 |
| SW/CO2 | 78.8 | N、PN との差異を見出しにくく、共に中庸な風味。。 |

## 12-1-6　2019-20Crop の基本のテイスティング

　市場で SP として流通しているブラジル生豆 6 種をサンプリングし（**表 12-8**）、テイスティングセミナーで官能評価し、味覚センサーにかけました。10 点方式の点数と味覚センサー値の間には、**r=0.7257** の相関性が見られました（**図 12-1**）。10 点方式の 35 点が SCA 方式の 80 点に相当します。

## 表 12-8・2019-20Crop のテイスティング　n=16　（2020.03）

| 地域 | 品種 | 精製 | 水分 | pH | 10 点 | テイスティング |
|---|---|---|---|---|---|---|
| Cerrade1 | Bourbon | PN | 8.2 | 5.5 | 35 | やや重い印象 |
| Cerrade2 | Bourbon | SW | 8.5 | 5.4 | 38 | さわやかな酸味とコク |
| Cerrade3 | Bourbon | N | 8.5 | 5.5 | 36 | しっかりした味わい |
| Mogiana | unk | N | 9.1 | 5.6 | 24 | 酸弱く、渋味 |
| Espirito santo | unk | N | 9.4 | 5.5 | 23 | 未熟多く、やや劣化、渋味 |
| Carmo de minas | Bourbon | PN | 9.1 | 5.5 | 35 | 明確な酸味、甘味がある |

図 12-1・ブラジル産　2019-20Crop　ナチュラル

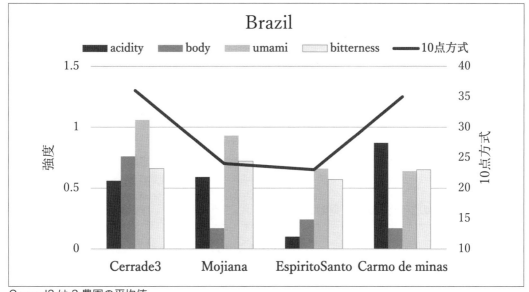

Cerrad3 は 3 農園の平均値

## 12-1-6　ブラジルコーヒーの新しい評価

　ブラジルのナチュラルを SCA 方式で評価する場合、酸味が少ないため点数が低くなる傾向が多くみられます。今後、**世界の生産量の 35% 程度を占めるブラジル専用の官能評価表が必要と考え、新たに評価基準を作成しました**（表 12-9）。

　「ブラジルの場合は、欠点豆のないクリーンな風味、ナチュラルの濃縮感（Body 感、コク）が表現できる豆が最もよいと考えます。また、ブラジル産は、Low Acid コーヒーとして見た方がよく Acidity の項目は削除し Bitterness としました。」今後、苦味などの評価基準をより明確化する必要があります。

表 12-9・ブラジルの新しい評価基準

| 評価項目 | 評価の基準 |
| --- | --- |
| Aroma | 粉の香り、抽出液の香りの高さと質をみます。心地よく、異質な香りがなければ高く評価します。 |
| Body | テクスチャーや濃縮感で他の産地との差別化ができます、クリーミー、チョコレート、複雑さ、味の厚みなどを高く評価します |
| Clean | 透明感のあるものは高い評価をします。欠点豆の混入による濁り感、ブラジルに多く見られる埃っぽさの少ない豆を高く評価にします。 |
| Sweetness | ショ糖、アミノ酸（グリシン、アラニンなど）、メイラード化合物がもたらす甘い香り、アフターテイストで感じる甘味を高く評価します。 |
| Bitterness | 苦味の質をみます、「柔らかな、心地よい苦味」などをよい苦味として高い評価をします。刺激的な苦味はマイナス評価とします。 |

図12-2のサンプルは、2019-20Crop の Cerrade、Sulde Minas、Calmo de Minas、Matas de Minas、Bahia 地区などの SP 10 種をサンプリングしたものです。テイスティングセミナーのパネル20名で官能評価し、味覚センサーにかけたものです。官能評価は、79点から83点の幅に分布し平均は80.83点で、センサー値は、苦味センサーの先味と後味の結果です。官能評価とセンサー値との相関は **r=0.4367** とやや低めでした。**苦味については、同じ焙煎機で、同じ焙煎度にしたサンプルであっても差異の感知は難しく、トレーニングが必要と考えています**。そのための方法として、初めに、多くの焙煎会社（自家焙煎店）のコーヒーの苦味を比較していくことから始めています。

図 12-2・10 種のブラジルと味覚センサー値

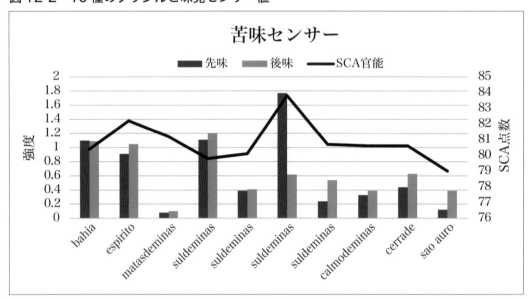

# ■12-2 コロンビア産のテイスティング

### 12-2-1　概要

　コロンビアは世界第3位の生産国です。2000年以降のSPのムーブメント以降、生産地域は、30～40年前のアンティオキア県（Antioquia）、ボヤカ県（Boyaca）、クンディナマルカ県（Cundinamarca）などから2010年以降は、サンタンデール県（Santander）、トリマ県（Tolima）、カウカ県（Cauca）、ウイラ県（Huila）、ナリーニョ県（Narino）などの各県に移行しています。

　「**コロンビア産のコーヒーは、酸とコクのバランスのよいコーヒーとして重要な産地で**

第4章　各生産国のテイスティング実践

す。**とりわけ標高の高い産地であり、コロンビア産のコクは他で代用できないものがあると考えてきました。**」しかし、この仕事を初めて以来、20年近く品質のブレに悩まされ、この地のコーヒーに苦労をしてきました。

　1990年代の中盤以降にはフェノール（薬品臭）問題も発生しました。麻袋の中にまれに含まれる1粒か数粒が焙煎後に激しいフェノール臭（ヨードチンキ臭）を放ちました。当時は、コロンビア品種（HdeT とカトゥーラ品種のハイブリッド）の量産が進んだ時期でもあり、精製の不備などで発酵槽に残った豆に農薬、真菌（カビ）、細菌などが付着したのではないかなどといわれました。

　また、2000年代に入っても、コロンビアの産地の一部内戦ともいえるような政情不安で産地に入ることが困難な状態が続いていました。南部産のコーヒーはほぼ流通がなく、生豆輸入の厳しさをいやというほど思い知らされた生産国でした。その後、政情の安定に伴い FNC（コロンビア生産者連合会）の農家支援努力、エクスポータの産地開拓等により2010年前後からウイラ、ナリーニョなど南部を中心に良いコーヒーが流通し初めました。このころやっとコロンビアのコーヒーの全体像が見えてきたというのが率直な感想です。

　一方生産量を見れば、2009年からさび病の影響で減産し、2012年には7.700.000袋まで生産量が落ち、相場の高騰を招きました。その後2015年に生産量が14.000.000袋まで回復しています。

　大学院入学時（2016年）に FNC に問い合わせた所、多くは小農家で56万世帯の生産者、平均1.58ha で23袋（1袋/60kg 換算）を生産（生産量全体の70%）しているとのことでした。

## 12-2-2　コロンビアの基本データ

| 項目 | 内容 |
|---|---|
| 生産地 | サンタンデール（Santander ）、ノースサンタンデール（ Norte de Santander)、トリマ（Tolima）、カウカ（Cauca）, ウイラ（Huila）、ナリーニョ（Nariño）他 |
| 品種 | 1970年代まではティピカ種が主流、2008年時点の構成＝カツーラ品種やティピカ品種（主にカツーラ）70%、コロンビア品種のような抵抗性ある品種は30%、2016年は構成が変化＝栽培面積の70% はカスティージョ品種やコロンビア品種で30% はカトゥーラ種など |
| 標高 | 1.300 ～ 2.000m |
| 栽培 | 平均気温18 ～ 23度、18度以下では生育が落ちる、日陰樹も多い |
| 収穫時期 | 北部が11 ～ 1月で南部は5 ～ 8月、メインクロップ（収穫量が多い）とサブクロップと年2回の収穫がある地区もある |

217

| 精製・乾燥 | 小農家は小さな機械で果肉を除去し、パーチメントを水槽にいれミューシレージを自然発酵させ水洗いし、天日で乾燥（7〜10日） |
|---|---|
| 生産量<br>（1000袋/60k） | 1990-91/4.396、2000-01/10.519、2010-11/8.523、2018-19/13.858、2020-21/13.394、2021-22/11.683、2022-23/12.384 |
| 生豆輸入量<br>（袋/60kg） | 2010/1.317.600、2017/1.207.300、2019/1.042.200、<br>2020/1.007.166、2021/794.500、2022/785.983、2023/567.183 |
| 基本成分<br>（pH以外%） | 水分11.6、タンパク質11、灰分3.5、脂質16.8、炭水化55.<br>ショ糖7.7、pH4.9（Cauca、Huila、Narino地区のカトゥーラ品種<br>カスティージョ品種40試料の平均値） |

## 12-2-3　等級

　コロンビアでは、スクリーンサイズ16（S16）以上とピーベリー（Caracol: カラコル）は、スヘシャルティコーヒーに分類されます。FNCは、安定した焙煎のために豆の均一性を重視し、S14までが輸出規格です（**表12-10**）。また、FNCはSCA（Specialty Coffee Association）のカッピングプロトコルを採用しています。

**表12-10・コロンビアの等級**

| Excelsoタイプ | スクリーンサイズ | 許容範囲 |
|---|---|---|
| Excelso Premium | S18 | スクリーン14-17　最大5% |
| Excelso Supremo | S17 | スクリーン14-16　最大5% |
| Exselso Extra | S16 | スクリーン14-15　最大5% |
| Excelso Europa | S15 | スクリーン14　最大5〜10% |
| Peaberry | 丸豆 | ピーベリー |

　Almacafé（アルマカフェ）がパーチメントサンプルを脱穀、サイズ区分し、品質管理しています。生豆は、Almacafé（アルマカフェ/P226）の品質検査に合格しなければ海外へ輸出できません。エクセルソタイプ（スクリーンサイズ）、欠点豆混入率（サンプル500gあたり）、異臭が無いこと、虫の混入、色の均一性、水分含有率、クリーンカップなどか判定されます。さらに、カッププロファイルとして、アロマ、ボディ、酸味、やわらかさ、エキゾチック（独特な風味）などが重視されます。

## 12-2-4　コロンビアの品種

　1970年代からは、ティピカ品種からカツーラ品種に植え替えられ、その後HdeT（ハイブリッドチモール）種とカトゥーラ品種の交配種であるコロンビア品種（収穫量が大きい反面木の寿命が短い）も増加しました。しかし、初期のコロンビア品種は、まだ完成度が低くロブスタ種の風味を微妙に感じてしまうこともありました。

　そのため、2000年代は、サンタンデール県などのティピカ品種を主に使用しましたが、

第4章　各生産国のテイスティング実践

クリーンな風味の反面コクが弱く苦労し、メインブレンドにコロンビアを使用することはできませんでした。

その後、FNC の研究機関である Cenicafé（セニカフェ /P226）が 2005 年に新しい品種であるカスティージョ（castillo）を開発し、農園改良計画の基に 2009 年から 2014 年までの間に多くの苗木を植えたといわれています。この品種は、さび病に強く、様々な気象条件や土壌に適応するところがコロンビア品種とは異なり、地域との適性を見て選抜し植えられています。

2015 年の SCAJ の展示会における FNC のモレノ博士の講演でも、このカスティージョの開発から適応性までの詳しい解説がありました。

一つの栽培品種を完成させるには、交雑を繰り返し 20 年近くかかりますので、このカスティージョ品種も、カトゥーラ品種を何度か戻し交配し、F5 で品種の安定性が確保されているとの説明でした。

カスティージョ品種は、スプレモ（粒が大きい）比率が多く、さび病に強く、量産種ということです。コロンビアは肥沃な土壌の栽培環境が多くあり、標高も高くよいコーヒーが生まれる可能性はあると考えます。

## 12-2-5　コロンビアの基本のテイスティング

2010 年以降のコロンビアの SP は、生産履歴が明らかになるとともに品質は向上し、小農家産の風味の際立ったものが多くみられるようになっています。

2016-17Crop のサンタンデール県およびウイラ産の SP と CO を輸入し、SCA 方式で官能評価を行い、理化学的な分析も行いました（**表 12-11**）。SP は CO に比べ、有意に酸が強く、脂質量が多く、脂質の劣化は少なく、SP と CO の間には有意差が見られました（*p<0.01*）。また、官能評価と酸価の間には **r=-0.8915** の負の相関が、pH との間には **r=-0.9641** の負の相関が、脂質量との間には **r=0.7955** の正の相関性が見られ、理化学的数値は官能評価の点数を反映していると考えられました。

### 表 12-11・コロンビア 2016-17Crop　　n=13

|  | pH | 脂質量 | 酸価 | SCA | テイスティング |
|---|---|---|---|---|---|
| SP1 | 4.88 | 17.6 | 2.70 | 85.10 | さわやかなオレンジの酸、しっかりしたコク |
| CO1 | 5.00 | 15.5 | 3.58 | 78.02 | スプレモとしてはバランスの穫れたよい豆、 |
| SP2 | 4.94 | 17.4 | 3.02 | 83.75 | しっかりした酸とコクのバランスがよい |
| CO2 | 5.02 | 16.8 | 4,60 | 77.50 | 濁り感もあり、やや鮮度劣化している |

＊ SP1、CO1= サンタンデール県産、SP2、CO2= ウイラ県産の小農家の豆

## 12-2-6　コロンビアの生産地別のテイスティング

　コロンビアの基本的な有機酸は、クエン酸で、柑橘果実の酸です。その風味はレモン、オレンジ、グレープフルーツなどで表現できます。多くの SP の酸は pH4.8 から 4.95 程度（ミディアムロースト）で明確な酸味があり、中でもナリーニョ県の標高 2.100m の高産地の豆は、強い酸がみられます。

　総脂質量は、北部のマグダレーナ県、ノルテ・デ・サンタンデール県産は 15 ～ 16g/100g 程度のものが多く、ウイラ県、ナリーニョ県などの南部産の生豆は 17 ～ 18g/100g と多い傾向が見られ、南部産にコク（Body）のあるコーヒーが見られます。

　2010 年以降、SP は小農家単位の生豆が多くなり、ロットが小さくなってきています。SCA 方式で 90 点近い高品質豆は 20 バック（70kg 換算で）程度の小ロットとなり限定されます。そのため、それらを混ぜて 1 コンテナ分（250 袋 /60Kg）のロットを作ろうとすれば、平均化しますので 85 点程度のロットになります。ただし、毎年安定して 85 点のハイエンドの SP を作ることは難しく、産地に何度も足を運び、生産者や輸出会社との関係を維持する必要があります。生豆の確保には、常にさまざまな課題が生じ、それらを解決していくことがバイヤーの仕事になります。過去 20 年におけるコロンビアの各生産地のコーヒーのテイスティング結果の一部をまとめました。

### 1）マクダレーナ県（Magdalena）北部

　州都のサンタマルタ名で流通することもあります。生産量は少なく、日本入港も少なめです。「**繊維質が柔らかく、コクが弱い印象ですが軽やかな酸があります。ティピカ種もありますが、標高はやや低く、カリブ海気候の影響があり、強い酸はできにくく青草などの風味が混ざります。新鮮な青草であればよい評価をしますが、入港後速やかに使用しないと、枯れた草の風味が出ます。**」

### 2）セサール県（cesar）北部

　マグダレーナ県の横の産地です。日本入港は微量ですが、まれに優れた風味のものが見られます。「**中程度の酸味とコクがありバランスのよいコーヒーです。ティピカ品種にクリーンでよいコーヒーがみられます。**」

### 3）ノルテ・デ・サンタンデール県（Norte de Santander）北部

　ベネズエラ国境に接し、古い産地になります。ティピカ種がシェードツリーの下で植えられていますが、最近のさび病で減少しています。

第4章　各生産国のテイスティング実践

　ティピカ種のみですとややコクが弱く、ティピカ種＋カトゥーラ種の混在したほうが風味のバランスはよいと判断し、20年継続して使用しています。日本では、ウイラ県、ナリーニョ県のコーヒーが買えない時代に貴重でした。**「オレンジのような酸とほどよいコクで、穏やかな風味のコーヒーです。コロンビアコーヒーのマイルドなよい面を感じ取れます。よい生産年度であればSCAA方式で85点をつけることができます。」**（表12-12）

表12-12・ノルテ・デ・サンタンデール県の小農家の豆　2006〜07Crop　n=30

| 品種 | テイスティング | SCAA |
|---|---|---|
| Typica | コロンビア北部特有のかすかな青草、さわやかな酸味、柔らかくコクは弱め、入港後半年以内の使用が望ましい。 | 83.25 |
| Caturra | カップのクリーンさにかけ、やや濁りを感じます。 | 81.00 |

メインクロップは9月〜12月、標高1,000〜1,600m、平均気温21℃、年間降水量1,800mmの産地。

### 4）サンタンデール県（Snatander）　北東部

　シェードツリーや有機栽培が比較的多い産地です。ティピカ種、ブルボン種、カトゥーラ種などが植えられています。

　**「全体に豆質は柔らかく、南部各県に比べると、さわやかな酸味と落ち着いたコクが穏やかな風味を形成します。ミディアムからシティローストに向きます。コロンビの典型的なマイルドコーヒーといえます**（表12-13）**。」**

表12-13・サンタンデール県の農園の2007〜08Crop　n=30

| 品種 | テイスティング | SCAA |
|---|---|---|
| Bourbon | 欠点豆の多いCOが主流の時代に稀有な単一農園豆で使用しました、柑橘果実の酸味はあるが、コクは弱めす。 | 81.5 |
| Typica | 毎年の品質のブレがみられつつも我慢して毎年継続購入してきました。このEl Roble農園の豆で、精製、乾燥から輸送までの品質管理の学習をしました。ティピカ品種を植えてもらい、全量購入してきました。2023年現在、優れた品質の豆を生産しています。 | 83.75 |

メインクロップは10月〜12月、標高900〜2,300m、平均気温21.5℃、年間降水量2,000mm。

### 5）トリマ（Tolima）県　中部

　年2回の収穫期があります。雨量が多く、標高も高く品種が混在しています。ゲリラの活動拠点で日本流通はほとんどなく、2010年代の中盤以降によいコーヒーが見られるようになりました。**「全体としては柔らかな酸とほどほどのコクでバランスの良い風味のものが多いように感じます。使用頻度は少なかったため、風味の全体像はつかめていませんが、柑橘果実の甘く華やかなものによく遭遇します。当該サンプルは、上品でマイルドで、柑橘以外の華やかな酸があります**（表12-14）**。」**

表 12-14・トリマ県の 2013-14Crop のテイスティング　　n=45

| 地区 | 精製 | テイスティング | SCAA |
|---|---|---|---|
| Planadas1 | W | オレンジ、トマト、アンズ、複雑な風味 | 86.75 |
| Planadas2 | W | 黒ブドウ、フルボディ、トリマには少ない風味 | 85.75 |
| Cajamarca | W | かすかに果肉臭、やや濁り | 81.00 |
| Unk | N | 味の輪郭が弱く、軽い印象 | 79.00 |

メインクロップ 3 月〜 6 月 (南部)、9 月〜 12 月 (北部)、標高 1,200 〜 1,800 m、平均気温 22℃、年間降水量 2,000 〜 3,200mm。

## 6) カウカ県 (Cauca)

　SP の概念のない時代はポパヤンや GSP (GENUINE SUPREMO POPAYAN) 名などでも流通していました。この当時は、コロンビアのトレサビリティを気にするコーヒー関係者は多くはありませんでしたので、漠然とコロンビアの風味をとらえていたのだと思います。

　**「カウカのコーヒーは、ややしっかりした酸、中程度よりやや深いコクがあり、まろやかで甘みがあるバランスの良い風味のコーヒーです。マンダリンオレンジや八朔のような柑橘の果実を連想させます。標高が高い割には、ほどほどのコクのものが多く、シティローストくらいの焙煎度がよいという印象です。ここ数年素晴らしい風味のカウカ産のコーヒーが生まれつつあります (表 12-15)。」**

表 12-15・カウカ県の 2014-15Crop

| 地区 | 精製 | テイスティング | SCAA |
|---|---|---|---|
| El Tambo | W | 柑橘のオレンジ、トマトのような程よい酸 | 85.00 |
| Popayan1 | W | アンズ、梅の明るい酸味、 | 86.00 |
| Popayan2 | N | オレンジにかすかに赤い果実 | 86.50 |

メインクロップは 4 月〜 6 月、標高 1,100 〜 2,100m、平均気温 22℃、年間降水量 1,580 〜 2,575mm。

## 6) ウイラ県 (Huila)

　アンデス山系の南部に位置し、サン・アグスティン名でも流通していました。2010 年頃までは品質のブレが大きく、その後やっとアンデスのテロワールが生み出すコクを安定して体験できるようになったと感慨深いものがあります (表 12-16、12-17)。

　**「一般的にはオレンジのような酸としっかりしたコクの濃縮感があり、風味のバランスのとれたコーヒーです。良いものは華やかな柑橘の酸にクリームっぽいコクを感じることもできます。柑橘果実の酸味と甘み、コクがあるコーヒーですが、まれに黒い果実のケニアフレーバーに遭遇します。この時期から SCA 方式で 85 点以上のコーヒーを使用できるようになりました。」**

第4章　各生産国のテイスティング実践

### 表 12-16・ウイラ県の 2014-15Crop　n=30

| 産地（市） | 品種 | 内容 | SCAA |
|---|---|---|---|
| Tarqui（中部） | Caturra | フローラル、オレンジ、 | 86.00 |
| Guadalupe（中部） | Caturra/Colombia | 甘い酸味、なめらか、プルーン | 86.00 |
| Pital（中部） | Caturra | しっかりした酸とコク | 86.75 |
| San Agustín（南部） | Caturra/Colombia | 明るい酸、コク、複雑な風味 | 87.00 |
| Pitalito（南部） | Caturra/Colombia | マンダリンオレンジ、さわやか | 86.00 |

メインクロップ：9月-12月と5月-7月 サブクロップ：5月、10月-11月
標高：1,000～2,200ｍ、平均気温17～23℃、年間降水量1,300～1,640mm

### 表 12-17・ウイラ産 2017-18Crop　多様な風味タイプ

| 風味のタイプ | テイスティング | SCA |
|---|---|---|
| 1 標準的な豆 | 酸とコクのバランスが良くクリーン | 84.00 |
| 2 酸味の強いタイプ | 明るいオレンジの酸味が際立ちまろやか | 83.00 |
| 3 コクが強いタイプ | 深みのある十分なコクが複雑な風味を生み出す | 86.00 |
| 4 複雑な酸味タイプ | 柑橘果実のオレンジの酸に青梅やアンズが加わった風味 | 87.00 |
| 5 黒系の果実タイプ | 乾燥プルーンや干しブドウ、2000年代前半のケニア産の風味 | 86.75 |

## 8）ナリーニョ（Narino）　南部

　メインとサブクロップがあります。2010年までは、スターバックスコーヒーやネスレの購入が多く、日本入港が極めて少ない産地の豆でした。標高の高い産地で、現在は標高2000m以上でもコーヒーが栽培されています。2010年以降様々な小農家の豆を試しながらこの地のコーヒーのすばらしさを体験してきました。

　2000m前後の標高が高いエリアでコーヒーの栽培は難しいとされますが、日中の日射が峡谷や深い谷の底に蓄積熱として溜まり、夜に上昇して山の高い所の寒さを和らげコーヒー栽培が可能となるようです。低い気温の中で育つため、糖分を溜め込み、しっかりした酸味と甘味を含む果実ができると考えられます。

　表 12-18、12-19 は、大学院に入る前に行ったテイスティング会の結果です。ナリーニョ県産のピークの風味ではないかと思わせる程素晴らしい年でした。現在でしたら90点以上のスコアをつけます。「**レモンのような明確な酸があり、その強さにおいてはケニアに匹敵します。したがって、ミディアムローストですと酸が強すぎますが、シティローストですとオレンジと蜂蜜のような風味で心地よい味わいです。フレンチローストでも、酸とボディとのバランスを表現でき、濃縮感を表現するのに適したコーヒーです。**」

表 12-18・ナリーニョ県の小農家 2015-16rop 　　n=16

| 地区 | 品種 | 標高 m | テイスティング | SCAA |
|---|---|---|---|---|
| San Lorenzo | Typica | 1.880 | 貴重なティピカ種 | 86.00 |
| La Union | Caturra | 1.750 | 酸味と甘みが強く、典型的なナリーニョ | 86.50 |
| Cartago | Caturra | 1.850 | 蜂蜜レモンの風味 | 86.00 |
| Buesaco | Caturra | 2.000 | レモン、オレンジに梅、十分なコク | 86.75 |
| Consaca | Caturra | 1.800 | レモンのような酸味、しっかりしたコク | 87.75 |

メインクロップ 4 月〜7 月、サブクロップ 12 月〜1 月、標高 1,300 〜 2,300 m
平均気温 :19℃、年間雨量 1,756mm。

表 12-19・ナリーニョ県 2017-18Crop 　品種

| 品種 | 標高 | テイスティング | SCA |
|---|---|---|---|
| ティピカ | 1880m | さび病を免れたティピカは貴重です<br>新鮮、レモンの酸味、しっかりしたコク | 87.50 |
| カトゥーラ -1 | 1750m | ナリーニョの基本の風味は蜂蜜レモン、酸味の中に甘味が強く心地よい | 88.50 |
| カトゥーラ -2 | 1800m | カトゥーラ種はコロンビアの高標高に適応していると感じさせます | 85.00 |
| カスティージョ | 1900m | やや風味が重い、ブラインドではカスティージョとはわかりません | 84.50 |
| ティピカ<br>＋カトゥーラ | 2000m | カトゥーラ 100% より柔らかく、飲みやすいコーヒーです | 86.50 |
| カスティージョ<br>＋カトゥーラ | 1850m | レモンのような明確な酸とコクがナリーニョの特徴で、よいものには甘味あります | 85.50 |

## 12-2-7　2019-20 の基本のテイスティング

　市場で流通している 2020 年入港のカスティージョ品種、カツーラ品種、タビ品種の SP をサンプリングし、官能評価を行いました(表12-20)。サンプルは入港から経時変化し、10 点法で 34 点以下と SP 基準に合致しませんでした。34 点（SCA 方式で 79 点）以下の CO の評価基準はないため、パネルの評価が割れ、官能評価と味覚センサーの間には相関性が見られませんでした（図12-3）。「入港から時間経過しているため、生豆状態が落ち枯れた草の風味がでているものがあり、SP 基準に達しませんが入港時はよい評価であったと推測されます。」

表 12-20・コロンビア各県産 2019-20Crop 　　n=16 　（ 2021.01.31）

| 試料 | 品種 | 水分 | pH | 10 点 | コメント |
|---|---|---|---|---|---|
| Cauca | Castillo | 10.3 | 5.0 | 34 | オレンジ、イチジク |
| Santander | Castillo | 10.1 | 5.1 | 34 | レモン、やや重い |
| Huilla | Caturra | 1.0.7 | 5.2 | 31 | やや枯れている、渋味 |
| Nariño | Caturra | 11.9 | 5.1 | 33 | 酸弱め、コクのメリハリが弱い |
| Huilla | Tabi | 10.9 | 5.1 | 34 | オレンジ、やや枯れている、 |

図 12-3・コロンビア各県産 2019-20Crop

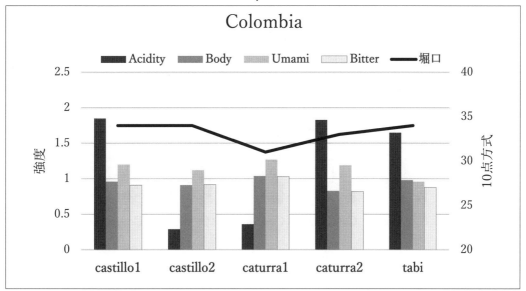

### 12-2-8　2021 オークションロットのテイスティング

　2021 年コロンビアの 15 地域から、1,100 人の小農家の生産者のロットから選抜された第 6 回目のオークション「Colombia Land of Diversity」が開催されました。26 ロットの内から 4 県の 5 ロットを選び 10 点方式でテイスティングしました（表 12-21）。カウカ県以外は SP として評価でき、アンティオキア県のカトゥーラ品種は素晴らしい風味で、SCA 方式で 85 点をこえました。10 点方式の官能評価と味覚センサー間には **r=0.8766** の相関性が見られました（図 12-4）。

表 12-21・コロンビア 2020-21Crop　n=16

| 生産地/建 | 品種 | 水分 | pH | 10点 | コメント |
|---|---|---|---|---|---|
| Cundinamarca | Castillo | 11.5 | 5.0 | 38.0 | オレンジ、甘い余韻 |
| Cauca | Castillo | 11.7 | 5.0 | 32.0 | 微発酵、やや濁り |
| Tolima | Castillo | 11.4 | 5.0 | 37.0 | 酸味とコクのバランス |
| Antioquia | Caturra | 11.7 | 5.0 | 40.0 | フローラル、明確な酸味 |
| Antioquia | Colombia | 12.5 | 4.9 | 37.0 | やや濁り、雑味、コクがある |

図12-4・2020-21Crop

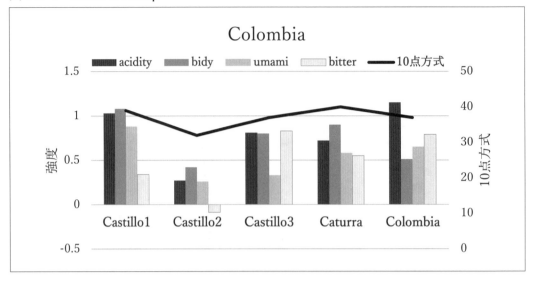

**Almacafe（アルマカフェ）**
　コロンビアから輸出されるすべてのコーヒーの品質管理を行っています。
**Cenicafe（セニカフェ）**
　様々な科学研究と技術開発を通じて農業支援するFNCの研究センター。

### 12-2-9　コロンビアコーヒーのテイスティングのし方
　コロンビア産のコーヒーの風味は、地理的な環境や標高差および品種の影響を大きく受け、その風味差を楽しむことができます。そのため、以下の3店に留意してテイスティングします。

#### 1）地理的環境の違いによる風味の差異
　北部から南部の距離は長く、3つの山脈があり、それに伴い気候条件も異なります。可能であれば、県と生産地区、わかれば標高も確認します。「**コロンビ北部の豆は、柔らかな豆質ですが、南部は固い豆質の傾向が見られます。地域が異なれば同じ標高でも、気温差などによりコーヒー成分に違いが生じます。**」

## 2）品種の違いによる風味差

伝統種のティピカ品種、その後植えられたカトゥーラ品種、さらにハイブリッドのコロンビア品種およびカスティージョ品種があり、それらが混在する場合もあれば、単一の品種の場合もあります。コロンビア産は、品種による風味差がありますので、品種を確認します。

## 3）精製方法の違いによる風味差

基本的には、コロンビア産のコーヒーはウオッシュトです。最近、パルプドナチュラルや一部ナチュラルもみられますが、伝統的なウォシェドが「基本のき」であり、ここをきちんと理解する必要があります。

**これらの風味の違いを地道に確認していことで、風味特性を理解していきます。**

生産地や品種の情報の一部は＊FNC（コロンビア生産者連合会）のHPでわかりますが、実際に流通しているコーヒーの生産履歴情報は不明な部分が多く、地道に体験を繰り返していくしかありません。

＊FNC コロンビアコーヒー生産者連合会（cafedecolombia.jp）

# ■ 12-3 ペルー産のコーヒーテイスティング

## 12-3-1　概要

コーヒー農家は、小規模な家族経営で有機栽培も多くみられます。インフラ等の整備が行き届いておらず、生産量が安定しないといった問題があり、日本入荷の豆の品質に問題を抱えていましたが、2010年以降グァテマラ、コスタリカの生産量を超え、高品質の豆も見られるようになってきました。

2018年8月にPromperú（ペルー輸出観光振興会）がペルーコーヒーの商標『Cafés del Perú（カフェス・デル・ペルー）』を発表し、コーヒーの国としてのペルーのイメージを海外で普及する一方、国内では国産コーヒーの消費を促進しています。特に2010年以降は、SPの新しい産地として認知されつつあります。

## 12-3-2　ペルーの基本データ

| 産地 | 北部の Cajamarca（カハマルカ）、Amazonas（アマゾナス）、San Martin（サン・マルティン）の3県で全国生産シェアの6割強 |
| --- | --- |
| 標高 | 1.500〜2.000m |
| 品種 | Typica70%,、Caturra20 %、Bourbon 他 |
| 農家 | 85% は 3ha 以下の小農家、220.000 世帯、 |
| 収穫 | 3〜9月 |
| 精製 | ウォシェド、天日、機械 |

227

| 生産量<br>(1000袋/60k) | 1990-91/937、2000-01/2.676、2015-16/3.304、2,018-19/4.263<br>2019-20/3.836、2020-21/3.850、2021-22/4.350、2022-23/3.924 |
|---|---|
| 日本輸入量<br>(袋/60kg) | 2010/55.380、2017/45.150、2019/86.560、2020/79.090、2021/42.010、<br>2022/100.533、2023/58.950 |
| 基本成分 | 水分値12%、脂質量16.5g/100g、ショ糖7.5g/100g、pH4.9 |

## 12-3-3　等級

　ウォシュトコーヒーの等級は、サイズや比重よりも欠点豆の選別を重視しています。最も厳密な選別は、機械選別（スクリーン選別や比重選別）後、電子選別機にかけ、さらにハンドソーティングもあります（表12-22）。

　2010年以降小規模農家のSPも生産されています。

### 表12-22・輸出等級

| Machine Select | 機械による選別が1回 |
|---|---|
| Machine Cleaned Majorado | 機械による選別が2回 |
| Electonic Sorted | MCMを電子選別機にかけたもの |
| Electronic Sorted &Hand Picked | ESに手選別を加えたもの |

## 12-3-4　2019-20Crop の基本のテイスティング

　2010年代の中盤からペルーの生産者とパートナーシップを構築し、安定して高品質の生豆を確保しています。表12-23は、標高1.700～2.000mの同一生産者のウォシェトの豆6種。ペルーにこのような素晴らしい風味の豆があることを知り、パカマラ種やゲイシャ種に遭遇したときと同じような衝撃を受けました。著者が10点方式でテイスティングしました。ティピカ品種はまさにティピカの標本としての品質です。官能評価と味覚センサーの間には**r=0.9898**の高い相関性が見られました。

### 表12-23・ペルー 2019-20Crop　n=1　（2020.07.28）

| 品種 | 焙煎 | pH | 10点 | テイスティング |
|---|---|---|---|---|
| Typica | C | 5.2 | 47 | フローラル、クリーンできれいな柑橘果実の酸味、 |
| Bourbon | C | 5.2 | 45 | しっかりした酸味とメリハリのあるコク |
| Pacamara | C | 5.2 | 43 | 華やかな果実感があるが、焙煎が深くやや重い |
| Caturra | FC | 5.5 | 37 | オーバーロースト、やや苦味が強い |
| Geisha | H | 5.1 | 43 | ゲイシャらしい香り、華やかな酸味、あまい余韻 |

10点方式40点はSCA方式85点に相関し、45点の場合は90点に相当します。
焙煎のHはハイロースト、Cはシティロースト、FCはフルシティロースト。
ペーパードリップで、25gを2分30秒で240ml抽出。

## 12-3-5　2021-22Cropの基本のテイスティング

　図12-5は、ペルー産とボリビア産の豆で、2022年3月までに入港し、市場に流通している豆をサンプリングし、官能評価をして味覚センサーにかけたものです。

**図12-5・ボリビアとペルー 2021-22Crop　（2022.4）**

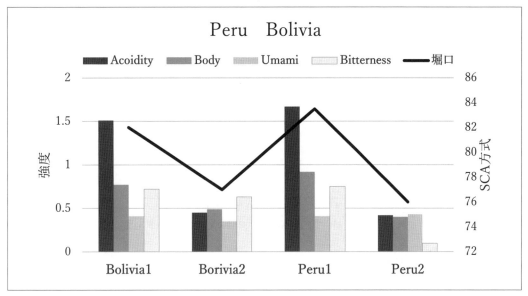

　ボリビア産1、ペルー産1は、Acidity、Body共に明確で、ボリビア産2, ペルー産2に比べよい風味であることが読み取れます。ただし、このサンプルの場合はSCA方式で80点を超えますが、85点は超えていません。また、ボリビア産2およびペルー産2は79点以下でした。官能評価と味覚センサー値の間には**r=0.9646**の相関性がみられました。

## ■ 12-4 エクアドル産のコーヒーテイスティング

### 12-4-1　概要

　2010年前後からSPに目を向け始めた生産国といえます。544千袋（21-22Crop）と生産量は少なく、日本入港も3158袋（1袋60kg換算）と微量で、体験できる機会が少ない生産地です。

　シドラ種（Sidra）というティピカ種とブルボン種の交雑種があり、エクアドル独特の品種として認知されつつあります。

## 12-4-2　基本データ

| 項目 | 内容 |
|---|---|
| 産地 | Carchi、El Oro、Loja、Galapagos |
| 標高 | 1.200 〜 2.000m |
| 品種 | ブルボン、ティピカ、カトゥーラ、シドラ（Sidra）他 |
| 農家 | ウォシェド、一部ナチュラル、ハニー、105.000 農家 |
| 収穫 | 一年中 |
| 精製・乾燥 | ウォシェト、ナチュラル、天日、ドライヤー |
| 生産量<br>（1000 袋 /60k） | 1990-91/1504、2000-01/854、2015-16/644、2,019-20/559、2020-21/502、2021-22/507、2022-23/544 |
| 輸入量（袋 /60 kg） | 2018/2.783、2020/3.158、 |

## 12-4-3　等級

　アラビカ種とカネフォーラ種が栽培されています。主には機械選別、その後のハンドソーティングがあるかないかなどで格付けされます（表 12-24）。SP には風味特性が必要になります。

### 12-24・輸出等級

| European Preparation | 手選別後の S18,S19 でマイルドタイプ |
|---|---|
| U.S.Quality | 機械選別された S17、S18 でスタンダード・グレード |

### Un-Washed Robusta

| Select Grade | 黒豆 3% 未満 |
|---|---|
| Standard Grade | 黒豆 3% 以上 5% 未満 |

## 12-4-4　2005-06Crop の基本テイスティング

　エクアドルの流通量は少なく、ガラパゴス産（Galápagos Islands）以外はほとんど使用してきませんでした。2000 年前後までのガラパゴスはきれいな大粒のブルーグリーンの豆で価格もコロンビア・スプレモの 4 倍程度していました（表 12-25）。

### 表 12-25・エクアドル　2005 〜 06Crop

| Sample | 精製 | 品種 | SCA | テイスティング |
|---|---|---|---|---|
| ガラパゴス | W | ブルボン | 84.75 | フローラル、きれいな柑橘の酸味、コク |
| ヒルカバンバ | W | ティピカ | 82.25 | クリーン、柑橘果実の酸味が心地よい |

## 12-4-5　2021 オークションロットのテイスティング

　アラビカ種とカネフォーラ種両方の生産地で、共にインターネットオークションが開催されています。Taza dorada というオークションは、エクアドルコーヒー輸出業者協会（ANECAFÉ）（www.anecafe.org.ec/）が主催する品評会で、一方、カネフォーラ種につ

いて、「Taza Dorada competition in Ecuador」は、Catholic Relief Services（カトリック救援サービス :https://www.crs.org/）がスポンサーで、エクアドルのコーヒー輸出業者協会である ANECAFE が主催しエクアドルの農民に高品質のコーヒー生産を促進することを目的にしています。

表 12-26 は、2021 年 11 月 25 日の Taza dorada オークションロットです。点数はオークションジャッジのスコアで、10 点はテイスティングセミナー参加者 16 名の平均点です。オークションロットのスコアは、やや高めになる傾向があり個人的には SCA 方式で 85 点強のコーヒーだと思います。オークションジャッジと 10 点方式の点数の間には、**r=0.8214** の高い相関性がありました。

しかし、味覚センサーの結果は、ウォシェドとナチュラルが混在しているためバラつきがみられ、ジャッジの点数との間には **r=0.4307**,10 点法との間には r=0.3191 と高い相関性はみられませんでした。ウォシェドのみで官能評価と味覚センサーの相関性を見た場合、ジャッジの点数は **r=0.6641**、10 点法式は **r=0.7001** と相関性が見られます（図 12-6）。

## 表 12-26・エクアドル Washed　2020-21Crop　n=16

| sample | pH | 標高 | 10 点 | ジャッジ | テイスティング　太字 Producer Cupping |
|---|---|---|---|---|---|
| Geisha/W | 5.0 | 2.050 | 41.8 | 90.36 | ジャスミン、オレンジ、ソフト<br>**Floral (violets) , lemon tea, apricot, melon** |
| TypicaM/W | 4.9 | 1.650 | 40 | 89.46 | ミカン、プラム、ハニー、**Caramel, plum, chocolate. Sparkling acidity.** |
| Sidra/W | 4.9 | 1.650 | 40 | 89.32 | レモン、ソフト、ワイン<br>**Peach, mango, black tea, orange.** |
| Caturra/W | 5.0 | 2.350 | 39.2 | 87.82 | フローラル、ソフト、デリケート、白ブドウ<br>**Prunes, grapes, honey.** |
| Geisya/N | 4.9 | 1.720 | 41.1 | 90.86 | フローラル、アプリコット **Rose petals, cardamom, plum, jasmine, grapefruit.** |
| Hybrid/N | 5.0 | 1.650 | 38.4 | 87.89 | フローラル、乾燥プルーン、にごり<br>**Floral, apricot, spicy sweet.** |
| Bourbon/N | 5.0 | 2.400 | 39.6 | 87.68 | 黒ブドウ、プラム、フローラル<br>**Red orange, black currant, lime, pear** |
| Typica/N | 4.9 | 1.400 | 39.9 | 87.61 | レモン、クリーン、プラム<br>**Red wine, chocolate, apple cider.** |
| Typica/M | 4.9 | 1.700 | 39.4 | 87.46 | アプリコット、レモン。やや濁り<br>**Apricot, plum, cola, vanilla, malt.** |

シドラ品種は、ティピカ品種とブルボン品種の交雑種で脚光を浴びている品種です。「**高品質の SP に比べ酸、コクは、やや弱めですが、香りは高く、非常にソフトでやさしい風味です。これらの風味は、他の生産国には見られない特徴で、高い評価をすべきと考えます。ゲイシャ種には、パナマのような華やかさはありません。**」

## 図 12-6・エクアドル味覚センサーの結果　2020-21Crop

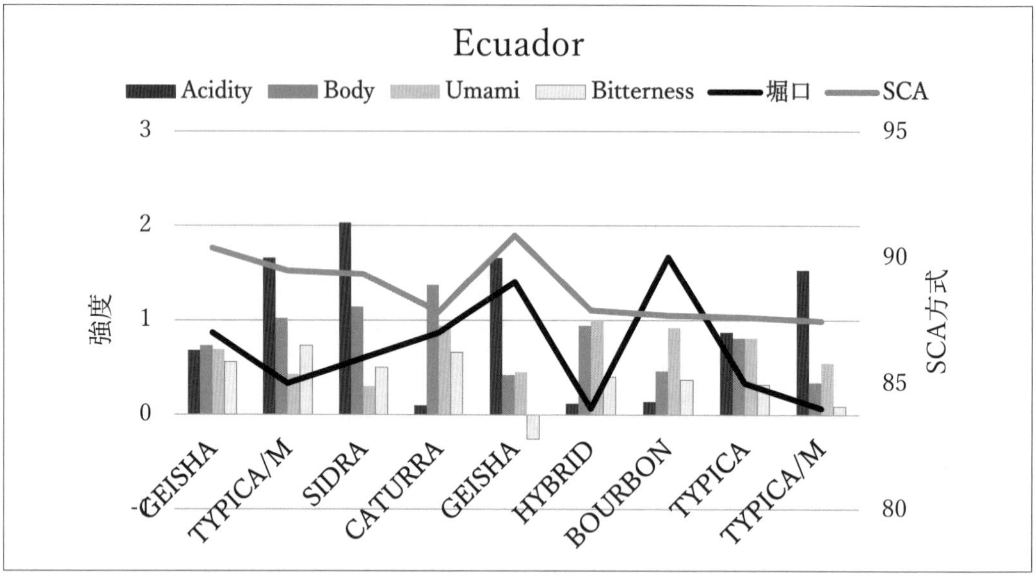

TypicaM は Typica Mejorado という品種でブルボン品種とエチオピアの伝統品種の交雑種といわれています。

# ■ 12-5 ボリビア産コーヒーのテイスティング

## 12-5-1　基本のテイスティング

　1920 年頃、アンデス山脈の東斜面に沿って広がる森林地帯のユンガス（Yungas）で始まりました。インフラが悪く、日本に到着するまでの流通が課題です。流通量は少なく、輸入商社からのサンプル（1 〜 3）と SP としてごくわずかに入港している農園の豆（4 〜 6）をテイスティングしました（**表 12-27**）。比較のためベネズエラ（7）をいれました。

### 表 12-27・ボリビア 2019-20Crop

| | 精製 | 品種 | テイスティング | SCAA |
|---|---|---|---|---|
| 1 | W | Typica | 柔らかな酸味、程よいコク | 82.5 |
| 2 | PN | Typica | かすかに甘い余韻 | 82.75 |
| 3 | N | Typica | フルーティ、ワイニー、評価が割れる可能性 | 84.75 |
| 4 | W | Caturra | 豆がきれい、酸味が強い | 81.25 |
| 5 | W | Typica | 乾燥、選別がよい、きれいで上品な風味 | 82.50 |
| 6 | W | Unk | 甘い香り、やわらかな酸味と甘み | 83.00 |
| 7 | W | Typica | 柔らかな豆質、SP ギリギリの風味 | 80.00 |

# 13 中米生産地のコーヒーテイスティング

## ■13-1 パナマ産コーヒーのテイスティング

### 13-1-1 概要

　パナマのチリキ県は、肥沃な土壌のため、パナマで最もコーヒーの生産性の高い地区です。バル火山周辺のチリキ県ボケテ地区（Boquete District）は、数百種の植物、鳥類（ケツァールなど）、哺乳類、昆虫が生息し、コーヒー産地として有名です。火山性土壌に豊富に含まれる栄養素、豊富な水分、雲霧林に囲まれ高品質の豆を生産できる条件がそろっています。

　2004年 Best of Panama（インターネットオークション）でデビューしたエスメラルダ農園のゲイシャ品種の風味は冷めるとパイナップルジュースのようで、世界のコーヒー業界に衝撃を与えました。そのため、パナマの他の生産者およびパナマ以外の生産者もこの品種に関心を持ち2010年代には多くの生産者が栽培するようになりました。そのため、パナマの Best of Panama は、ゲイシャ品種のオークションに様変わりし、2020年のオークションでは、ウォシェド、ナチュラル共にSCA方式で95点という高いスコアがつけられています。

　ゲイシャ品種は、すでに20年近い流通の歴史を刻み、その風味の認知度が広がり、90点を超えるスコアのコンセンサスが形成されつつあります。

ゲイシャ品種の
開花と果実

## 13-1-2　基本データ

| 項目 | 内容 |
|---|---|
| 産地 | ボケテ（Boquete）、ボルカン（Volcán） |
| 標高・土壌 | 1.200 ～ 2.000m・火山性土壌 |
| 品種 | ゲイシャ、カトゥーラ、カトゥアイ、ティピカ他 |
| 収穫 | 11 月～ 3 月 |
| 精製・乾燥 | ウォシュト、ナチュラル、天日、ドライヤー |
| 生産量<br>（1000 袋 /60kg） | 2000-01/170 、2010-01/114、2018-19/130、2019-20/114、2020-21/115 、<br>2021-22 /110、2022-23/125 |
| 輸入量 | unk |
| 生豆基本成分 | 水分 10.65、脂質量 16.8、ショ糖 8.19、pH4.9（Boquete 地区のゲイシャ品種、カトゥー<br>ラ品種 23 試料の平均） |

## 13-1-3　ゲイシャ種の風味の変遷

　表13-1 は、2004 年のゲイシャ品種デビュー時の風味とその後のゲイシャ品種との風味を比較したものです。

### 表 13-1・パナマ 2004Crop 以降の Best of Panama のゲイシャ品種

| 年度 | 精製 | テイスティング | SCAA |
|---|---|---|---|
| 2004 | W | エスメラルダ農園のデビュー時のオークションサンプル、ケニアとは違う衝撃の果実感、まだ SCAA90 点の評価コンセンサスのない時代 | 90 |
| 2007 | W | デビューから 3 年後、甘い果実、レモン、蜂蜜入りリンゴ、パイナップルなどの熱帯果実の風味 | 89 |
| 2010 | W | 多くの農園がゲイシャ種の生産を開始、メロン、マスカット、ライチのような白系の果実の風味。 | 89 |
| 2014 | W | 甘い余韻があり、砂糖を少量入れたかのよう、さわやかな酸は完熟したミカン、クリーンでやさしい風味。 | 88 |
| 2014 | N | ゲイシャ種のナチュラルが流通し始める、上品で繊細。 | 90 |
| 2015 | W | 蔗糖、蜂蜜の甘みに柔らかなレモンの酸が絡み、レモネードのよう、フレッシュのライチ、白ワイン。 | 89 |
| 2015 | N | 甘めの赤ワイン , ゲイシャ種のナチュラルの精製方法が確立。 | 89 |
| 2017 | W | 柑橘系の強い酸。 | 89 |
| 2019 ～ | anaerobic | 2004 から 10 年以上経過し、他の生産国でも収穫されるようになった。<br>この年から Anaerobic の豆が増加し、W の減少が目立つ。世界的にナチュラルのフレーバーを求める傾向が顕著になる | 90 |

　2010 年代にはいるとパナマの多くの農園のゲイシャ種が市場に流通するようになり、価格も高騰しました。ゲイシャ種が認知されるにつれナチュラルも作られるようになり、それを求める自家焙煎店も増加し、差別化された商品として徐々に認知されていきました。しかし、生豆価格も高騰し、健全な商品とはいいがたい面も感じるようにもなりました。2010 年代終盤以降は、エスメラルダ農園以外のソフィア農園、エリーダ農園などの風味

が際立つようになり、さらにはゲイシャ種に特化するような農園も増えています。

### 13-1-4　2019-20Cropの基本のテイスティング

　パナマの様々な品種のナチュラルをサンプリングし（**表13-2**）、テイスティングを行い、味覚センサーにかけました（**図13-1**）。SCA方式と味覚センサー間には**r=0.6624**、10点法式と味覚センサー間には**r=0.7783**のとやや高い相関性が見られました。また、SCA方式と10点方式の点数の間には**r=0.9170**の高い相関性がみられました。

表13-2・パナマ・2019-20Crop　品種　　n=16　（2020.11）

| 試料 | 精製 | pH | SCA | 10点 | テイスティング |
|---|---|---|---|---|---|
| Geisya | N | 4.9 | 90 | 45 | 上品、ワイニー、柑橘の酸、よいナチュラル |
| Bourbon | N | 5.0 | 88 | 43 | フローラル、甘い柑橘の酸味、ボディ |
| Caturra | N | 5.0 | 83 | 38 | 酸味よわい、風味特長が弱い |
| Catuai | N | 5.0 | 79 | 34 | ややハーブ、すれた味、枯れた味の印象 |
| Pacamara | N | 4.9 | 83 | 42 | かすかにアルコール臭、anaerobicと推測 |

図13-1・パナマ2019-20Crop　品種

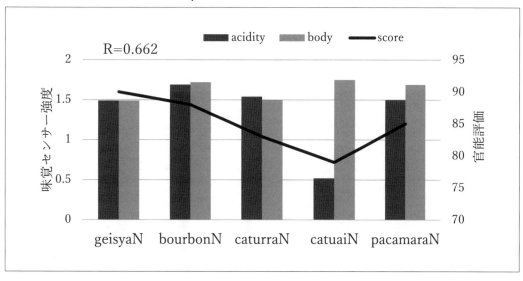

### 13-1-5　2020 Best of Panamaのテイスティング

　**表13-3**は2020年のBest of Panamaのサンプルから選抜したもので、すべてすばらしい農園の豆です。10点法は、パネル16名の平均値、SCAはオークションジャッジのスコアです。両者の間には**r=0.7937**の相関性が見られました。しかし、オークションジャッ

ジの点数およびテイスティングセミナーのパネル16名のスコアの点数と味覚センサーとの間には相関性が見られません（図13-2）。この年はアナエロビックの精製の豆が増加していますので、味覚センサーが発酵した風味に対応できていない可能性があります。また、アナエロビック精製に対する官能評価が定まっていないためにバラつきが生じたとも考えられます。「**全体的に微細な発酵臭がありますが風味は上品で、エーテル臭はありません。**」パナマのアナエロビックはASD（anaerobic slow dry）と呼ばれています。」

表13-3・2020 Best of Panamaのゲイシャ種　　n=16　（2020.11）

| 試料 | 精製 | 水分 | pH | 10点 | SCA | コメント |
|---|---|---|---|---|---|---|
| Carmen | W | 9.1 | 5.0 | 46 | 93.00 | 洋ナシ、甘い余韻、クリーン |
| Erida | W | 10.1 | 4.9 | 44 | 93.00 | プラム、ピーチ、Anaerobic |
| Jajones | W | 10.3 | 5.0 | 43 | 92.75 | 繊細なフレーバー、Anaerobic |
| Sophia | N | 9.6 | 5.0 | 48 | 93.50 | フローラル、デリケート、複雑 |
| Esmeralda | N | 8.8 | 4.9 | 43 | 92.50 | 酵母を添加、yeast inoculated |
| Duncan | N | 10.0 | 4.9 | 44 | 92.25 | 上品なナチュラル、Anaerobic |

Elidaは、Lamates Family Estatesとして知られています。Anaerobcは、プラスチックタンクに96時間チェリーを入れ発酵、Esmeraldaは60時間タンクに入れ酵母で発酵させています。

図13-2・2020 Best of Panamのゲイシャ種

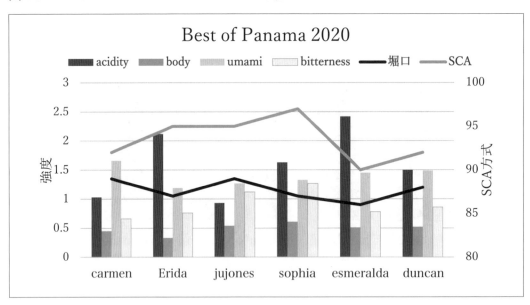

第4章　各生産国のテイスティング実践

# ■ 13-2　2021 Best of Panama（ナチュラル）の品種テイスティング

　表13-4は、2021年のベストオブパナマのナチュラルから品種の異なるナチュラルの豆を選んだものです。テイスティングセミナーパネル24名で10点方式のテイスティングを行い、オークションジャッジのスコアとの相関性をみました。両者の間には **r=0.5765** と相関性は高いとはいえませんが、現在のパナマのオークションロットは、従来のナチュラルの精製方法に何らかの手を加えたものが多く、評価が難しいと感じます。

## 表13-4・2021 Best of Panama 多様な品種　ナチュラル　n=24

| Sample | SCA | 10点 | テイスティング |
|---|---|---|---|
| Mokkita | 92.00 | 43 | フローラル、蜂蜜、ライチ、果実感 |
| Typica | 89.25 | 39 | フルーツ、スパイス、樟脳、＊アナエロビック臭 |
| Pacamara | 89.00 | 42 | フローラル、白ブドウ、ショ糖、ミカン |
| SL28 | 88.75 | 42 | なめらか、甘い酸、プラム、黒ブドウ |
| Java | 88.50 | 37 | すれた、濁り、草、香り弱い |

＊アナエロビック臭はエーテル臭や発酵臭、　Mokkita は Mokka 品種です。

# ■ 13-3　2021 Best of Panama（ウォシュト）の品種テイスティング

　表13-5は、2021Best of Panama からウォシュトを9種選んでテイスティング会パネル16名でテイスティングし、味覚センサーにかけたものです（図13-3）。味覚センサーの結果にはややばらつきが目立ちます。味覚センサーとオークションジャッジのスコアの間には r=0.5722 の相関性があり、味覚センサーとパネル16名の平均値との間には **r=0.3166** の相関性にとどまりました。ただし、ジャッジとテイスティングセミナーパネルの間には **r=0.6268** の相関がみられましたので、近い評価をしていると考えられます。

## 表13-5・2021 Best of Panama ゲイシャ品種　ウォシェト　n=16　（2021.09）

| 農園 | 10点法 | SCA | テイスティング |
|---|---|---|---|
| W1 | 45.38 | 93.50 | ソフト、ライチ、マスカット、 |
| W2 | 43.75 | 93.50 | アンズ、甘味、オレンジ、白ブドウ |
| W3 | 45.13 | 93.50 | ティー、オレンジ、やや雑味 |
| W4 | 43.13 | 93.50 | ミカン、甘味、コク、 |
| W5 | 44.25 | 92.75 | 華やか、ジャスミン、オレンジ、バランス |
| W 6 | 43 | 92.75 | 華やか、バランス、コク |
| W 7 | 43.5 | 92.25 | フローラル、オレンジ、甘味 |
| W 8 | 43.5 | 92 | ジャスミン、柑橘の酸、甘味、コク |
| W-9 | 42 | 92 | 明るい酸、クリーン、プラム、オレンジ |

多くの場合、果肉除去後、発酵槽で36時間程度ぬめりを発酵させ洗浄し、アフリカンベッドで約8日間から32日間程度まで乾燥します。ドライヤーを併用する事例もあります。

237

図 13-3・2021 Best of Panama ゲイシャ品種　ウォシェト

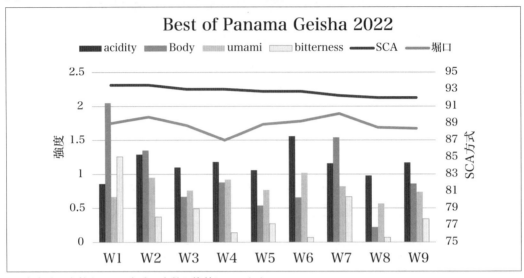

10点方式の点数をSCA方式の点数に換算しています。

　表 13-6 は、2021Best of Panama からナチュラルを9種選んでテイスティングし、味覚センサーにかけたものです（図 13-4）。ナチュラル9種の味覚センサーとオークションジャッジのスコアの間には **r=0.4612**、味覚センサーとテイスティング会パネル16名の平均値との間には **r=03483** の相関しか見られませんでした。また、ジャッジとパネルとの間には **r=0.2964** と評価が割れています。ウォシェトに比べナチュラルの評価は微妙な差が出ることによると考えられます。例えば、N1、N4、N5 には微細なアルコール発酵のニュアンスを感じます。一部に嫌気性発酵がされてるようで、客観的な評価が難しいと感じます。世界的にみると、2016年以降からナチュラルのアルコール発酵、乳酸発酵している風味に寛大な傾向があります。今回は、一応高い評価としましたが、anaerobicのコーヒーを従来のSCA方式で評価するには無理があります。

表 13-6・2021 Best of Panama ゲイシャ品種　ナチュラル（2021.09）

| 農園 | 10点法 | SCA | テイスティング |
|---|---|---|---|
| N 1 | 44 | 94.75 | ワイニー、エーテル、梅酒、アルコール発酵 |
| N 2 | 44.75 | 93.25 | コクが豊か、かすかにオイリー、 |
| N 3 | 43.75 | 93.00 | 梅、上品なナチュラル、クリーン |
| N 4 | 42 | 93.00 | アルコール発酵、ワイニー、許容できる範囲 |
| N 5 | 41.88 | 93.00 | かすかにエーテル臭、ウイスキー、微発酵 |
| N 6 | 44.25 | 92.50 | フローラル、ボディ、バランス |
| N 7 | 45,13 | 92.50 | クリーン、甘味、やや渋味 |
| N 8 | 42.5 | 92.50 | ジャスミン、クリーン、バランス |
| N 9 | 41.35 | 92.00 | フローラル、ソフト、 |

オークションジャッジのコメントの一部をあげておきます。85点以上のコーヒーであればこのようなコメントは可能ですが、85点以下の点数であれば表現過剰となります。

Intense florals like jazmin, companied with lemon and sweet oranges; sweet like sugar cane, papaya and cantaloupe.  Strong and prologated flavours, very juicy with a sweet lemon tea finish.

This delicious coffee has the classic Geisha tasting notes of jasmine, bergamot and stone fruits, interlaced with notes of candy, lychee, red apple, bergamot and strawberries

これまで、コトワ、カルレイダ、ソフィア、エリーダなど多くの農園のゲイシャ品種を使用してきましたが、2023年現在パナマのゲイシャ品種の価格は高騰しすぎて、日本の会社は購入が困難になってきています。オークションの落札は、中国などの新興勢力が主流となっています。

図13-4・2021 Best of Panama ゲイシャ品種　ナチュラル

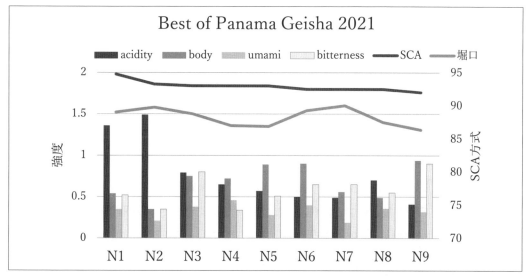

パナマのナチュラル

# ■13-4 グァテマラ産コーヒーのテイスティング

## 13-4-1　概要

　グァテマラは、2000年代の初期からSPを牽引した重要な産地です。中でもアンティグアは、アグア、フエゴ、アカテナンゴ（AGUA、FUEGO、ACATENANGO）の3つの火山に囲まれ、火山灰土壌のもと優れたコーヒーが生まれ、高く評価されてきました。この地のコーヒーは、他の産地よりも価格が高く、混ぜられて売られる事例が多く見られ、39の農園と小農家は＊APCA（ASSOCIATION OF PRODUCERS OF GENUINE COFFEE ANTIGUA: アンティグア生産者組合）を組織し、本物のアンティグア産コーヒーとして麻袋に「Genuine Antigua coffee」のマークを入れています。

＊APCA (antiguacoffee.org)

　1996年にスターバックスが銀座に開店した際のメニューボードにはグァテマラ・アンティグアとコロンビア・ナリーニョの2つのメニューが掲載されていました。当時、シアトル派と呼ばれたスターバックやシアトルズベスト、およびピーツコーヒーなどがアンティグアのコーヒーを多く購入していました。

　筆者が初めてグァテマ・アンティグアのコーヒーを使用したのは、1990年代の終盤、標高1700m前後に植えられた古木のティピカ品種で、1コンテナ250袋（1袋69kg）使用していました。Carmona農園の特別ブランド品のPulcalは**「甘い花の香り、明るい酸味、複雑な風味が特徴の素晴らしいコーヒーでした。」**

　その後、アンティグアの多くの農園の豆をテイスティングし、その中で標高の高い農園に絞り込み、2004年以降、標高1.6000m以上のサンタカタリーナ農園のブルボン品種を購入し、農園との信頼関係を築き今日まで使用しています。この取引農園はGPSで40の区画を管理していましたので、ワインにおけるグランクリュ(特級畑)の概念を参考にし、2011年には標高1900mの2区画を別ロット（GRAND RESERVE）にしました。また、標高差、品種による仕様などを通し、風味の差異を検証してきました。

　　アンティグアの良さは、産地の歴史が古い分、安定した品質が維持されることです。1990年代2000年代のコロンビア産の風味の低下の中で、コロンビア産のコクをカバーできた豆はアンティグア産以外になく貴重でした。

　また、2006年には、フエゴ火山からの火山灰が豊富なミネラル分を土壌に与えているアンティグアの西側のアカテナンゴ地区がANACAFE（アナカフェ/Asociación Nacional del café）により8番目の産地に登録され、この地の農園の豆も多く使用してきました。

ANACAFE は 2000 年の初期から、グァテマラコーヒーの生産地による風味差について
のセールスプロモーションを消費国に対し行ってきました。そのため、消費国は様々な産
地に関心を持ち始め、COE コンテストでウエウエテナンゴの農園のパカマラ種が入賞し
たころから、ウエウエテナンゴ地区にも関心が及びました。メキシコ国境に近く、標高の
高い産地で、「**鮮明な柑橘類の酸味、十分なコク、甘味があり**」、グァテマラの優れた産地
であることを表しています。

## 13-4-2　基本データ

| 項目 | 内容 |
|---|---|
| 産地 | アンティグア（Antigua）、アカテナンゴ（Acatenango）、アティトゥラン（Atitlán）、コバン（Cobán）、ウエウエテナンゴ（Huehuetenango）、フライハーネス（Fraijanes）、サンマルコス（San Marcos）、ニューオリエンテ（ Nuevo Oriente） |
| 標高・土壌 | 1.000 〜 2.000m、Volcanic loam　Clay minerals |
| 品種 | ブルボン、カトゥーラ、カトゥアイ、パチェ、パカマラ他 |
| 収穫 | 11 月から 4 月ころ |
| 乾燥 | ウォシェド、コンクリート、レンガ、タイルなどの乾燥場で天日乾燥 |
| 生産量<br>（1000 袋 /60kg） | 1900-91/3.271、2000-01/4.949、2010-11/3.950、2018-19/4.007、2019-20/3606 、2020-21/4.100、2021-22/3733、2022-23/3758 |
| 輸入量<br>（袋 /60kg） | 2010/569.600、2017/500.780、2019/487.700、2020/446.180、2021/331.880、2022/350.4830,、2023/364.616 |
| 生豆基本成分 | 水分 11.93、タンパク質 11.4、脂質 16.59、灰分 3.3、炭水化物 55.8<br>ショ糖 7.51、PH4.9（Antigua、Chimaltenango 地区のブルボン種 31 試料の平均） |

## 13-4-3　等級

ANACAFE のグレーディングスタンダードです。基本的にはウォシェドが対象です。
アンティグアでは、2.000m の標高地区でも栽培されています。逆に、標高が低く収益性
が低い EPW、PW の栽培は減少しています。2022 年 .3 月現在 SHB の品質（欠点豆の混
入増など）は、10 〜 20 年前に比べ全体的に低下しています（**表 13-7**）。

### 表 13-7・グァテマラの種出等級

| 等級 | 標高 |
|---|---|
| Strictly Hard Bean | 1.400m 以上 |
| Hard Bean | 1.225 〜 1.400m |
| Semi-Hard Bean | 1.100 〜 1.225m |
| Extra Prime Washed | 900 〜 1.100m |
| Prime Washed | 600 〜 900M |

## 13-4-4　基本のテイスティング（1）

　表13-8は、グァテマラ産のSPとCOの理化学的数値と官能評価を比較したものです。SPはアティトゥラン地区の豆で脂質量が多く、鮮度劣化がありませんが、HBは脂質が少なく、酸価が大きく鮮度劣化しています。そのため、SPは、COより官能評価が高くなっています。

表13-8・グァテマラ 2016-17Crop・等級（1）　n=13

|  | pH | 脂質 | 酸価 | SCAA | テイスティング |
|---|---|---|---|---|---|
| SP | 4.96 | 17.2 | 1.91 | 83.64 | SPとしてはやや酸味、甘味が弱いが、クリーンで評価は高めになっている |
| SHB | 4.94 | 14.4 | 3.43 | 77.39 | 酸味に物足りなさを感じる |
| HB | 5.00 | 12.9 | 5.55 | 74.00 | コクが弱く、味に濁りがある |

## 18-4-5　基本のテイスティング（2）

　表13-9は、グァテマラの各産地の農園の豆をテイスティングした結果です。このサンプルの場合は、アンティグアの農園の豆のみが85点を超えています。**「アンティグア産の基本的な風味特長は、コクにありますが、酸も柑橘果実の甘い酸が魅力です。」**

表13-9・グァテマラ 2014-15crop　各産地の農園　　n=18

| 農園の地区 | 標高 | 品種 | テイスティング | SCAA |
|---|---|---|---|---|
| アンティグア | 1700 ≧ | Bourbon | オレンジの酸味にプラム | 86.25 |
| アティトゥラン | 1600m | Bu,Cu | やわらかな酸味、コクはやや弱め | 84.50 |
| チマルテナンゴ | 1700 ≧ | Bu 他 | オレンジの酸、なめらかなコク | 83.25 |
| ウエウエテナンゴ | 1720 ≧ | Bu 他 | さわやかな酸味、クリーン | 84.00 |
| フライハーネス | 1700m | Bu 他 | 特長はないが欠点もない | 80.00 |

Bu=Bourbon、Cu=Caturra

## 13-4-6　基本のテイスティング　アンティグア（3）

　表13-10は、歴史のあるアンティグアの農園の豆です。基本品種はブルボン種ですが、矮小種のカトゥーラ種やカトゥアイ種を植える傾向も見られます。但し、カトゥーラ種やカトゥアイ種が混ざると風味がやや重くなります。

　**「評価は、テイスティングを行った結果です。いくつかの農園の豆は実際に購入して使用しています。評価はロットや収穫年により異なりますので、点数をもって農園の評価としないようご注意ください。」**

　**「ブルボン種は、フローラルな甘さ、柑橘類のオレンジの酸でクエン酸、なめらかな舌**

触り、アフターにやや甘味と複雑さが残ります。焙煎度をシティやフレンチまで深くしても、風味がぶれないのもアンティグアの優れた点です。シティでやや甘いチョコレート、バニラ、フレンチでキャラメルのような深みのある風味が現れます。アンティグア産のブルボン種は、世界中の多くのブルボン種の中で、基本の香味となりますので重要です。」

表13-10・グァテマラ 2015-16crop　アンティグア　n=18（2016.06）

| 農園 | SCAA | 内容 |
| --- | --- | --- |
| SANTA CRUZ | 84.00 | アンティグアの標準的な風味、柑橘の酸とコク |
| FILADELFIA | 84.00 | 明るいオレンジの酸味、クリーン |
| LA FELICIDAD | 84.50 | このロットは柑橘の酸に黒ブドウでやや異質 |
| LA FOLIE | 85.75 | オレンジ、トマト、甘い余韻、ややケニアフレーバー |
| LA JOYA | 85.25 | 香りよい、レモン、アンズ、コクがあり複雑な風味 |
| LA CuPULA | 85.00 | なめらかな舌触り、標高が高い農園 |
| MEDINA | 83.25 | 近代的な精製設備、アンティグアの平均的風味 |
| LA AZOTEA | 83.50 | バランスよくアンティア産らしい風味 |
| URIAS | 84.50 | 紫っぽく完熟したチェリーを摘み、濃縮感のある風味 |
| CAPETILLO | 83.00 | 標高がやや低い位置の農園、さわやかな酸味 |
| CARMONA | 84.75 | なめらかな舌触りとオレンジの酸味 |
| LAS NUBES | 84.75 | 安定したアンティグアの風味、酸味とコク共に秀逸 |
| LA TRAVESIA | 84.00 | 柑橘果実のさわやかな酸味、ややコクは弱め |
| SANTA CLARA | 84.25 | 年により風味にバラつきがある |
| SANTA INÉS | 83.50 | やや雑味があり、カトゥーラ種が多い |
| SAN MIGUEL | 86.00 | 前質が固く、しっかりした柑橘果実の酸とコクのある豆 |

　1990年代中盤には、San Sebastian農園 などいくつかの農園の豆を使用し、終盤からCarmona農園のティピカ種を購入しました。その後、2004年からSanta Catarina農園の豆を使用し、スターバックスコーヒーに代わりに2010年以降はほぼ全量を購入しています。

古都アンティグア

## 13-4-7　基本のテイスティング（4）

　表13-11 は、サンタカタリーナ農園の標高毎にサンプリングした豆をテイスティングしたものです。1.600m 以上の火山灰土壌の豆を購入していますが、標高差による風味差を確認するため、標高の低い位置の農園の豆も入れました。

### 表 13-11・グァテマラ 2013-14Crop 同一農園の標高差　n=27

| 標高 | 品種 | テイスティング | SCAA |
|---|---|---|---|
| 1900m ≧ | ブルボン | オレンジのしっかりした酸味と十分なコク | 87.50 |
| 1800m ≧ | ブルボン | オレンジの酸味、甘い余韻 | 87.00 |
| 1700m ≧ | ブルボン | さわやかな酸味としっかりしたコクが心地よい | 86.25 |
| 1550m ≧ | ブルボン | マイルドにまとまった風味 | 85.50 |
| 1550m ≧ | カトゥーラ | さわやかな酸に、やや濁りが生じる | 82.00 |
| 1400m | ブルボン | 標高が低い分酸味が減少し、個性は減少する | 81.00 |

この農園の山の斜面に植えられた木は、標高により区画管理されています。区画ごとに精製したロットをテイスティングしたものです。

## 13-4-8　基本のテイスティング（5）

　表13-12 は、アンティグアの農園の 1.900m エリアのブルボン品種豆を様々な焙煎度にしてテイスティングしたものです。嵩密度が高い豆で、十分なコクがあるため焙煎による風味のブレが少ないといえます。

### 表 13-12・2019-20Crop　同一農園の異なる焙煎度　n=24

| 試料 | pH | Brix | 10 点 | コメント |
|---|---|---|---|---|
| High | 4.9 | 1.8 | 40 | きれいな酸味、甘い余韻が持続する |
| City | 5.3 | 1.8 | 42 | 橘果実の酸味とコクのバランスがよい |
| Full city | 5.4 | 1.8 | 41 | なめらかな舌触りでよい焙煎 |
| French | 5.6 | 1.7 | 39 | 明確なコク、フレンチでも風味がぶれない |

ハリオの円錐ドリッパーを使用、25g の粉を使用し 2 分 30 秒で 240ml 抽出。

## 13-4-9　2020-21Crop のテイスティング　官能評価と味覚センサーの相関性

　グァテマラの各生産地の豆をサンプリングし（表13-13）、10点方式でテイスティングし、味覚センサーにかけた結果を図にしました（図13-5）。両者の相関係数は **r=0.8514** と高い相関性が見られました。

表13-13・グァテマラ 2020-21Crop 各生産地区 n=16 （2021.01）

| 地区 | 品種 | 水分 | pH | Brix | 10点 | コメント |
|---|---|---|---|---|---|---|
| アンティグア | Bourbon | 10.7 | 5.1 | 1.1 | 39 | コク、酸味のバランスがよい |
| アティトゥラン | Bu/Ca | 10.5 | 5.1 | 1.2 | 33 | バランスよいが特徴が弱い |
| ウエウエテナンゴ | Pacamara | 9.8 | 4.9 | 1.1 | 43 | 華やか、熟した果実、黒ブドウ |
| ウエウエテナンゴ | Geisha | 10.2 | 5.0 | 1.2 | 43 | 華やかな香り、果実感が強い |
| サンタ・ローサ | Pacamara | 11.1 | 5.0 | 1.15 | 40 | しっかりした酸味とコク |
| SHB | unk | 10.4 | 5.2 | 1.2 | 30 | 香り弱く、風味が重い |

サンタ・ローサ（Santa Rosa）はCOE入賞豆。

図13-5・グァテマラ 2020-21Crop 各生産地区 n=16

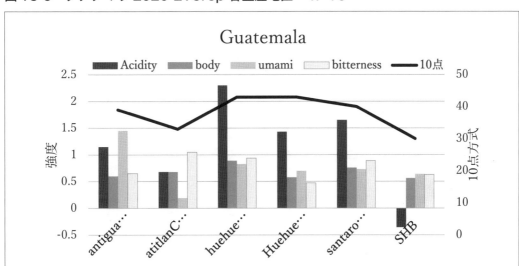

## 13-4-10　2022 エル・インフェルトのオークションロットのテイスティング

10年以上前から毎年行われている「El Injerto」農園のプライベートオークションが2022年7月に行われ、様々な品種のウォシュトをサンプリングし（**表13-14**）10点方式でテイスティングを行い、味覚センサーにかけました。モカ種を除くとすべて85点以上のよい豆で、官能評価と味覚センサーの間には **r=0.6015** の相関性が見られました（**図13-6**）。

表13-14・2022 EL Injerto n=24 （2022.07）

| 品種 | 水分 | 10点 | テイスティング |
|---|---|---|---|
| Mocca | 10.2 | 38 | やや苦味、キャラは弱い |
| Geisha1 | 9.7 | 41 | フローラル、甘い余韻、 |
| Geisha2 | 10.1 | 42 | フローラルで甘味、ややフルーティ |
| Pacamara1 | 10.5 | 45.5 | フルーティ、ブドウ、プラム、ゲイシャより良い |
| Pacamara2 | 10.8 | 44.5 | フルーティ、ケニアフレーバー |
| Y・pacamara | 9.9 | 42.5 | チョコレート、クリーム |
| SL28 | 10.5 | 44.5 | 酸味強い、レモン、パッションフルーツ |

図 13-6・2022 EL Injerto オークションロット　n=24

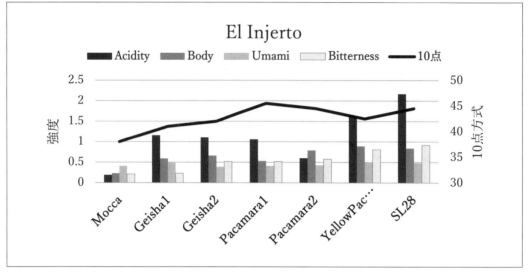

## ■ 13-5 コスタリカ産コーヒーのテイスティング

### 13-5-1　概要

　スペシャルティコーヒームーブメントの中で 2010 年以降に最も変貌した産地です。1990 年代は、日本での認知は少なく、グァテマラに大きく後れを取っていました。コスタリカでは、タラス（Tarrazú）のドータ農協、ウエストバレー（Western Valley）のパルマレス農協など大きな農協組織が発達し、傘下のミルで大量生産をする仕組みでした。それぞれの地域で農協組織があり、組織化された生産地で、中米の中では最も効率的な生産をしていると感じました。それ以外は各地に大きな農園もあり、どうしても取引単位が大きくなるのが難点でした。

　しかし、2000 年以降の SP のムーブメントは生豆の生産履歴を求める方向に向かいましたので、それに合わせるように Icafe（コスタリカコーヒー協会）は、TARRAZÚ、OROSI、TRESRIOS、WESTVALLEY、CENTRALVALLEY、TURRIALBA、BRUNCA など生産地を区分したセールスプロモーションを初めていきました。

　2005 年には、* ICAFE (Instituto del Café de Costa Rica) に招待され各生産地を周り、カッピングをさせてもらいました。タラスでは、7 つのミル（当時タラスには 11 のミルがありました）の豆をカッピングしましたが、各ミルのエリアが広く、様々な豆が混ざるため細かなロット管理が難しいとも感じました。また、品種がカトゥーラ種しかないこと（Icafe はカトゥーラの苗木を主に販売）、各産地のミルのロットが大きいこと、トレサビ

リティを明確にした豆が少なかったことなどが、コスタリカの SP の発展の障害になっていたと思います。

　コスタリカではほとんどの小生産者たちは、自分たちの摘んだチェリーを輸出業者や生産者協同組合の所有する大規模ミルに持ち込んでいました。彼らのコーヒーは、標高、品種、製法にこだわることなくブレンドされ一つの商品としてマーケットに出されていました。しかし、2000/2001 年の国際コーヒー価格の低迷により、コーヒー生産者は十分な収入を得られず、コスタリカの個々の生産者または小農家グループの一部は、自分たちの手で果肉除去し、乾燥ができるプライベートの加工場を作り、品質的な付加価値を付けることを考えました。

　これらはマイクロミル（MICROMILL）と呼ばれ、コスタリカの SP をリードしていくことになります。2000 年代の終盤あたりからこのマイクロミルは世界的に認知され初め、生産者は、果肉除去機や脱粘機などの機械に投資することで、大手農協に依存することなく、自由にコーヒーを作り始めたわけです。

　これらのコーヒーを、消費国に販売するエクスポータの努力も大きかったと思います。一部の生産者は、毎年のように消費国に行き、自分たちの存在をアピールした結果、世界中のトレーダーやロースターが現地にも行くようになり、コスタリカのマイクロミル方式は、優れたコーヒーを生み出し、世界的にも SP 市場を牽引する最前線にあるように感じます。コスタリカのマイクロミルとの取引は20年以上に及び、スタッフは毎年産地を訪問しています。

## 18-5-2　基本データ

| 項目 | 内容 |
|---|---|
| 産地 | タラズ（Tarrazú）、セントラルバレー（Central Valley）、ウェスト バレー（West Valley）、トゥリアルバ（Turrialba）、トレスリオス（Tres Rios）、オロシ（Orosi ）、ブルンカ（Brunca） |
| 標高・土壌 | 1200 ～ 2.000m・Volcanic loam 、Clay minerals |
| 品種 | カトゥーラ、カトゥアイ、ビラ サルチ（Villa Sarchi） |
| 農家 | 小農家、一部大農園　現在はマイクロミルが拡大し 200 以上 |
| 収穫 | 11 月～ 4 月 |
| 精製 | ウォシェド　ハニープロセス |
| 乾燥 | 天日、機械 |
| 生産量<br>（1000 袋 /60kg） | 1990-01/2.562、2000-01/2.419、2010-11/1.614、2105-16/1.372<br>2018-19/1.427、2019-20/1.472、2020-21/1.430 、2021-22/1360、2022-23/1320 |
| 輸入量<br>（袋 /60kg） | 2010/66.000、2017/21.260、2019/16.030、2020/14.990<br>2021/21.710、2022/18.460 、2023/22.133 |
| 生豆基本成分 | 水分 10.71 、脂質 17.6、ショ糖 7.96、pH4.85（Tarrazu、Piedra のマイクロミル産のカトゥーラ種、カトゥアイ種 44 試料の平均） |

### 13-5-3　等級

　ユーザーの要望に応じて欠点豆は電子選別されます。ヨーロピアンプリパレーションには、豆の大きさによる格付けがあります。比重による格付けはヨーロピアンとアメリカンプリパレーションがありますが、コスタリカの場合は生産エリアにより銘柄や等級がきまります（表13-15）。現状のSP市場では官能評価が重要になっています。

#### 表13-15・太平洋側の等級

| 等級 | 生産地 | 標高 | 備考 / 地区 |
|---|---|---|---|
| Strictly Hard bean | Tarrazu | 1.200 ～ 1.700m | 最も有名な地区 |
| Strictly Hard bean | Tres Rios | 1.200 ～ 1.650m | 宅地化が進んでいる地域 |
| Strictly Hard bean | Central Valle | 1.200 ～ 1.600m | Barva、Poas volcano |
| Strictly Hard bean | Occidental Valley | 1.000 ～ 1.200m | Naranjo、San Ramon |
| Good Hard bean | West Valley | 1.200 ～ 1.500m | 最大の生産地 |
| Hard Bean | Talamanca | 800 ～ 1.200m | 主に汎用品の産地 |
| Medium Hard Bean | Brunca | 800 ～ 1.200m | 一部新たなSPが生まれた |

#### 大西洋側

| High Grown Atlantic | Orosi | 900 ～ 1.200m | 狭い地域 |
|---|---|---|---|
| Medium Grown Atlantic | Turrialba | 600 ～ 900m | カリブ海気候の影響 |

### 13-5-4　基本のテイスティング（1）SPとCO

　表13-16は、コスタリカ産のSPとCOで、理化学的な分析をし、官能評価したサンプルです。SPは、COに対しpH、酸価数値が有意に低く、脂質量、ショ糖量は有意に高い傾向がみられ（*P<0.05*）、結果として官能評価が高いといえます。

#### 表13-16・コスタリカ 2016-17Crop・等級　 n=30

| | pH | 脂質 | 酸価 | ショ糖 | SCAA | テイスティング |
|---|---|---|---|---|---|---|
| ウェストバレー | 4.95 | 17.2 | 1.91 | 7.90 | 87.5 | 舌触りのよい粘性がある |
| タラズ | 4.90 | 14.4 | 3.43 | 7.85 | 85.25 | 柑橘果実の甘い酸味 |
| CO | 5.00 | 12.9 | 5.55 | 7.05 | 70.00 | 欠点豆多く、風味に濁りが |

### 13-5-5　基本のテイスティング（2）品種

　表13-17は、コスタリカ産の様々な品種のコーヒーをサンプリングしたものです。2000年代のコスタリカ産は、風味においてグァテマラの後塵を拝し、85点以上をつけることが難しかった時代です。2010年代に入り生まれたマイクロミルは、コスタリカSPのあたらしい時代の幕開けといえます。

第4章　各生産国のテイスティング実践

## 表 13-17・コスタリカ 2012-13Crop・品種

| 品種 | 精製 | テイスティング | SCAA |
|---|---|---|---|
| Caturra1 | W | 未熟豆の混入がある、風味が単調 | 81.25 |
| Caturra2 | PN | レモン、ミカンなどの酸、コスタリカの新しい風味 | 86.25 |
| Typica | W | 当時は品種に関心がもたれなかった | 81.50 |
| Bourbon | W | 甘く華やかな酸味で程よいコクがある | 83.75 |
| GradeA | W | 農協豆の多くは大量生産品、風味に特長がとぼしい | 75.00 |

カトゥーラ1は大農園、カトゥーラ2はマイクロミルの豆、ティピカ、ブルボンはタラズの農園の豆。

## 13-5-6　基本のテイスティング（3）生産地区

　2010年頃のSPは、農協および大農園の大量生産からマイクロミルへの移行期でした。それに伴い精製もウォシェドからハニーに移行していった時期になります。2005年頃の初期のマイクロミルは品質に安定性がなく農園主や輸出会社にクレームを入れることが多く、忍耐しつつ購入していた時代でした。2015年以降の品質は素晴らしいものがあります。表13-18は、様々な生産地区のサンプルでテイスティングしました。

## 表 13-18・コスタリカ 2013-14 Crop 生産地区　n=28　（2014 .06 ）

| 地区 | 品種 | テイスティング | SCAA |
|---|---|---|---|
| Tarrazú | Caturra | 香り高い、レモンの酸、蜂蜜、明確なコク、 | 86.75 |
| Tarrazú | Typica | 希少品種、香りよく、やわらかな酸味 | 86.00 |
| Central Valle | Villa Sarchi | グレープフルーツ、蜂蜜の甘味 | 83.00 |
| Tres rios | Caturra | おとなしくマイルドな風味、宅地化で生産減 | 82.50 |
| Turrialba | Caturra | さわやかな酸味と柔らかな粘性 | 80.50 |
| Brunca | Caturra | 評価されない地区でしたが、マイクロミルが素晴らしいコーヒーを生み出しました | 87.00 |

　タラズは、コスタリカで最も有名な地域で生産量の35%程度を占めています。平均2.5ヘクタールの小農家が多く見られます。標高1,200〜1,700mにカトゥーラ種が植えられ、95%は Strictly Hard Bean（SHB）です。ウェストバレーの生産量は全体の約25%、。標高1,200〜1,700mに多くのマイクロミルがあり、高品質のコーヒーを生み出しています。主な品種はカトゥーラ、カトゥアイ種です。ブルンカは、生産量の20%を占め標高800〜1,200mの地域です。かつてはSHグレードの低品質コーヒー産地として認知されていましたが、2010年以降にマイクロミル産に優れたものが多く見られるようになりました。その他、セントラルバレーが、生産量の約15%程度を占めます。トレスリオスは、標高1,000〜1,650mで首都サン・ホセ近くです。20年前にはマイルドな優しい風味のコーヒーが生産されていましたが、宅地化が進行し生産は2%に減少しています。

### 13-5-7　基本のテイスティング（4）　マイクロミルのコーヒー

　マイクロミルの数は、2000年の10以下から、2005年までに30程度に増え、2010年には140と急速に拡大しています。現在は200を超えると推測され、従来の大手農協組織は変革を迫られていると考えられます。マイクロミルの豆を16種テイスティングしました（表13-19）。小ロットのため、多くのマイクロミルの豆を使用してきました。69kgの麻袋の1/3の23kgを真空パック（段ボールに入れ補強）にして輸入しています。

### 13-19・コスタリカ2015-16crop　16マイクロミル　n=1　（2016.08）

| ミル | テイスティング | SCAA |
|------|-------------|------|
| 1.標準 | このミルの豆を標準にして比較します。 | 85.00 |
| 2 | フレグランスが突出している、華やかで複雑、柑橘＋赤系の果実 | 88.75 |
| 3 | カップにややブレ、一部に微細な果肉臭も感じる | 81.00 |
| 4 | 酸、ボディともによくバランスが良い | 85.00 |
| 5 | 最も酸が強い　レモン、チェリー、プラム | 86.50 |
| 6 | バランスが良い　なめらかで繊細な風味 | 85.75 |
| 7 | 明るく心地よい　レモン、メロン、ピーチ等複雑な風味 | 86.00 |
| 8 | 香りよく、酸とコクのバランスがよく、複雑な風味 | 86.00 |
| 9 | 酸味強く、コクもありバランスがよい | 85.00 |
| 10 | 華やかで一部の参加者に評価が高いが、カップにばらつきが出る | 83.00 |
| 11 | しっかりした酸、クリーンでバランスが良い | 85.75 |
| 12 | 明確な酸味となめらかなコクがあり、全体的に華やかな風味 | 86.75 |
| 13 | 焙煎がやや強く、特徴が出ていないため評価を下げた | 82.00 |
| 14 | フレグランス、アロマ共によく、柑橘果実以外の果実感もある | 87.00 |
| 15 | 個性は強くないがバランスよく飲みやすい | 84.00 |
| 16 | 香りよく、オレンジ、プラムなどの果実の風味が強い | 87.75 |

これらの豆を、現在SCAA方式で評価すれば、各豆に対し+3〜5点付加すべきと考えます。レモンのようなしっかりした柑橘の酸味とクリームのようななめらかなコクがあるコーヒーが多く見られます。入港したてで非常に新鮮な状態の生豆を焙煎しています。乾燥がよく豆質は固く、RC、VPで輸送されていますので、風味は全体的に複雑です。また、1年を超えても経時変化が少ない豆です。

### 18-5-8　ハニープロセス

　コスタリカは、主にハニープロセス（ミューシレージは糖質の粘着質ですのでそこからハニーということが連想された）という精製方法をとる事例が増しています。コスタリカはもともと環境保全の意識が高く、大手農園でもウォシェドの排水を浄化する池を作るなどの対応をしてました。そこで、初期のマイクロミルは、水の使用を少なくするため果肉除去後、ミューシレージのついたまま乾燥工程に回す方法を*採用しています。このプロセスは、多様化し、ミューシレージを除去する率を標高で変えたりして、様々なハニースタイルが確立されています。表13-20は、輸出会社が採用しているハニープロセスの一例ですが、その内容はマイクロミルにより様々です。

第4章　各生産国のテイスティング実践

## 表 13-20・輸出会社によるハニーシステムの事例

| ハニー | ぬめり除去率 | プロセス |
|---|---|---|
| ホワイトハニー | 90 ～ 100% | パーチメントは強い日差しの中で棚乾燥される |
| イエローハニー | 50% | 弱い日差しの中で乾燥、1 日 3 ～ 4 回攪拌 |
| レッドハニー | 10 ～ 20% | 曇りまたは日陰の状態で、棚で乾燥される |
| ブラックハニー | 0 | 日陰の棚で最大 3 週間程度乾燥される |

＊ 2006 年の Cosecha de Oro (Golden Harvest) コンテストで、生産者の Juan Ramón Alvarado
から提供された 2 つのコーヒーがベリーの風味で高いスコアを獲得し驚きを与えました。そのコーヒーが
ミューシレージのついたまま乾燥した方法で、ここからハニー (honey) コーヒーが広まったといわれます。

## 13-3-9　基本のテイスティング（5）品種

　コスタリカの 2018-19Crop のマイクロミル産の様々な品種（表 13-21）をシティロー
ストにし、テイスティングしました。全ての豆が深い焙煎に対応でき優れた風味を醸し出
しています。

## 表 13-21・コスタリカ 2018-19Crop・　品種　シティロースト　　n=16

| 試料 | pH | 10 点 | テイスティング |
|---|---|---|---|
| Caturra | 5.4 | 45 | 2000m と標高が高く、豆質が固い傾向がある、華やかな酸味があり、複雑な風味の輪郭を形成している |
| Catuai | 5.4 | 44 | 蜂蜜の甘い香り、しっかりしたコク、カトゥアイ品種が環境との適合性がよくよい香味を出している |
| Typica | 5.5 | 48 | フローラルな香り、柑橘のきれいな酸味とコクとのバランスがよい、高い品質レベルのティピカ種 |
| Ethiopia 系 | 5.5 | 47 | フルーティな香り、華やかな味わい、エチオピアの優れた G-1 に十分匹敵する、ヨーグルトのような酸味 |
| Sudan Rume | 5.5 | 44 | ワイニーな香り、かすかにナチュラルの風味、初めて体験する風味 |
| SHB | 5.6 | 35 | 欠点の風味はなく、SP との境界線の風味、舌にやや濁り感が残るがよいコーヒー |

## 13-5-10　2019-20Crop の基本のテイスティング（6）

　タラズ産とウェストバレー産の生豆を市場からサンプリングし（表 13-22）、テイスティ
ングし、味覚センサーにかけました（図 13-7）。両者の間には r=0.6958 の相関性が見ら
れました。

## 表 13-22・コスタリカ 2019-20Crop　生産地区　n=1　（2021.01）

| 試料 | 品種 | 水分 | pH | Brix | 10 点 | コメント |
|---|---|---|---|---|---|---|
| Tarrazu | Caturra | 10.6 | 5.0 | 1.1 | 39 | ミカン、ハニー、クリーン、コク |
| West Valley | Anacafe14 | 10.1 | 5.0 | 1.2 | 40 | レモン、シナモン |
| West Valley | SL 28 | 10.1 | 5.0 | 1.1 | 37 | アンズジャム、甘い余韻 |
| Tarrazu | Caturra | 10,9 | 5.2 | 1.1 | 32 | やや枯れた風味、渋味、ピーチ |

Anacafe14 品種は、HdeT 品種とカトゥーラ品種の交雑種とパカマラ品種の自然交配種といわれます。干
ばつに強い品種ですが遺伝的な安定はしていません。2014 年にアナカフェにより品種認定されリリースされ
ています。このサンプルの場合、非常に優れた風味でした。

251

コスタリカのPN乾燥

図13-7・コスタリカ2019-20Crop

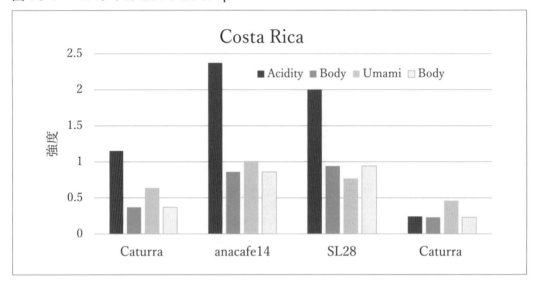

コスタリカのマイクロミル産の豆はケニア、エチオピア産などの品質、風味の低下傾向の中で重要な豆になっています。

## 13-5-11　2021オークションロットのテイスティング・SL種

2021年6月24日に行われたコスタリカのExclusive & Exotic Varietal Collection 2021のオークションロットのSL種（表13-23）を官能評価し、味覚センサーにかけました（図13-8）。SCAジャッジの評価と味覚センサーの間には、**r=0.6406**の相関が、テイスティング会のパネルとセンサーの間には**r=0.8654**の高い相関性が見られました。ただし、ジャッジとパネルの評価の相関性については、アナエロビックの評価が割れているためとれません。

表13-23・2021 コスタリカ　SL種

| sample | pH | ジャッジ | 10点 | テイスティング |
|---|---|---|---|---|
| White Honey | 4.9 | 90.48 | 41 | ミカン、フローラル、クリーン |
| White Honey | 5.0 | 90 | 41 | 甘いミカン、やや苦味、コク |
| Yellow Honey | 4.9 | 88.69 | 40 | 黒ブドウ、甘い余韻 |
| Natural | 4.8 | 88.31 | 43 | ワイニー、上品でよいナチュラル |
| Anaerobic | 4.8 | 89.6 | 39 | 上品、おとなしい |

図13-8・2021 コスタリカ　SL種

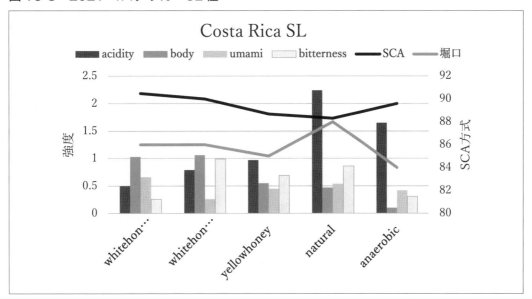

## 13-5-12　2022 オークションロットのテイスティング ハニー

　2022年7月24に行われたコスタリカのExclusive coffeeのオークションロットからゲイシャ種の異なる精製の豆をサンプリングしました（**表13-24**）。昨年からゲイシャ種、SL種などを積極的に植えるマイクロミルが増加しています。精製方法が異なり、味覚センサーに数値のブレがみられ（**図13-9**）ます。オークションジャッジの点数およびパネルの点数と味覚センサーの相関性はとれていません。精製方法が異なる場合、味覚センサー値はばらつく傾向が見られ、また、現時点では様々なハニープロセスがあり官能評価が難しいため相関性はとれていません。
　個人的にはホワイトハニーがコスタリカコーヒーの風味の基本になると考えています。

表 13-24・2022 コスタリカ ゲイシャ種　　ハニー

| 精製 | 水分 | SCA | 10点 | コ、ミカンメント |
|---|---|---|---|---|
| White honey | 9.1 | 93.62 | 45 | ハニー、メイプル、スモモ、ピーチ |
| Yellow Honey | 10.7 | 89.54 | 42.5 | しっかりした酸、やや渋味 |
| Red Honey | 9.2 | 90.68 | 43 | 柑橘の酸、バランス、グレープ |
| Black Honey | 10.5 | 92.16 | 41 | かすかにエーテル臭 |
| Natural | 10.7 | 93.25 | 40 | きれいなナチュラル、アルコール |

図 13-9・2022 コスタリカ ゲイシャ種　　ハニー

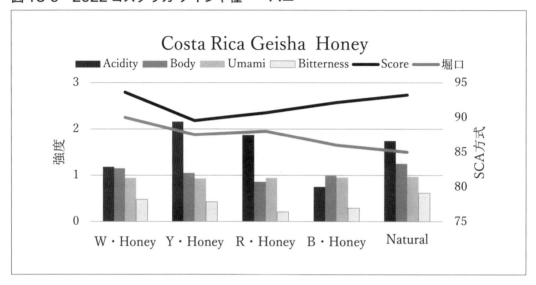

## ■ 13-6 エルサルバドル産のコーヒーのテイスティング

### 13-6-1　概要

　古いブルボン種の木が多く残っているという観点から見ると貴重な産地です。また、パカマラ品種がエルサルバドル国立コーヒー研究所で開発され、2000年にその風味に衝撃を受け、現在まで積極的に調達してきました。シルキーな触感は優れたティピカ種に近く驚きでした。2000年代の終盤にその風味が世界的に認知され始めました。2007年に研究所を訪問しましたが、多くの品種が植えられている圃場は、資金不足のため管理が行き届かずさびれていました。

第4章　各生産国のテイスティング実践

## 13-6-2　基礎データ

| 項目 | 内容 |
|---|---|
| 産地 | アパネカ（Apaneca-llamatepec Mountain）、サンタアナ（Santa ana）他 |
| 標高・土壌 | 1.000 〜 1.800m・火山性土壌（Volcanic loam） |
| 品種 | ブルボン 60 %、パカマラ、パチェ、カトゥーラ種他 |
| 農家 | 生産者の約 95% が 20 ヘクタール未満でコーヒー栽培 |
| 栽培 | 10 〜 3 月、95% は日陰栽培 |
| 精製・乾燥 | ウォシェト、天日、機械（ドライヤー） |
| 生産量<br>（1000 袋 /60kg） | 1990-912.465 、2000-01/1.704、2010-01/1.873、2018-19/761、<br>2019-20/661、2020-21/600、2021-22/707、2022-23/717 |
| 日本輸入量<br>（袋 /60kg） | 2010/95.966、2017/46.900、2019/33.200、2020/44.680、<br>2021/45230、2022/37.280、2023/21.050 |
| 生豆基本成分 | 水分 11.63、脂質量 15.8、ショ糖 8.16、pH4.9（Santa Ana、SanSalvador 地区のパ<br>カマラ種、ブルボン種 17 試料の平均） |

## 13-6-3　等級

　基本的にはウォシェトの生産国です。SP として流通している豆は 1.600m 程度の標高のものもみられます（**表13-25**）。スクリーンサイズによる規格はありません。

### 表13-25・輸出等級

| 等級 | 標高 |
|---|---|
| Strictly High Grown | 1.200m 以上 |
| High Grown | 900 〜 1.200m |
| Central Standard | 500 〜 900m |

## 13-6-4　基本のテイスティング（1）

　パカマラ品種は知られていない時期で、日本入荷は微量でした（**表13-26**）。まだ筆者にSCAAのカッピングスキルがない時期でしたが、パカマラ種には高い点数を付けました。パカマラ品種を植えている農園を探していた時期です。

### 表13-26・エルサルバドル 2005-06 Crop　n=1

| 品種 | 精製 | テイスティング | SCAA |
|---|---|---|---|
| ブルボン | W | 柔らかい豆質、酸味は弱め、チョコレートのような甘味 | 83.75 |
| SL28 | W | ケニアの SL の特徴的な風味はない | 81.75 |
| パカマラ | W | ティピカ系のさわやかな柑橘系果実の酸味と、シルキーな舌触り、パカマラの基本の風味 | 85.75 |
| パカマラ | W | フローラルで果実感があり、他のエルサルバドルのパカマラにはない特殊な風味 | 87.50 |
| パカス | W | このロットはコクが弱く、よい鮮度状態とは言えない | 77.50 |

この時期は 90 点をつけることはほとんどなく、85 点を超えれば非常に素晴らしい豆といえました。

255

## 13-6-5　基本のテイスティング（2）パカマラ品種

　パカマラ品種が広く認知され、様々な農園の豆が入港するようになった時期です。グァテマラのエル・インフェルト農園のパカマラ品種が世界を席巻しましたが、エルサルバドルには優れたパカマラ品種を栽培している農園が多くあります（表13-27）。

表13-27・エルサルバドル 2013-14 Crop パカマラ品　n=1

| 試料 | テイスティング | SCA |
|---|---|---|
| ウォシェド | クリーンでシルキー、素晴らしいティピカ種の遺伝子、エルサルバドルのパカマラ種の典型 | 89 |
| ナチュラル | 花の香り、黒ブドウ、ベリー、チョコレート、クリーンで従来のナチュラルの概念を覆す | 90 |
| ボイヤ | 蜂蜜の甘い香り、生のプルーン、かすかにスパイス、イエメンのよいコーヒーに近い | 89 |

表はシベリア農園のパカマラ種。この時点では90点以上をつけるコンセンサスは形成されていませんでしたが、この年のパカマラ種は素晴らしく、90点を付けました。

## 13-6-6　2019-20Crop のテイスティング

　代表的な SP をサンプリングし（表13-28）テイスティングセミナーで官能評価をし、味覚センサーにかけました（図13-10）。センサー値にはロットによるばらつきが見られますが、官能評価との間には r=0.8652 の正の相関性が見られました。

表13-28・エルサルバドル 2019-20 Crop　品種　n=16　（2021.01.23）

| 試料 | 水分 | pH | Brix | コメント | 10点 |
|---|---|---|---|---|---|
| ブルボン1 | 9.8 | 5.1 | 1.1 | ミカン、アフターにやや渋味、草 | 37.1 |
| ブルボン2 | 10.8 | 5.2 | 1.1 | アフターにやや渋味、柑橘果実の酸 | 37.5 |
| パカマラ1 | 10.4 | 5.1 | 1.1 | きれいで上品、さわやかな酸味 | 39.6 |
| パカマラ2 | 9.9 | 5.1 | 1.0 | 華やか、上品な酸味、甘味 | 40.2 |
| マラゴジペ | 10.6 | 5.1 | 1.0 | コクは弱め、やさしい酸味 | 38.4 |

35点がSCA方式80点、40点がSCA方式85点に相関

エルサルバドルの農園の乾燥場

図 13-10・エルサルバドル 2019-20 Crop　品種

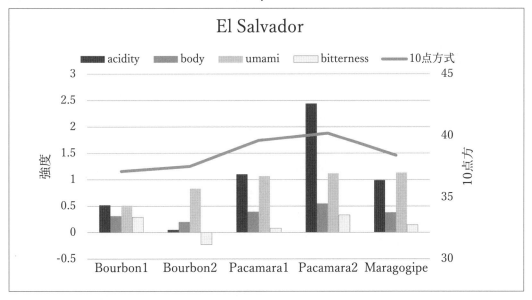

## 13-6-7　2023 Sicafe の Auction Lot

2023 年シベリア農園などを所有する Cicafe のオークションロットを官能評価し、味覚センサーにかけました（図 13-11）。味覚センサーの酸味＋旨味の合計値と官能評価の点数の相関はジャッジ **r=0.2235**、筆者 **r=0.6232** でした。

図 13-11・2023 エル・サルバドル

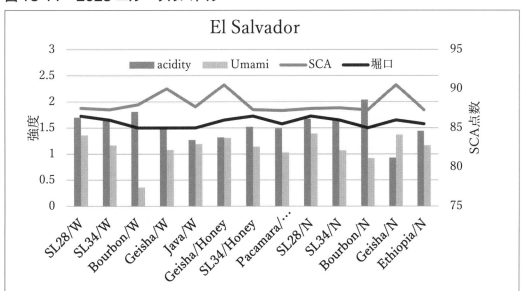

# ■13-7 ニカラグア産コーヒーのテイスティング

## 13-7-1 概要

ニカラグアのコーヒー産業は、内戦により1980年代から1990年代にかけて、多くのコーヒー農園が放棄され、1985年に宣言された米国の禁輸措置などでコーヒー業界は苦悩の歴史を刻んでいます。1998年のハリケーンミッチは国を荒廃させ、インフラストラクチャの多くを破壊し、何万人ものコーヒー農家が離農しています。また、1999年から2003年のコーヒークライシス（生産増による価格の下落）は、*コーヒー産業に壊滅的な影響を及ぼしました。そのため、ニカラグアは中米で最も貧しい国となっています。

そのような状況下から、SCAN（Nicaraguan Specialty Coffee Association）を中心にSP市場の開拓を行い、またインフラ整備とともにコーヒーの復興に努めてきました。ニカラグアのコーヒーの品質は、年々良くなっていきたところです。

しかし、ニカラグアの政情不安は、小規模生産者（90〜100%をコーヒーに依存）の資金不足をもたらし、コーヒーを低価格で仲介業者に販売せざるをえず、コーヒー農園の施肥や処理をやめざるを得ない状況も生じています。

*How Nicaragua's Political Climate Is Impacting Its Coffee Industry - Perfect Daily Grind

ニカラグアの農園にて

## 13-7-2 基本データ

コーヒーの生産は、マタガルパ（Matagalpa）とジノテガ（Jinotega）の高地に集中し、コーヒー産業は大規模な単一の農園、協同組合、小規模生産者に分かれています。ほとんどのコーヒーは、伝統的なウォシュトで、パティオで乾燥されます。但し、ここ数年ハニーやナチュラルも一部に見られます。

### ニカラグアの基礎データ

| 項目 | 内容 |
| --- | --- |
| 産地 | ヌエバセゴビア（Nueva Segovia）、マタガルパ（Matagalpa） |
| 標高 | 1.000〜1.400m |
| 品種 | カトゥーラ、ブルボン、マラゴジペ、マラカトゥーラ |
| 農家 | 40.000以上、 |

| 栽培 | 11月〜3月 |
|---|---|
| 精製・乾燥 | ウォシェド、一部ナチュラル |
| 生産量<br>（1000袋/60kg） | 2000-01/1.572 、2010-11/1.638、2018-19/2.879、2020-21/2.350<br>2021-22/3157、2022-23/2895 |
| 輸入量<br>（袋/60kg） | 2010/50.960、2017/83.200 、2019/14.100、2020/28.820、2021/28.880<br>2022/33.720、2023/34.610 |
| 生豆基本成分 | 水分11.43、脂質量17.0、ショ糖8.00、pH4.95（Nueva Segovia地区のマラゴジペ種、<br>ジャバニカ種4試料の平均） |

## 13-7-3 等級

　栽培地の標高で等級がきまります（**表13-29**）が、SPの場合は風味が重要となり、明確な生産履歴も問われます。日本流通量は少ない生産国です。

　よい豆に遭遇することもありますが、毎年の品質安定性に欠け使用事例が少ない生産国です。

### 表13-29　輸出等級

| 名称 | 等級 | 標高 |
|---|---|---|
| Central Estrictamente Altura | Strictly high grown | 1.500〜2.000m |
| Central Altura | High Grown | 1.300〜1.500m |
| Central Bueno Lavado | Medium Grown | 1.000〜1.300m |
| Central Standard | Low Grown | 500〜1.000m |

**Organismo Nacional de Certificación de la Calidad del Café (ONCC)**

## 13-5-4 基本のテイスティング

　ニカラグア産が素晴らしい風味を醸しだしていた時期です。カツーラ品種などが多い中で、特殊な品種としてマラカトゥーラ品種、ジャバニカ品種、マラゴジペ品種などがあり、SPとして特殊な地位を確立しています。マタガルパ（Matagalpa）地区のリモンシーニョ農園などのジャバニカ品種やマラゴジペ品種は、この生産年前後にすばらしい風味のコーヒーがありましたので載せました（**表13-30**）。

表13-30・ニカラグア 2013-14 Crop　品種　n=30

| 品種 | 精製 | テイスティング | SCAA |
|---|---|---|---|
| カトゥーラ | W | 一般的な品種、やや重く、かすかに濁り感 | 79.00 |
| マラカトゥーラ | W | やわらか、甘い後味 | 84.00 |
| ティピカ | W | パナマに比べると濁り、軽やかさに欠ける | 81.25 |
| ジャバニカ | W | この土壌にマッチしている印象、ニカラグアでは想定できないオレンジ、アンズジャムの風味 | 85.25 |
| マラゴジペ | W | クリーンで心地よい柑橘果実の酸、これまで飲んだマラゴジペ種で最高の風味 | 85.75 |

## 13-7-5　2019-20Crop のテイスティング

　SP をテイスティングし（表13-31）、味覚センサーにかけました（図13-12）両者の間には **r=0.9993** の相関性がみられました。ただし、サンプルは、入港からやや時間経過し、生豆の鮮度がやや落ちている状態です。そのため、マタガルパ産は総酸量が減少し、生豆鮮度が落ち SP の状態を保持出来ていません。

表13-31・ニカラグア 2019-20Crop　n=16　（2021.02.02）

| 地区（県） | 品種 | 水分 | pH | 10点 | コメント |
|---|---|---|---|---|---|
| ヒノテガ | Caturra | 9.6 | 5.1 | 35 | 程よい酸とコク、SP と CO の境界 |
| ヌエバセコビア | Catuai | 11.3 | 5.2 | 36 | 柑橘果実のさわやかな酸 |
| マタガルパ | Caturra | 10.9 | 5.2 | 24 | 生豆の鮮度劣化、枯れた草の風味 |

図13-12・ニカラグア 2019-20Crop

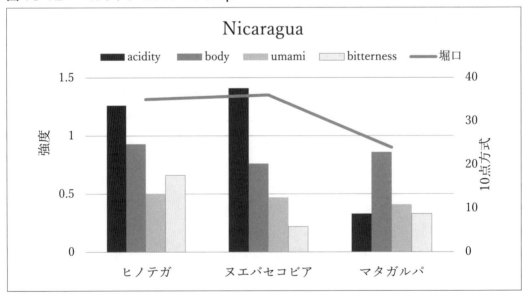

第 4 章　各生産国のテイスティング実践

## ■ 13-8 ホンジュラス産コーヒーのテイスティング

### 13-8-1 概要

　中米の中では、グァテマラやコスタリカの陰に隠れ目立たない存在ですが、COE（Cup of Excellence）は 2004 年から実施され、SP がごく少量ですが流通していました。しかし、生産量が多いにもかかわらず、精製処理やインフラの整備が遅れ、大部分のコーヒーはコマーシャルコーヒーで輸出されてきました。2000 年の中盤まで突出した風味と品質のコーヒーを安定して供給できる農園は少なく、やむなくグァテマラやコスタリカに依存してきました。この時期は、グァテマラのアンティグアの農園の豆を徹底的にテイスティングし、その後も、コスタリカやエルサルバドルの産地開拓をしていましたので、ホンジュラスの開拓までは手が回らず、購入は見合わせていました。ただし、2010 年代中盤以降、筆者が生豆の購入現場から退いてから、いくつかの農園とのパートナーシップを構築しています。

### 13-8-2　基本データ

| 項目 | 内容 |
|---|---|
| 産地 | コパン（Copan）、オパルカ（Opalaca）、アガルタトロピカル（Agalta Tropical）、コマヤルガ Cmayagua）、エルパライソ（El Paraiso） |
| 品種 | カトゥーラ、カトゥアイ、パカス、ティピカ、レンピラ |
| 農家 | 小農家が大部分 |
| 栽培 | 11 〜 4 月 |
| 精製・乾燥 | ウォシェド、ナチュラル |
| 生産量<br>（1000 袋 /60kg） | 2016-17/7.457、2018-19/7.153、2019-20/5.931、2020-21/6.200、2021-22/5.511、2022-23/6047 |
| 輸入量<br>（60 袋） | 2010/105.550、2019/141.580 、2020/136.410 、2021/169.360、2022/274.570、2013/190.500 |

### 13-8-3　等級

　他の中米諸国と同じように標高で等級がきまります（**表 13-32**）。但し、SP については欠点豆の混入率や風味特性が問われます。

**表 13-32・輸出等級**

| 等級 | 標高 |
|---|---|
| Strictly High Grown | 1.500 〜 2.000m |
| High Grown | 1.000 〜 1.500m |
| Central Standard | 700 〜 1.000m |

261

### 13-8-4 2005-06Crop の基本のテイスティング（1）

2000 年代から、サンプルは取り寄せ、継続して風味チェックはしていましたが、グァテマラ、コスタリカを優先していましたのでスポットで使用していた時期です。パカス種に良い風味の豆がみられ、いつか使用したいと考えていた時期です（表13-33）。

**表13-33・ホンジュラス 2005-06Crop　n=1　品種**

| 品種 | 精製 | SCAA | テイスティング |
|---|---|---|---|
| Pacas | W | 83.00 | 甘い香り、キャラメル、柑橘果実 |
| San Ramon | W | 84.25 | フルーティ、シナモン、きれいな酸味 |
| Pacamara | W | 82.25 | 乾燥ムラ、未熟豆が目立つ、但しなめらか |

サンラモン（Sna Ramon）は、主にコスタリカで栽培されている矮小種。

### 13-8-5 2010-11Crop の基本のテイスティング（2）

SCAA 方式で 85 点以上のコーヒーを探しましたが、なかなかパートナーとしての農園には恵まれませんでした。すばらしいパカマラ種もありましたが（表13-34）、エルサルバドル産で使用していましたので、ホンジュラス産まで手が回らず、使用の機会は少ない時代でした。

**表13-34・ホンジュラス 2010-11Crop　n=1　（2011.9）**

| サンプル | 精製 | 品種 | SCAA | テイスティング |
|---|---|---|---|---|
| 1 | W | Pacamara | 85.50 | フローラル、フルーティ甘い余韻 |
| 2 | W | Pacamara | 85.00 | フローラルで華やかな酸 |
| 3 | W | Bourbon | 82.75 | 酸味とコクのバランスが良い |
| 4 | W | Typica | 81.00 | 青草の香り、きれいな酸 |
| 5 | W | Typica | 81.25 | 青草の香り、甘い後味、さわやか |
| 6 | W | unk | 79.00 | ややくすんだ味、濁り |

### 13-8-6 2022 オークションロットのテイスティング

表は、生産者を支援するために 2022 年 7 月に行われたホンジュラスのオークション「Flavours of Honduras」からウォシェトとナチュラルを入手しテイスティングしたもので（表13-35）すが、品種の混在が目立ちます。さらに味覚センサーにかけました（図13-13）。オークションジャッジの点数と味覚センサーの点数には相関性がない反面、10点方式と味覚センサーの間には。**r=0.7737** の相関性が見られました。オークションジャッジの点数と、テイスティングセミナーのパネルとの評価は一致せず、全く相関はとれませんでした。個人的には SCA 方式で 85 点は超えない風味と判断しました。

## 表13-35・2022 ホンジュラス　n=20　（2022.07）

|  | 精製 | 水分 | ジャッジ | 10点 | コメント | 品種 |
|---|---|---|---|---|---|---|
| No2 | W | 11.5 | 88 | 38 | 酸味とコクのバランスよい | Parainema,、Lempira, |
| No6 | W | 11 | 86 | 38.5 | オレンジ、ヨーグルト | Pacas、Lempira |
| No8 | W | 11.2 | 86 | 39 | 甘いヨーグルト | Parainema, |
| No10 | W | 11 | 85.5 | 36 | やや濁り、キャラ弱い | Pacas、IHCAFE90 |
| No16 | W | 11.9 | 84 | 36 | やや濁り、キャラ弱い | Pacas 、Catimor |
| No3 | N | 11.2 | 88 | 31 | くすんだ味、臭み | Pacas、Parainema |
| No7 | N | 11.5 | 86 | 36 | 渋味を感じる | Pacas、Obata |
| No13 | N | 10.5 | 85 | 36 | ナチュラルの微発酵臭 | Parainema、Pacas |
| No15 | N | 9.8 | 84 | 35.5 | 香り弱い、 | Pacas Obata |

Parainema 品種は、ホンジュラスの IHCAFE で開発された品種で HdeT と Villa Sarchi 品種の交雑種である T5296（サルチモール品種）の選抜種。Lempira（T8667）及び IHCAFE90 品種は、HdeT とカトゥーラ品種のハイブリッドでカティモール品種系統。Obata は、HdeT と Villa Sarchi 品種の交雑種でブラジルで開発された。

### 図13-13・2022 ホンジュラス

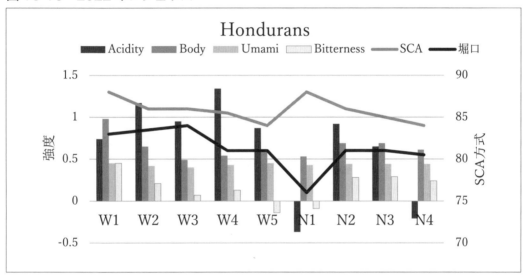

ナチュラルはクリーンさにかけ、味覚センサーもバラつきが目立ちます。

乾燥

## ■13-9 中米産ナチュラルのテイスティング

### 13-9-1 概要

　2010年前後あたりから、中米のパナマを中心にハートマン、ベルリナなどの多くの農園がナチュラルの精製への試行錯誤を繰り返しました。しかし、乾燥したイエメンとは異なり湿気が多い中での乾燥は難しく、農園主たちには幾多の苦労があったと思います。初期の段階は発酵臭、オイル臭、泥臭さがきつく品質はよいとはいえませんでした。

　　しかし、2011年には、パナマの一部の農園である程度＊ナチュラルの精製方法が確立されたように感じました。その後、ニカラグア、エルサルバドルなどの多くの農園がナチュラルをリリースしています。

　**2010年は中米のナチュラルの精製の元年といってもよいくらいでした。** その後、その精製方法は飛躍的に向上し、パナマでの完成度は高まり、欠点の香味のないSPとしてきちんと評価すべき段階にきていると思います。**ゲイシャ種もナチュラルにするのが当たり前になり、ウォシェドとは異なるナチュラル用のテイスティングフォーム（官能評価表）の作成が急がれます。** ただし、そもそもゲイシャ種をナチュラルにする必要があるのかという疑問は残ります。

＊直射日光を避ける、日陰で乾燥する、外気温の低い場所で乾燥する、攪拌する、棚で乾燥するなどさまざま。

### 13-9-2　中米のナチュラルの風味の特徴と評価基準

　ナチュラルは、多くは低品質品が多くみられましたので、SPの官能評価基準は作成されていません。反面、水洗による環境負荷がなくなりますので各生産国で見直されつつあり、品質の向上した個性的な風味のコーヒーが誕生しています。世界的にナチュラルの風味は個性がありますが、何を良しとするのか？そのコンセンサスは形成されていません。そこで、評価すべき内容をまとめました。

　「1.クリーンな風味で汎用品のナチュラルのような濁りがないこと。

　2.過完熟、発酵などのダメージの風味がないこと。

　3.微細な発酵臭があっても果実の風味のニュアンスの方が強いこと。華やかな香り、甘い余韻、ストロベリー、チェリー、プラム、黒ブドウなどの果実、乾燥プルーン、スパイス、ワインフレーバーのような風味が感じられるものはよいと判断します。反面、果肉臭。セルロイドのようなオイル臭、アルコール臭、エーテル臭などの発酵臭のある場合は低評価とします。

　4.最上のナチュラルは、果肉の発酵のニュアンスを感じさせないもの。上品で、ウォシェドとの違いが判らないくらいのものは完成度が高いといえます。」

2015年以降、米国の一部に果肉臭のあるナチュラルを差別化のために使用する動きがあり懸念しています。2018年にASIC（国際コーヒー科学学会）出席で、米国のポートランドのマイクロミルを数店訪問しましたが、明らかな果肉臭のコーヒーが提供されていました。中には、日本のコーヒー会社の品質管理室では確実に欠点の味として除外されるものもありました。**正しい精製方法（乾燥方法）で生まれたナチュラルの風味を基準にするべきと考えます。**

中米産のSPのナチュラルは、まだ10年程度の歴史しかありませんが、かなりのスピードで普及してきました。2020年12月に、優れたSPのナチュラルを探し（表13-36）、テイスティングしました。豆の鮮度状態は保持されていました。微発酵はありますが、負の発酵臭はみられず、優れた風味といえます。しかし、その後2021年から2023年まで同時期の12月に探しましたが、この豆に匹敵するものは見つかりませんでした。

表13-36・中米の2019～2020 Crop　ナチュラル　n=1　（2020.12）

| 生産国 | 品種 | テイスティング | Score |
|---|---|---|---|
| Panama | Caturra | 赤ワイン、スパイス、ブラックチェリー、チョコレート | 88.00 |
| Panama | Caturra | ラズベリー、チェリー、華やかな果実の風味、クリーン | 88.00 |
| Panama | Geisha | 赤ワイン、レモンの酸、クリーン、なめらか | 90.00 |
| Nicaragua | Maragogipe | ストロベリー、チェリー、プルーン | 86.75 |
| El salvador | Pacamara | ブルーベリージャム、黒ブドウ、乾燥プルーン。 | 87.50 |

パナマのナチュラル

# 14 アフリカ産のコーヒーテイスティング

　東アフリカ地域では、エチオピア（Ethiopia）、ケニア（Kenya）、タンザニア（Tanzania）、ルワンダ（Rwanda）、マラウィ（Malawi）、ウガンダ（Uganda）、ブルンジ（Burundi）などでコーヒーが生産されています。その他、サハラ砂漠南の西アフリカ地域のギニア（Guinea）、コートジボアール（Cote d'Ivoire）、トーゴ（Togo）、内陸部の中央アフリカ共和国（Central African Republic）、コンゴ（DR Congo）、カメルーン（Cameroon）、アンゴラ（Angola）、インド洋上のマダガスカル（Madagascar）などで広くコーヒーが栽培されています。東アフリカは、アラビカ種の生産比率が多い傾向があり（但しウガンダはカネフォーラ種の生産が多い）、中央、西アフリカはカネフォーラ種の生産比率が多い産地です。

　2000 年 7 月に設立された AFCA（African Fine Coffee Association: アフリカンファインコーヒー協会）は、11 の加盟国からなる地域の非営利、非政治的協会で、毎年展示会が開催されます。事務局はウガンダのカンパラに置かれています。加盟国は、Burundi、Cameroon、DR Congo、Ethiopia、Kenya、Malawi、Rwanda、South Africa、Tanzania、Uganda、Zambia。

　筆者は、2007 年にエチオピアの Addis Ababa の国連会議センターで開催されたカンファレンスで、「Japans Specialty Market the Fine coffees From Africa」というテーマで講演しました。


## ■ 14-1 エチオピア産コーヒーのテイスティング

### 14-1-1　モカとイルガチェフェ

　エチオピア産のコーヒーは、イエメン産同様「モカ」とも呼ばれることがあります。ハラー、カッファ、シダモ、ジマ、レケンプティなど大部分のナチュラルは、欠点豆が多く、また発酵の風味があるものも多く見られますが「モカブレンド」として使用されてきました。発酵食文化の浸透している日本で「モカ」の人気は高く、市場では一定の顧客を獲得していますが、筆者は①欠点豆の多さと②発酵臭のため使用しませんでした。

　そのような状況下、1990 年代中盤にイルガチェフェのウォシェトの G-2 が初めて日本に入港し、果実感のあるコーヒーに衝撃を受けましたが、入港はごくわずかでした。基本的にはナチュラルの生産国ですが、2000 年以降イルガチェフェ地区を中心にステーション（水洗加工場）ができ、果肉除去の工程で未熟豆の選別が可能となり、品質の向上が見

られました。

2000 年代は、イルガチェフェ G-2 のウォシュトに対するニーズが拡大した時代でしたが、毎年品質のブレが目立ち、風味の安定性の観点からブレンドには使用できませんでした。

2008 年には、輸入時におけるモニタリング検査の結果、生豆から基準値を超える有機塩素系農薬であるγ-BHC、クロルデン及びヘプタクロルが検出され、検査命令となりました。現地での検査、日本での通関前自主検査、そして通関検査をしなければならず、輸入がほぼ止まりました。しかし、イルガチェフェの個性的な風味を求める自家焙煎店は多くいました。サンプルの取得が困難な中、ヨーロッパ経由でサンプルを取り寄せ、1 コンテナ輸入した時期もあります。この時期は、サンプルを選べる状況ではなく、イルガチェフェの調達の極めて難しい時代でした。

この苦悩の時代を経て、たどり着いたのが「ミスティバレー」というコーヒーでした。1 コンテナ分をピーツーコーヒー（Peet's Coffee & Tea）と分け合い使用しました。「**初めてのナチュラル G-1 の風味は衝撃的で、オレンジやレモンの柑橘の酸、さらにアンズやラズベリーのジャムの甘い余韻、かすかにいちごミルクの味わいなどもあり複雑な香味でした。**」

しかし、エチオピアの*オークションシステムの変更などにより、このコーヒーも輸入できなくなり、この風味を超える G-1 の誕生は、それから 5 年以上の時が必要でした。

2010 年代にはいると若い世代のエクスポーターも生まれ、ステーションとの関係が強化され、優れたイルガチェフェがつくられるようになっていきました。ウォシェトの G-1 は、2000 年代に比べると著しく風味の安定性が向上しました。また、2015 年頃から、いくつかのステーションでナチュラルの優れた G-1 が誕生し、現在は、多くのステーションのクリーン（発酵臭がない）な風味の G-1 を入手できるようになっています。また、イルガチェフェ地区一辺倒から、ジンマ地区など新しい産地のSPが登場しています。但し、2020 年代に入り強烈なインパクトのある風味の豆は減少しています。

＊2008 年に、「売り手、買い手、仲介業者などの権利と利益を保護する」「効率的な最新の取引システムの開発をすること」を目的として The Ethiopia Commodity Exchange（ECX）：エチオピア商品取引所）ができました。ECX 制は、その国内生産量の 95% 以上（推測）を占める輸出用コモディティコーヒーを 9 つの主要生産地（Yirgachefe、Sidama、Jimma、Harar、Limmu、Kaffa、Tepi、Bebeka、Lekempti）に分けて管理するもので、わずかの取引量しかない SP を流通させるより、コーヒー全体の価格を上げることを目的に発足していました。それ以降、イルガチェフェ地区のステーションの豆は ECXで混ぜられてしまい、特定のステーションの豆を購入することができなくなりました。風味の突出した高品質のイルガチェフェを確保することが難しい時代が長く続きました。現在は輸出会社からハイエンドの SP を購入するルートができていますが、エチオピアの SP の歴史は、イルガチェフェコーヒーの歴史とも言え、長い苦難の歴史を刻んできています。

## 14-1-2　基本データ

| 項目 | エチオピアの詳細 |
|------|----------------|
| 産地 | シダモ（Sidamo）、イルガチェフェ（Yirgacheffe）、ハラー（Harrar）、ジマ（Jimma）その他 |
| 標高 | 1.900 〜 2.200m |
| 品種 | 在来（伝統）系品種 |
| 栽培 | フォレスト、セミフォレストは自生したコーヒーを摘む、国営のプランテーションもあるが、大部分はガーデンコーヒーと言われる小規模農家で栽培されている |
| 収穫 | ナチュラル 10 〜 3 月　ウオッシュト 9 〜 12 月 |
| 乾燥 | アフリカンベッド |
| 生産量（1000 袋 /60kg） | 2000-01/3.115、2010-01/7.500　2018 -19/7.776、2019-20/7.343、2020-21/7.581、2021-22/7.853、2022-23/7.932 |
| 輸入量（袋 /60kg） | 農薬問題の後遺症で 2010 年の日本の輸入量は 170.750 まで減少、その後 2018/456.650、2019/575.800、2020/433.530、2021/327.950 2022/458.620、2023/265.850 |
| 生豆基本成分 | 水分 10.43、タンパク質 10.6、脂質 17.81、灰分 3.3、炭水化物 56.6、ショ糖 8.01、pH4.95（Yirugacheffe 地区の在来種 14 試料の平均） |

## 14-1-3　等級

　欠点豆の数で格付けされます（**表14-1**）。その他水分含有量が 11.5% 以下、異臭がない、発酵豆の混入がない、夾雑物がない、産地のフレーバーがあることなどが問われますが、実際にはナチュラルの精製の場合には微細な発酵臭が見られる事例は多々あります。

### 表 14-1・エチオピアの輸出等級

| 等級 | 300g 欠点数 |
|------|------------|
| G-1（グレード1） | 0 〜 3 |
| G-2 | 4 〜 12 |
| G-3 | 13 〜 25 |
| G-4 | 26 〜 46 |
| G-5 | 47 〜 75 |

## 14-1-4　農薬問題と ECX

　エチオピア産の SP を代表するイルガチェフェ地区のコーヒーは、*農薬問題、ECX 問題という 2 つの大きな障害を乗り越えて今日に至っています。エチオピアの SP は、簡単に誕生したわけではなく、多くのコーヒー関係者の努力による品質形成の歴史を刻んでいます。

*日本の生豆輸入は、2006 年に「PL（ポジティブリスト）制度」に移行し、残留基準が設定されていない食品には一律基準（0.01ppm）が適用されるようになりました。2008 年 5 月にエチオピア産のコーヒー

生豆から基準値以上の残留農薬が検出され、全量検査となり、原因がわからず輸入がほぼストップしました。エチオピア産のコーヒーが日本市場からほぼ消えてしまいました。コーヒーの農薬基準の設定が、野菜、コメ、白菜、ピーマン、緑茶などに比べあまりに厳しすぎたため、このような事態を招いたともいえます。しかし、当時エチオピアのイルガチェフェを使用したい思いは強く、現地で農薬検査し、輸入後通関手続き前に自主検査し、輸入しました。

エチオピアのナチュラル（左）とウォシェト（右）

## 14-1-5　基本のテイスティング・2005-06Crop（1）

2000年代中盤は、イルガチェフェ・ウォシェトG2が中心で、G1はまだ流通していない時代でした。果実の素晴らしい風味で、この当時のケニアの農園の豆と双璧でしたが、サンプルを選択できる程ステーションの数はなく、また年度による風味差がありました。表14-2は、イルガチェフェ産が広がり始めた時期のコーヒーです。

### 表14-2・エチオピア 2005-06Crop のテイスティング

| 等級 | 精製 | テイスティング | SCAA |
| --- | --- | --- | --- |
| イルガチェフェ G2 | W | 華やかな個性があるが、毎年品質が安定しない | 84.25 |
| シダモ G2 | W | エチオピアのキャラクターがやや弱い | 80.00 |
| シダモ G4 | N | 一般的な G4、未熟豆が多く発酵臭がある | 70.00 |
| ハラー G4 | N | 汎用品で、未熟豆などの欠点豆の混入が多い | 70.00 |

まだSCAAの官能評価方式が普及していない時期でした。

## イルガチェフェ（Yirgacheffe）

エチオピアのSPを代表する標高2,000m前後の生産地区で、エチオピアのSPの歴史はイルガチェフェの歴史といっても過言ではありません。多くは小農家の裏庭で収穫されるガーデンコーヒーで、それらが各ステーションに持ち込まれます。

### シダモ（Sidamo）

　この時期は Sidamo 表記で流通していましたが、現在は Sidama に変更されています。標高 1.500m ～ 2.000m の生産地域で、20 以上の広域の行政区域（Woredas）あり、プロファイルが多様です。2010 年代後半から一部エリアで高品質の SP が開発されつつあり、個性的な風味の豆が出現しつつあります。

### ハラー（Harrar）

　伝統的にロングベリー、ショートベリー、モカ（ピーベリー）に分類されます。日本では、ナチュラルのロングベリーがプレミアム品として使用されてきましたが、SP 基準に合致しないものが多く見られます。伝統的にハラールフレーバー（Harrar flavours）といういい方がされる場合があり、「**ブルーベリー、バナナなどの風味ニュアンスですが、発酵したワイン臭や未熟豆の風味も感じます。**」

## 14-1-6　基本のテイスティング・2013-14Crop（2）

　2010 年代に入ると、ステーションの数も増え、徐々にクリーンで華やかなイルガチェフェのステーションの豆が入手できるようになり、表 14-3 にその一部をあげました。このあたりから SCA 方式で 85 点を超える華やかなイルガチェフェの全盛期に向っていきます。

**表 14-3・イルガチェフェ G1　2013-14 Crop　n=20　ステーションの一部**

| ステーション | 精製 | テイスティング | SCAA |
|---|---|---|---|
| Debo | W | レモンティー、ベリーの典型的なイルガチェフェ | 87.25 |
| Gutiti | W | フローラル、クリーン、やや物足りない | 85.50 |
| Aricha | W | ブルーベリー、華やかな風味 | 86.75 |
| Kochere | W | フローラル、柑橘果実、キャラメル | 85.00 |
| Konga | W | コクはあるが華やかさはやや弱い | 85.25 |
| KongaN | N | 熟した果実、ストロベリーかすかに発酵臭 | 84.50 |

このころになると同じステーションのウォシェトとナチュラルの豆が入手できるようになりました。

## 14-1-7　基本のテイスティング・2016-17Crop（3）

　イルガチェフェのウォシェトとナチュラルの G-1 を試料として理化学的数値を分析し、テイスティングしました（表14-4）。SP は CO に比べ、酸味が強く、脂質量、ショ糖量が多く、脂質の劣化が少なく、優れたコーヒーであることがわかります。SCAA の評価点と脂質量＋ショ糖量との相関は、**r=0.9705** の高い相関性がいられ、理化学的数値が官能評価を反映していることがわかります。

## 表 14-4・基本のテイスティング　12016-17Crop

| 乾式 | pH | 脂質量 | 酸価 | ショ糖 | SCAA | テイスティング |
|---|---|---|---|---|---|---|
| SP/W | 4.95 | 17.6 | 2.31 | 7.77 | 87.16 | 酸、コクのバランスよく、華やかな熟した果実、クリーン |
| SP/N | 4.97 | 17.0 | 3.04 | 7.75 | 86.00 | 赤いベリー系、赤ワインの風味　程よいナチュラル感 |
| G-4 | 5.05 | 16.0 | 6.82 | 7.44 | 73.52 | やや発酵臭があり雑味が多い、 |

SP はイルガチェフェのステーションの豆、

## 14-1-8　2018-19Crop のテイスティング

　2020 年前後には、イルガチェフェ地区一辺倒から、ジンマ地区など新しい産地の優れた SP が登場しています。また、これまでわからなかった行政区画も 2010 年代終盤を迎えるころには徐々に明らかになり、エチオピア産の多様性は増しています。**表 14-5** は、オロミア州グジ・ゾーンのコーヒーを 3 段階に焙煎したもので、焙煎度にかかわらず優れた風味を醸しだしています。

## 14-5 表・エチオピア 2018-19 グジ地区のウォシュト　n=1（2020.2)

| 焙煎度 | pH | score | テイスティング |
|---|---|---|---|
| ミディアム | 5.0 | 46/50 | 熟した果実の風味はゲイシャ品種並、ピーチの甘い香り |
| ハイ | 5.5 | 45/50 | コクがでて酸味とのバランスがよくなる |
| シティ | 5.7 | 45/50 | バニラやキャラメルなどの香味がでて、粘性も増す |

入港：2019 年 10 月、RC 使用、定温倉庫に保管された豆。生産者：ベンチ・ネンカの農家(オロミア州 / グジ ゾーン)、標高：1,850-2,200m、精製：気温に応じて 36-72 時間のウェットファーメンテーション。乾燥：アフリカンベッドで 7-15 日間

## 14-1-9　2019-20Crop のテイスティング

　さらに、市場に流通している生豆を入手し（**表 14-6**)、パネル 20 名でテイスティングし、味覚センサーにもかけました（**図 14-6**)。両者の間には **r=0.7927** の正の相関性が見られました。

## 表 14-6・2019-20Crop のテイスティング　n=20（2020.11)

| Origin | 精製 | 水分 | pH | 10 点 | テイスティング |
|---|---|---|---|---|---|
| シダモ | G1/W | 10.2 | 5.1 | 43 | フローラル、甘いアフター、洋ナシ |
| シダモ | G1/N | 9.7 | 5.2 | 41 | 穏やかな酸、黒ブドウ、クリーン |
| イルガ | G1/W | 10.5 | 5.1 | 41 | オレンジ、リンゴ、スイート、紅茶 |
| イルガ | G1/N | 10.5 | 5.1 | 40 | フルーティー、赤ワイン、ストロベリー |
| ゲシャ | W | 10.9 | 5.1 | 43 | フルーティー、レモン、スイート |
| ゲシャ | N | 10.4 | 5.1 | 37 | 微発酵、エーテル臭、醤油、みそ |
| ハラー | N/G4 | 10.7 | 5.2 | 21 | 枯草、麦茶、藁、渋味 |

シダモ、イルガチェフェは、同じステーションの豆、ゲシャ品種 (Gesha) は、2020 年 Gesha village のオークションサンプル。

図 14-1・エチオピア 2019-20Crop

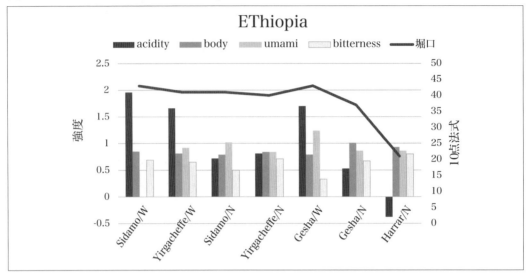

### 14-1-10　2019-20Crop のテイスティング　新しい時代

　2020 年前後から、エチオピアの SP 市場は、イルガチェフェの中心から離れた地域で優れたステーションができ、ECX に出さざるを得なかった生産者たちが輸出業者を通じダイレクトに海外に販売しだしています。エチオピアの地域は行政上 70 前後の Zone に分割されています。区画は、Region>Zone（第 2 レベルの区画）で、その下に Woreda（第 3 レベルの区画）があります。2007 年にエチオピアに行った時は、このような行政区は全くわかりませんでしたので、画期的なことといえます。表 14-7 のコーヒーは、パナマのゲイシャ品種に匹敵する華やかさでしたが、**この後は G1 の品質低下と共にこのレベルのコーヒーに巡り合うことは少なくなりました。**

表 14-7・エチオピア 2019-20 Crop 新しい時代の豆

| REGION | Zone | Woreda | 精製 | テイスティング | Score |
|---|---|---|---|---|---|
| OROMIA | Guji | Hanbela | N | イルガチェフェ華やかさはないものの高品質の軽やかな甘い果実、 | 44/50 |
| SN,N,andP | Gedio | Gedeb | W | かろやかな甘い果実味、オレンジ、白ブドウ、やさしい風味 | 47/50 |
| SIDAMA | Sidama | Arbegona | N | 微発酵のナチュラル、柔らかな舌触り、チェリーやブルーベリー | 44/50 |
| SIDAMA | Sidama | Arbegona | W | 柑橘果実の酸味と十分なコク、マイルドでバランスがよい | 43/50 |
| OROMIA | Jimma | Gera | N | 軽やかな酸味、なめらかなコクのバランスがよい，上品でクリーン | 46/50 |
| OROMIA | Jimma | Gera | W | やさしい果実感、甘く長い余韻がある | 46/50 |

＊ SN,N,andP (Southern Nations, Nationalities, and Peoples Region)

## 14-1-11 エチオピアのウォシェトとナチュラルの基本風味

### ウォシェト（Washed-G-1）

「香りが高く、華やかな酸味のコーヒーです。柑橘系の果実の酸がベースで、そこにブルーベリー、レモンティーなどの特徴が加わり、さらにメロンや、ピーチなどのニュアンスを感じる場合もあります。また、赤ワイン、スパイスの風味も混ざることがあります。多くの場合、甘いアフターテーストが長く持続します。

シティになるとしっかりした酸にコーヒーとしての奥深いコクが加わり、バランスがよくなります。フレンチローストは、かすかに残るやわらかな酸と苦みが心地よくアフターテーストに甘みを感じます。」2015年前後のステーションの豆は90点前後のコーヒーが多くありましたが、2023年時点では85点を超えるコーヒーを探すのが難しくなっています。

### ナチュラル（Natural-G-1）

G-1は、従来のG4のNatural とは根本的に風味が異なり、発酵臭のないものをよいと判断します。多くのステーションでG-1が誕生し、その風味は向上しましたが、ここ数年華やかさのインパクトが減少しつつあります。「華やかな果実感と南仏の赤ワインの風味があります。フレンチローストまでの焙煎が可能で、フレンチローストでもなめらかなコクが維持されます。フレンチローストでは、フランボアーズのチョコレートボやボジョレーヌーボーのような甘いストロベリーを感じます。ナチュラルフレーバーが過度に強くないもの、上品で落ち着いた風味をよしとします。」

## 14-1-12 2020 Gesha Village のオークションロットのテイスティング

2020年の Gesha Village のオークションサンプル（表14-8）をテイスティングしました。Gesha Village（ゲシャ村）は、エチオピア南西部のスーダンとの国境近くのジャングルにあります。2010年代にこの村でゲイシャ品種の栽培がされるようになりました。 ゲイシャ村では、Gesha 1931、Illubabor Forest1974、Gori Gesha 2011 の3種がメイン品種です。表はIllubabor を除きすべて Gesha1931 です。ゲイシャ1391はパナマのゲイシャ品種に形状が似た豆、イルバボールフォレストはエチオピアコーヒー研究所が選抜した豆で、丸みのあるブルボン系の小粒。ゴリゲシャは、1931よりやや小粒で先端がとがっている豆が目立ちます。

**パナマの Geisha 種とはことなりますので Gesha 表記になっています。**

12種のコーヒーは、すべて88.5以上とジャッジの高い点数がついています。テイスティ

ングセミナーのパネル（n=16）の評価はやや低く、両者の官能評価の間には r=0.4517 とやや弱い相関性となりました。「**ナチュラルは、収穫したての印象で、生豆に微細な果肉臭を感じ、ナチュラルにはシルバースキンが多く付着していました。**」ウォシュト、ナチュラル、アナエロビックの精製が混ざっていますので評価は難しいと感じます。

表 14-8・2020Gesha village illbabor 以外の品種は Gesya1931　n=16

| 精製 | 水分 | pH | Brix | ジャッジ | 10点 | テイスティング |
|---|---|---|---|---|---|---|
| Natural | 10.9 | 5.3 | 1.4 | 91.56 | 42 | レモン、プラム、アンズ、赤ワイン |
| Natural | 10.3 | 5.3 | 1.4 | 90.50 | 42 | プラム、アンズ、赤ワイン、 |
| Natural | 10.5 | 5.3 | 1.15 | 89.40 | 41 | ソフト、乾燥状態は良い |
| Natural | 10.5 | 5.2 | 1.15 | 89.30 | 41 | シナモン、ハーブ |
| Natural | 10.2 | 5.3 | 0.95 | 89.00 | 39 | レモン、やや渋味 |
| Natural | 10.4 | 5.3 | 1.15 | 88.80 | 40 | 生豆の果肉臭弱い、やや未熟豆 |
| Honey | 10.0 | 5.2 | 1.15 | 88.80 | 41 | 生豆の果肉臭ない、クリーン、ボディ |
| Natural | 10.3 | 5.0 | 1.15 | 88.50 | 42 | クリーン、バランスよい、フルーティー |
| ＊Carbonic M | 11.0 | 5.3 | 1.3 | 90.62 | 41 | オレンジ、クリーン、スゥイート |
| Carbonic M | 11.1 | 5.3 | 1.25 | 90.56 | 41 | オレンジ、スゥイート、ブルーベリー |
| Washed | 9.9 | 5.3 | 1.35 | 89.60 | 40 | レモン、やや渋味 |
| Forest Washed Illubabor | 10.4 | 5.2 | 1.35 | 89.10 | 44 | フローラル、バランス、ライム |

10点方式 35点が SCA 方式 80点、40点が 85点、45点が 90点に相当します。

＊ Carbonic Maceration(炭酸ガス浸潤法) は、ブドウの醸造をまねたものと推測されます。ボジョレーヌーボーでは、ブドウをステンレスタンクなどに入れ、密閉した状態でタンク内に炭酸ガスを充満させます。これにより細胞内発酵が促され、果皮が圧迫されて色素や香りが通常よりも多く浸透させることができると考えられています。サンプルは、甘味があり、複雑な風味を醸し出しています。 」

## 14-1-13　2021 Gesha Village のオークションロットのテイスティング

表 14-9 は、2021 年の Gesha Village のオークションのサンプルをテイスティングしたものです。様々な精製方法の豆が混ざっています。特にアナエロビックの豆については味覚センサーのバラツキが目立ちます。オークションジャッジの点数は 88.1 ～ 92.67 点と高いスコアがついていますが、今年のサンプルについては特徴的な風味は弱く、昨年並みの評価をしませんでした。アナエロビックは、微細なエーテル臭があり、濁り感が伴い低い評価としました。筆者の点数と味覚センサーの間には **r=0.5743** とやや弱い相関性が見られました（図14-2）。

表14-9・2021Gesha Village　n=1（2021.12）

| 精製 | 水分値 | pH | Brix | 10点 | テイスティング |
|---|---|---|---|---|---|
| Washed | 10.6 | 5.1 | 1.0 | 38 | マンダリンオレンジ、なめらか |
| Natural | 10.9 | 5.1 | 1.1 | 37 | やや枯れたようなフレーバー |
| Honey | 10.5 | 5.1 | 1.1 | 40 | レモン、甘い余韻、素晴らしい豆 |
| Carbonic /N | 11.2 | 5.1 | 1.0 | 36 | やや濁り、ワイニー、酸味よわい |
| Carbonic /N | 10.6 | 5.1 | 1.0 | 38 | かすかにすれた味、甘味 |
| Anaerobic/N | 10.7 | 5.1 | 1.1 | 36 | かすかに濁りと渋味、酸が弱い |
| Anaerobic/N | 10.6 | 5.1 | 1.1 | 36 | かすかに濁りと渋味 |

「パナマのゲイシャフレーバーは感じませんのでパナマ産のゲイシャ品種とは比較しない方がよいでしょう。精製段階での欠点豆の混入も若干目立ち、ナチュラルには、すれたような味のニュアンスがかすかに感じられました。」

図14-2・2021 Gesha Village

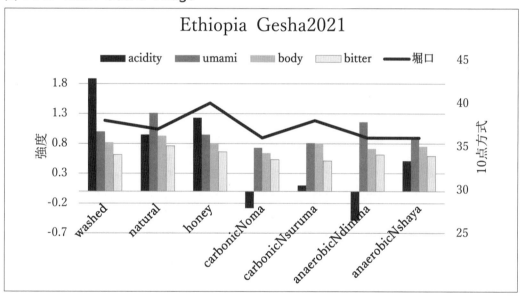

### 14-1-14　2022 Gesha Village のオークションロットのテイスティング

　2022年のGesha Villageのオークションロット（表14-10）をテイスティングし、味覚センサーにかけました（図14-3）。3年連続でテイスティングしましたが、風味に安定性がみられつつあります。オークションジャッジの点数と味覚センサーの相関は**r=0.6643**、10点方との相関は **r=0.5723** とやや相関性が見られます。また、オークションジャッジとテイスティングセミナーのパネルの点数の間には、**r=0.7905** と高い相関性がみられ、点数の差はあるものの適切な評価がされていると考えられます。

表 14-10・2022　Gesha Village　ナチュラル　n=1　(2022.06)

| 品種 | 水分値 | pH | ジャッジ | 10点 | テイスティング |
|---|---|---|---|---|---|
| Illubabor | 9.6 | 5.0 | 90.35 | 42 | 9035 フローラル、ショ糖 |
| Gori gesha | 8.7 | 5.0 | 90.30 | 41.5 | 9030 アフターに甘味となめらかさ |
| Gesha1 | 9.2 | 5.1 | 90.25 | 40 | 9025 フローラル、シトラス |
| Gesha2 | 10.0 | 5.0 | 90.20 | 40 | 9020 フローラル、柑橘果実の風味 |
| Gesha3 | 9.7 | 5.0 | 90.15 | 40 | 9015 フローラル、シトラス |
| Gesha4 | 9.6 | 5.1 | 90.05 | 40 | 9005 レモン、かすかにラズベリー |
| Gesha5 | 9.8 | 5.1 | 89.90 | 39.5 | 8990 甘い余韻、リンゴ |

「ナチュラルの負のフレーバーはなく、よい乾燥状態です。パナマの様な果実感はありませんし、イルガチェフェのような個性もやや弱いですが、イレギュラーな風味はなく、よい豆になってきています。」

図 14-3・2022 Gesha Village　ナチュラル

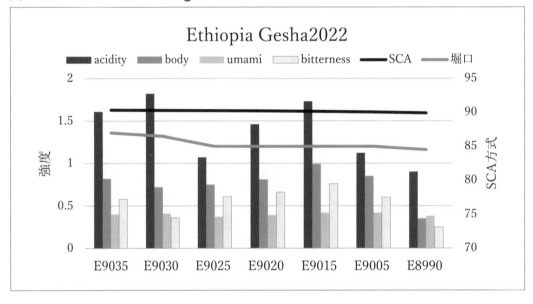

### 14-1-15　2023 Gesha Village のオークションロットのテイスティング

　2023年のGesha Villageのオークションロット(表14-11)を官能評価し、味覚センサーにかけました(図14-4)。精製方法がバラバラでしたが、官能評価と味覚センサーの間には、r=0.7870の相関性見られました。4年連続で、官能評価をしましたが風味に安定性がみられよい豆ですが、10点法で45点(SCAで90点)の風味はありません。

表 14-11・Gesha Village Ethiopia　n=1（2023.06.25）

| サンプル | 精製 | ジャッジ | 10点 | テイスティング　太字はオークションジャッジ |
|---|---|---|---|---|
| SV1 | W | 90.88 | 41 | レモン　クリーン、ウォシェトの風味はよい<br>**Black Tea, Citrus Fruit, Green Apple, Dried Plum, Hibiscus, Jasmine Tea, Passion Fruit, Peach, Raspberry** |
| RSV7 | W | 90.48 | 40 | レモン、クリーン |
| GVA2 | W | 89.44 | 40.5 | フローラル、明確な酸味、クリーン |
| RSV4 | Honey | 90.58 | 40 | 明確な酸、ハニー、特徴は弱め<br>**Pineapple, Bergamot, Blackberry, Lemon, Jasmine, Marzipan, Orange Blossom, Red Fruit, Toasted** |
| GVA8 | Honey | 88.98 | 40 | 酸味強い、ややコク |
| RSV2 | N | 90.83 | 41 | ナチュラルフレーバー、ワイニー、梅<br>**Bergamot, Blueberry, Banana, Cardamon, Papaya, Honey, Mango, Maple Syrup, Raspberry, Sweet** |
| RSV5 | N | 90.56 | 41 | ナチュラルフレーバー、ワイニー、プルーン |
| GVA1 | N | 89.44 | 38.5 | クリーン、キャラクター弱め、 |

図 14-4・Gesha Village Ethiopia　2023.06.25

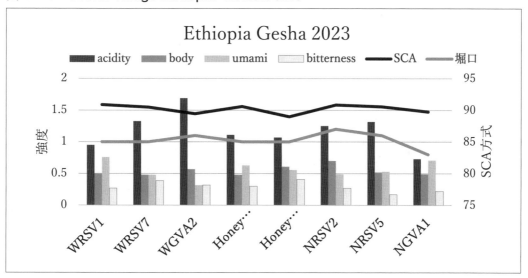

## ■14-2 イエメン産のコーヒーのテイスティング

### 14-2-1　概要

　アラビア半島の中で山岳地帯があり、ここでコーヒーが栽培されています。
　他の生産国とその風景はまったく異なる不思議な生産地です。首都サナアの近くにハラズ、バニマタル、ハイマ地方があり、高級品の産地として有名です。この地方のコーヒーを総称してサナニと表示されることもあります。

イエメンコーヒーは、エチオピアから移植されたとされていますが、イエメンのコーヒーの起源は古く、コーヒーのルーツはイエメンにあるというイエメン人もいます。実際のDND鑑定でもエチオピアとは異なる種があるともいわれます。

モカがコーヒーの積み出し港（現在は廃港）であったため、エチオピアおよびイエメンのコーヒーを称し、モカと呼ぶことがあります。しかし、エチオピアにはコーヒーを飲む文化がありますが、イエメン人は乾燥したチェリー（キシル :Qishr）をカルダモンや生姜などと一緒に煮出して愛飲しています。**そのためドライチェリーのまま保管され、輸出の生豆がいつ収穫されたものかわからないのが当たり前でした。**エチオピアより価格は高いにも関わらず、独特な発酵臭を好む日本人は多く、それなりに需要がありました。

1990年以前からモカマタリが一般的に流通していましたが、発酵臭がきつく、また焙煎豆のハンドピックが多すぎ、開業してすぐに使用をやめました。

イエメンはエチオピアと同じように古い品種が多く、そのまま残っている可能性が強く、また山の斜面や砂漠のような場所（地下には伏流水がながれている）に植えられていますので、きちんと栽培されれば、その特殊な環境が生み出す風味はよいのではないかといつも想像していました。

2000年代は、SPのムーブメントの中でも特に変化のない産地で、欧米諸国よりも日本のほうが、この産地にこだわりを持っていました。一般的なイエメンはモカマタリと呼ばれ、一部プレミアムコーヒーとして「アールマッカ」「バニマタリ」なども少量流通していましたが鮮度は悪い状態でした。

イエメン産コーヒーを20年間探し、2010年頃に初めてイエメンのニュークロップを体験しました。その後、生産履歴のわかる豆がごくわずかですが輸入され、バニマタル、ハラズ、イスマイルなどを購入しましたが、従来のイエメンに比べ価格は高く、よほどのイエメン好きでない限り購入は難しい生豆でした。2011年あたりから2015年あたりまでイエメンの産地開拓に取り組みましたが、内戦などの影響で買い付けが難しくなりました。

## 14-2-2　基礎データ

| 内容 | イエメンの詳細 |
|---|---|
| 産地 | 砂漠の多いアラビア半島の山岳地帯、首都サナアの近くのハラズ地区（Harazi）、バニマタル地区（Bani matari）、イスマイリ（Ismaili）など |
| 標高 | 1.000 〜 2.200m |
| 品種 | イエメン在来種（Udaini、Tufahi、Dwairi など） |
| 栽培 | 山岳地帯の峡谷のワディと呼ばれる涸れ谷（川床で平地1500m）での栽培が60%、峡谷の斜面のテラス（棚畑1.500 〜 2.200m）の栽培が40% |

| 収穫 | 開花は1〜4月、10〜12月がメインクロップの収穫期 |
|---|---|
| 乾燥 | 30万以上の零細農家が大部分チェリーを民家の屋根などで1週間程乾燥する、現地では標高の高いテラスのコーヒーよりワディの評価が高い<br>トレサビリティの明確なハラジ、マタリ、ヘイミは価格が高い |
| 生産量<br>（1000袋/60kg） | 2001-02/64、2010-11/161、2018-19/86、2019-20/105、2021-22/126, 2022-23/124 |
| 輸入量 | 2013-14/3100、2014-15/5200、2019-20/2.985、2021-22/3.451（袋） |
| 生豆基本成分 | 水分11.4、脂質量17.8、ショ糖7.14、pH4.95（bani matari、haraji地区の在来種5試料の平均値） |

## 14-2-3　等級

　基本は商取引上の名称（生産地域の場合が多い）で取引され、特別に等級はありません。輸入したことのある主な銘柄をあげました。2022年現在は、生産地域が今少し細分化された銘柄（表14-12）も出てきていますが価格は高価です。

表14-12・イエメンの銘柄の一部

| 輸出銘柄 | 生産地域 | 備考 |
|---|---|---|
| Matari | Bani Matar | |
| Haymi | Hayma | 日本でMatari（モカマタリ）名のみで流通している豆は生産地域、品質基準が曖昧です |
| Harazi | Haraz | |
| Raymi | Reima | |

## 14-2-4　イエメンの風味

　他の生産地のように収穫されてすぐに輸出されるわけではなく、品質管理がよいとはいえない産地です。流通する多くの豆は、生豆の状態が劣悪で、発酵臭をともないます。しかし、イエメンは、品種改良や他の国からの移植はないため昔からの品種が多く残っていますので、今後のコーヒー研究には、重要な産地といえます。

　「イエメンのニュークロップは、フレシュで、従来のイエメンに見られぬクリーンさ、酸の華やかさよりもややボディ感の良さが基本的な特徴です。

　イエメンの風味は、他の生産国では体験できないもので、エチオピアのイルガチェフェ、中米のナチュラルとも風味は異なります。柑橘の果実、ストロベリー、赤ワイン、ジンジャー、シナモンなどの

乾燥

スパイス、チョコレートのようなコクがあるのも特徴です。焙煎が深めになると、フランボアーズのジャム、乾燥プラム、いちごミルク等複雑な香味を感じることができます。また、イエメン産のニュークロップには、イルガチェフェのナチュラルよりなめらかな粘性がありクリーミーです。」

## 14-2-5　基本のテイスティング

　本来のイエメンコーヒーと感じさせてくれるニュークロップに遭遇した時は大きな衝撃でした。当時、それらの豆に、筆者は SCAA の官能評価で 90 点をつけていました。表14-13 は、イエメンの風味を年代ごとにまとめたものです。

### 表 14-13・イエメンの基本テイスティング

| | 産地 | SCAA | 内容 |
|---|---|---|---|
| 1990 年代 | マタリ | 70 ≦ | 一般のマタリで流通している豆、発酵臭強い |
| 2000 年代 | バニマタリ | 81.5 | 12%程度の量をハンドピックで除去、赤ワイン、ラズベリー、一般のマタリより発酵臭は少ない。 |
| | イスマイリ | 82.5 | 15% 程度をハンドピック、香りは弱い、発酵臭なくクリーン、甘い余韻がある |
| 2010 年代 | バニマタリ | 90.0 | 南仏の赤ワインのような風味、酸とコクのバランスが良い、柔らかな舌触りでチョコレート |
| | イスマイリ | 89.0 | 明確な酸、ラズベリー、プルーン、チョコレートなどの香味、心地よい余韻 |
| | ハラズ | 86.0 | しっかりした柑橘計果実の甘い酸、コクもありバランスがよい風味 |
| | ハイミ | 85.0 | 柔らかくベリーの甘い酸、コクもありバランスがよい風味 |
| 2020 年代 | ハラズ | 90 ≧ | 輸出会社、生産者の品質意識が高くなり、従来のコーヒーより選別、乾燥が格段に良くなっている<br>パナマのゲイシャ品種のナチュラル匹敵する個性的なコーヒー、安定入手が課題 |

　「バニマタリは、フレッシュで舌触りがなめらかでチョコレートのよう。赤ワインよりコニャックというような印象で、スパイス感もあり、かすかにフランボアーズジャムなどの赤い果実の香味もあります。砂糖が入っているのではないかと思えるほど甘い余韻が残ります。

　イスマイリは、ブルーベリー、プルーン、スパイス等複雑で、チョコレートのような風味を感じます。コーヒーで、赤ワインのようという表現も使用しますが、その代表がイエメンだと思います。深くローストすると妖艶な香気に魅了されます。」

## 14-2-6　2022 NYCA オークションロットのテイスティング

　表 14-14 は、2022 年 8 月に初めて行われた NYCA（National Yemen Coffee Auction）

第4章 各生産国のテイスティング実践

のオークション豆の中から6種(ナチュラル)を選び味覚センサーにかけたものです。様々なローカル品種のコーヒーで、かつナチュラルですので味覚センサーの数値はややばらついています（図14-5）。乾燥状態に差が生じていると推測されます。オークションジャッジの点数は87.4から88.75と全体に高く、味覚センサーとの相関性は全くありません。そこで10点方式で筆者がテイスティングした結果 **r=0.6330** とやや相関性がとれました。

「**非常に生豆が新鮮で、きれいなナチュラルです。反面、同じような風味でサンプル間に大きな風味の差異を感じられませんでした。しかし、このようなクリーンなイエメンを体験できる時代になったのだと感慨深いものがあります。ただし、もう少し風味にインパクトのある豆があるはずです。**」

表14-14・2022 イエメン　ナチュラル　n=1

| サンプル | 水分値 | SCA | 品種 | 10点 | テイスティング |
|---|---|---|---|---|---|
| 2222 | 9.2 | 88.75 | Ja'adi | 39.0 | クリーミー、蜂蜜 |
| 2291 | 12.1 | 87.45 | Udaini | 39.0 | ナチュラルフレーバー、スパイス |
| 2270 | 11.2 | 88.35 | Udaini | 38.5 | ナチュラルフレーバー、ややオイリー |
| 2212 | 9.9 | 88.2 | Tufahi | 40.5 | フローラル、コク、バランス |
| 2229 | 10.4 | 88.04 | Udaini | 40.5 | チョコレート、スパイス |
| 22106 | 9.0 | 88.6 | Udaini | 38.5 | オレンジ、コクが弱い |

図・14-5　2022 イエメン　ナチュラル

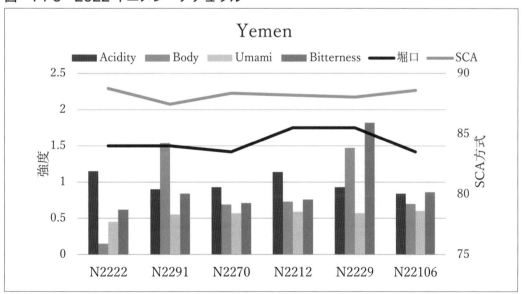

筆者の10点方式の点数をSCAの点数に換算しています。

## ■ 14-3 ケニア産のコーヒーのテイスティング

### 14-3-1　概要

　ケニアは酸味が強く、SP の概念が誕生する前はほとんど輸入されていませんでした。その後、2000 年代の初期にケニア産の風味に衝撃を受け、ナイロビに近いキアンブ地区の農園の豆を輸入しました。（今は宅地化されている農園も多くみられます。）その後、その複雑な風味に世界中の多くのコーヒー関係者が魅了され、価格の高い豆であるにも関わらず、SP 市場でなくてはならない豆となりました。この華やかな風味に触れて、各生産国の農園主が植える事例も多くみられますが同じような風味にはなりません。ケニアで栽培される SL 種は、様々な焙煎度が可能で、最も複雑な風味を醸し出す品種といえます。

　**「SL 品種をテイスティングすれば、コーヒーに含まれているあらゆるよい風味を体験できるといっても過言ではないでしょう。」**その意味で、ゲイシャ品種と双璧ですが、ゲイシャ品種より深い焙煎に適応できますので優れたファクトリーの豆は貴重です。

### 14-3-2　基本データ

| 項目 | ケニアの詳細 |
|---|---|
| 産地 | ニエリ（Nyeri）、キリニャガ（Kirinyaga）、キアンブ（Kiambu）、ムランガ（Murang'a）、エンブ（Embu）、メルー（Meru） |
| 標高・土壌 | 1.400 〜 1.800m・Volcanic loam |
| 品種 | SL28 は乾燥に強い Tanganyika drought resistant variety<br>SL34 は降雨、高地適性がある French mission coffee からセレクト<br>ともに CBD（Coffee berry disease）、さび病（coffee leaf rust）には弱い、K7 は French mission coffee からセレクトしたもの |
| 農家 | 大規模農家 30% 程度、小規模農家 70%（2ha 以下）は完熟したチェリーをファクトリー（加工場）に持ち込む |
| 栽培 | .収穫期は 9 〜 12 がメインクロップで 70%、5 〜 6 月頃のフライクロップ（サブクロップ）で 30% だが、比率は変動している |
| 精製・乾燥 | ファクトリーでは精製（果肉除去、発酵、水路水洗、）後、アフリカンベッドで天日乾燥 |
| ドライミル | パーチメントは各生産エリア近隣もしくはナイロビにあるプライベートのドライミルに持ち込まれる |
| 生産量<br>（1000 袋 /60 kg） | 1990-91/1.485、1995-96/1.664 、2000-21/1.002、2005-06/660 、2010-11/641、2015-16/770、2018-19/869、2019-20/769、2020-21/838、2021-22/758、2022-23/785 |
| 輸入量<br>（袋 60kg） | 2010/14.650、2017/12.910、2018/15.500、2019/12.680<br>2020/11.200、2021/23.370、2022/21.230、2023/19.530 |
| 生豆基本成分 | 水分 11.54%、タンパク質 12%、灰分 3.8%、脂質 16.5%、炭水化物 54.7%、ショ糖 7.95、pH4.75（Kirinyaga、Nieri、Embu 地区ファクトリーの SL 種 24 試料の平均） |

経済成長による農園の宅地化、気候変動の影響などで生産量は減少傾向。

## 14-3-3　等級

ケニアの等級は、表14-15のように生豆のサイズ、外観、カップテストなどで決まります。ファクトリーのオークションロットは、AAが20〜40袋（60kg/1袋）前後、ABが50〜100袋前後が多くみられます。風味による分類がされる場合もあります。AA、AB、PBの場合を例にとれば、カップ品質はFine>Good>Fair to Good>FAQ（Fair Average Quality）>Fair>Poor to Fairの順になります。

SPの場合は、AA、AB、PBの中で風味が際立って優れたものになります。

### 14-15　ケニアの輸出等級

| 等級 | サイズ | 備考 |
|---|---|---|
| AA | S17〜18 | カップ品質でAA++,AA+に区分される場合もある |
| AB | S15〜16 | グレードA（S16）とグレードB（S15）の混ざったもの |
| C | S14〜15 | SPの対象外 |
| PB | ピーベリー | 珍重される |
| E | S18〜20 | 大粒のエレファント豆、焙煎で貝殻豆の原因となる |

乾燥

## 14-3-4　基本のテイスティング　2000年初期の農園のテイスティング

2000年代初期、ケニアの輸出会社は、SPとして自社のブランド商品（ブレンドしたもの）および例外的に農園の生豆（表14-16）を販売していましたが、ファクトリー（水洗加工場）単位の豆を販売していませんでした。そのため、ファクトリーの豆の調達のため輸出会社に依頼し、**毎週火曜のオークションサンプルをもらい、カッピングしてファクトリーを選び、落札額を提示して購入するような方策をととりました。リスキーでしたが、この方法を数年間継続することにより、優れたファクトリーを絞り込んでいくことができました。**

その後、世界的なSP市場の拡大の中で、2000年代終盤ころから輸出会社はファクトリーの豆を販売するようになっています。ニエリやキリニャガ地区のコーヒーがよいことが世

界的に理解され始め、流通して行くことになったわけです。米国のサードウェーブの御三家ともいわれたカウンターカルチャーは「チリク」、インテリジェンシアは「カンゴチョ」、スタンプタウンは「ガチュリリ」などのファクトリーの豆を使用しはじめました。

「ミディアムローストでpH4.75と世界の生産国の中でも酸味が強い豆が多く、総酸量も8.00ml/g以上のものもみられます。有機酸は、酢酸よりもクエン酸の方が多いのが特徴であるため柑橘系のレモンやオレンジのような酸を感じます。しかし、酸味はそれだけではなく、アンズやパッションフルーツのような強い酸も感じますので、グリコール酸、リンゴ酸などが複雑に絡んで独特の酸味を醸し出していると推測されます。」

表14-16・2000年初期からの農園豆使用の時代

| | 農園 | テイスティング |
|---|---|---|
| 2000〜 | ムネネ | 初めて購入したケニア、強烈な個性に衝撃を受けた、この当時は、まだ農園ものは珍しい時代 |
| | ケントメアー | 驚くべき熟した果実の香りと酸味とコクがあります |
| | ムタロ | 熟した果実はカシス、赤ワインの風味 |
| | ゲズムブイニ | 熟した乾燥プラムのような果実感とスパイスで華やか |
| | ワンゴ | 華やかな柑橘果実の酸味に、熟した果実の強烈な風味 |

「全体的に果実感が強く、果実は柑橘の酸味をベースに黒ブドウや乾燥プラムなど風味のものが多く見られました。それらは、それまでの日本入荷の豆にはない華やかな風味でしたので、ゲイシャ品種デビュー以前に衝撃を受けました。」

## 14-3-5 基本のテイスティング ファクトリーのテイスティング

ケニアには、多くの生産地域があり、その中に農協傘下のファクトリーが700程度はあります。膨大なケニアのファクトリーのコーヒーをテースティンした結果、ニエリ(Nyeri)、キリニャガ(Kirinyaga)、エンブ(Embu)、キアンブ(Kiambu)、ムランガ(Muranga)などの地区に優れたファクトリーがあることがわかりました。表14-17のファクトリーの一部を2010年代の前半に使用しました。

「各ファクトリーのコーヒーには、レモン、ソルダム、オレンジなどの他にパッションフルーツのような明確な酸やマンゴーのように熟した果実などの甘い酸もありますが、全体としては繊細で上品な風味です。「香り高く、クリーン、しっかりしたレモンやオレンジの酸があり甘いコーヒー」「初めに熟したピーチやメロンの華やかさを感じ、やや冷めると甘いトマトの風味」「柑橘系の甘い酸に、プルーンやジャムの濃厚さ、甘い余韻とのバランスよい」などと表現できます。焙煎が浅いとレモンティーやブルーベリーなどのニュアンスが現れ、焙煎が深いと乾燥プラムや黒砂糖などの甘い味わいを体験できます。あま

りに多くの特長的な風味がありますので、筆者のテイスティング会セミナーでは「ケニアフレーバー（フルーツバスケット）」が共通言語となっています。」

　毎年、膨大な量のファクトリーの豆をテイスティングし 10 ～ 20 ロット程度（1 ロット 20 ～ 50 袋 /1 袋 60kg ）購入していました。本来であれば 90 点以上をつけたいところでしたが、この当時はそのような SCA の評価コンセンサスは形成されていませんでしたので、点数を低めでつけています。現在であれば 3 ～ 5 点高くつけるくらいでいいと思います。

表 14-17・2010 年～ 2014 年のテイスティング会でのサンプルの一部例　n=30

| ファクトリー | 産地 | テイスティング | SCAA |
|---|---|---|---|
| KIANGOI | Kirinyaga | レモン、オレンジ、濃縮感がありかつクリーン | 86.00 |
| NGURUERI | Kirinyaga | オレンジの酸味、イチゴジャムのような甘味 | 85.00 |
| KAINAMUI | Kirinyaga | ライム、オレンジ、繊細、甘い余韻 | 88.50 |
| KABONGE | Kirinyaga | 白ブドウ、梅、クリーンで繊細 | 84.25 |
| GETUYA | Kirinyaga | 柑橘オレンジ系の酸に華やかな酸が混ざる | 85.25 |
| GAKUYUNI | Kirinyaga | 果実の酸、カカオ、クリーン | 85.75 |
| MUCHAGARA | Nyeri | プラムやメロンのような甘味が強い | 86.00 |
| TEGU | Nyeri | 香りがよい、ブルーベリー、イチジクの甘味 | 87.75 |
| GATOMBOYA | Nyeri | チェリー、ブルーベリー、プラムなどの果実 | 88.00 |
| KATHANGARIRI | Embu | グレープフルーツ、青梅、トマト、 | 85.25 |
| MWIRIGI | Embu | 明るい酸、甘い余韻 | 85.50 |
| KIAMBU | Embu | しっかりした酸とコク、果実感 | 85.75 |
| YEGO | Muranga | グレープフルーツ、チェリー | 85.50 |
| KANGUNU | Muranga | 香りよい、華やか、ベリー、クリーン | 85.75 |
| KIUNYU | kiambu | レモン、チェリー、トマト、 | 86.25 |
| GITITU | Kiambu | 明確な酸の輪郭がコクを際立たせる | 86.50 |
| KARATU | Kiambu | 華やかな果実の酸味とコクのバランス | 87.25 |

　特にファクトリーのコーヒーは、価格も高騰していますが、それでもよい生豆は争奪が激しい状況です。但し、同じファクトリーでもロットによる風味差、生産年による風味差があることは留意してください。

## 14-3-6　基本のテイスティング　2015 ～ 2016 年のファクトリーの一部

　ケニアのコーヒーが成熟し、安定した風味を形成していた時代のコーヒーです。筆者がテイスティングした膨大なファクトリーの一部を載せました（表14-18）。10 年間、同じファクトリーの豆をテイスティングしていれば、どのファクトリーが優れているかがわかるようになります。「振り返ると、この時期のケニア産のコーヒーは風味が豊かで、粉を挽いている段階でケニア産とわかりました。」

表 14-18・2014 〜 15Crop、2015 〜 16Crop のファクトリーの豆　n=30

| ファクトリー | テイスティング | 酸価 | SCA |
|---|---|---|---|
| THANGATHI | 香り高く、柑橘果実の酸味と甘い余韻 | 2.56 | 86.50 |
| KARUMARI | 甘いオレンジ、パイナップルのような余韻 | 2.56 | 86.00 |
| KIANGO | キャラクターがやや弱く 85.00 を超えないロット | 2.76 | 84.75 |
| JANGLE | オレンジの甘味の中に乾燥プラム、明確なコク | 2.60 | 85.50 |
| NGURUERI | 明るい酸、マーマレードジャム | 2.65 | 86.75 |
| GAKUI | 明るい酸味、柔らかな舌触り、ケニアフレーバー | 3.18 | 87.00 |
| KARATU | オレンジの酸と甘味がジュースのよう | 2.65 | 87.75 |
| KIBUI | さわやかな酸味の中にプラムの風味が隠れている | 3.05 | 85.50 |
| KENYA・AA | 酸味は強く、コクも十分、やや濁りがある | 4.04 | 78.95 |

　酸価を測りましたが、CO の AA 以外は、脂質の劣化（酸価）が全くなく、**鮮度が良く、1 年間経時変化しない豆であると推測できます**。官能評価と酸価の間には **r=0.8336** の高い相関性がみられました。酸価値が低い豆は , 官能評価が高くなる傾向が見られるといえます。

## 14-3-7　2019-20 Crop のテイスティング

　表 14-19 はケニアのファクトリーの豆をテイスティングしたものです。2015 年前後のケニアフレーバー全盛期に比べると、全体としてはやや物足りなさを感じますが、それでも、世界最高峰の風味であることに違いはありません。SCA 方式であれば 85 点から 90 点のスコアをつけることができます。このサンプルのキリニャガは、素晴らしい風味でケニアの風味の醍醐味を満喫できました。

表 14-19・2019-20 Crop 主な生産地区

| 生産地区 | テイスティング | 10 点 |
|---|---|---|
| キアンブ | 酸味とコクの安定した風味、オレンジの甘い酸味にかすかにトロピカルフルーツが隠し味 | 46/50 |
| キリニャガ | よいものはオレンジにプラムなどの赤系の果実がある、華やかでクリーンで上品、甘い余韻で香りも際立つ | 47/50 |
| ニエリ | 花のような香り、レモンフレーバーに上品な蜂蜜の甘味を感じさせる、蜂蜜レモン風味 | 45/50 |
| エンブ | 甘い温州ミカンの酸味に黒系の果実が混ざり合い、複雑な風味を醸し出す | 43/50 |
| Kenya・AA | 酸味は強いが華やかさはない、かすかにくすんだ味 <br> SP と CO の境界線の風味の物も多くみられる | 34/50 |

10 点法の 40 点は SCA 方式の 85 点、45 点は 90 点に相当します。

### 14-3-8　様々な焙煎度の豆のテイスティング

　**表14-20**は、同じファクトリーの豆を3段階で焙煎したものです。ミディアムロースト
のpHは4.8、総酸量7.9ml/g、生豆の脂質量17.8g/100g、ショ糖8.1g/100gと理化学
的な成分値が高いのが特徴です。豆質は硬質で、ハイからフレンチローストまで様々な焙
煎に対応できるのが特徴で、それぞれの焙煎度で多様な風味を生み出します。

#### 表14-20・2020-21Crop 焙煎度の異なる同一ファクトリー

| 焙煎度 | pH | テイスティング | 10点 |
|---|---|---|---|
| ハイ | 5.2 | 花の香り、洋ナシ、ピーチなどの甘味があり、クリーン。SCA方式であれば95点をつけるべきケニア | 47/50 |
| シティ | 5.3 | 柔らかくソフト、オレンジの酸味と蜂蜜の甘い余韻が残る | 46/50 |
| フレンチ | 5.6 | ショ糖の甘味、黒糖、柔らかな苦味。深い焙煎にも関わらず焦げや煙臭はなく、なめらかなコクがある。 | 46/50 |

　過去20年間のケニアのテイスティングを通し、これ以上良い風味の豆に巡り合えるこ
とはほぼないと考えられますので新しい10点法評価では、そのあたりを勘案し、高い評
価にしています。

### 14-3-9　ケニアフレーバー

　ケニアの明るい酸、華やかな酸、果実のような酸が醸し出す香味は、以下に区分（**表
14-21**）されますが、これらを総合して筆者はケニアフレーバー（フルーツバスケット）
と称しています。

#### 表14-21・過去20年間でケニアコーヒーに感じてきた多様な風味

| 香り | 華やかな果実の香り |
|---|---|
| 香味 | 上質で強くしっかりした酸味<br>黄色系果実＝レモン　オレンジ　グレープフルーツ　複雑さ<br>赤系果実＝ラズベリー、チェリー<br>黒系果実＝プラム<br>トロピカルフルーツ＝パッションフルーツ、アップルマンゴー<br>乾燥果実＝アンズジャム、乾燥プルーン<br>その他＝トマト、スパイス、赤ワイン |
| コク | 明確なコク、フルボディ、濃縮感 |
| 余韻 | 果実および甘い余韻が長く残る |

## ■14-4 タンザニア産のコーヒーのテイスティング

### 14-4-1 　概要

　1990年筆者の開業時、タンザニア産はキリマンジャロ名で販売されていましたので、タンザニアと表示して販売した時にはお客様には何のコーヒーか理解されませんでした。しかし、そのことが逆にコミュニケーションのきっかけにもなったことを覚えています。当時はプレミアムコーヒーとして、エクスポーターのブランド品である「アデラ」「スノートップ」などが高級品でした。

　北部の主要産地は、キリマンジャロ山麓にあり、大規模農園が多い地区です。

　2000年前後から、アルーシャ地区のモンデュール農園、ムリンガ農園、マニアラ農園、キリマンジャロ地区のキファル農園など多くの単一農園の豆を使用し、最終的にオルディアーニ地区の「ブラックバーン農園」をセレクトし、現在まで使用しています。

　大農園以外の小農家では、自分でパーチメントまで作り仲買人に売ります。そこからドライミルで脱穀、選別されTanzania Coffee Boardでオークションにかけられ、輸出業者に回ります。しかし、これら多くの小農家がある南部地区のンベヤ（MBEYA）、ンビンガ（MBINGA）では、適切なコーヒー栽培がなされてこなかった地域ですが、タンザニア収穫量全体の40%ほどを占めていました。。

　ただし、現在ではNGOなどの支援などで、水洗加工場であるCPU（Central Pulperly Unit）ができ、そこににチェリーを持ち込む方式も増加しつつあります。

　品質がよいのは、北部の農園産ですが、干ばつなどの影響もあり品質に不安定な側面もあります。農園からパーチメントはモシのドライミルに運ばれ脱穀、選別され、タンザニアの積出港であるDar Es Salaam（ダルエスサラーム港）に運ばれます。近年は、東アフリカ諸国産の積出港としても機能していますので物量は増加しています。そのため、タンザニア産のコーヒーの一部は、生豆の段階で暑い港に滞留し、鮮度劣化する事例も見受けられます。

　そこで、タンザニア産の輸入には気を使い、リーファーコンテナ（RC）の手配から船積みのタイミングを厳密に管理するよう輸出会社に依頼しています。


### 14-4-2 　基本データ

| 項目 | 内容 |
|---|---|
| 産地 | 北部・カラツ（Karatu）、アルーシャ（Arusha）、モシ（Moshi）、キゴマ（Kigoma）、南部・ンベヤ（Mbeya）、ンビンガ（Mbinga） |
| 標高・土壌 | 1.000～2.000m、Volcanic loam |

第4章　各生産国のテイスティング実践

| 品種 | 北部産及び南部産アラビカ種 75% 程度、ロブスタ種 25%<br>ブルボン、アルーシャ、ブルーマウンテン、ケント、N39 |
|---|---|
| 農家 | 40 万生産農家と推定される　90% は 2ha 以内の小規模農家 |
| 栽培 | 北部 6 ～ 11 月　南部 7 ～ 12 月 |
| 精製・乾燥 | ウォシュト、アフリカンベッド |
| 生産量<br>（1000 袋 /60kg） | 1990-91/932、2000-01/809、2010-11/846、2018-19/1.175<br>2019-20/926、2020-21/1.000 、2021-22/1.082、2022-23/887 |
| 輸入量<br>（袋 /60kg） | 2010/174.600、2017/138.760、2019/259.200、2020/187.190、<br>2021/225.400 、2022/281.680、2023/204.780 |
| 生豆基本成分 | 水分 11.5、タンパク質 11.8、脂質 16.6、灰分 3.6、炭水化物 58.1、pH4.95（Oldeani、<br>Arusha 地区の農園のブルボン品種系 22 試料の平均） |

## 14-4-3　等級

　主にスクリーンサイズで等級が決められます。**表 14-22** の右側にタンザニアでは有力な輸出会社であるテーラーウインチ社のグレーディングをあげておきました。

**表 14-22・タンザニアの輸出等級**

| 等級 | サイズ | Talor Winch 社の輸出規格 | |
|---|---|---|---|
| AA | S18 が最低 90% | FAQ | 80% を占め小農家の並品 |
| A | S17 が最低 90% | KIBO | 15% のセレクト品 |
| B | S15 ～ 16 が最低 90% | ADELA | 5% の最高級品 |
| C | S14 が最低 90% | | |
| PB | ピーベリー | | |

現在の SP は、生産履歴が明らかな豆で ADELA 以上のカップクオリティが問われます。

## 14-4-4　基本のテイスティング（1）2000 年代初め

　**表 14-23** は、タンザニアの単一農園の豆が流通したころのテイスティングです。現在のSCAA のカッピングフォームが使用される前ですので、評価はタンザニア AA より優れている◎、AA よりやや良い○で記しています。

**表 14-23・単一農園の豆の走り、2003-04 Crop**

| 品種 | テイスティング | 評価 |
|---|---|---|
| モンデュール | 1999-20、2000-01 クロップは華やかで出色 | ◎ |
| ブルカ | ブルボンにしてはやや重い風味 | ○ |
| エーデルワイズ | 優しい酸味、コクはやや弱め | ○ |
| ブラックバーン | 明るい酸、クリーンでマイルド、バランスがよい | ◎ |
| KIBO | グレープフルーツの酸味、バランスよい | ○ |
| SNOWTOP | ブルーグリーンの生豆、しっかりしたコク | ○ |

　タンザニアの風味って何？」という質問に答えるのは非常に難しいと感じます。基本の風味としては、「グレープフルーツのようなやや苦味を伴った柑橘系の果実の酸がベース

289

にあります。果実感はそれほど強くなく、またコクも中程度ですのでマイルドで飲みやすいコーヒーといえるでしょう。」

## 14-4-5　基本のテイスティング（2）2010 年代

輸出会社からサンプルを取り寄せ、官能評価しましたが、風味の特長は弱く、85 点に達しません（**表 14-24**）。

**表 14-24・タンザニア 2013-14Crop**

| 農園 / 品名 | 品種 | SCAA | テイスティング |
|---|---|---|---|
| FAQ | unk | 73.00 | 味が重く、濁る |
| KIBO AA | unk | 81.00 | 単一農園より風味が良い年もある |
| MARANGU | unk | 79.25 | やや濁り、酸味よわい |
| KIEMA | unk | 80.25 | マイルドでバランス良いがコクはやや弱め |
| BURKA | Bourbon | 80.75 | タンザニアの農園の標準的な風味 |
| MONDUL | Bourbon | 80.50 | 2000 年初期の頃の品質はないが安定している |
| EDELWEISS | Bourbon | 81.50 | 軽やかな酸味、コクはやや弱い |
| NGILA | Bu、Ke | 80.75 | カラツ地区の農園、酸味とコクのバランス |

Ke=kent 品種、Bourbon 表示ですが品種の混在が見られますのでブルボン系品種を意味します。

## 14-4-6　基本のテイスティング（3）等級

タンザニアの等級別のサンプルを集め（**表 14-25**）、理化学的な数値の分析をし、テイスティングしました。SP は、AA および AB より総酸量（acidity）、総脂質量（body）が多く、酸価（clean）は低いことから、SP は、AA、AB に比べ酸味、コクがあり、生豆の鮮度劣化が少ないことがわかります。結果として SCAA 方式の官能評価の点数は、SP が CO に対し有意に高い（**_P<0.01_**）ことがわかります。

**表 14-25・16-17Crop のテイスティング　　n-13**

| | pH | 脂質量 | 酸価 | ショ糖 | SCAA | テイスティング |
|---|---|---|---|---|---|---|
| SP | 4.90 | 7.71 | 3.60 | 6.83 | 82.27 | グレープフルーツのような酸味、 |
| AA | 4.93 | 7.65 | 4.55 | 6.83 | 77.11 | AA は抽出液の濁り感が目立つ |
| AB | 4.94 | 7.69 | 3.95 | 5.98 | 76.16 | バランスの良い AB グレード |

脂質、ショ糖は g/100g、AA は AB より豆のサイズが大きく、欠点数が少ない。

SP と AA および AB を味覚センサーにかけました。bitterness は味覚センサー値、balance は（acidity+body+clean+sweetness）÷4、その他 acidity は pH、body は総脂質量、clean は酸価、ショ糖量（sweetness）の数値から、また complex は官能評価を参考にグラフ化しました（**図 14-6**）。

図 14-6・SP と CO の差

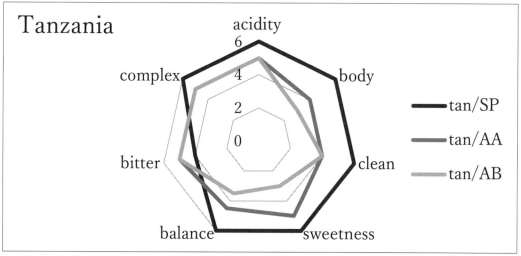

きちんと精製、輸送、保管された SP 生豆は、酸、コク、甘味、クリーンにおいて AA および AB を上回り、全体のバランス、苦味の質においても心地よく、より複雑な風味といえます。

### 14-4-7　2019-20 Crop のテイスティング

　北部エリアは高品質のコーヒー産地として知られていますが、降雨量は 400mm ～ 1500mm 程度と年次差があり、生産量の変動があります。アルーシャは、標高 1.200 ～ 1.400m 付近に広がる産地。メール―山の麓にムリンガ農園など大規模農園が多数広がっています。モシ地区は、キリマンジャロ山の麓 900 ～ 1.400m に広がるエリアで、大規模農園と小農家が混在しています。コーヒーの集積地域ともなっています。ンゴロンゴロ地区（Ngorongoro）は、標高 1.200 ～ 1.800m に位置する大規模農園からなり、ンゴロンゴロ自然保護区と隣接しています。南部地区は、小農家による生産で、CPU により FAQ(Fair average quality/ 標準品)が作られています。西南部地区のキゴマ、ンビンガは、NGO などにより CPU の再開発がみられ、品質が向上しているといわれます。それらのサンプルを集め官能評価しました（表 14-26）。

表 14-26・2019-20 のテイスティング　n=16

| 地区 / 品名 | 品種 | pH | テイスティング | Score |
|---|---|---|---|---|
| オルディアニ | Bourbon | 4.85 | オレンジの甘い酸味があり、なめらかな舌触り | 42/50 |
| ンゴロンゴロ | Bourbon | 4.90 | 個性が強くない反面なめらかで飲みやすい | 38/50 |
| アルーシャ | Bourbon | 4.95 | 2000 年代初めのモンデュールより風味が弱い | 36/50 |
| キゴマ | unk | 5.00 | 重くどっしりした風味、鮮度劣化している | 30/50 |
| ンビンガ | unk | 5.02 | 北部産に比べるとやや濁りを感じる | 34/50 |
| KIBO AA | unk | 5.00 | 平均的なタンザニアで柔らかな味わい | 36/50 |
| AA | unk | 5.04 | 欠点豆の混入が多く、濁りと渋味を感じる | 28/50 |

### 14-4-8　2021-22Cropのテイスティング

2022年3月に入港したタンザニアの単一農園のニュークロップをサンプリングし（**表14-27**）、テイスティングし味覚センサーにかけました（図14-7）。

官能評価と味覚センサーの間には、**r=0.9747**の高い相関性が見られましたので、評価は妥当と考えられます。風味は、**酸味にやや違い**が見られましたが大きな差異は感じられず、40点（SCA方式85点）は超えません。

表14-27・タンザニア2021-22Cr 北部の農園

| 農園 | 滴定酸度 | pH | 10点 | テイスティング |
|---|---|---|---|---|
| タンザニア1 | 6.65 | 5.01 | 36 | 酸とコクのバランスがよくマイルド |
| タンザニア2 | 7.77 | 4.97 | 39 | 甘いオレンジの酸味が際立つ |
| タンザニア3 | 7.31 | 5.00 | 37 | マイルドタイプの典型的風味 |
| タンザニア4 | 7.36 | 5.00 | 38 | 柑橘果実の酸味があり、なめらか |

図14-7・タンザニア2021-22Crop 北部の農園

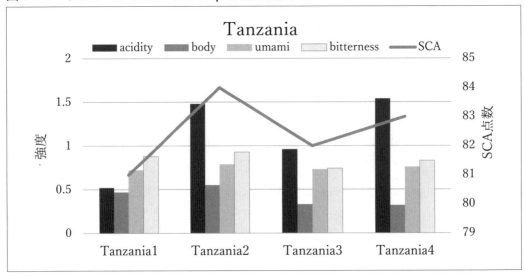

タンザニアでのコーヒー研究は、農学から病害虫その他幅広く行われてASICなどの学会で発表されています。TaCRI（Tanzania Coffee Research Institute）は、2000年にタンザニアのコーヒーの品質と生産性を向上させるための適切な技術を開発し、普及させるために開設されました。世界市場でのタンザニアのコーヒーの競争力を高め、最終的に収入を増やし、貧困を減らし、コーヒー生産者の生活を改善すること目的としています。そのためASIC（国際コーヒー科学学会）などでも積極的にポスター発表などをしています。

第4章　各生産国のテイスティング実践

しかし、現状の問題点は農園主、農家が高齢化し、次の世代に受け継がれないことにありそうです。若年層の農村離れは、コーヒー農園の維持を難しくさせていますし、農園が売りに出される事例も目にします。

## ■14-5 ルワンダ産のコーヒーのテイスティング

### 14-5-1　概要

ルワンダのコーヒーは、1900年代初頭にドイツ人によって導入されました。ジェノサイト（1994）後1995年から復興が進み、1農家当たり600本の樹が植えられたといわれます。農家がパーチメントまで作り仲買人に売る仕組みのコーヒーの品質は悪く、政府はCWS（Coffee Washing Station）を推進しました。2004年に 米国国際開発省（USAID: United States Agency for International Development）の支援を受けたステーションが建設され、*多くのCWSの建築が進み、2010年には187、2015年には299、2017年には349に増加し、品質の向上が図られました。現在、約40万の小規模農家が生産し、生計を立てているといわれます。2000年中盤に初めてウォシェトコーヒーを使用した際は、エチオピアのウォシェトより個性はないものの、マイルドなブルボン品種系の風味のコーヒーと認識しました。

**＊JICA/ルワンダ共和国 コーヒー栽培・流通に関する 情報収集・確認調査報告書/2014**

### 14-5-2　基本データ

| 項目 | 内容 |
|---|---|
| 産地 | Western Province (Kibrizi, Lake Kivu) Southern (Butare, Nyanza) , Northern (Rulindo) , Eastern (Ngoma District) など |
| 標高・土壌 | 1.500〜1.900m　Volcanic loam |
| 品種 | ブルボン、フレンチミッション |
| 農家 | 小農家 394.206（2009年世帯数/OCIR cafe2009） |
| 栽培 | 2〜6月 |
| 精製・乾燥 | ウォシェト・アフリカンベッド |
| 等級 | High Grade (S16) , Medium Grade (S15) , Ordinary (S14 and below) |
| 生産量<br>（1000t袋/60kg） | 2000-01/273、2010-11/323、2018-19/384、2019-20/348、2020-21/356、2021-22/283、2022-23/310 |
| 輸入量<br>（袋/60kg） | 2010/1.817、2017 /3.633、2019/6.233、2020/3.550、2021/5.066 2022/8.650 |
| 生豆基本成分 | 水分値 10.6、脂質量 16.3、ショ糖 8.1、pH4.95（7試料の平均値） |

### 14-5-3　基本のテイスティング　2006-07Crop

2000年代中盤ころからルワンダ生豆の調達が可能になり、あたらしい産地のコーヒーとしてチャレンジしました。＊ポテト臭（potato taste defect（PTD））が焙煎機から出した瞬間に臭いましたので、使用に注意してブレンドには使用しませんでした。現在は、ポテト臭はかなり減っていますので安心して使用できます。

＊ポテト臭＝蒸れたポテトの異臭で、一粒でも混ざるとはっきりわかるメトキシピラジン（Methoxypyrazines）という異臭です。原因はカメムシ（Antestia bug）を媒介して細菌が侵入する穴が作られ、メトキシピラジンを発生させるといわれています。

表14-28は、この当時のステーションの豆です。SCA方式で85点をつけるのは厳しいと感じました。

表14-28・ルワンダ2006-07Crop　初期の頃の入港豆のテイスティング

| ステーション | テイスティング | SCAA |
| --- | --- | --- |
| Bukonya | しっかりした酸味、フルーティーで甘い | 84.25 |
| Karengera | クリーン、果実、ハッカ、甘い余韻、酸とコクのバランス | 83.75 |
| Mushubati | 優しい酸味、かすかに雑味を感じる | 81.75 |
| Sakara | よいブルボン品種、クリームのような甘い香り | 80.25 |
| Gatare | キャラクターは弱いが甘い酸がある | 83.50 |
| Sheng | やや酸味が強いが、きれいでまとまった風味、 | 82.75 |
| Mibirizi | 甘い柑橘果実の酸味が心地よい | 83.25 |
| Musasa | コクがあり、甘い余韻がある | 83.00 |
| Maraba | チェリーの甘味、甘い柑橘果実の酸味、アンティグアに近い | 83.50 |
| Myungga | 酸味とコクのバランスが良い | 82.75 |

### 14-5-4　基本のテイスティング　2013-14Crop

ルワンダ産が一般的に流通し、徐々に認知されてきたころの豆（表14-29）で。輸入商社からサンプリングした豆の一部です。2002年には1つしかなかったCWS（Coffee Washing Stations）は、2015年には245に増加しています。

ポテトのリスクがあり、多くは使用できませんでしたが、様々のステーションの豆をテイスティングして使用してきました。「この当時はまだ85点を超える個性的な風味のコーヒーはなく、全体としてはマイルドでバランスの良いコーヒーでした。」比較のため80

点のブルンジを淹れてあります。

## 表 14-29・ルワンダ 2013-14Crop

| ステーション | テイスティング | SCAA |
|---|---|---|
| ムヨンゲ | やや濁るも甘い余韻、 | 82.50 |
| ルワビシンドゥ | 明るい酸味、 | 83.00 |
| ガテレ | かすかな酸味、甘い余韻、クリーン | 83.50 |
| ウングカムズンズ | クリーン、心地よい酸味 | 83.75 |
| アバトゥンジ | フローラル、きれいな酸、しっかりしたコク | 84.00 |
| ブルンジ | ブルンジとしてはマイルドでよいコーヒー | 80.00 |

The Role of Cooperative Coffee-Washing Stations for Rwandan Coffee - Feed the Future Innovation Lab for Food Security Policy (msu.edu)

### 14-5-5　2022 オークションロットのテイスティング

　欧州連合（EU）が資金提供する東アフリカ共同体（EAC）の地域開発イニシアチブで、国際貿易センター（ITC）および CEPAR（Coffee Exporters and Processors Association of Rwanda: ルワンダの 34 コーヒー輸出業者および加工業者協会 2012 年に設立）によって組織されたオークションのロットをテイスティングし（**表 14-30**）、味覚センサーにかけました（**図 14-8**）。SCA 方式と 10 点方式の点数には、**r=0.7821** の正の高い相関性があり、オークションジャッジとテイスティングセミナーのパネルの点数には信頼性があると考えられました。また、SCA 方式の点数と味覚センサーの数値には、**r=0.8183** の正の相関性が、10 点方式と味覚センサーの数値には **r=0.6275** の正の相関性が認められました。

## 表 14-30・ルワンダ 2022　CEPAR オークションロット　n=20

| | sample | 水分値 | p H | ジャッジ | 10 点 | テイスティング |
|---|---|---|---|---|---|---|
| 4 | Washed | 11.0 | 5.1 | 86.03 | 39 | さわやかな酸味、コク、甘い余韻 |
| 5 | Washed | 10.7 | 5.1 | 85.97 | 38 | フローラル、ミカン、ショ糖の甘味 |
| 9 | Washed | 10.1 | 5.0 | 85.53 | 38 | フローラル、やさしい酸、甘味 |
| 10 | Washed | 11.1 | 5.0 | 85.22 | 38 | 明確な酸味、アフターにやや渋味 |
| 11 | Washed | 10.2 | 5.1 | 85.13 | 35 | 舌にざらつき感、ハーブ |
| 12 | Washed | 10.4 | 5.1 | 85.13 | 37 | アフターにやや濁り感 |
| 13 | Washed | 9.8 | 5.2 | 85.00 | 37 | 柔らかな酸味、コク |

「ブルボン品種系の柑橘果実の酸味に十分なコクが加われば、40 点（SCA85 点）をつけられますが、個人的にはそこまでの風味は感じません。しかし、バランスがよくマイルドでよいコーヒーであることに違いはありません。」

図14-8・ルワンダ 2022 CEPAR オークションロット

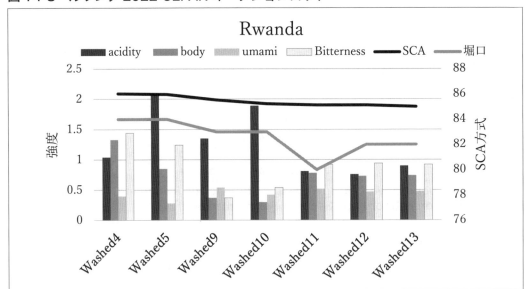

## ■ 14-6 ブルンジ産のコーヒーテイスティング

### 14-6-1 概要

　ブルンジ共和国は、アフリカ大陸の東中部、ルワンダとタンザニアに挟まれた小さな国です。ブルンジでのコーヒー生産は、1930年代にベルギーの入植者が苗木を持ち込んでいます。Buyenzi, Kirundo, Muyinga, Gitega. Bubanza の5つの主要なコーヒー産地があります。東アフリカで、ケニア産、エチオピア産、タンザニア産、ルワンダ産の次に使用する豆を常に探していましたが、日本への輸入が難しく実際に購入するには至りませんでした。

### 14-6-2 基本のテイスティング

　表16-31は、ブルンジのSPを輸出会社からサンプリングしたものです。使用を検討しましたが、このロットはルワンダに比べ全体的に濁りがあり、風味特長が弱く使用は見合わせました。

表16-31・2005-06Crop のテイスティング

| サンプル | 精製 | SCAA | テイスティング |
|---|---|---|---|
| 811 | W | 81.00 | 軽い酸味がある反面、濁り感が伴います |
| 815 | W | 81.25 | ミルクのような香りがありコクもあります |
| 181 | W | 81.05 | ミカンのような酸味に甘い余韻 |
| 195 | W | 81.25 | 軽やかな酸味と中程度のコク |
| 460 | W | 81.25 | 果実っぽい香り、甘い余韻、ややコクがある |
| 1416 | W | 81.00 | 華やかさに欠ける、ややにごり感 |
| 1429 | W | 81.00 | 黒砂糖の甘味、さわやかな酸味 |

### 14-6-3　ブルンジ2022 オークションロットのテイスティング

Jeanine Niyonzima-Aroian が設立したJNPCoffee の2022年12月開催のインターネットオークションの豆です。JNPは、男女平等の推進、＊金融リテラシー教育の支援、リーダーシップ スキルの開発を通じて、地元のコーヒー農家の変革を後押ししています。SPの力を利用して、女性農業従事者の仕事に対して直接支払いを行うことで、女性農業従事者

の生活を変革しています。ブルンジでは、女性の協同組合と特別な関係を築いており、＊国際女性コーヒー同盟（IWCA: International Women's Coffee Alliance）の地方支部の女性によって栽培されたコーヒーの大部分を購入しています。

＊お金や経済に関するあらゆる情報を理解し、自分に必要な商品やサービスを判断できる力のことです。
＊IWCA=2003年コーヒー生産に携わる女性の生産技術と地位向上、持続可能な社会生活の実現を目的としてコスタリカでNPO法人として設立され、現在はニューヨークに本部を置いています。日本支部もあります。
　IWCA (womenincoffee.org)　　https://www.iwcajapan.org/

　表14-32のサンプルは、ウォシェトコーヒーです。オークションジャッジのコメントは英文でいれておきました。味覚センサーのグラフにはややばらつきが見られます（図14-9）。全体的に風味はクリーンで出来のよいコーヒーですが、オークションジャッジの点数はやや高すぎるように思えます。ジャッジと筆者の点数にはr=0.7581と高い相関性が見られましたが、味覚センサー値とジャッジ及び筆者の点数には相関性が見られませんでした。

表 14-32・2022 ブルンジ　ブルボン種　ウォシェト　n=1

| | ジャッジ | 10点方式 | オークションジャッジのコメント | テイスティング |
|---|---|---|---|---|
| 1 | 91.25 | 40.0 | blood orange, peach, raspberry, pomegranate, bergamot. Balanced juicy sweetness. | オレンジ、ピーチ、クリーン |
| 2 | 91.00 | 39.5 | Vibrant acidity of red currants and raspberry. Base notes of black currants. Multiple layers of sweetness, like a basket of tropical fruit. | フローラル、バランスよい、甘い余韻があるがやや濁る |
| 6 | 89.50 | 38.5 | Phosphoric acidity with flavors of red currants. Aftertaste of rose. Balanced, sweet | 黒ブドウ、なめらか、濃厚だが重い味 |
| 9 | 89.00 | 38.0 | Refreshing acidity of lime and white peach. Flavors of concord grapes, blueberry, persimmon. | プラム、黒ブドウ、やや濁り |
| 12 | 89.00 | 35.0 | Intense flavor profile of raspberry, peach, red grapefruit. Sweet balanced acidity of red grapes and cherries. | 濁り感、重い味、SPとCOの境界線の風味 |
| 15 | 88.75 | 37.5 | Intense, vibrant acidity of red currants and red grapefruit. Sweetness of black figs and currants. Aftertaste of rose. | しっかりしたレモンの酸、どっしりした風味 |
| 21 | 88.50 | 37.5 | Phosphoric acidity with notes of table cherries and bergamot. Sweetness of red grapes. Lingering aftertaste. | アンズのような強い酸 |
| 22 | 88.50 | 35.0 | Black currants, peach, raspberry. Delicate acidity with mild rose aftertaste. Sweetness of raspberry pie. | やや濁り、スパイス |

図 14-9・ブルンジ 2022　ブルボン種　ウォシェト

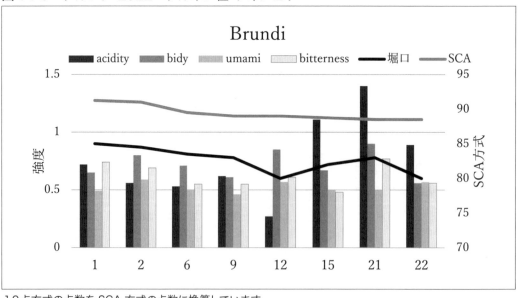

10点方式の点数をSCA方式の点数に換算しています。

第4章　各生産国のテイスティング実践

　表14-32は、ナチュラルの豆をテイスティングした結果で、さらに味覚センサーにかけました（図14-10）。「**風味特性としては、全体的にきれいなナチュラルでクリーンです。発酵系の風味はなく完成度は高いと感じます。**」オークションジャッジのスコアが高すぎるのは、オークション特有の傾向と考えます。

### 表14-32・ブルンジ20222　ブルボン種　ナチュラル　n=1

| | ジャッジ | 10点方式 | オークションジャッジのコメント | コメント |
|---|---|---|---|---|
| 3 | 90.5 | 40 | blueberry and black currents. Notes of peach and raspberry. Acidity of peach and sweet berries. | 香りよい、アンズ、プルーン、ややくすみ |
| 4 | 90 | 40 | Delicate floral aromatics followed by balanced flavors of berries and red table grapes. Subtle white pepper base note. | よいナチュラルフレーバー、オレンジ |
| 05- | 89.5 | 43 | Tropical fruit basket: passion fruit, papaya, sweet mango. Acidity of bergamot. Intriguing fruity aftertaste. Multi layered sweetness. | ウォシェトのよう、ベリー、クリーン、十分なコク |
| 7 | 89.5 | 39 | Fruity and mild fermented flavor profile with notes of crème caramel, ripe banana and delicate savory aftertaste. | さわやかな酸味、クリーン |
| 8 | 89 | 38 | Sweet flavor profile with notes of dried fig, marzipan, red fruit, cherries. Mild spicy aftertaste with honey sweetness. | 甘い余韻、クリーン |
| 10 | 89 | 40 | Red table grapes, bergamot, rose. Clean acidity like Savignon blanc. Sweet and refreshing aftertaste. | 柔らかな酸、チェリー |
| 11 | 89 | 39 | Composition of blueberries, red currants, hibiscus, pomegranate. Sweetness of ripe lychee. Mild refreshing acidity. | 白ブドウ、さわやかな酸味 |
| 16- | 88.5 | 38.5 | Sparkling citrus acidity with refreshing, sweet aftertaste of kiwi, pineapple and pear. Viscous mouthfeel. | チェリー、グレープ、 |

　味覚センサー値は、かなりばらつきがみられます。ジャッジの点数と味覚センサーの間には **r=0.5049** の相関が、また筆者の10点方式の点数との間 **r=0.4825** の相関がみられました。ともにやや弱い相関で、ナチュラルの評価は難しいと感じます。また、ジャッジと筆者の点数の間には、**r=0.3905** の相関性しかありませんので、評価は割れています。

299

図14-10・ブルンジ20222　ブルボン種　ナチュラル

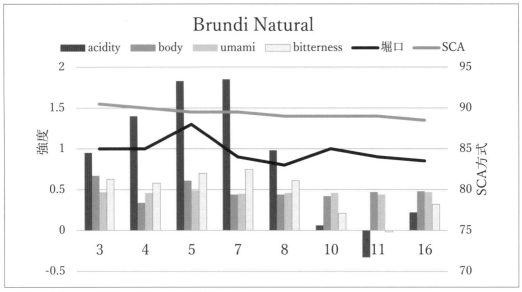

10点方式の点数をSCA方式の点数に換算しています。

ルワンダのキブ湖近くのステーション

ケニアのウォシングステーション

第4章　各生産国のテイスティング実践

## 15 カリブ海の島々のコーヒーテイスティング

　筆者がこの仕事を始めた1990年には、世界のコーヒー生産地域の分類として、中米、南米、アジア、アフリカそしてカリブ海諸島というくくりがありました。カリブ海の島々である、ジャマイカ、キューバ、ハイチ、ドミニカ、プエルトリコなどはティピカ品種系のコーヒー生産地としての存在感をもっていました。といっても、流通量は少なく、その風味を体験できる機会も少ない産地でした。しかし、コーヒー伝播からの歴史は古く、コーヒー栽培およびそのテイスティングにおいては重要な生産地になります。

　エチオピア原産のアラビカ種は、対岸のアラビア半島のイエメンのモカ港（現在は荒廃）から積み出され伝播していきました。

　1658年には東インド会社がセイロンで栽培を試み、その後1699年には本格化しますが、1869年にさび病が発生しコーヒー栽培は壊滅し、紅茶の栽培地に代わりました。東インド会社は、インドのマラバールから1699年にジャワ（Java）に持ち込みます。しかし、1880年以降のさび病で打撃を受け、カネフォーラ種が導入されます。これが現在WIB（West Indische Bereiding）とよばれるジャワロブスタ（ウォシュトの精製）です。

　ジャワ島のアラビカ種は、1706年にアムステルダムの植物園に送られ、ここで生育した苗が1714年にフランスのルイ14世に送られ、パリの植物園（Jardin des Plantes）で栽培されます。この苗が1723年にフランス領の*マルチニーク島（Martinique）に運ばれています。この航海でフランスの海軍将校のガブリエル・ド・クリュー（Gabriel de Clieu）が、乏しい飲料水を苗木に与えたという*逸話が残っています。その後宣教師などによって各産地に伝播しています。

＊1925年にハイチ（Haiti）、1730年にジャマイカ（Jamaica）、1748年にドミニカ（Dominica）、キューバ（Cuba）。その後1755年にマルチニーク島からプエルトリコ（Puerto Rico）に伝播しています。そしてこれらの島々から、グアテマラ（Guatemala）、コスタリカ（Costa Rica）、ヴェネズエラ（Venezuela）、そしてコロンビア（colombia）に伝播しています。

**＊ウイリアム・H・ユーカス /All About Coffee/TBS ブリタニカ**

　これらのカリブ海の島々から伝播したコーヒーがティピカ品種と呼ばれるものです。その後、各生産国にこの品種の子孫が残っている場合もありますが、生産量の少なさ、さび病に弱いなどの理由により、様々な品種に植え替えられていくことになります。現在これらの島々は、ハリケーンによる被害などによる生産性の低下が目立ちます。2000年以降には、ジャマイカ産以外は日本での流通は目立たなくなりました（**表15-1**）。

表 15-1・カリブ海諸島の生産量推移　1000 袋（1 袋 60kg）

| 生産国 | 1990-91 | 2000-01 | 2005-06 | 2010-11 | 2015-16 | 2018-19 | 2019-20 |
|---|---|---|---|---|---|---|---|
| ジャマイカ | 23 | 37 | 34 | 21 | 20 | 18 | 23 |
| ドミニカ | 880 | 467 | 310 | 378 | 400 | 431 | 402 |
| ハイチ | 393 | 420 | 356 | 350 | 341 | 347 | 347 |

ICO データ　キューバはデータなし

　「これらカリブ海の島産のティピカ種の風味は、豆質が柔らかく、柔和で優しい酸味、コクは弱めでやや甘味が残る印象でした。しかし、最近の各島々のコーヒーの風味は変化しています。」


# ■15-1 ジャマイカ産のコーヒーのテイスティング

## 15-1-1　ブルーマウンテン

　ジャマイカのブルーマウンテンは、ゲイシャ品種の人気が出る前の高値の豆の代表格でした。繊維質が柔らかく、風味は穏やかで、メイビスバンク（Mavis Bank）、ウォーレンフォード（Wallenford）などの加工場単位の名前で流通していましたが、現在は農園名のものも流通しています。

　20 年前までのブルーマウンテンは、広域の豆でロットが作られていましたので、「**基本の風味は、やわらかな舌触りと甘味にあり、酸味はやや弱いのも特徴です。2000 年のSP ムーブメント以降、限定された農園の豆などが流通するようになり、やや酸味のある風味の豆も目につきます。コクは弱めで、深い焙煎には耐えられません。繊維質が柔らかく、生豆の鮮度が落ちるのが早く、枯れた草の味や濁りに支配される傾向があります。**」生産地では乾燥場が少なくドライヤーの併用も多く見られ、乾燥状態の良し悪しがその後の品質に大きく影響していると考えられます。


## 15-1-2　基本データ

| 項目 | 内容 |
|---|---|
| 産地 | ブルーマウンテンは Blue mountains 地区で栽培された豆 |
| 品種 | ティピカ、ブルーマウンテン、ブルボン |
| 農家 | 10.000 農家　平均 1ha |
| 収穫 | 8~9 月 |
| 精製 | ウォシェット |
| 乾燥 | 天日、機械 |
| 日本輸入量 袋 /60kg | 2010/9.400、2015/5,600、2018/5.950、2019/6,810、2020/6.755、2021/3.347、2022/6.062 |

日本のSP市場の成熟に伴い、果実の風味のある豆が求められるような市場が増加し、穏やかなブルーマウンテンの風味と*従来のセールスプロモーションでは価格の高さをカバーできず、ブルーマウンテンの日本入荷は、低下傾向にあります。また、グレード内訳もNo1（樽）の輸入量は減り、下位グレードの（麻袋）の比率が増しています。また、ウォッシュト生産国におけるナチュラル精製が広がる中で、ジャマイカのコーヒーボードもブルボン品種の生産やナチュラルの精製を認める方向にあります。日本市場が大部分を消化していましたが、日本の消費低下の中で、中国資本の進出、スターバックスコーヒーやネスレの購入などもみられ、従来の流通とはさま様変わりしつつあります。

＊ジャマイカがイギリスの植民地であり、かつて英国王室御用達というキャッチフレーズで宣伝されたことがあります。

## 15-1-3　等級

表15-2・Jamaica Blue Mountain Quality Standard

| Parameter | No1 | その他 |
| --- | --- | --- |
| Package | Barrels | ブルーマウンテンNo1とNo2、No3、Peaberryの違いはスクリーンサイズで、No2はS16、No3はS15。 |
| Color | Bluegreen to green | |
| Defect Allowance | 3% | |
| Screen Size | 17/18 | |
| Moisture | 10～12.5% | |
| Aroma | Fairly Good to Intense | |
| Mouthfeel | Good Acidity & Body | |

＊Coffee Industry Bord of Jamaica ,

「ブルーマウンテンは、ジャマイカの法律で定められたブルーマウンテン地区で生産され、かつ法律で指定された精製加工工場で処理されたコーヒー」と定義されています（表15-2）。ブルーマウンテン地区以外の高地産（1,000～1,200m程度）のコーヒーは、S17/18がハイマウンテン、サイズが小さくなるとジャマイカセレクトなどの区分になります。

ブルーマウンテンNo1

## 15-1-4　基本のテイスティング

筆者が開業した1990年代は、「ブルマンないの？」とお客様に良く言われました。価

格が高いわりに風味特性が弱く、深い焙煎には耐えられないため、ほぼ使用しませんでした。当時のブルーマウンテンは、70kg の樽に詰められ、ドライコンテナで輸送され、常温倉庫に保管されていましたので、1 年間同じ状態は保持できませんでした。現在は、輸送や保管は改善されていますが、それでも、豆質が柔らかく、鮮度劣化（枯れた草の味）が早い豆です（**表 15-3**）。

　また、現地でみるようなきれいなブルーグリーンの生豆は日本では見かけなくなりました。個人的には、樽に入れる必要性（樽を欲しがる人もいます）はなく 10 ～ 20kg 程度の真空パックにして輸入する方がよいと考えます。

**表 15-3・ジャマイカ産の一般流通している豆　2022-23crop（2023.09）**

| サンプル | 精製 | 品種 | SCAA | テイスティング |
|---|---|---|---|---|
| No1 | W | ティピカ | 83.00 | きれいな生豆で、甘味がありシルキー |
| No1 | W | ティピカ | 72.50 | 生豆の鮮度劣化し、濁り感がある |
| No1 | W | ティピカ | 78.00 | トースト香、やや甘味あるも濁り感 |
| No2 | W | ティピカ | 81.00 | No2 でも風味の良い場合も見られる |

　基本的には、収穫年度、等級よりも入港後の保管月数により風味差を感じます。SCA 方式では、果実感のあるような豆を高評価する傾向があり、軟質でマイルドなブルーマウンテンは高評価されにくいのが実情です。それでも、伝統的な付加価値を重要視するコーヒー関係者も多くみられます。

　ブルーマウンテンは、*「ジャマイカコーヒー輸入協議会」（bluemountain.gr.jp）があり、これらの会社が輸入しています。

*アタカ通商（株）、（株）MC アグリアライアンス、兼松（株）、UCC 上島珈琲（株）、豊産業（株）、ワタル（株）の 6 社になります。

## ■ 15-2 キューバ産のコーヒーのテイスティング

### 15-2-1　クリスタルマウンテン

　キューバ産のコーヒーの歴史は 1748 年にハイチから種子が持ち込まれて始まります。その後、コーヒー農園が島全体に広がり、代表的な農作物の一つとして発展しました。筆者が開業した 1990 年以降 7 ～ 8 年間、キューバ産の高級品とし知られていた「クリスタルマウンテン」（キューバで生産され同国輸出規格に基づくアラビカコーヒー）を購入し使用したことがあります。ジャマイカ産のブルーマウンテンよりは価格が安く、大粒（S18 ～ 19）で 15kg の樽に入っていてたティピカ品種でした。空き樽がたまってしまい、お客様に差し上げていました。

「柔らかな豆質で、やさしい酸味があり、コクは弱めでした。ジャマイカ産と同じように生豆の経時変化（鮮度劣化）が早く、状態が落ちると枯れた草の風味に支配されます。2000 年代以前を代表するマイルドタイプの風味といえました。」

　2000 年代にはいるとティピカ品種以外の品種の栽培が増加し、キューバ産の品質のばらつきが目立つようになります。他の生産国の優れたコーヒーも調達できるような時代になり、徐々にキューバの存在感は薄れ、使用を断念しました。

　ティピカ品種は、生産量が少なく、さび病に弱いですが、この品種を大切にするか、他品種であっても優れたウォシェトの精製のコーヒーを作るなどの対策を講じない限りキューバ産の国際的な競争力は低下せざるを得ません。昔のように生豆のサイズが均一で、きいなグリーンの生豆を見たいものです。

## 15-2-2　等級

　一般的な等級区分は表 15-4 のとおりで、豆のサイズと欠点豆の数で決められています。収穫期は、8 月から 3 月。90% はウォシェトで、コンクリート上などで天日乾燥される場合が多くみられます。

**表 15-4・キューバ産の等級**

| 等級 | 豆のサイズ | 欠点数　300g 中 |
| --- | --- | --- |
| Crystal Mountain | 18/19 | 4 |
| ELT（Extra Turquino Lavado） | S18 | 12 |
| TL（Turquino Lavado） | S17 | 19 |
| AL（Altura） | S16 | 22 |
| Montana | S15 | 24 |

## 15-2-3　基本のテイスティング

　表 15-5 は、2022 年現在輸入されている生豆をサンプリングし、テイスティングしたものです。輸入量が少ないにも関わらず、在庫が残り、一部鮮度劣化したパーストクロップが流通しています。残念ながら、クリスタルマウンテンに昔の面影はありません。

**表 15-5・キューバ　2021-22Crop のクリスタルマウンテン n=1**

| 等級 | 精製 | 品種 | SCAA | テイスティング |
| --- | --- | --- | --- | --- |
| CM | W | ティピカ | 80 点 | 豆質柔らかく、ミディアムロースト向き |
| TL | W | ティピカ他 | 72 点 | スクリーンサイズが基準に合っていない |

CM= クリスタルマウンテン

# ■ 15-3 ドミニカ産のコーヒーのテイスティング

## 15-3-1　概要

　過去20年生産量は350.〜400千袋（1袋60kg換算）前後で推移しています。ハリケーンの直撃を受けることが多い島です。国内消費が多く、輸出量は少なく、日本への入荷も少量です。ティピカ品種の生産地であるバラオナ（Barahona）地区のコーヒーで有名でしたが、現在は収穫が極めて少なくなり、品質の良いものをみつけることは難しい状態です。現在の主要生産地は、矮小品種であるカトゥーラ品種やカトゥアイ品種などがシバオ（Cibao）地区などに植えられ広まっています。他のカリブ海の島々と同じように小農家が多くみられます。伝統的なウォシェドの生産国ですが、現在ははナチュラルやハニーの精製も広まりつつあります。

　かつて、素晴らしい風味のカトゥーラ品種に遭遇し一時期使用しました。「**フルーティーで、華やかできれいな酸味、中程度のコク、やさしく甘いアフターテーストがありました。**」2009-10Cropに30袋（60kg /1袋）購入し、以降順調に購入量を増やし2011-12Cropは90袋購入しました。

　しかし、その後輸入上の問題などがあり、高品質豆の安定購入が難しくなり、使用を断念した経緯があります。

## 15-3-2　等級

　高地産（〜1.500m）の収穫は、2〜4月頃でウォシェドの精製が多くみられます。日本向けのバラオナ、その他シバオ・アルツーラが伝統的に高い評価を受けてきていますが、多くはアメリカ向けの低級品、ヨーロッパ向けの中級品市場に流れていました。現在は、国内消費が多く一部SPが輸出されています。

## 15-3-3　基本のテイスティング（1）

　SP黎明期の2000年代初め、カリブ海諸島のコーヒーはジャマイカ産に押され、サンプルも少なく、購入豆を選べる状況下にはありませんでした。バラオナ地区に比較的よい

第4章　各生産国のテイスティング実践

ティピカ品種もありましたが（表15-6）、この時期はハワイコナのティピカ品種の購入に
エネルギーを割いていました。

表15-6・ドミニカ 2005-06Crop　ウォシェド

| 品種 | SCAA | テイスティング |
|---|---|---|
| ティピカ | 82.25 | ジャマイカにやや酸味を加えた風味、経時変化が早く1年間使用するのはむずかしい豆 |
| ティピカ | 82.75 | キャラメル、蜂蜜、かすかに過完熟、入荷量が少ない |

### 15-3-4　基本のテイスティング（2）

　2010年前後にテイスティングしたコーヒーの中に素晴らしい華やかな風味のコーヒー
があり（表15-7）、衝撃を受けすぐに購入しました。今思えばかなり特殊なコーヒーだっ
たと思います。

表15-7・ドミニカ 2009-2010Crop ～ 2011-12Crop

| Crop | 精製 | 品種 | SCA | テイスティング |
|---|---|---|---|---|
| 2009-10 | W | Caturra | 87.50 | 突然変異したかのような華やかな風味 |
| 2010-11 | W | Caturra | 86.75 | カリブ海のコーヒーとは思えない熟した果実感 |
| 2011-12 | W | Caturra | 86.50 | 90袋（1袋60kg）消化できるのか不安ながらも購入 |

　カリブ海諸島のコーヒーは、豆質が柔らかく、輸入のタイミング（時期など）が非常に
重要で、タイプサンプル、プレシップサンプルをきちんとテイスティングし、入港後どの
程度の期間、鮮度維持が可能かを判断する必要があります。

　ティピカ品種の場合は入港時点で劣化している場合もあり、かなり注意が必要です。現
**状の日本の生豆市場は、枯れた状態の風味に寛大で、コーヒーショップや喫茶店で鮮度劣
化したコーヒーが流通している事例が多くみられます。**

## ■15-4 プエルトリコ産のコーヒーのテイスティング

### 15-4-1 概要

　プエルトリコは、19世紀には世界でも有数の生産国（年平均生産量4200万ポンド
=317.514袋/60 kg）でしたが、その後の生産は減少傾向にあり、1928年のハリケーン
で一気に生産量は減少しています。現在のプエルトリコ産は国内消費が主で、また生産コ
ストがハワイ同様高く、他の産地と比べて価格競争力はない状態です。生豆の輸出量デー
タはみられません。

307

## 15-4-2　2005-06Cropの基本のテイスティング

　この時期はごくわずかにティピカ種が日本に入港していました。表15-8は、多くのサンプルの中からよいものをピックアップしたものです。まだティピカ種の品質のよいものがあった時期といえます。ただし、多くの産地にいえることですが、毎年同じ品質で安定して入港する豆は少なく、使用はしていません。この時期の豆は、きれいなブルーグリーンでした。

表15-8・プエルトリコ2005-06Crop　n=1

| サンプル | 品種 | SCAA | テイスティング |
|---|---|---|---|
| W 1 | ティピカ | 81.25 | きれいな柑橘果実の酸 |
| W 2 | ティピカ | 84.75 | ブルーグリーンの生豆、クリーン |
| W 3 | ティピカ | 83.00 | なめらかで、マイルド、かすかな酸味 |

　2014年、「Zumbador Coffee Project」は、プエルトリコ産のコーヒーを世界に普及するために誕生しています。しかし、2017年9月のハリケーン・マリア（Hurricane Maria）により、コーヒーの樹の85％が壊滅しています。

　このコーヒー産業の危機の中、コーヒー生産者たちは、コーヒーの植え付けに戻り、将来の世代のためにコーヒー栽培を継続することに取り組んでいます。プエルトリココーヒーのパートナーシップを拡大するために、2021-22Crop「Café Zumbador」のインターネットオークションが開催されました。

　しかし、世界のコーヒー消費国の同国への認知度は低下していて、オークションはふるいませんでした。サンプルは、ウォシュトコーヒーの選別及び乾燥がよいとはいえず、まだまだ改善が必要と感じました（表15-9）。

　品種は、ブラジルのIAC（Instituto Agronómico de Campinas）からプエルトリコに導入されたFrontón品種(Hybrid de TimorとCaturraの交雑)とLimaní品種（Hybrid deTimorとVilla Sarchiの交雑）です。

　このサンプルをテイスティングし、味覚センサーにかけました（図15-1）。

「風味は、非常に酸味が弱く、その分苦味を感じました。残念ながら今回のすべてのロットは未熟豆が多く、雑味があり、高品質なコーヒーとはいいがたく、今後、徐々に良いものができることを期待します。しかし、そもそも何故カティモール品種を植え、カトゥーラ品種を植えなかったのか疑問です。」

表15-9・プエルトリコ2022オークションロット n=24 （2022.08）

| sample | 水分値 | 10点 | テイスティング |
|---|---|---|---|
| Lot1 | 11 | 32 | 苦味、キャラメル、濁り |
| 3 | 10.9 | 31 | 微発酵　未熟多い |
| 5 | 10.5 | 31 | シナモン、スパイス、未熟豆多い |
| 7 | 11.1 | 31.5 | キャラメル、やや重い味 |
| 9 | 11.1 | 31.5 | バランスよいが重い |
| 11 | 10.8 | 31.5 | 酸味があるが、濁りを感じる |
| 23 | 10.8 | 31 | 重い味、SPとして評価できない |

図15-1・プエルトリコ2022オークションロット

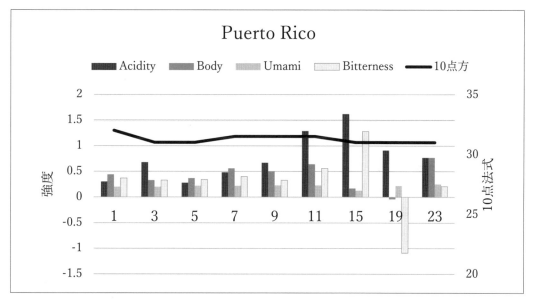

パネル（テイスティングセミナー参加者n=24）の官能評価は、SCA方式で80点未満と低く、味覚センサー値もバラついています。そのため、両者には相関性が全く見られませんでした。

# ■15-5 ハワイ産のコーヒーのテイスティング

## 15-5-1　ハワイコナ

　ハワイ島のコナ地区は、海洋性気候で標高600m程度が中米の1.200m程度の気象条件に近くなります。コナ地区は、午後に曇ることが多くシェードツリーは必要としません。平地は雨が少ない反面、山は雨が降り、コーヒー栽培に適しています。反面、湿度も高く、生豆の水分値に気を使います。

　ハワイ農務省の品質管理は厳しく、品質の安定度は世界でも屈指でした。

　輸出規格は、エクストラファンシー（EF）、ファンシー（F）、No1の順で、ピーベリーも珍重されています。1990年代のエクストラファンシー（Extra fancy）は、S19のブルーグリーンの豆で、ほれぼれするくらいきれいでした。しかし、2014年にはベリーボーラー被害、2018年には火山の噴火により生産量が激減し、多くは米国国内消費となり、2020年以降日本入荷は極端に減少しています。

　大手ロースターなどが百貨店などで主に販売してきた豆で、一定の顧客がいますが、自家焙煎店にとっては価格が高く、取り扱いは一部に限定されます。

　他のティピカ品種の生産地に比べ、肥料をきちんと与える傾向が強く、木は元気です。7年程度でカットバックする事例も多く見られる反面、樹齢の長い樹（50年以上）も見受けられます。カリブ海の産地、PNG（パプアニューギニア）、東チモールなどに比べると酸味、コクが明確でティピカ種の風味を覚えるには最適の豆です。「**なめらかな粘性のあるコーヒーで、この質感は、パナマやコスタリカでごくわずかに生産される最高レベルのティピカ種に共通します。**」

## 15-5-2　基本データ

　ハワイ島の標高600m前後のコナ地区の収穫は、8～10月でティピカ品種がメインでウォシェトの精製です。先進国で栽培されているコーヒーで、アメリカの労働と賃金規制があり、水も貴重でありかつ利用可能な農地が限られています。そのため生産量は少なく、高額な値が付けられていました。ハワイの農園の1年間の農作業を＊「スペシャルティコーヒー

ティピカ品種の古木

第4章　各生産国のテイスティング実践

の本」（旭屋出版）に書きました。

＊堀口俊英 / スペシャルティコーヒーの本 / 旭屋出 /2005

## 15-5-3　等級

　表15-10のように厳密に各付けされます。すべて水分値は9〜12%以内で欠点数はポンドあたりとなります。2022年現在、収穫量の減少に伴い、品質低下傾向にあり、Extra fancyの格付けが難しくなっています。

### 表15-10・GRADING STANDARDS FOR HAWAII GREEN COFFEE

| Grade | 内容 | 欠点数 | カラー | サイズ |
|---|---|---|---|---|
| Peaberry | 丸豆で、珍重され価格が高い | | Green | 丸豆 |
| Extra fancy | 平豆で粒が大きく、最も価格が高い | 8 | Green | S19 |
| Fancy | EFよりやや小粒、コクがある、普及品 | 12 | Green | S18 |
| NO1 | 小粒 | 18 | Green | |
| Select | 欠点数多い | 5% | | |
| Prime | 欠点数が多い | 20% | | |

＊ https://hawaiicoffeeassoc.org

## 15-5-4　基本のテイスティング

　現在は取引していませんが、表15-11は、＊「Kona100農園」の豆を空輸して購入していた時期のハワイコナの風味です。SCAAのカッピングフォームが出始めたころで、SCAAカッピングジャッジの資格を取得したばかりで、まだスコアのつけ方を十分把握していない時期のテイスティングです。この時期のハワイコナの生豆は、現在ではみることができないきれいなブルーグリーンでした。プエルトリコのティピカ品種もありましたので参考のため掲載しました。マウイは特殊な品種で、この年はすばらしい風味でしたので載せました。

### 表15-11・基本のテイスティング　2005-06 Crop

| 品種 | 等級 | 精製 | テイスティング | SCAA |
|---|---|---|---|---|
| ハワイコナ | EF | W | 見事なブルーグリーンの生豆、しっかりした酸味 | 85.50 |
| ハワイ / コナ | F | W | 明るい酸になめらかなコク、基本のティピカ種 | 84.00 |
| ハワイ / コナ | PB | W | 酸味、甘味かあり、なめらかな舌触り | 82.75 |
| マウイ | モカ品種 | W | 洋ナシ、アンズ、ミント、華やかな果実感 | 87.50 |
| プエルトリコ | | W | 豆質は柔らかく、やさしい風味 | 82.50 |

この当時は、農園の全生産量の24袋（45kg/1袋）前後を空輸して購入していました。

311

### 15-5-5　2021-22Cropのテイスティング

　ベリーボーラー、さび病被害でハワイコナの品質ダメージは大きく、生産量も米国国内消費分となり、サンプルさえ入手困難でした。たまたま、よい2021-22Cropをハワイの農園からサンプリングできましたので、筆者がテイスティングし、味覚センサーにかけました（図15-2）。比較のためにパナマのゲイシャ種を入れました。

図15-2・ハワイ2021～22Cropティピカ品種　n=1　（2022.03）

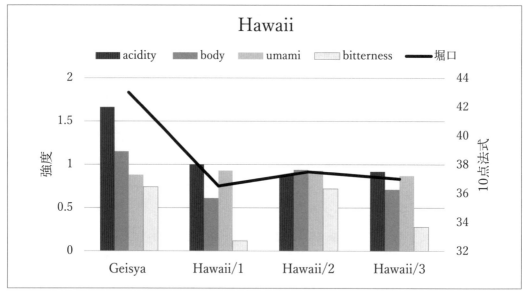

　ハワイの農園のティピカ品種で、風味パターンは似ています。SCA方式の点数は80.5～81.75点と全盛期の評価よりは低くなっています。官能評価と味覚センサーの間には**r=0.9499**の高い相関性が見られましたので、官能評価は適切と考えられました。

ハワイ島の農園

**第4章　各生産国のテイスティング実践**

## 16 アジア圏生産地のコーヒーテイスティング

　アジア（オセアニア）のコーヒー生産量および消費量は増加傾向にあります。ベトナムは世界第2位の生産国で、インドネシアは第4位の生産国です。この2つの国以外の生産国については多くは知られていませんので、アジア圏の生産国を取り上げてみました。これらの国々はさび病で大きな被害を受け、カネフォーラ種に植え替えてきた経緯があります。また、アラビカ種もカティモール系品種に植え替える事例も多くみられました。そのため、高品質品として評価されていない経緯があります。しかし、経済発展に伴い、コーヒーショップも増え、国内消費は上昇傾向にあり、よい品質を志向しようとする生産者も生まれつつあります。ただし、多くのアジアの生産国は輸出港までのインフラストラクチャー（Infrastructure）などに難点もあり、品質維持の対策も必要に感じます。これらの国のコーヒーに接する機会は少ないですが、今後5〜10年後には発展が予測される生産地と考え、一部を掲載しました。

　アジア圏の消費量（2022-23 Crop）は、日本が最も多い消費国ですが、フィリピン、インドネシア、中国、ベトナム、韓国の消費が急拡大しています。図16-1のアジア圏8カ国の合計消費は、すでに世界最大の消費国のアメリカを抜いています。その他今後消費の拡大が予測されるミャンマー、ラオス、タイ、PNG、東ティモールなどのアジア諸国の消費を加えれば、今後ユーロ圏全体の消費量に近づくと予測されます。このアジア圏の特長は、日本、韓国、サウジアラビを除けばコーヒー生産国でもあるということです。しかし、カティモール品種やカネフォーラ種の多い生産地域ですが、今後SPの生産や消費が拡大すれば、コーヒー産業全体に大きな影響を与えていくと推測されます。

313

図16-1・アジアのコーヒー消費

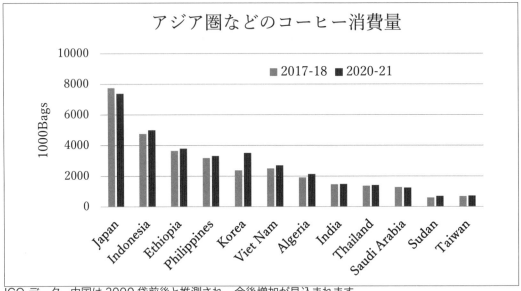

ICOデータ。中国は3000袋前後と推測され、今後増加が見込まれます。

# ■16-1 インドネシア・スマトラ産のテイスティング

## 16-1-1　スマトラコーヒー

　インドネシアは世界第4位のコーヒー生産国ですが、かつてサビ病で壊滅的な打撃を受け、多くの産地がカネフォーラ種（ロブスタ種）に植え替えられました。2020年現在は、アラビカ種27%、カネフォーラ種73%の生産比率で、スマトラ島（Sumatra）やスラウェシ島（Sulawesi）でアラビカ種が栽培されています。スマトラ島の生産量がインドネシアの70%程度を占めますが、スマトラ島で栽培されている少量のアラビカ種は、マンデリン族もしくはその地名からマンデリンと呼ばれています。

　スマトラ島の主な生産地域は北部リントン（Lintong）とアチェ（Ache）で、収穫のメインは10月から2月頃ですが、1年中だらだら収穫されます。近年は雨の降る時期がずれるなど気候変動の影響を受けつつあり、またベリーボーラーの被害も目立ち始め、高品質のアラビカ種を探すのは難しくなりつつあります。

　ハイエンドSP（在来種系）の生豆価格は、一般的なG-1（Grade1）の2～3倍はしますので、使用者は限定されます。スマトラには在来種は少なく、多くはカティモール系品種と推測されます。ただし、**現地での品種の呼び名は様々で、特定が難しく、専門的なフィールド調査が必要に思います。**

第4章　各生産国のテイスティング実践

スマトラ島産の風味は、他の生産国にはないスマトラ式と呼ばれる*独特の精製法によるところが大きいと考えられます。その方法を現地で確認できたのは2000年代の中盤に入ってリントン地区の調査をしてからです。それまでは、メダン（Medan）から車で8～10時間近くもかかるリントン地区に入る商社やロースターはほとんどみられませんでした。

小農家（Smallholder: 全体の96.3%）はその日に収穫したチェリーを脱穀し、半日か1日乾燥させたウェットパーチメントコーヒー（内果皮つきで十分に乾燥しきっていない）をブローカーに売ります。ブローカーはパーチメントを脱穀し生豆を天日乾燥し、輸出会社に売るのが一般的です。これは早く換金することもありますが、主には雨が多い地域であり、生豆の状態で早く乾燥させるためにこの方法がとられ、それが独特の風味を生み出しています。

## 16-1-2　基本データ

| 項目 | 内容 |
|---|---|
| 産地 | スマトラ、スラウェシ、バリ、ジャワ、フローレスなどの島<br>スマトラ島はリントン（Lintong）、アチェ（Aceh）地区 |
| 標高・土壌 | 島により異なるがスマトラ島は1.200～1.600m<br>火山灰土壌（Volcanic loam） |
| 雨量 | 2.500～3.000mm・10か月の雨季と2か月間の乾季 |
| 品種 | アラビカ種20%　ロブスタ種80%前後 |
| アラビカ種 | 在来系品種はわずかで大部分はカティモール系品種と推測<br>SL795（Jember）、USDA762（Usda）、Onan Ganjang（Onan Ganjang）Typica（Sumatra Typica）、Sigarar Utang（Ateng）（　）は地元名 |
| 栽培 | 小農家が大部分 |
| 収穫 | 1年中（メインは10月から2月） |
| 精製・乾燥 | 果肉除去し、パーチメント除去後ビニールシートなどで生豆を乾 |
| 生産量<br>（1000袋/60kg） | 2000-01/6.987,2010-11/9.129、2018-19/9.618、2019-20/11.433、2020-21/12.126、2021-22/11.800、2022-23/11.999（ |
| 日本輸入量<br>（袋/60kg） | 2010/984.460、2017/506.060 、2019/422.450、2020/390.560、2021/414.700、2022 /323.550、2023/269.750（インドネシア全体） |
| 生豆基本成分 | 水分値12.48、脂質量17.12、ショ糖量8.43、pH4.90（Lintong, 地区の在来系6試料の平均値） |

*ウォシェトのパーチメントの乾燥は、生豆を汚染から保護し、清潔さを保ち、ゆっくり、穏やかで、より均一な乾燥を可能にします。しかし、スマトラでは、まだ濡れている生豆を、パーチメントの保護がない状態でビニールシートの上などで乾燥しますので、真菌などの影響を受ける可能性があります。本来このような乾燥方法はよいとはいえませんが、この方法がマンデリンの独特の風味を生み出している可能性もあります。

## 16-1-3　等級

主に欠点豆の数で等級がきまります。ナチュラルは、水分含有量最大13%、ウォシェトは水分含有量12%以内で、夾雑物（枝、石）最大0.5%、生きた虫がいない、カビ臭、カビ豆などがないことです（表16-1）。

315

表16-1・欠点豆による等級

| 等級 | 300g 中の欠点数 | 欠点の種類 | 欠点数 |
|---|---|---|---|
| Quality 1（G-1） | 最大 11 欠点 | 黒豆 | 1 欠点 |
| Quality 2（G-2） | 12〜25 欠点 | 部分的黒豆 | 0.5 欠点 |
| Quality 3（G-3） | 26〜44 欠点 | パーチメント | 0.5 欠点 |
| Quality 4a（G-4） | 45〜60 欠点 | 砕け豆 | 0.2 欠点 |
| Quality 4b（G-4） | 61〜80 欠点 | 未熟豆 | 0.2 欠点 |
| Quality 5（G-5） | 81〜150 欠点 | 虫食い穴一つ | 0.1 欠点 |

未熟豆は1粒で0.2欠点になるため5粒で1欠点となります。
Indonesian National Standard #SNI

　一方、輸出等級とは別に、インドネシアのICEA（Indonesia Coffee Exporters Association）が公表している代表的なSP（表16-2）は、以下の通りです。

表16-2・インドネシアの代表的なSPとその風味特性

| アラビカ種 | Characteristics |
|---|---|
| Sumatra Lintong | excellent aroma &complex flavor、medium acidity、excellent body |
| Sulawesi Traja | excellent aroma &flavor、high acidity & medium body、balance bitter hints |

その他、Gayo mountain、Sumatra mandheling、East java、Kalosi sulawesi、kintamani bali などがあげられています。

リントン地区の農家

## 16-1-4　基本のテイスティング（1）

　表16-3は、市場で流通しているインドネシアの5つの島で生産されている豆をサンプリングし、テイスティングしたものです。スマトラ産は、酸が弱いと記述される場合が多くみられます。しかし、在来系の品種の場合は、ミディアムローストでpHが4.9以下のものが多くみられ、総酸量も7.5ml/g以上で、酸味が強いコーヒーです。

第4章　各生産国のテイスティング実践

## 表16-3・インドネシア 2013-14 Crop　n=1 （2014.6）

| 地域 | 精製 | テイスティング | SCAA |
|---|---|---|---|
| スマトラ / リントン | Su | 華やかなフルーツ、かすかに青草、明確な酸とベルベットの食感で極上のマンデリン | 90.00 |
| スマトラ / アチェ | Su | やわらかな酸とコク、かすかに濁り、在来系の品種はリントンより劣化が早い印象 | 81.50 |
| スラウェシ島 | Su | 個性的な風味はないが、軽やかな酸味と柔らかなフランネルのような舌触りがある | 84.75 |
| バリ島 | W | 生豆の鮮度劣化が早い、枯草、入港後早めであればよい風味と推測する | 72.00 |
| ジャワ島 | W | 日本入港はほとんどなく、風味の把握は難しい状態、このサンプルには特徴が見られない | 75.75 |
| フローレス島 | W | カネフォーラ種の産地、貴重なアラビカ種で、可もなく不可もなく、酸味は弱い | 78.00 |

Su= スマトラ式の精製

## 16-1-5　基本のテイスティング（2）

　市場で流通しているスマトラ島のSPなどを調達し（**表16-4**）、pHと総酸量を測り、官能評価しました。「**SP、およびプレミアムは、pHが低く、滴定酸度（総酸量）が多く、酸味のあるコーヒーといえます。G-1は、カティモール品種系のやや濁りのある風味で、このサンプルの場合は80点以上の点数はつけられません。ただし、この風味を80点以上とする事例も多く、米国ではほぼSPになります。**」

## 表16-4・スマトラ島 2017-18Crop リントン （2018.5）

| 等級 | 品種 | ＰＨ | 総酸量 | SCA | テイスティング |
|---|---|---|---|---|---|
| SP/ 在来種 | ティピカ | 4.81 | 7.85 | 87.25 | しっかりした柑橘果実の酸味があり、粘性がある、青草、レザー |
| プレミアム | Unk | 4.83 | 7.90 | 84.00 | 酸味があり、在来種系の風味もあるがコクが弱め、草、ハーブ |
| G -1 | Unk | 5.00 | 7.05 | 77.00 | 在来種の風味はなく濁りからくる重い味で、在来種と区別がつく |
| G-4 | Unk | 5.02 | 7.00 | 74.00 | 濁り感があり、重い味 |

　このサンプルの場合は、官能評価とpHの間には、**r=0.9810**の高い負の相関性があり、pHが低い（酸が強い）方が官能評価が高いという結果となりました。

## 16-1-6　マンデリン在来種の風味

　30年間、在来種系のマンデリンを飲んできました。繊維質が柔らかいにも関わらず、うまく焙煎すれば深い焙煎に耐えられ、風味の多様性を体現できます。

　「**スマトラ在来種（マンデリン）の主要産地はリントンとアチェですが、一般的な傾向**

としてはリントン産の方により個性的な風味があります。

在来種系は酸味があり、繊細でなめらかな食感がありますが、カティモール品種は酸味が少なく、クリーンさにかけ重い風味となり、苦味が強調されます。入港したての風味は、レモンやトロピカルフルーツ等のしっかりした酸、杉や檜などの木の香りがあります。経時変化とともに、芝、森の中のやや湿った香り、ハーブなどの風味が現れ、半年以上経過するとややスパイシーでなめし皮など複雑な香味も現れます。また、最大の特徴はテクスチャーにもあり、なめらかな舌触りはベルベットのような触感で、他の生産地では見られません。優れたマンデリンは、ケニア産、エチオピア産に匹敵する個性をもっています。マンデリンの風味は、①スマトラマンデリンとスラウェシ（トラジャなど）の風味の違い、②スマトラのリントンとアチェの地区の風味の違い、③在来種とカティモール系の品種の風味の違いから理解することができます。」

## 16-1-7　マンデリンの理化学的数値と官能評価の相関

2016年2月から4月までに日本に入港したSPといわれる豆、および現地に手配したSP計15種（表16-5）をサンプルローストしました。5月にテイスティングセミナー参加者41名で評価をしました。

これらの豆の滴定酸度（総酸量）と総脂質量を分析し、官能評価の点数の相関性を統計処理をした結果、理化学的数値と官能評価の間には、**r=0.8014** の高い相関性があることが明らかとなりました。結果として、総酸量が多く総脂質量が多い豆の方が官能評価は高くなると考えられます。

表16-5・スマトラ島 2015-16Crop　n=41　（2016.5）

| 試料 | 生産地域 | ＰＨ | 滴定酸度 ml/100g | 脂質量 g /100g | SCAA |
|------|---------|------|-----------------|---------------|-------|
| 1 | リントン | 4.90 | 7.50 | 17.0 | 88.00 |
| 2 | リントン | 4.81 | 7.80 | 17.2 | 87.00 |
| 3 | リントン | 4.80 | 8.21 | 16.7 | 85.75 |
| 4 | リントン | 4.90 | 8.00 | 16.5 | 86.25 |
| 5 | リントン | 4.81 | 7.90 | 16.2 | 82.25 |
| 6 | リントン | 4.82 | 8.00 | 16.8 | 86.00 |
| 7 | リントン | 4.83 | 7.90 | 16.9 | 86.25. |
| 8 | リントン | 4.90 | 7.05 | 16.8 | 86.00 |
| 9 | リントン | 4.80 | 7.95 | 16.6 | 84.50 |
| 10 | アチェ | 4.85 | 7.29 | 15.8 | 79.50 |
| 11 | アチェ | 4.76 | 8.10 | 16.5 | 83.75 |
| 12 | アチェ | 4.73 | 8.19 | 17.4 | 87.25 |
| 13 | アチェ | 4.82 | 7.94 | 16.0 | 82.00 |
| 14 | アチェ | 4.82 | 7.90 | 16.5 | 83.00 |
| 15 | アチェ | 4.80 | 7.60 | 15.9 | 70.00 |

第4章　各生産国のテイスティング実践

SCAA方式の評価で、85点以上が15種類中8種あり、リントン地区の豆に多く見られました。アチェよりリントン地区の方が在来種系品種が残っていると考えられ、独特の風味特性があり評価が高くなっています。**ただし、残念なことに、2022年現在では、これだけ風味のよいサンプルを集めることが不可能となっています。**

## 16-1-8　2019-20Cropno スマトラ の焙煎度の違い

　サンプルのSPは、小農家が木製の果肉除去機で果肉除去したパーチメントを、夜のうちに8時間かけメダンの加工場に運搬し、棚で乾燥し、脱穀した特殊な精製の豆（**表16-6**）です。その後不良豆のハンドソーティングを厳密に行ったSPです。脂質量は17.5g/100gと多く、酸価は3.6と劣化していません。Medium、City、Frenchに焙煎し、10点法で筆者がテイスティングしました。**「深い焙煎度でも風味がぶれず、特長的な風味を生みだしています。」**

表16-6・スマトラ・リントン 2019-20 Crop　n=1　（2020.6）

| 焙煎 | pH | テイスティング | 10点 |
|---|---|---|---|
| Medium | 4.80 | なめらかな舌触り、レモンの酸、マンゴーの甘味、青芝、檜、杉、森の香り | 45/50 |
| City | 5.20 | 軽やかな酸味、なめらかなコク、ハーブ、エキゾチック | 40/50 |
| French | 5.50 | 甘い香り、柑橘果実やアンズ、濃厚間、やわらかな苦味 | 47/50 |

## 16-1-9　インドネシアコーヒー 2019-20rop のテイスティング

　インドネシアの豆をサンプリングし（**表16-7**），テイスティングセミナー（n=24）で官能評価を行い味覚センサーにかけました（**図16-2**）。官能評価と味覚センサー値の相関係数は**r=0.6369**とやや相関性が見られました。①様々な精製方法の豆が混在していること、②生豆の鮮度状態（入庫時期）がバラバラであることを考えれば相関性が高い結果といえます。マンデリンナチュラルはアルコール臭があり、バリ・ナチュラルも発酵臭が伴いSP評価できませんでした。

表16-7・インドネシア産 19-20Crop　n=16　（2020.11.25）

| sample | 精製 | 水分 | pH | 10点 | テイスティング |
|---|---|---|---|---|---|
| マンデリン | Su | 11.8 | 5.0 | 39 | 青草、野菜、レザー、ハーブ、（リントン） |
| マンデリン | Su | 12.1 | 5.0 | 37 | ハーブ、スパイス、レザー、やや濁り（アチェ） |
| スラウェシ | Su | 10.4 | 5.0 | 40 | 穏やかな酸味とコク、スマトラより上品 |
| マンデリン | W | 10.3 | 5.1 | 37 | 穏やかな酸、特徴は弱いがクリーン |
| マンデリン | N | 11.0 | 5,1 | 32 | 発酵、エーテル臭がある |

319

| バリ | W | 10.7 | 5.1 | 34 | 杉、やさしい酸、コクもありバランスよい |
| バリ | Honey | 10.4 | 5.0 | 35 | Wと大きな違いはないが、コクがある |
| バリ | N | 10.0 | 5.1 | 31 | やや濁り、微細な発酵臭がある |

2010年代からマンデリンにウォシェドとナチュラルの精製豆も見られます。

図16-2・インドネシアの2019-20Crop　（2020.11）

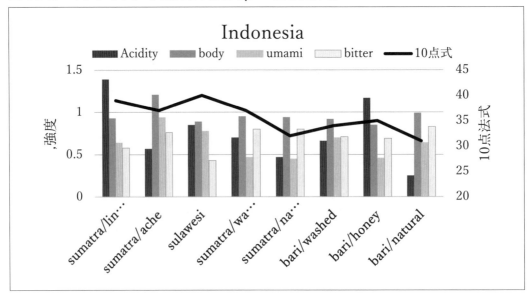

## 16-1-10　マンデリン 2022-23Crop

2023年3月までに入港したマンデリンのニュークロップ4種をサンプリングし（表16-8）、パネル16名でテイスティングし、味覚センサーにかけました（図16-3）。1.2.3のコーヒーの風味バランスは近く、SP評価としましたが、キャラクターは弱く40点（SCA方式85点）は超えません。官能評価と味覚センサー値の間には**r=0.6836**の相関性が見られました。全体的に在来種系の優れたマンデリンを探すのが年々困難になっています。

表16-8・マンデリン 2021-22Crop　　n=16　　（2022.4.2）

|   | aroma | acidity | body | Clean | Sweet | 10点 | テイスティング |
|---|---|---|---|---|---|---|---|
| 1 | 7 | 7 | 7.5 | 7 | 7 | 35.5 | クリーン、やや重い、後味に濁り |
| 2 | 8 | 8 | 7 | 8 | 7 | 38 | 柑橘系の酸、クリーン |
| 3 | 8 | 8 | 8 | 8 | 7 | 39 | フルーティー、なめらか、甘い余韻 |
| 4 | 6 | 6 | 6 | 6 | 7 | 32.7 | 酸味弱い、やや枯草、特長弱い |

図 16-3・マンデリン 2021-22Crop （2022.4.2）

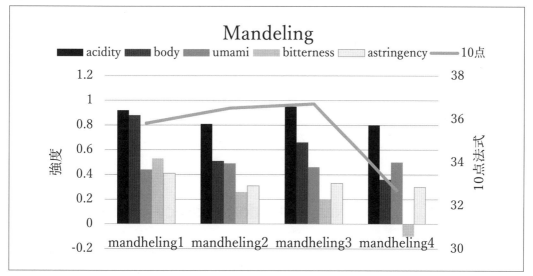

## ■ 16-2 PNG（パプアニューギニア）産のコーヒーのテイスティング

### 16-2-1 ティピカ種の産地

　PNG のティピカ品種は、ジャマイカから移植されています。小農家のコーヒーが大部分ですが、ウェットミルの管理不良やインフラの整備が整わないなど品質の安定性がなく、ある程度の規模の農園産の豆の品質がよい時代が続きました。20年前までのマウントハーゲン（Mount Hagen）地区の農園の豆は、ブルーグリーンの素晴らしい豆でしたが、需要の拡大に伴い品質のブレが見られるようになりました。2010年以降は、ゴロカ (Goroca) 地区のコーヒーも紹介され、よい年もあります。

　SP 産地の品質向上とは反対にティピカ種の産地の品質は低下傾向が見られるようになったといえるかもしれません。

### 16-2-2 基礎データ

| 項目 | 内容 |
| --- | --- |
| 産地 | マウントハーゲン (Mount Hagen)、ゴロカ ( Goroka) |
| 標高・土壌 | 1.200~1.600m、火山性土壌 |
| 品種 | ティピカ、アルーシャ、カティモール　カネフォーラ（5％程度） |
| 農家 | 大部分は小農家(85%)、一部シグリ、ブヌンウー農園など |
| 栽培 | 5月~9月がメイン |
| 精製 | ウォシェド、ナチュラル |

| | |
|---|---|
| 乾燥 | 天日乾燥・棚、ビニールシート |
| 生産量<br>(1000袋/60kg) | 2000-01/1.041、2010-11/867、2018-19/930、2019-20/752、2020-21/656、2021-22/798、2022-23/680 |
| 輸入量<br>(袋/60kg) | 2010/27.300、2017/25.360、2019 /15.360、2020/16.910、2021/13.380、2022/17950、2023/17.550 |

### 16-2-3　等級

　PNGの新しいグレーディング基準のTopグレードはGrade Aでその基準は表となります（表19-9）。

**表 19-9**・\* PAPUA NEW GUINEA GREEN COFFEE SPECIFICATIONS（ARABICA）

| Parameter | Grade A |
|---|---|
| Cup Quality | Full, reasonably balanced, uniform, clean, pronounced body and acidity, rich and distinct fragrance and aroma |
| Maximum Defect allowed | 10 (per Kg) |
| Colour | Bluish green reporation |
| Odour | Fresh and clean, no off odours allowed |

＊CIC (Coffee Industry Corporation)、Mick Wheeler/TEA&COFFEE/July-august2019

シグリ農園

### 16-2-4　基本のテイスティング

　2000年代のシグリ農園は、見事なブルーグリーンの生豆を作っていました。ソーキング（Soaking/ウォシェトのあとにきれいな水に漬ける）をしていましたので、先進的な精製であったと思います。生豆価格は中南米産よりはるかに高く、品質も安定していました。しかし、現在は生産量が拡大し、当時ほどの品質保持はされていません。PNGは、2002年に初めて訪問した産地で、個人的には思いいれがあります。**表16-20**は、当時のコーヒーをテイスティングしたものです。

第 4 章　各生産国のテイスティング実践

表 16-20・PNG 2005-06Crop　n=1

| 地区 | テイスティング | SCAA |
|---|---|---|
| マウントハーゲン | きれいなグリーンビーンズ、きれいさの中に青草の香り、さわやかな酸味、当時、棚での乾燥は珍しい。ウォシェトのティピカ品種の見本になりうる品質 | 85.00 |
| ゴロカ | きれいな生豆、さわやかでティピカらしい風味 | 83.50 |
| PNG-A | 青草の香り、微発酵、農園産に比べると欠点豆多い<br>他の豆も多くは発酵臭がある | 78.00 |

　「基本的な風味は、酸味とコクのバランスのよさに、かすかに青い草の風味を感じるものです。この風味は、コロンビア北部の Magdalena 県のサンタマルタ地区の青い草の味に通じティピカ種を特徴つけるものの一つです。ここ 10 年は、この風味特性がなくなり、風味の個性が減少しているように感じます。」


## 16-2-5　2019-20 のテイスティング

　PNG の現況を把握するために、多くの豆をサンプリングしましたが、2 種テイスティングしました（表16-21）。「ティピカ品種系のクリーンさにやや欠け、濁り感があり」、全盛期のティピカ品種の風味の豆を探すのは難しいと感じました。SP と CO の境界線当たりの風味です。


表 16-21・PNG 2019-20Crop　n=1

| 地区 | 水分 | pH | 10点 | テイスティング |
|---|---|---|---|---|
| Goroka | 10.7 | 5.0 | 33 | バニラの香り、但し雑味、くすんだ味 |
| Mount Hagen | 10.6 | 5.0 | 34 | 柑橘果実の酸、柔らかなコク、 |


## 16-2-6　2022-23Crop のテイスティング

　市場で流通している SP の中から 4 種のウォシェトコーヒーを産地からサンプリングし（表16-22）、筆者がテイスティングし、味覚センサーにかけました（図16-4）。残念ながら 40 点（SCA 方式で 85 点）を超える豆はありませんでした。SCA 方式ではなく、Clover（台湾製ドリッパー）を使用し、15g で 150ml を 4 分間浸漬し抽出しました。Brix、pH はともに簡易計によります。官能評価と味覚センサーの間には **r=0.9855** の相関がみられました。


323

表16-22・PNG2022-23Crop　n=1　（2023.02.27）

| サンプル | 水分値 | pH | Briz | 10点 | テイスティング |
|---|---|---|---|---|---|
| 1 | 10.4 | 4.92 | 1.5 | 36.5 | さわやかな酸、ヨーグルト、青草、 |
| 2 | 11.5 | 4.95 | 1.7 | 35.0 | 明るい酸、やや渋味、 |
| 3 | 11.6 | 4.95 | 1.6 | 36.5 | やや青草、かすかに濁り |
| 4 | 12.3 | 4.84 | 1.6 | 36.0 | オレンジ、クリーム、ヨーグルト |

表16-4・PNG2022-23 Crop　（2023.02.27）

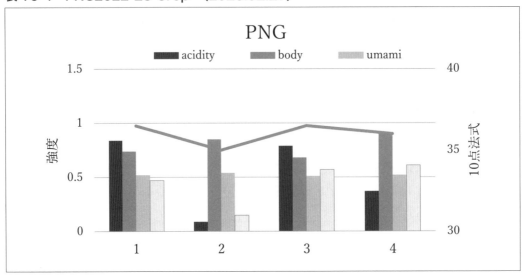

## ■16-3 東ティモール産のコーヒーのテイスティング

### 16-3-1　フェアトレード

　2003年の独立時から＊NGO（PWJ: ピースウインズジャパン）と共にコーヒー支援でかかわりました。2003年のフィールド調査では、標高1200m以上の尾根沿いの産地にはティピカ品種系とブルボン品種系、標高の低い地域にはカネフォーラ種が植わっているのを確認しました。大部分の産地にはシェードツリー（日陰樹）が植えられていましたので、小農家が施肥をし、丁寧に作れば、シルキーなコクのある素晴らしいコーヒーができる余地はあると考えました。そこで、NGOと産地開発をしつつ、10年以上高品質のコーヒーつくりを目指してきました。

小農家

第 4 章　各生産国のテイスティング実践

　現在日本の NGO は、PWJ 以外にも PARC（アジア太平洋資料センター）がかかわっていています。

＊ https://peace-winds.org/activity/timor_leste/12726

## 16-3-2　基本データ

| 項目 | 内容 |
|---|---|
| 産地 | マウベシ（Maubesse），エルメラ（Ermera） |
| 標高・土壌 | 1600m 前後・火山性土壌（Volcanic soil）その他 |
| 品種 | ティピカ、ブルボン、カティモール、カネフォーラ品種など |
| 収穫 | 5 月〜10 月 |
| 精製・乾燥 | ウォシェド・ビニールシートなどで天日乾燥 |
| 生産量<br>(1000 袋) | 2003-04/42、2010-11/60、2015-16/59、2018-19/139、2019-20/103、2020-21/32、2021-22/129、2022-23/92 |
| 生豆基本成分 | 水分値 12.0、脂質量 15.1、ショ糖 7.88、pH4.95（Ermera 地区のティピカ種 5 試料の平均値） |

　大部分のコーヒーは、尾根沿いの集落で栽培され、チェリーの集荷が困難でした。ステーション（水洗加工場）がないため、各生産者がチェリーを脱穀（木製のパルパーを生産者に貸し）し、パーチメントのぬめりをとり天日乾燥してもらう方法をとりました。そのため、生産者毎の品質を安定させることに注力しました。

　10 年以上の期間で、苗床作り、施肥、カットバック、実験的な圃場作りなどの農業的支援も行い、品質はかなりよくなりました。しかし、中米などの生産国に比べれば、施肥の不足、土壌のばらつきなどがみられ生産農家により、収穫年による品質差もみられました。また、積出港までの保管や輸送、ドライミルの精度など解決すべき課題は多くあり、何年もかけ一つずつ解決していかざるを得ませんでした。これらのことは、現在の東南アジアの生産国であるラオス、ミャンマー、タイなどに共通する課題です。現在、一部の東ティモールのコーヒーの品質は著しく向上しましたので、コーヒー産業は国の成長に大きく寄与していると感じます。

　**「東ティモールのよいコーヒーは、全体的に穏やかな風味で、軽やかな柑橘果実の酸味の中に甘味を感じます。コクはやや軽めです。かすかに青い草の香りのある豆もみられ、ジャマイカ、PNG などの同系列の風味と言えます。」**

## 16-3-3　2019-20 のテイスティング

　気候変動や各農家の出来の良し悪しがあり、高いレベルで品質を維持することの難しさを体験した生産地です。5 農家の豆を現地から取り寄せ（**表 16-23**）、筆者がテイスティングし、味覚センサーにかけました（**図 16-5**）。きれいな豆で 9202 以外は SP として評

325

価できます。官能評価と味覚センサーの間には **r=0.7063** の高い相関性がみられました。

表 16-23・東チティモール 2019-20crop　n=1

| 農家No | 水分 | pH | Brix | SCA | テイスティング |
|---|---|---|---|---|---|
| 9202 | 9.7 | 5.3 | 1.1 | 79 | かすかに雑味、穏やかな酸味 |
| 9204 | 9.1 | 5.3 | 1.0 | 80 | マイルドでバランスよい |
| 9207 | 9.2 | 5.3 | 1.0 | 84.5 | 蜂蜜のような甘味と柑橘果実の酸 |
| 9209 | 10.0 | 5.2 | 1.0 | 85 | まろやかな酸、ショ糖の甘味、クリーン |
| 9106 | 9.4 | 5.2 | 1.1 | 84.25 | 心地よい酸とコク、ティピカらしい |

図 16-5・東ティモール 2019-20crop

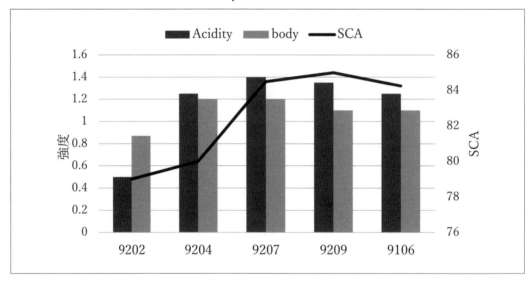

### 16-3-4　東ティモール 2022-23Crop のテイスティング

表 16-24 は、2023 年収穫の東ティモールの豆を 5 種と比較のためタイ、インド、ラオスの豆を加えたものです。筆者が官能評価し、味覚センサーにかけました（図 16-6）。

ET4、ET5 は酸味とコクのバランスの良い上品なティピカ品種といえますが、40 点（SCAで 85 点）は超えません。官能評価と味覚センサー間には、**r=0.8938** と高い相関がみられました。

表16-24・東チティモール 2022-23crop

| サンプル | 精製 | 品種 | 点数 | テイスティング |
|---|---|---|---|---|
| ET 1 | W | Typica | 35.0 | ややクリーミー、冷めるとやや濁り、 |
| ET 2 | W | Typica | 36.0 | なめらか、やわらかな酸味、 |
| ET 3 | W | Typica | 33.0 | 未熟豆多い、酸味よわい、濁り |
| ET 4 | W | Typica | 37.0 | 柑橘果実、酸味とコクのバランスが良い |
| ET 5 | W | Typica | 36.5 | 酸味とコクのバランスが良い、マイルド |
| タイ | W | Catimor | 33.5 | 特徴よわくSP基準にたっしない |
| インド | W | Catimor | 36.0 | クリーンで、しっかりした酸 |
| ラオス | W | Catimor | 34.5 | かすかに枯れ草、鮮度劣化している |

タイ産、インド産、ラオス産は2022年のオークションロット、35点がSCA方式の80点に相当します。

図16-6・東チティモール 2022-23crop

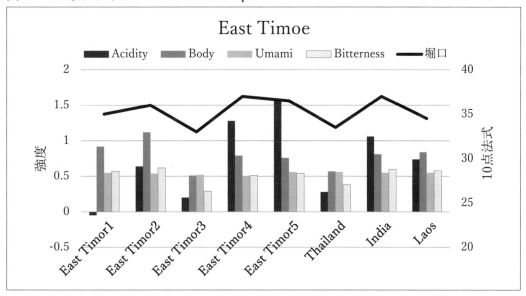

## ■ 16-4 中国産のコーヒーのテイスティング

### 16-4-1 中国は生産国で消費国

中國のコーヒー生産は、1890年代にフランス人の宣教師が雲南に持ち込んだといわれます。中国は、コーヒーの生産国（雲南地区）であり、輸出国でもあり、輸入国でもあります。国内市場は、インスタントコーヒーの消費が全体の75%を占めていますが、35歳以下の飲用者が多く、レギュラーコーヒーの需要が拡大しています。また、2023年現在、中国の会社のCOEその他のプライベートオークションの落札が増加しています。図16-7

は、過去5年間の生産量と 2020-21Crop の消費量予測を表したものです。このままいくと日本の消費量を 10 年以内に超えるとも考えられます。

**図 16-7・中国のコーヒー生産量**

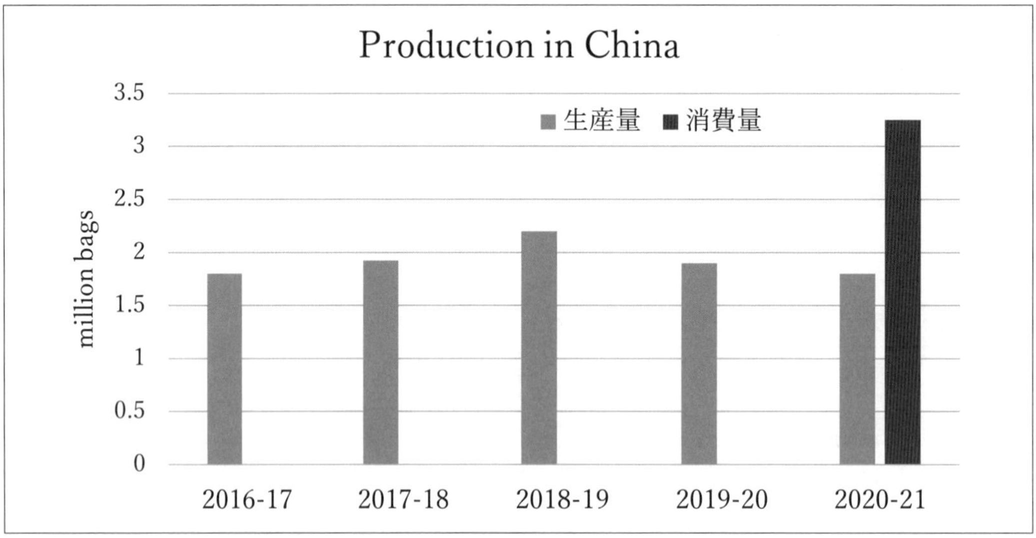

## Production in China

YCE (Yunnan International Coffee Exchange)
CHEN Zhenjia1/Coffee Industry in China /Coffee Engineering Research Center of Chinana などのデータから著者が類推して作成した表です。

## 16-4-2　基礎データ

| 項目 | 内容 |
|---|---|
| 産地 | 95% 以上が雲南省 |
| 標高 | 800m 〜 1900m |
| 品種 | 主にカティモール、少量のティピカ |
| 農地 | 118.000ha |
| 精製 | ウォシェト、ナチュラル |
| 生産量<br>(1000 袋) | 2018-2019/1.925、2019-20/2.000 、2020-21/1.800、2021-22/1.700<br>2022-23 /1.700(Statista) |

## 16-4-3　2019-20 のテイスティング

　雲南のコーヒーの多くはカティモール品種でやや重い風味です。ティピカ品種を生産している農家から精製違いの豆を提供され（**表16-25**）、筆者がテイスティングしました。**やや濁り感がありますが、できのよいティピカ品種**だと判断しました。

第4章 各生産国のテイスティング実践

表16-25・雲南のティピカ品種　2019-20Crop　n=1

|  | 水分値 | pH | Brix | テイスティング | 10点 |
|---|---|---|---|---|---|
| Washed | 11.0 | 5.2 | 1.1 | やわらかなかすかな酸味、コクはやや弱め、ティピカ品種、 | 36/50 |
| Natural | 9.6 | 5.2 | 1.0 | うまくできた乾式、なめらかなコクがある、ティピカ系品種と考えられる | 37/50 |
| Palped Natural | 9.9 | 5.2 | 1.1 | 香りがよく、なめらかで甘みもあるティピカ系品種と考えられる | 38/50 |

## ■16-5 フィリピン産のコーヒーのテイスティング

### 16-5-1　フィリピン産のアラビカ種

　1889年前後にコーヒーさび病がフィリピンに蔓延し、主要産地のバタンガス州のコーヒー農園は転作を余儀なくされ生産量は激減しています。その後、コーヒー生産国としての認知度は低下していきました。

　1990/91年974千袋（1袋60kg）の生産量がありましたが、2000/01は341千袋に減少し、その後は250千袋前後で推移し生産量に変化がありません。

　一方、消費は、2017年の3.180千袋（1袋60kg）から2022年の3.478千袋と増加しています。アジア圏ではインドネシアに次ぐ消費量です。さび病による壊滅的な被害以前は、アジアにおける主要生産国の一つでしたので、潜在的な生産性はあると考えます。

### 16-5-2　フィリピン2022オークションのテイスティング

　コーヒーの品質に対するフィリピンの農家の意識を高め、国内および国際市場での競争力を向上させることを目的としたPCQCのコンテスト豆で、2022年5月に開催されました。PCQCは、農務省、貿易産業省、フィリピンコーヒーギルド（Philippine Coffee Guild:PCG）などにより2017年から組織化されています。このコンテストは、アラビカ種とロブスタ種の両方あり、Coffee Quality Institute（CQI）のプロトコルが使用されています。

　6種のアラビカ種からなる表16-26のサンプルをテイスティングしました。味覚センサー数値にはばらつきがみられましたが（図16-8）、ジャッジのSCA評価とはr=0.5226、10点法（テイスティングセミナーパネルn=20の平均）ではr=0.9698の相関がみられました。

329

表16-26・フィリピン2022オークション　ナチュラル　n=20　(2022.5)

| 品種 | SCA | 10点 | テイスティング　英語はProducer Cupping Note |
|---|---|---|---|
| Catimor | 84.79 | 35.5 | 微発酵、やさしい風味、ワイニー<br>**Chocolate, Winey, Blueberries, Strawberries** |
| Catimor | 84.46 | 33 | 特長はない、やや重い風味<br>**Spice, White Pepper, Dried Mango, Caramel,** |
| Catimor | 84.42 | 33 | なめらか、アフターにやや濁り<br>**Strawberry, Nutmeg, Cacao** |
| Catimor | 83.96 | 34.5 | 品のよいナチュラル、<br>**Orange, Plum, Spice, Lemongrass** |
| Catimor | 83.75 | 34 | なめらか、アルコール臭<br>**Berry, Plum, Spice, Sage** |
| Catimor | 83.63 | 33 | エーテル臭、柔らかなナチュラル<br>**Berry, Chocolate, Honey, Green Apple, Plum** |

「ナチュラルの精製として、発酵臭は弱く、乾燥はよいと推測されます。豆の外観は全体的にきれいな仕上がりです。しかし、液体が冷めると全体的にかすかに渋味を伴い、風味にバラツキも感じます。酸味はしっかりありますが、クエン酸系の柑橘果実の酸味とはやや異なります。濁りが少なくよいコーヒーですが、SPとCOの境界線の風味としました。この80点前後の評価が最も難しいと考えます。国内消費が多い生産国ですので、高品質の市場が成熟していけばよいコーヒーが生産される可能性がある産地と考えます。

図16-8・フィリピン2022オークション　ナチュラル　n=20

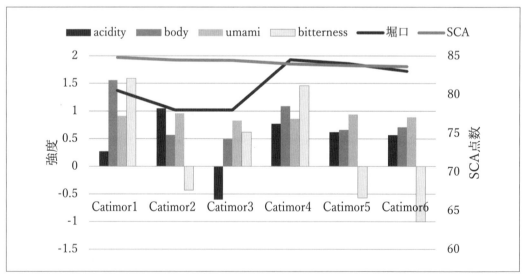

# ■ 16-6 ラオス産のコーヒーのテイスティング

## 16-6-1　概要

　1915年頃にフランス人がラオスの南部のボーラウェン高原（Bolaven Plateau/ 標高1.000m～1.300m）にコーヒーの苗木を持ち込んで栽培が始まっています。その後、さび病で壊滅的な打撃を受け、カネフォーラ種を植えますが、さらに戦禍（インドシナ戦争）が重なり、農地は荒廃しました。1990年代の後半になってやっとICOの生産データが出始めています。現在の生産量はタイを上回り、日本の輸入量は2022年59.800袋（60kg換算）で、ケニア、ペルー、コスタリカなどより多くなっています。

　しかし、日本市場でラオス産の豆を目にする機会が少ないのは飲料メーカーや大手ロースターなどの使用が多いからと推測されます。

　正確なデータがありませんがカネフォーラ種が多く、アラビカ種が25～30％前後ですが多くはカティモール品種です。ごく一部ですが、チュラルの精製以外にウォシュトも行われています。

ナチュラルの乾燥

## 16-6-2　ラオス2022オークションのテイスティング

　2022年の8月に＊インターネットコンペティション（Competition）である「Taste of Laos」が開催されました。このようなオークションを通し、生産者と海外のバイヤー（輸入商社、ロースターなど）との間の取引が促進される機会が増え、ラオスの高品質のコーヒーが浸透していく可能性があります。

＊このイベントは、USDAが資金提供しているプロジェクトの一部でもあり、Agence Française de Développement（AFD/ フランスの持続可能性に関わる活動などへの資金援助機関））とスイス開発協力機構（SDC）にもサポートされています。

　この、オークションのカティモール品種のサンプルをテイスティングし（表16-27）、味覚センサーにかけました（図16-9）。個人的には、ジャッジの評価がやや高すぎると感じます。味覚センサー値にはかなりばらつきがありますので、官能評価と味覚センサー値には相関性はありません。ナチュラルの乾燥にムラがあると推測します。

表16-27・ラオス2022 オークション ナチュラル　n=20

| サンプル | 水分値 | pH | 10点方式 | 計 | テイスティング |
|---|---|---|---|---|---|
| N 211 | 10.0 | 5.2 | 85.89 | 37.5 | 焙煎色むら、酢酸、やや発酵臭、クリーン |
| N 831 | 8.6 | 5.3 | 84.86 | 36 | ハーブ、香り弱い、グレープフルーツ |
| N 1141 | 11.2 | 5.2 | 84.64 | 37 | フローラル、ハーブ、きれいなナチュラル |
| N 541 | 9.5 | 5.3 | 82.39 | 36 | ハーブ、ややコク |
| Honey 221 | 11.5 | 5.2 | 83.75 | 37 | しっかりしたコク、甘い酸味 |

10点方式35点とSCA方式80点がSPとして相関します。

「ナチュラルですが、発酵臭はなく比較的きれいな風味で、すべてSP評価としました。ただし、酸味はありますがやや酢酸系の酸味でコクは中程度です。東南アジアの中では標高が高い産地で、良質のコーヒーができる可能性があると考えます。」

図16-9・ラオス2022オークション

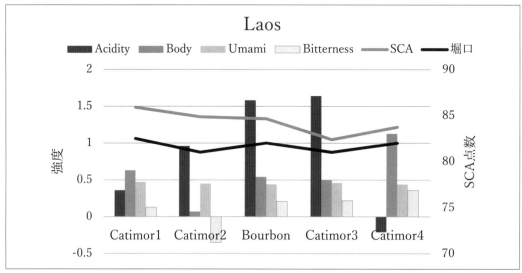

## ■16-7 インド産のコーヒーのテイスティング

### 16-7-1　概要

　コーヒーは17世紀後半にインドに導入されていますので長い歴史をもっています。しかし、さび病の蔓延で多くの農場がカネフォーラ種に植え替え、現在アラビカ種が30%程度でカネフォーラ種が70%程度を占めています。

　コーヒーの主要生産地はインド南部カルナタカ州で総コーヒー生産量の70%程度を占めています。

第4章　各生産国のテイスティング実践

インドは、ブラジル、ベトナム、インドネシア、コロンビア、エチオピアに次ぐ生産量があり、70％程度を輸出しています（2021-20Crop）。日本にもカネフォーラ種を多く輸出しています。一方、経済成長に伴い都市部にカフェチェーンが出現するようになり、国内市場が拡大していますので、中国同様コーヒーの消費拡大が予測されます。

### 16-7-2　インド2022オークションのテイスティング

表16-28のGems of Arakuは、インターネットオークションロットです。アラックコーヒーは、インド東ガーツ山脈のアラックバレーの高地で栽培され、オーガニック認定を受け、すべて農家単位のマイクロロットであることが特長です。

品種は、これまでにインドのCCRI（Central Coffee Research Institute）の開発した13種のアラビカ種の中の一つです。Serection9品種は、HdeT品種とアラビカ種の交雑でカティモール品種となり、さび病と干ばつに強いとされています。

コンテストでは、サンプルは800から250に絞られ、最終的に20サンプルを16名の国際審査員が審査していますが、かなり高いスコアがついています。

「**しかし、全体的にコク（body）は弱く、酸味はクエン酸（Citric acid）ではなく、酢酸（Acetic acid）の印象が強く、華やかさはありません。アルコール発酵は弱く、乾燥は丁寧でしっかりされている印象です。**」このコーヒーを一般的な中米産やコロンビア産のアラビカ種SPと比較すれば点数は低くなりますが、SPとCOの境界の風味として評価してよいとも考えます。

オークションジャッジと筆者の間には点数の差が大きく生じています（図16-28）。ジャッジの評価と味覚センサー間の相関係数は**r=0.3297**で、10点法の相関係数はr=0.5055であり、共に相関性は低いといえます。ウォシェトとナチュラルを一緒に味覚センサーにかけていますので、微妙にセンサーに感知差が生じ、相関性がとれないと推測します。（図16-10）

### 表16-28・インド2022Araku Valleyオークション　n=24（2022.05）

| | pH | ジャッジ | 10点 | テイスティング　英語はジャッジの Tasting Notes |
|---|---|---|---|---|
| Natural No107 | 5.1 | 90.43 | 35 | ナチュラル感強い、ややアルコール<br>**Fruit bowl, mandarin orange, sparkling** |
| Natural No 8 | 5.2 | 86.38 | 34.5 | 穏やかなナチュラルだが、酸味は弱め<br>**Complex, caramel, rosehips, viscous, perfume** |
| Natural No35 | 5.2 | 86.2 | 33.5 | 風味に特長がない<br>**Very sweet, clarity, sweet cedar, tobacco and spicy** |
| Natural No44 | 5.1 | 87.78 | 35 | さわやかな酸味があるが、やや風味が重い<br>**Milk chocolate, crisp, plum, raisins and dates** |

333

| Washed No15 | 5.1 | 87.2 | 34 | ボディ弱く、凡庸な風味<br>**Complex, clarity, lime, honey and balanced** |
| Washed No37 | 5.1 | 86.3 | 34 | ボディ弱く平凡で、ややにごり<br>**Almond, chocolate, acidity, lime, orange,** |
| Washed No8 | 5.2 | 86.38 | 33 | ややにごり感、ボケた味、特徴はない<br>**Complex, caramel, rosehips, viscous, perfume** |
| Washed No163 | 5.3 | 87.15 | 35.5 | どっしりした風味で酸味は弱め<br>**Tartaric, acidic, round body, umami, orange** |

図 16-10・インド 2022 Araku Valley オークション

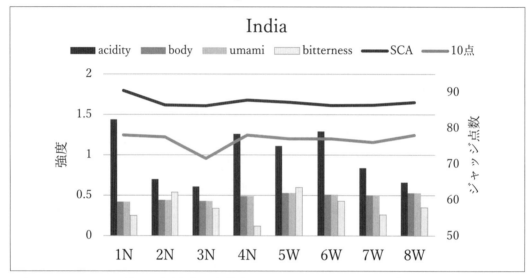

「ナチュラルは、穏やかな風味で発酵臭はほとんどなくきちんと乾燥され、アジア産としてはよい豆だと思います。もう少し高い点をつけてもよいのですが、冷めるとにごります。また、酢酸の酸味が気になります。」

### 16-7-3　ケント品種 2021-22Crop のテイスティング

　インドの農園のケント品種の3種の豆をテイスティングし（表16-29）、味覚センサーにかけました（図16-11）。入港は2022年12月ですが、生豆の鮮度状態がやや落ちています。乾燥か物流に問題があるかもしれません。ケント品種はインドでティピカ品種系の突然変異種でケニアにも植樹されていますが単一での流通は極めて少なく、体験できる機会がなく貴重です。今回はその特徴を把握できませんでしたが、本来はもっとよい豆ではないか？と推測しています。

　生豆の鮮度が落ちていますのでセンサー値にバラつきがあり、**r=0.1059** と官能評価との相関はとれていません。

表16-29・ケント品種2021〜22Crop n=1 （2023.02）

| | 水分値 | 10点 | テイスティング |
|---|---|---|---|
| Washed | 10.9 | 34.5 | 明るい柑橘果実の酸味、甘い余韻、やや濁り |
| Pulped N | 10.1 | 35.5 | 微発酵、ミルクのような粘性 |
| Natural | 7.4 | 35 | オレンジ、大豆、クリーンなナチュラル |

図16-11・インド2021〜22Crop

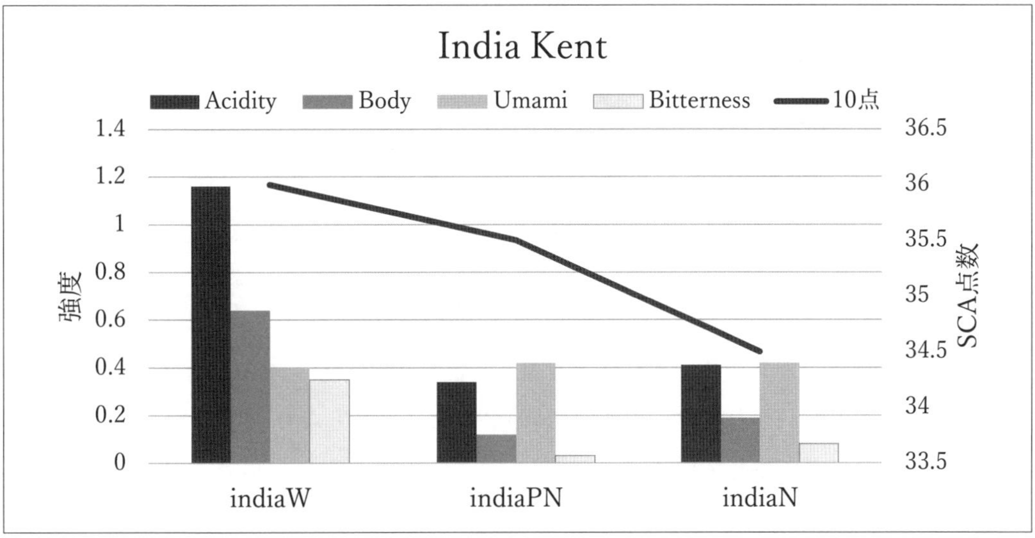

## ■16-8 ミャンマー産のコーヒーのテイスティング

　ミャンマーのアラビカ種の栽培種は、カティモール品種が多くみられます。

　アジア圏では特殊なSL種も栽培されていましたので、カティモール品種（T8667）と比べてみました（表16-30）。SL品種は酸味が強い品種ですので、pH及び味覚センサーで明らかな差が見られます。しかし、サンプリングした試料は、やや生豆の鮮度が落ちていて（入港月不明）、10点法で35点（SCA方式換算で80点）を超えていません。官能評価と味覚センサーの相関は**r=0.7764**と高い相関性がみられました（図16-12）。

表16-30・ミャンマー2019-20rop n=8 （2020.12）

| サンプル | 精製 | 水分 | pH | 10点 | テイスティング |
|---|---|---|---|---|---|
| SL34 | W | 11.3 | 5.0 | 33 | 香りはよい、かすかな酸味、やや重い |
| T8667 | W | 11.1 | 5.2 | 30 | 風味が単調、冷めると濁る |
| T8667 | Honey | 11.7 | 5.2 | 29 | 風味が単調、冷めると濁る、渋味 |
| Catuai | N | 11.0 | 5.1 | 20 | 枯れた風味で、生豆が劣化している |

図 16-12・ミャンマー 2019-20ropCrop

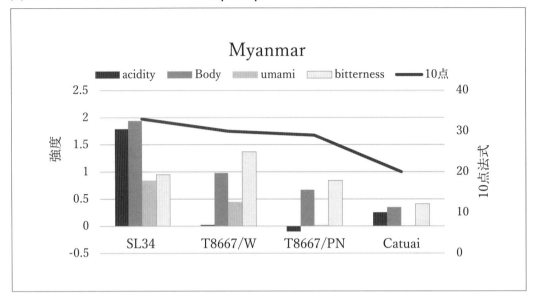

「SL品種の酸味がカティモール品種より著しく高く、このサンプルのカティモール品種は酸味が弱いことがわかります。また、精製のプロセスがことなりますので、味覚センサー値はかなりばらつきが生じています。」

## ■ 16-9　ネパール産コーヒーのテイスティング

　ネパールのカトマンズの緯度は北緯28度で、コーヒー栽培の北限です。なおかつ標高も高く、コーヒーの栽培適地とはいいがたい面があります。
　しかし、コーヒー栽培に情熱を向ける方は多く、有機での栽培も多くみられます。
　コーヒーの輸出は、陸路ではインドを経由するしかなく、品質の維持は難しく、一部の豆が空輸されています。そのため、輸送費がかさみ価格が高くなる傾向があります。カティモール品種ではなくブルボン品種なども植えられています。これまで、テイスティングの機会がほとんどありませんでしたので、今回2021-22Cropをテイスティングしました。
　表16-31の豆はすべて空輸されたものですが、生豆の鮮度がやや落ちていますので、官能評価と味覚センサーの相関はとれていません（図16-13）。

表 16-31・ネパール 2021-22　n=1　(2023.02.14)

| | 水分値 | 精製 | 品種 | 標高 | 10点 | 入荷 | テイスティング |
|---|---|---|---|---|---|---|---|
| 1 | 10.6 | W | Ti、Bu | 900〜1.100 | 33 | 2022.6. | 草っぽさ、かすかに濁り、甘い余韻 |
| 2 | 11.2 | W | Ti、Bu | 1.000〜1.200 | 33.5 | 2022.12 | ハーブ、やや濁り |
| 3 | 10.2 | W | Bu、Ti | 900〜1.100 | 34.5 | 2022.12 | クリーン、特徴よわい、クルミ |
| 4 | 11.4 | W | Bourbon | 1.200〜1.500 | 33 | 2022 | かすかに酸味、コクは弱い |
| 6 | 9.9 | N | Bourbon | 1.200〜1.500 | 34 | 2022 | ナチュラルフレーバー、オレンジ |

表 16-13・ネパール 2021-22

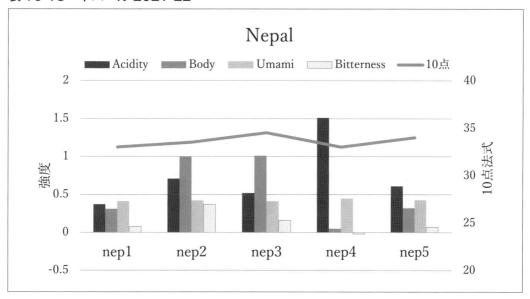

## ■ 16-10　2021-22Crop 流通しているアジア圏産のテイスティング

2023年2月時点で市場にあるアジアの生産国のアラビカ種をサンプリング（表16-32）味覚センサーにかけました（図16-14）。ただし、入港月、品種などの履歴は不明です。中国、バリ島以外はカティモール品種と推測しました。「焙煎後のクエーカーがめだちましたので100g中のクエーカーをカウントしました。インドネシアのバリ以外はやや生豆の鮮度が落ち、濁り感を強く感じる豆で、SP基準に達していません。官能評価と味覚センサー値の間にはr=0.6733の相関性がみられました。」

表 16-32・アジア圏の生産国　2021-22Crop　n=1（2023.02）

| 生産県 | 水分 | 未熟豆 | 10点 | テイスティング |
|---|---|---|---|---|
| ミャンマー | 10.8 | 5 | 33.5 | しっかりした酸味 |
| ラオス G1 | 11.0 | 40 | 29.0 | 濁り、雑味があり、濁り感冷めると渋味 |
| ベトナム G1 | 11.3 | 24 | 29.0 | 初めに苦味を感じ、アフターにやや枯草 |
| ベトナム W | 10.6 | 66 | 28.0 | 鮮度が落ち枯草、濁り |
| インド | 11.8 | 24 | 30.0 | 酸味あるが冷めると渋味、カチモール品種系 |
| 中国 | 11.0 | 16 | 34.5 | コクがありマイルド、微細な雑味 |
| バリ島 | 10.3 | 18 | 35.5 | オレンジの酸、クリーン、SP評価できる |

図 16-14・アジアの生産国 2021-22Crop

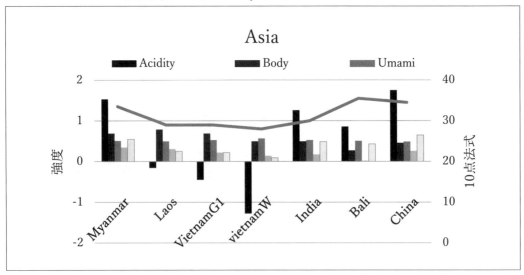

　評価が低くなってしまう要因は、①生産地から日本までの流通過程に何らかの問題があること、②きちんとした乾燥がされていないことが考えられます。対して、表 16-26 のフィリピン、表 16-27 のラオス、表 16-28 のインドのサンプルは①空輸であること、②乾燥が丁寧であることにより、表 16-32 のサンプルより生豆の品質がよいと考えられます。

## ■ 16-11 沖縄産のコーヒーのテイスティング

### 16-11-1　概要

　沖縄では小農家の方（20 名程度 /2015 年調査）が楽しみのためコーヒーを自給自足しています。古くは中南米やハワイに移民としてコーヒー栽培に従事した人が帰国し、沖縄で栽培を始めたようです。約 100 年の栽培の歴史があり、すでに 3 代目の方もいます。数人は真剣に、栽培管理をしていますが、収穫量は極めて少なく、沖縄本島内合算で年間

1000～2000kg（生豆換算）程度と推測されます。正確なデータはありません。この年は台風被害で生産量が減少していました。

ブルボン品種のイエローとレッド

新たに沖縄でコーヒーを作ろうという動きもありますが、統一的な動きにはなっていません。本土から沖縄に移住し農園を始める人もいますが、台風の被害が多く、北風がふき、夏暑く冬寒い気候など栽培条件は厳しく、収穫まで5年かかる場合も多く見られます。収穫は日本の冬ですが雨期にあたり乾燥も大変です。したがって、防風林があり、潮風に当たらないような栽培適地の選定が重要ですし、ハウス栽培も検討する必要があります。

また、従来から植えられているブルボン品種、ムンドノーボ品種は、沖縄の環境に適性があるのかも判断しきれません。ここ数年様々な品種が持ち込まれる傾向があり、品種の特定ができなくなると懸念されます。その他石垣島、宮古島、徳之島（鹿児島県）でも作っている方がいます。

### 16-11-2　沖縄の基礎データ

| 項目 | 内容 |
| --- | --- |
| 土壌 | 粘土質、赤土など地域によりことなる |
| 栽培環境 | 厳しい環境、夏の暑さと台風と塩風、冬の寒さと北風、冬の収穫期、加工期に曇りや小雨もある |
| 品種 | ムンドノーボ、ブルボン |
| 収穫 | 南部1月、北部1~2月 |

きちんと「防風林、ハウス、土質に合う肥料」などの対応をすれば効率はよくなりますが、3年での収穫量は少なく、チェリーの脱穀、パーチメントの脱穀などのまともな器具はありませんし、乾燥場所も確保しにくいですので、根本的な整備を要します。

一部、沖縄コーヒー発展のために取り組んでいる方もいますが、資金や人材も必要と感

じます。6 次産業として観光農園なども考えられますが、収穫量を増やさない限り、1 年間の使用量を確保できないことになります。「**ブルボン品種の風味は、酸味は弱く、ブラジルに似ています。**」

### 16-11-3　沖縄コーヒーのテイスティング

　2024 年の 1 月~2 月に収穫された豆を 4 農家からいただきましたのでスクリーンサイズを測りました（表 16-33）。生豆はやせている印象でしたが、スクリーンサイズは S15 以上が多くを占めて他の生産国と遜色ないことがわかりました。これらの豆をテイスティングし（表 16-34）味覚センサーにかけた結果（図 16-15）r=0.8904 の相関性が見られました。

表 16-33・沖縄コーヒーの生豆サイズ

|  | A | B | C | D |
|---|---|---|---|---|
| 水分値 | 8.89 | 11.3 | 11.85 | 11.33 |
| 精製 | Washed | Natural | Washed | Washed |
| 品種 | ブルボン | ムンドノーボ | カトゥアイ | ブルボン |
| 試料 g | 352.5 | 208.5 | 159.5 | 132.6 |
| S20up | 0.6 | 6.3 | 0.3 | 1.7 |
| S19 | 4.5 | 23.2 | 2.6 | 6.6 |
| S18 | 22.4 | 41.7 | 14.2 | 26 |
| S17 | 42.6 | 16.6 | 32.1 | 37.3 |
| S16 | 17.3 | 7.5 | 26 | 17.3 |
| S15 | 8.1 | 3.4 | 13.8 | 7.4 |
| 計 | 95.5 | 98.8 | 88.9 | 96.3 |

表 16-34　沖縄コーヒーのテイスティング　2023-24　n=1　(2024.04)

| サンプル | 精製 | 水分 | 10 点方式 | テイスティング |
|---|---|---|---|---|
| アジ 10 カ国 | W |  | 34 | 全体的に濁り感、カティモール品種の苦味 |
| 沖縄 A | W | 8.89 | 33.25 | 酸、コク共に弱め、穏やか、さわやか |
| 沖縄 B | N | 11.30 | 33.75 | かすかに赤ワイン、乾燥プルーン |
| 沖縄 C | W | 11.85 | 33.50 | バランスよい、風味の輪郭がある |
| 沖縄 D | W | 11.33 | 33.50 | 香りある、コク、穏やかな酸味、ウーロン茶 |

アジア圏のコーヒーの平均値と遜色ないものがつくられています。今後適切な施肥、精製が行われれば SP コーヒーとして評価できる可能性を秘めていると考えます。

図 16-15・沖縄コーヒー

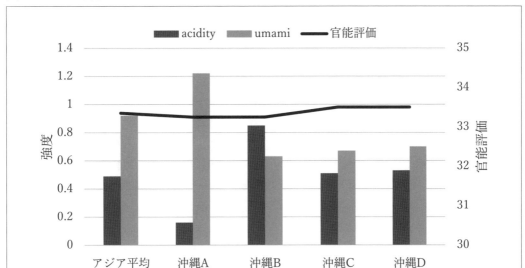

## 16-11-4 沖縄コーヒーの未来

国産コーヒーとして沖縄コーヒーの関心度を広げ、果樹作物の農業としての可能性を広げるため 2024 年 4 月に第 1 回目の沖縄珈琲フォーラムが琉球大学で開催されました。

沖縄コーヒーフォーラム

沖縄の農家のコーヒーの木

# 17 その他のコーヒーのテイスティング

## ■17-1 ピーベリーのテイスティング

### 17-1-1　ピーベリーとは

　通常チェリーの中には向き合った2つの種子が入っています。これを平豆（Flat berry）といいます。しかし、チェリーには小さな丸い種子が一つしか入っていないものがあり、この種子はピーベリー（Peaberry: 丸豆）と呼ばれます。1本の木から収穫されるチェリーの5〜10%程度あるといわれ、粒が小さくスクリーン選別をすると平豆用の篩（丸豆用の篩もある）から落ちてしまいますので、スクリーン15以上の平豆の中にはほぼ混入しません。したがってスクリーンサイズの小さな豆と一緒になり価格が安く流通しているのが一般的です。

　しかし、ハワイコナおよびタンザニアのピーベリーは米国向けの市場があり、昔から選別され流通していました。特にハワイのピーベリーは珍重され高い価格で取引されています。日本では、スクリーンサイズの大きい豆の人気があったため、ピーベリーの需要はほとんどありませんでしたが、2000年以降、徐々にその希少性が見直され、各生産地に対しピーベリーの選別を依頼する事例が生まれました。現在では、ブラジルを含むいくつかの生産国のピーベリーが流通しています。枝の先にできる比率の高いピーベリーは、一つの子房が受精に失敗したり、受精後、発育を停止したりしてできます。

### 17-1-2　基本のテイスティング

　これまでピーベリーのみを体験する機会は少なく、風味の全体像がつかめていませんでしたので、輸入商社数社からピーベリーを計11種サンプリングし、テイスティングしました（表17-1）。

　結果として当該サンプの中では3種のみがSP基準に達していました。サンプルには入港時期のバラツキがあり、経時変化しているものも見受けられ、評価に差が生じています。**あくまで評価時点の点数で、評価の時期により評価が変わる可能性がありますので、その点留意してください。**

第4章　各生産国のテイスティング実践

表 17-1・ピーベリーのテイスティング　　n=1　（2020.08）

| 生産国 | 精製 | Crop | 水分 | クエーカー | pH | 10点 | テイスティング |
|---|---|---|---|---|---|---|---|
| ブラジル | PN | 19-20 | 10.7 | △ | 5.6 | 15 | 生豆の鮮度劣化 |
| ブラジル | N | 19-20 | 8.8 | △ | 5.6 | 20 | 水分が抜け、鮮度低下 |
| バリ島 | W | 19-20 | 9.3 | △ | 5.4 | 27 | 甘い余韻、やや濁り |
| スマトラ島 | SM | 19-20 | 9.9 | ○ | 5.4 | 30 | ほどほどの酸味 |
| オアフ島 | W | 19-20 | 11.1 | ○ | 5.6 | 26 | 鮮度低下 |
| 雲南 | PN | 19-20 | 10.1 | △ | 5.6 | 31 | コクがある、やや濁り |
| タンザニア | W | 18-19 | 10.3 | ○ | 5.4 | 36 | 新鮮、クリーン |
| スマトラ | W | 19-20 | 9,8 | ○ | 5.4 | 35 | よいマンデリン |
| ジャマイカ | W | 18-19 | 9.4 | ◎ | 5.5 | 14 | 鮮度劣化、枯草 |
| ブラジル | N | 18-19 | 10.2 | △ | 5.5 | 15 | 未熟豆の渋味と濁り |
| ケニア | W | 18-19 | 10.8 | ◎ | 5.4 | 37 | 果実の華やかな酸味 |

クエーカー（未熟豆：焙煎しても色付かない豆）＝◎ほとんどない　○目立たないが少量　△目立つ。

　「ピーベリーは、入港後比較的早めに鮮度劣化すると推測されます。結果として、口腔内に濁り感や渋味が残ります。PB はもともと酸が弱い（pH が高い）傾向がある豆と推測されます。」

## ■ 17-2　Newt Crop と Old Crop のテイスティング

　その年の収穫の豆をニュークロップ（new crop）、前年度収穫の生豆をパーストクロップ（past crop）といいます。信じられないかもしれませんが、日本では 20 年前までは入港直後のニュークロップは敬遠されていました。多くの中小ロースターや自家焙煎店は、ミディアムローストで豆のしわが伸びやすい入港後半年くらい経過した生豆を求めていました。小型焙煎機では生豆の水分値が高く硬い豆は、焙煎しにくかったのだと思います。そのような中で\*ダブル焙煎などの方法が考えられたのだと推測します。

\*ハードビーン（硬質豆）の水分を抜いたところでいったん釜から出します。冷却されたその豆を焙煎する方法です。

　コーヒーは農産物であり、生豆の成分は 1 年間の中で変化し、生豆の鮮度は低下します。生豆の色は、グリーンから黄色がたった色に変化します。経時変化は、理化学的な成分のうち、風味に大きな影響を与える酸価値（脂質の酸化）に変化がみられるようになります。

　図 17-1 は、パナマのゲイシャ品種の 2015-16Crop と 2019-20Crop を官能評価し、味覚センサーにかけたものです。パナマの 2015-16Crop は酸化（酸値が 6.5）し、官能評価が低く、かつ味覚センサー値も低くなっています。官能評価と味覚センサー値には r=0.8807 の相関性が見られました。また、図 17-2 のケニアの 2015-16Crop

は2019-20Cropに比べ酸味が著しく減少しています。官能評価と味覚センサー値には **r=0.8748** の高い相関性が見られました。

図17-1・パナマのGeisha品種のNew CropとPast Cropの違い

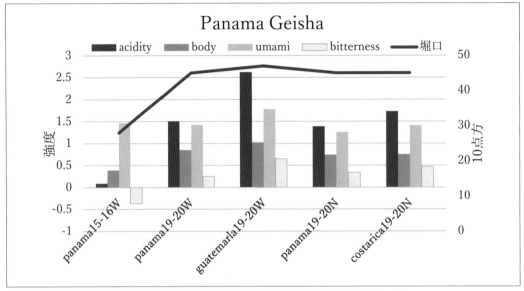

図17-2・ケニアのSL品種のNew CropとPast Cropの違い

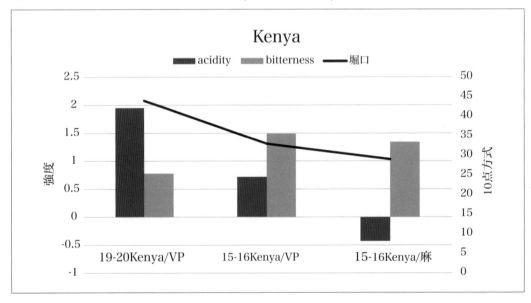

## ■ 17-3 Past Crop のテイスティング

2016年から2018年に入港し、堀口珈琲研究所に常温保管しておいたSP（表17-2）を2019年11月にミディアムローストにして10点方式でティングしました。すべての豆は、SPとして入港していますが、SP評価できませんでした。**時間の経過ともに鮮度劣化し、渋味が口腔内を覆いました。**

### 表 17-2・パーストクロップのテイスティング　n-1　（2019.11 ）

| 生産国 | 入港 | pH | 水分 | 10点 | テイスティング |
|---|---|---|---|---|---|
| パナマゲイシャ | 2016.09 | 5.1 | 8.8 | 34 | ややゲイシャフレーバー、甘い酸 |
| タンザニア | 2017.04 | 5.2 | 10.3 | 23 | 劣化少ないが渋味が口腔を覆う |
| ドミニカ | 2017.07 | 5.0 | 11.3 | 15 | 枯草の味を強く感じる |
| エチオピア・N | 2017.08 | 5.2 | 9.0 | 31 | イルガチェフェの風味がかすかにある |
| ブラジル・N | 2018.01 | 5.2 | 10.5 | 20 | 生豆の状態はよいが渋味が残る |
| マンデリン | 2018.04 | 5.1 | 10.1 | 20 | やや状態が落ちていて、渋味 |
| ハイチ | 2018.08 | 4.9 | 11.3 | 15 | 枯れた草の味、アフターテイストに渋味 |
| ジャマイカ | 2018.08 | 5.1 | 10.7 | 17 | 劣化が早く、枯れた草の味 |
| ハワイ | unk | 5.0 | 11.2 | 20 | 明らかに劣化、ボディがない |
| パナマ | 2018.09 | 4.9 | 11.3 | 34 | まだフレッシュでパーストとは思えない |

エチオピア、ブラジル以外はすべてウォシェド。10点方35点=SCA80点に相当。

## ■ 17-4 欠点豆のテイスティング

ブラジルでリオ臭といわれているコーヒーには、フェノール臭（phenol）、ヨウ素臭といわれる強い異臭が特徴の欠陥です。このようなコーヒーを海外に出さないためにクラシフィシカドール（コーヒー鑑定士/Classificador de Café）がいます。これらの豆からは、リオ臭の主要化合物の*トリクロロアニソール（TCP/Trichloroanisole）が検出されています。

**＊Spadone, J.C. Takeoka, G. Liardon, R./ Analytical investigation of Rio off-flavor in green coffee /1994**

欠点豆のみでテイスティングはしたことがなく、大手焙煎会社の品質管理室に欠点豆のサンプルをお願いし、焙煎してテイスティングしました。（**表17-3**）

表17-3・欠点豆のテイスティング　ブラジル産その他　n=1　（2019.05）

| 生産国 | 欠点状態 | Crop | 水分値 | テイスティング |
|---|---|---|---|---|
| ブラジル | ノーマル | 17-18 | 11.0 | やや枯れているが、かすかに酸味がある |
| ブラジル | リオ臭 | 17-18 | 10.0 | 塩素系薬品臭が強い、1990年代のコロンビアのフェノール臭と同じ |
| ブラジル | 発酵臭 | 17-18 | 9.9 | 発酵の味が強く、アフターに腐敗臭を感じる |
| ブラジル | 未成熟 | 17-18 | 10.0 | 青臭い異臭、甘味がなく味が構成されていない |
| エチオピア | カビ | 18-19 | 10.3 | 粉にはエチオピアの香りがあるが、抽出液では渋味を伴う味 |
| ブラジル | オールドクロップ | 86-87 | 11.6 | 35年前の生豆、枯れた草の味とアフターに焙煎の強い苦味が残る |

# ■17-5　オークションロットの日本入港後のテイスティング

## 17-6-1　2021COEオークションロットのテイスティング

　2021年のCOEオークションロットで、市場に流通している生豆を、焙煎し12月にテイスティングしました（**表17-4**）。COE評価方式で、審査時の評価が87点代の豆です。入港が7月のコロンビアは、日本で約半年保管されていますので状態はやや落ちています。味覚センサー値はかなりばらつき、COE点数との間には相関性がなく、10点方式も**r=0.2317**の相関しかありませんでした（**図17-3**）。その原因としては、各生産国の豆は異なるオークションジャッジが評価し、ほぼ同じスコアであること、またオークション時から入港時までに生豆に経時変化があることによると推測されます。**尚、COE評価方式とSCA方式では点数が異なりますのでその点留意してください。2016年以降、日本の商社が落札し市場に流通している豆についてはテイスティングしてきました。一例として2021crop をとりあげました。**

表17-4・2021 COEオークション豆　（2021.12）　n=24

| CEO | 品種 | 精製 | 入港 | COE | 10点 | コメント |
|---|---|---|---|---|---|---|
| Costa Rica | SL28 | Ho | 2021.12 | 87.37 | 42 | フローラル、クリーム、ショ糖 |
| Mexico | ガルニカ他 | SW | 2021.12 | 87.42 | 35 | 枯草、鮮度劣化 |
| Nicaragua | ブルボン | W | 2021.12 | 87.25 | 37 | 明るい酸、やや濁り |
| El Salvador1 | ブルボン | W | 2021.12 | 87.50 | 37 | シトラス、まろやか、特長弱い |
| ELSalvador2 | ブルボン | N | 2021.12 | 87.50 | 39 | 華やか、オレンジの甘い酸 |
| Colombia1 | カスティージョ | Ho | 2021.07 | 87.09 | 35 | オレンジ、甘味、ざらつき |
| Colombia2 | カトゥーラ | W | 2021.07 | 87.38 | 36 | フローラル、オレンジ |

図17-3・2021 COEオークション豆

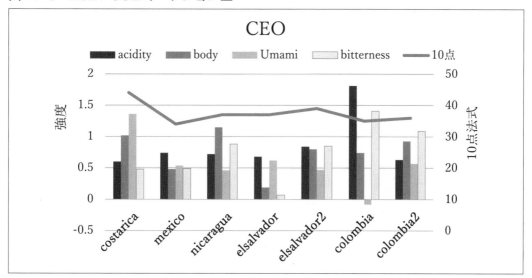

## ■ 17-6 コマーシャルコーヒーのテイスティング

　2000年以降、コマーシャルコーヒーといわれる汎用品は使用してきませんでした。しかし、中にはSCA方式で80点を超えるものもありますが、輸出規格で上位であっても欠点豆の混入がみられる事例は多く、品質の安定性には欠けます。2023年2月時点で流通している輸出等級上位の生豆をサンプリングしてテイスティングしました（**表17-5**）。入港月、品種などの詳細はわかりません。焙煎後にクエーカー（未熟豆）が目立つため数をカウントしました。

　風味は、全体的に特徴が弱く、よいものはSPとの境界線にあるといえます。グァテマラにクエーカーが多く、味覚センサー数値が乱れていますが、官能評価の点数と味覚センサーの間には、**r=0.6004**の相関性が見られました（図17-3）。

表17-5・2021-22Crop　コマーシャルコーヒー Washed （2023.02.27）

| サンプル | 水分 | クエーカー | 10点 | テイスティング |
|---|---|---|---|---|
| Colombia　SP | 11.2 | 8 | 35.0 | 酸とコクのバランスが良い、マイルド |
| Nicaragua SHG | 10.5 | 26 | 35.5 | レモンのしっかりした酸、さわやか |
| Guatemala SHB | 10.0 | 56 | 30.5 | フラット、濁り感、雑味 |
| Costa Rica SHB | 10.8 | 24 | 34.0 | バランスよい、コクがある、やや濁り |
| Tanzania AA | 11.4 | 20 | 33.0 | やや枯れ草、平凡 |
| PNG　AA | 11.0 | 10 | 36 | 個性弱いがフレッシュ、クリーン |

クエーカーは焙煎しても色づかない未熟豆で、100g中の豆の数をカウントしています。

図 17-4・2021-22Crop　コマーシャルコーヒー Washed

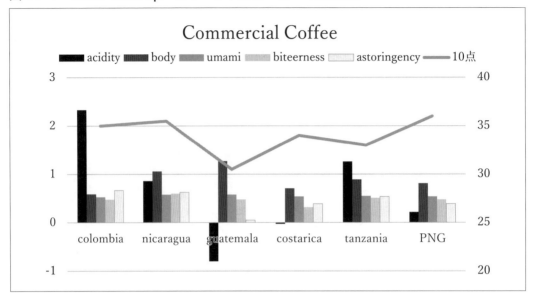

## ■ 17-7 植物としてのコーヒーの味

　2020年の1月に沖縄でコーヒーのチェリーと葉を収穫し、東京に持ち帰り手作業で生豆まで精製しました。表 17-6 は、コーヒーの様々な部分を煮沸し、その風味をテイスティングしたものです。味覚センサーにかけグラフ化しました。

表 17-6・植物としての風味　（2020.2.26）

| コーヒー | g | 煮沸 | pH | Brix | テイスティング |
|---|---|---|---|---|---|
| チェリー | 10粒 16g | 10分 | 8.0 | 0.3 | 薄茶、葉の匂い、ゆでた大豆、微細な発酵の果肉臭、粘性も出る |
| カスカラ（乾燥果肉） | 3g | 4分 | 4.3 | 0.7 | 濃い赤茶色、果肉の匂い、かなり酸味が強い |
| 葉 | 3枚 3g | 10分 | 7.7 | 0.5 | 鮮やかなハイビスカス色の赤、香味は弱い、飲みやすい |
| 生豆 | 20g | 10分 | 7.4 | 0.8 | 薄い緑色、シルバースキンが混ざりやや濁り感、青臭い、えんどう豆 |
| 焙煎豆 | 10g | 10分 | 5.5 | 0.3 | シティロースト、焙煎の焦げた匂い、液体が濁る、 |
| チャフ | 3g | 3分 | 7.1 | 0.0 | かすかに煙の匂い、異質な味はしない |

第 4 章　各生産国のテイスティング実践

図 17-4・植物としてのコーヒーの風味

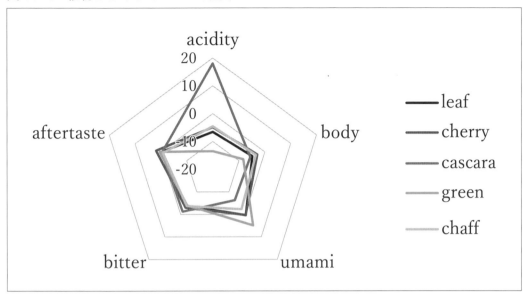

350

# 第5章

# テイスティングの
# ための基礎知識

コーヒーの研究は、幅広くかつ専門的になっています。Physiological（健康、病理）、Chemistry（化学）、Agronomy（農学）Genomics（ゲノム）、Sustainability（持続性、気象変動）、Pathology+pest（さび病、CBB）以外に歴史（History）、文化（Culture）、Sensory Evaluation（官能評価）、Market research（市場調査）、Flavor & Taste（風味とおいしさ）など多岐にわたり難しくなっています。それらの中で、本書は官能評価をテーマにして書いたものです。しかし、書いていくうちに、官能評価には、栽培、精製、品種などの知識が必要なこと、さらには、Post-harvest（収穫後）における微生物研究、品種における遺伝子解析、気候変動の影響などについても学ぶ必要があることを痛感させられました。私は、「コーヒーは農業と科学が重要」と考え、2002年に堀口珈琲研究所を立ち上げましたが、わからないことは多岐にわたり、本章の一部は、現地での体験や見聞、および論文などを一部参考にしています。中途半端な知識では掲載しない方がよいとも考えましたが、日本語の文献が少ないためあえて載せました。

## 18 栽培環境とコーヒーの品質

### ■ 18-1 コーヒーはどのような植物か

コーヒーの木は、熱帯と亜熱帯の一部地域で自生もしくは栽培されているアカネ科（茜草）の常緑本木（もくほん）です。コーヒーは、その\*果実の種子を原材料としています。コーヒーは、和名のアラビア・コーヒーノキ（珈琲樹 / コーヒーノ木）という言葉が使用されることもあります。アカネ科の被子植物で、商業的な栽培種は *Coffea arabica*（アラビカ種）と *Coffea canephora*（カネフォーラ種：別名 Robusta 種）が大部分を占めています。

コーヒーは熱帯作物で、苗を移植してから開花、結実を見るには3年かかります。日射、気温、降雨などの気候条件、標高、地形、地温、土壌などの栽培環境、剪定、施肥などの栽培管理などさまざまな要因により生産量、品質、風味に微妙な差異が生じます。

図18-1は、*Coffea arabica* の主要な生理学的栄養素サイクルの概要を示しています。光合成（photosynthesis）と呼吸（respiration）により、水の摂取と蒸散、栄養の摂取と分配が含まれます。

図・18-1　栄養素サイクル

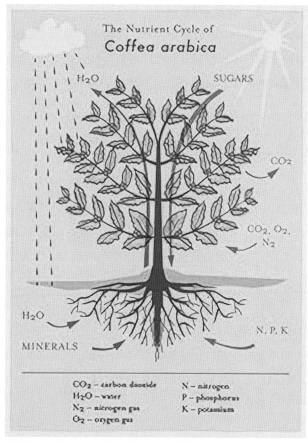

＊https://sca.coffee/research/botany

## 18-1-1 木

　コーヒーはアカネ科（Rubiaceae）に属する常緑樹で、アラビカ種の在来系の栽培品種は樹高が4m程度まで生育します。収穫のために2m程度に剪定する事例が多くみられます。また、カトゥーラ品種、パチェ品種など突然変異した矮小種もみられます。

## 18-1-2 葉

　アラビカ種の葉は対生です。若葉は、ティピカ種はブロンズで、ブルボン種は緑色で区別ができましたが、現在では自然交雑がみられ、ブルボン品種でもブロンズの若葉が見られます。葉には、光合成と呼吸があり、太陽エネルギーを吸収し、二酸化炭素（$CO_2$）と水（$H_2O$）から葉や種子のもとになる有機物（ブドウ糖/炭水化物）を作ります。また、生命活動維持のために水で分解した酸素を吸収して、二酸化炭素を放出する呼吸も行っています。コーヒーの木は、直射日光を嫌います。30℃の直射日光の下では、葉温度が40℃近くになり光合成が低下します。

## 18-1-3 幹及び枝

養分、水分の吸収機能があり、幹から発生する枝には、まっすぐ上に伸びる直立枝と横または斜めに伸び果実をつける斜生枝（結果枝／側枝）があります。ティピカ種の斜生枝は比較的水平に伸びますが、ブルボン種の斜生枝は斜めに伸びます。

## 18-1-4 根

根には、固定と水分吸収の機能があります。アラビカ種の直根は、太いが短く50cm〜1m程度で、ワインの根のように地中に長く伸びません。直根の下部から支根が2〜3m地中に伸び、直根の上部からでる側根が土壌表層の30cmの範囲で分岐し、ほぼ水平方向に1〜2m伸びます。そこから細根が発生し養分を吸収します。そのため、マルチングなどで土壌の表層30cm程度に有機物含量を高くして土壌構造をよい状態に維持する方がよいと考えられています。

## 18-1-5 花

雨季と乾季がはっきりしている産地であるブラジルなどでは、乾季の終わりころに雨季の前触れとして降る雨がブロッサムシャワー（blossom shower）といわれ、その刺激で一斉に数日間開花します。しかし、スマトラ島のように雨が不規則の産地は開花も不規則になります。ジャスミンの甘い香りとよくいわれますが、一斉に開花していないとそこまで強くは感じません。

## 18-1-6 受粉と受精

受粉（花粉が柱頭につくこと）は、ミツバチや風で行われ、受精します。

同じ樹の花の花粉が同じ樹の花の柱頭につくことを自家受粉（Self-pollination）といい、別の花の花粉がついて受精することを他家受粉（Cross-pollination）といいます。アラビカ種の場合は、開花後48時間くらいしか授粉できないといわれますので、ミツバチや風などによる他家受粉より自家受粉する比率が非常に高い（全体の92%という研究もある）といわれています。

## 18-1-7 チェリー（ベリー、果実）

チェリーの肥大期に雨が多いとチェリーは大きくなります。また、チェリーの大きさは、施肥量、剪定方法などの影響も受けるといわれます。品種による大きさの違いもあります。一般的には、開花後気温などの影響を受け、緑色から黄色、最後に赤く熟し、30〜

35週で完熟します。

　図18-2のように、チェリーは、一番外側に外皮（skin）、それに包まれた果肉（pulp）、その内側に内果皮（パーチメント/parchment）という繊維質の厚い皮があり、ゴム状の糖質のぬめり（mucilage）が付着しています。種子の表面には銀皮（シルバースキン/silverskin）という薄皮（焙煎時に剥離する）がついています。コーヒーの種子（胚乳と胚芽/embryo）は、これらの内側に位置します。胚乳には種子が発芽し成長していくために必要な炭水化物やタンパク質、脂質などが含まれています。

図18-2・コーヒーチェリー

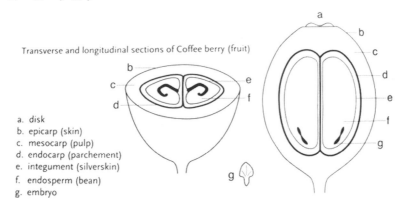

Jean Nicolas Wintgens /Coffee:growing, Processing,Sustainable Production/WILEY-VCH
コーヒー生産の科学（山口 禎、畠中知子 / 食品工業 /2000）、

樹　　葉　　樹

花　　チェリー

## ■ 18-2 コーヒーは熱帯作物で気候条件が品質に影響する

　熱帯は、南北23度27分の北回帰線と南回帰線の間をいい、高温多湿のところが多く、食物の分化発育が進んだと考えられています。イネ科作物（稲、サトウキビ）、マメ科作物、塊根作物（キャッサバ、サツマイモ）、繊維作物（綿、亜麻）、油脂作物（ココヤシ、カカオ、大豆）ゴム、香辛料作物（コショウ、ウコン）芳香油を含む作物（ジャスミン、バニラ）などが栽培されています。

　さらに飲用作物としてコーヒー、紅茶が栽培されていますが、アラビカ種は熱帯のどこでも栽培できるわけではなく、栽培環境の制約を受けます。

### 18-2-1 気温

　アラビア種の自生地であるエチオピア高原の平均気温は16〜24℃ですので、アラビカ種は平均気温が22度程度の高地に適応性があります。適温を越えると早い着果、収穫過多により、木の衰えが早くなり、さび病が発生しやすくなります。また、低すぎる場合は木の生育が遅れ、矮小となり収穫量が低下します。

　多くは高地栽培のため日中と夜との寒暖の差は大きく、気温の日変化（日較差）の許容範囲は19℃という研究もあります。高地の気温低下は呼吸作用の低下に伴い、果実の成熟期間が長くなり、糖分が蓄えられます。したがって、コーヒーの木は、みかん、りんごと同様、木の生育、収量に気温の制限を強く受ける果樹作物といえます。0度以下になると、葉組織、枝が枯死します。また、コーヒーの木は霜にも弱く、ブラジルの主要生産地であったパラナ州は霜で壊滅的な打撃を受け、北のセラード地域に生産地が移行しています。

### 18-2-2 降雨量

　コーヒーは、常緑樹で、蒸散作用が盛んなためチェリーの肥大期に十分な水が必要となります。一般的には、年間1200〜1600mmの降水量が必要とされています。そのため、乾季の乾燥により水不足の影響を受ける農園などでは灌漑設備を備える事例もみられます。

　雨季と乾季がはっきりしている地域は、数か月の乾季が収穫期と一致し、成長期は雨季と重なります。しかし、スマトラ島のように乾季の少ない地域ではだらだらと開花していき、収穫時期がばらつきます。また、コロンビアやケニアなどの一部の生産地域は、年間の雨季が2回（小雨季、大雨季）のあり、開花が2回あり、メインとサブの収穫期があります。

## ■ 18-3 コーヒー生産地は火山灰土壌が多い

　世界の土壌は、さまざまな分類があり、＊USDA Soil Taxonomy（米国土壌分類法）では土壌を 12 に区分し、＊FAO（国際連合食糧農業機関）では 30 に区分しています。コーヒーが栽培されている土壌は、生産地により異なりますが、タンザニア、ケニア、グァテマラなどの中米諸国、コロンビア、ハワイ島、インドネシアなどの生産地区は火山の近くに見られます。多くのコーヒー生産国では、わずかに酸性の火山灰土壌（Andosol/ 火山灰に由来した鉱物性）で、日本でもよく見られる土壌です。色が黒く、その上を歩いてみるとボクボクしていますので、日本語の「暗土」にちなんで＊黒ボク土（Andosol）と名付けられています。例えば、3 つの火山に囲まれたグァテマラアンティグアのパートナー農園は、土層が深く、排水性があり、腐蝕含有量（動植物の死骸が分解した物）が高い土壌です。ハワイコナは、ごろごろした溶岩が目立ちますが、その下に火山性土壌の層があります。この火山性土壌は、高い保水性と透水性を持ち、有機物、腐植を多く含んでいるため、脂質などコーヒーの品質に影響を及ぼすと考えられています。

　しかし、世界中の産地を歩いてみるとやせた木も多くみられます。これらは、無施肥で栽培され、やせた土壌になっていると推測されます。当然、1 本の木からの収穫量は少なく、コーヒーの木には施肥が必要だということがわかります。

　また、火山性土壌は一見肥沃そうに見えますが、霜が降りやすいこと、標高が下がるにつれて、より痩せた土壌に風化している可能性も高いと考えられますので、すべてがよいとはいい切れません。土壌の適切な pH は、5.2 から 6.2 で、これより酸性が高いとカリウム、マグネシウム、カルシウムが欠乏しやすくなります。コーヒー産地には火山灰由来の土壌が多く見られますが、施肥は必要になります。チェリーの脱穀後、鶏糞などと有機肥料を作ったり、マルチングをしたり、剪定などの手入れをしないと木の寿命は短くなり、収穫量は落ちます。反対に、火山灰性土壌ではなく、痩せた土壌でも、保水性と水はけが良く、弱酸性の土壌であれば、施肥を通し栄養管理を行えば、コーヒーの木は育ちます。ただし、収穫量や風味についてはよくわかりません。

　一方、優れたコーヒー産地のエチオピアの一部は、火山性土壌ではなく、さまざまな土壌が入り組んだ肥沃な土壌で、粘土鉱物（Clay minerals）で Luvisol といわれます。Luvisol は、FAO の分類システムの 30 の土壌グループの 1 つで、高い栄養分、良好な水はけにより、穀物から果樹まで幅広い農業に適しているといわれます。

　ブラジルのミナスジェライス州南部、パラナ州、サンパウロ州の広い地域には火山岩が風化し、栄養分が豊富といわれる深紅色土壌のテラロッサ（deep reddish purple soil:terra roxa）が広がっています。コーヒー栽培にとってこの土壌は、肥沃でよいとされています。しかし、パラナ州は、1975年までブラジルの主要コーヒー生産地でしたが、霜害で生産は激減し、現在の主要生産地はミナスジェライス州のセラード地域などに移行しています。ただし、セラード地域は、サバンナで、灌木の生えている無草地帯でpHは4.5～4.6の強酸性土壌でした。この赤土は、米国分類法ではオキシソル（Oxisol）、ブラジルの分類法ではラトソル（Latossol）に分類されます。コーヒー栽培の土壌としては最悪で、持続可能な農業のためには酸性度の矯正を必要とし、＊石灰とリン酸を入れた大規模な土壌改良によりコーヒー産地になっています。このセラード地域の開発については様々な文献があり、また、土壌改良法については、いくつかの論文があります。総合的にみていくと、コーヒー産地では、土壌も重要ですが、それだけではなく、施肥や気温も重要ではないのかとも考えさせられます。

　また、最近は高温多湿な栽培地域である沖縄珈琲の研究を始めていますが、本島は赤土や粘土質が多くやや酸性土壌ですが、宮古島はpH7超えるアルカリ性土壌です。一部では、高温多湿下で遮光ネットや防風を兼ねた日陰樹（シェードツリー）の植樹などの対策実験が行われています。

＊岡崎正規他 / 日本の土壌 / 朝倉書店 /2010.4
＊ USDA Soil Taxonomy | American organization | Britannica
＊ FAO SOILS PORTAL | Food and Agriculture Organization of the United Nations
＊ José A.M. Demattê et al/The Brazilian soil priorities/Geoderma Regional/Volume 29, 2022

火山性土壌

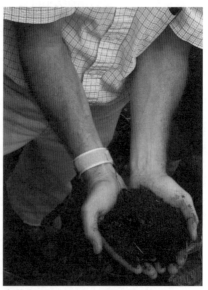

腐葉土

## ■ 18-4 コーヒーは直射日光を嫌う

　コーヒーの木は直射日光を嫌いますので、多くの産地で日陰樹が植えられています。2003年に東チモールに調査に行った際に、多くの高木をみて驚きました。また、多くの農園でコーヒーの苗と一緒に日陰樹の苗を植えているのをみました。日陰樹はコーヒーの樹よりも高く、光の75％程度を通し均一な日陰を作るものがよいとされます。コーヒーの樹と共存できるもので、土壌の深部から養水分を吸収し、その養水分を落葉として土壌に還元するマメ科（ネムノキ亜科）の落葉高木などが望ましいとされ、各生産地域では地元の木を植えています。マメ科植物の落葉の窒素供給は、収穫で失われる養分よりも大きいという研究もあります。また、日陰樹は、光の強さと気温を調整し、最終的に結果年数が長くなり、毎年均一の収穫が望めます。また、風や霜などから守り、雑草の繁茂を抑制します。ただし、ハワイコナ、コスタリカの一部などで、午後曇る地区は日陰樹を必要としません。また、ブラジルのパラナ州やサンパウロ州では、午後に雲が発生し日陰樹を必要としない地区もあります。ブラジルのセラード地区のパートナー農園では、朝日が当たり、午後は曇り理想的な日照です。一方、日陰樹のない農園も多く見られますが、翌年多くの窒素を必要としますので、安定した品質維持は難しいかもしれません。

シェードツリーと苗床

## ■ 18-5 緯度と標高の関係を知る

　アラビカ種の栽培は、適正気温の条件下で標高の高いところが適正産地となり多くは800m以上2000m程度の標高で栽培されます。例えば、赤道付近の平地の気温が33℃と仮定した場合、気温は100m上昇するごとに0.6℃減少しますので、同じ地域で1,500mの場所は約9度低くなり、栽培適地の気温24度程度になります。（図18-3）

ただし、赤道から遠ざかるに従い気温は低くなりますので、低地での栽培になります。北緯19.5°のハワイコナは標高600m程度。南緯18～22°のブラジルは標高800m程度。赤道直下、もしくは北緯1～7°のケニア、コロンビアでは1200m以上の標高の栽培地区が多くなります。高地産のコーヒーの風味の良さは、比較的低温で緩やかな呼吸となり、ゆっくり成熟することにあるといえます。

**図18-3・標高と緯度の関係**

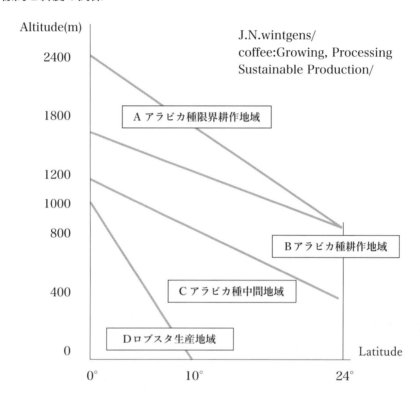

　2015年以降、コロンビアのナリーニョ地区、コスタリカのタラス地区などは標高2000m以上で栽培される事例も多く見られます。

　グァテマラの優良産地であるアンティグアの標高1.600mで栽培されたカトゥーラ品種は、1.800mで栽培されたブルボン種に比べ酸味が弱めで、やや重い味がします。ただし、標高の高い2.000mの産地のコスタリカのカトゥーラ種、コロンビアの標高の高い南部ナリーニョ県産のカトゥーラ種は、酸、コクともに明確で華やかさがあるものも多くみられます。栽培環境の中でも、標高は昼夜の温度差をもたらし、風味に影響を与える要因が大きいと考えられます。

表 18-1 は、標高差のあるサンプルの脂質量とショ糖量を計測し，官能評価したものです。このサンプルでは高標高の産地の SP 豆の方が、低標高の CO より脂質量およびショ糖量が多い傾向が見られ、SCA 方式の評価点数との間に **r=0.8696** の正の高い相関性が見られます。

表 18-1・標高と脂質量およびショ糖量の関係　2018-19Crop　n=4

| 生産国 | 等級 | 品種 | 脂質量 % | ショ糖量 % | 標高 m | SCA |
|---|---|---|---|---|---|---|
| Colombia | SP | カトゥーラ種 | 16.40 | 7.66 | 1683 以上 | 83.75 |
| Colombia | CO | unk | 16.00 | 7.40 | 〜1500 | 76.50 |
| Guatemala | SP | ブルボン種 | 16.51 | 7.47 | 1670 以上 | 82.50 |
| Guatemala | CO | unk | 15.40 | 7.40 | 〜1400 | 70.00 |
| Costa rica | SP | カトゥーラ種 | 17.05 | 8.23 | 1850 | 86.50 |
| Costa rica | CO | unk | 16.50 | 7.70 | 1680 | 77.00 |

図 18-4 は、コロンビアの COE（Cup of Excellence）入賞豆 295 ロットの標高と官能評価の点数をみたものです。Susceptible（在来系のカトゥーラ種など）の場合は、標高 1800m 以上の地区は官能評価が高い傾向を示していますが、Resistant（コロンビア種などのハイブリッド種）の場合は、標高差による風味の差は少ない傾向が見られます。FNC データを基に筆者が作成しました。

図 18-4・コロンビアの COE の入賞豆の標高と点数の関係 2005 〜 2015Crop

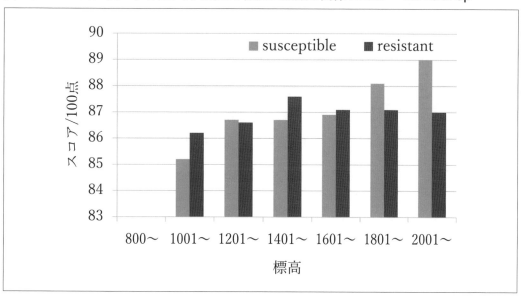

## ■ 18-6 コーヒーの栽培管理が風味に影響する

### 18-6-1 種子

　コーヒーは種子、挿し木、接ぎ木により栽培が可能ですが、挿し木は発根しにくく、接ぎ木は面倒です。種もしくは苗をコーヒー研究所などから購入する場合もありますが、農家、農園の多くは、種を採取し自分で苗床をつくります。種用のパーチメントは、果肉を除去し、ぬめりをとり、水洗し、日陰で水分値15〜18%まで乾燥します。発芽力は3ヶ月以内であれば高く、半年以上経過した場合は低下します。沖縄でカツアイ品種の発芽実験をしたことがありますが、50%以上は発芽しました。

### 18-6-2 育苗

　多くの農家や農園は自分で苗床（Nursery Bed）を作り1〜2cmの深さに種を植えます。強い日射や風雨を避け、水の便が良く排水の良い場所につくります。最近は25cmの深いポットを使用する事例が多くみられます。発芽に適した温度は28〜30度で、30〜40日で発芽（土壌の表面に子葉が現れたとき）し、生育の良いものを生かします。その後6葉期頃まで育てて新しい畑に定植します。なお、20年前にブラジルのパートナー農園にブルボン品種を植えてもらった際は、圃場に直に播種しました。（現在はポットに植えます。）

### 8-6-3 施肥

　一般的には無肥料の場合、短期間でやせた土壌となり、収穫量は低下します。

　多くの産地で、やせた樹を見てきましたが、ほとんどが施肥のない状態でした。

　植物の生育に必要な養分は、窒素、リン酸、カリウムで、これらは収穫により大きく圃場から失われます。そのため、剪定した枝や葉は圃場に残し、窒素の供給源となるマメ科の日陰樹の落葉とともにマルチング（敷き藁）する必要があります。窒素は葉、枝、幹及び根の発育に影響し収穫量を左右し、リン酸は幼木時の根、幹、花芽に必要で、カリウムはチェリーの生育に重要になります。

　多くの小農家は、肥料を購入する資金がありませんので、パルピング後の果肉と鶏糞などを混ぜ発酵させ、肥料を作る場合も多く見られます。

### 18-6-4 防風

　風の強い地域では、樹間を風が通り抜けるとき風速が弱まる程度の防風林を圃場に植え

ます。沖縄での栽培では、海風や台風の風による倒木も多く見られ、防風林は必須であることを痛感しました。

### 18-6-5 除草

　熱帯では、雑草の生育が旺盛で、放任しておくと養分を吸収し、コーヒーの生育を妨げます。ただし、雑草の種類、土地の肥沃度も影響すると考えられ、雑草を完全に除去し裸地にするよりはいくらか残せば、雨による表土の浸食を防ぐこともあります。マルチングし、間作物を植え、雑草の成長を抑える方法をとる事例もあります。

### 18-6-6 間作

　狭い土地の小農家では食料作物も大事です。マメ、キャッサバ、野菜、パイナップル、バナナなどが一緒に栽培されている事例は多く見られます。

　日陰樹として代用されるものや日常の食料になるもの、家畜のえさにとなるものなどが植えられています。

### 18-6-7 マルチング

　雨季の前に土壌の表面を廃茎葉などで覆うことで、収量の増加が見込めます。

　これらは、マルチング条件下では、微生物により分解され二酸化炭素、水、アンモニア、リン、カルシウム、マグネシウム、カリウムなどの成分になり、コーヒーの木に養分を供給することになります。多くの生産地でみられます。

### 18-6-8 灌水

　降雨量が1000mm以下の産地や乾季の厳しい産地では灌水が必要になります。

　樹は吸収した水分を蒸散作用で放出し、葉温度を調整しています。雨量が足りないと、根が深部に伸びすぎて、表層土壌に分布する細根が養分吸収できなくなります。チェリーの肥大期などに水分が必要になります。グァテマラのメディナ農園など灌漑設備が整っている農園もあります。

### 18-6-9 剪定

　アラビカの在来種は、放置すると4〜5m以上まで樹が伸びて収穫がしにくくなるために樹高を2m程度に剪定します。また、通常1本の幹で7〜8年収穫すると生産性が落ちるため余分な枝、葉を除く必要があります。

363

コーヒーの側枝は、今年発育したものに次の年花が咲き実をつけます。最初は幹の近くに身をつけますが、年々枝の生長とともに果実が先端につくようになります。こうなると、果実の重さにより枝が下方に垂れ下がり地面に接したりします。したがって、枝の先端にのみ実をつける枝は切り、新しい枝の発生と成長を誘導する必要があります。樹の生育のためには様々な＊剪定の方法があります。

　しかし、スマトラなどの生産地では、剪定されずに枝が垂れ下がっている樹を多く見ます。

　収穫量が落ちますので、ハワイコナの取引していた農園では7年ごとに木の再生のためにカットバックをしていました。ティピカ種などはこの方法で50年以上生育しているものもあります。カットバックは、木の幹を地面から30cm位の位置で斜めにきります。次のシーズンの収穫が望めませんが、3-4年のサイクルで計画的に木の若返りのローテーションを組み、収穫量を維持できます。東ティモールの支援活動では、農家は樹を切ることに抵抗感がありましたので、実験圃場を作りカットバックし、樹の生育を見てもらい理解してもらいました。種から植えるよりは早く生育し、早ければ2年後には収穫が見込めます。

＊カットバック (ボーマン・フクナガ剪定法:BFシステム)
＊岸本修他・熱帯作物と樹木作物/養賢堂/1996
　コーヒー生産の科学/山口 禎/食品工業/2000

防風　　　　　　除草　　　　　　間作

剪定　　　　　　マルチ　　　　　カットバック

## ■18-7 さまざまな収穫方法

ブラジルを除く生産国では、コーヒーの収穫は機械化できず、かなりの労働集約型農業であり、そのことが逆に非常に多くの人に仕事を提供しています。

多くの場合、収穫時に赤く完熟したチェリーを一粒ずつ摘みますが、未熟豆の混入が多く、風味を低下させていました。そのため、東ティモールでの支援活動では、収穫するチェリーの色の範囲を写真で示すことから始めました。

コロンビアの農園の収穫

ブラジルは、雨季と乾季ははっきりしている地域が多く一斉に開花します。セラード地域などの大農園は収穫量が多いため、大型の機械で収穫します。また中規模農園は、地面にシートを敷いてその上に手で葉ごとしごくストリッピングという方法で行います。しかし、共に未熟豆が混ざるため、ナチュラル以外の精製方法としてパルプドナチュラルやセミウォシェトの精製方法も採用されています。また、2010年以降、エチオピアのナチュラルのSPなどは、収穫後のチェリーから未熟豆をハンドソーティングするようになっています。

多くの生産地では、標高の低い所から完熟していきますので、高いところまで順に収穫していきます。そのため、標高の高い産地のSPはCOより日本入港が遅くなります。赤く熟したチェリーを収穫するのは、緑色の残る未熟豆には渋味が残り風味が濁るためです。

また、標高の高い所で完熟したチェリーは、冷涼な気温で呼吸作用が緩やかになり、完熟に時間がかかり総酸量、脂質量、ショ糖量が増すからです。最近は、糖度計（Brix計）でチェリーの糖度を計っている農園も見かけます。

ブラジルの農園の機械収穫（左）とストリッピング収穫（右）

## ■ 18-8 気候変動により 2050 年には大幅な減産が予測される

### 18-8-1 WCR（World Coffee Research）

＊WCR（ワールドコーヒーリサーチ）は、CIAT（International Center for Tropical Agriculture/ 国際熱帯農業センター）との研究で＊気候変動対応として研究開発、品種改良プログラムを推進しています。

WCR は、1）2050 年には需要拡大で、現在の 2 倍の 2 億 9 千万 80 万袋の生産量が必要だが生産できない。2）コーヒー生産を気候変動（アラビカ種は平均気温 25℃以上ではチェリーが生育しない、また害虫が増える）にリンクしないと 2050 年には現在の生産量も維持できない可能性がある。3）2050 年には、気候変動でコーヒー生産に適した土地の 30 ～ 60% が失われると警告しています。

ブラジルとベトナムのコーヒーの生産性の高い地域が将来コーヒーに適さなくなる可能性があり、特にブラジルは 36% 程度の減産予測をしています。

気候が暑くなるだけでなく、より変動する可能性があるため、カネフォーラ種の生産に対する悪影響の可能性もあり、世界的には両方の種が気候変動の影響を等しく受けると考えられています。 カネフォーラ種の原産地であるコンゴ盆地は、2050 年までに栽培に適さなくなる可能性があるともいわれます。

WCR では、アラビカ種の野生種 1000 種の DNA を調べていますが、98.8% は似たもので、これは米の 70%、トウモロコシの 83% に比べ多様性がないことを意味しています。したがって絶滅の危機さえあると考えられます。

また、ティモールハイブリッド種とアラビカ種を交配したカティモール品種などがさび病に対する抵抗力が減少し、CIRAD（フランスの研究機関)、Nicafrance（コーヒーファーム）と新たなアラブスタ（Arabusta: アラビカとロブスタの人口交雑種）の交雑にも取り組んでいます。

現在、中南米諸国の不動産評価の上昇による宅地化、アラビカの耐病性の弱さ、耕作地の高標高化などで生産の限界にも直面しています。そのために SP の生産地面積の拡大、CO から SP への転換などを必要としています。また、気候変動対応型品種改良が重要になるというわけで、2015 年以降交配雑種第一代（遺伝的に遠い距離のものを交配して生まれた種子で、生産性が高く、病気抵抗力が維持される傾向があるとしている）に取り組んでいます。すでに、農学的及び官能的によいと考えられた 30 種を選び、世界中の協力農園に送り、どこの土地に適応性があるかテストしています。そして、「high cup quality」を選定する過程にあり、GC/MS（質量分析）で、分子レベルからの研究をスター

トしています。その評価のために、語彙集（LEXICON）も作成されています。

＊Christian Bunn et.al・climate change profile of global production of Arabica and Robusta coffee/climate Change (2015)
＊World Coffee Research | Annual Report 2021

## 18-8-2 温暖化の影響の事例

温暖化の影響と推測される現象は、生産地で雨の降る時期、雨量の変化、気温の上昇など多くの生産地でみられます。

ケニアを例にとれば、＊Sangana Commodities Ltd（PPP: 官民連合）の論文では、すでに 2008 年の段階で、気温の変化、季節外れの雨が変化し、コーヒーの開花に影響を与えているとしています。化石燃料の使用による温室効果ガス（GHG）排出量増加および土地の開墾などが主な要因と考えられています。コーヒーの生産量は 1980 年の 892kg/ha から 2008 年には 284 kg/ha（国連食糧農業機関統計データベース）に減少しています。輸出量は 1987 年の 210 万袋から 2012 年には 90 万袋、2018 年には 75 万袋に減少しています。

ケニアのコーヒー産地の気候適合性の変化については、CIAT では、2050 年ケニアの気候は季節性が少なくなり、最高平均気温は 31.2℃（現在 28.6℃）まで上昇すると予測し、最低平均気温は 12℃（現在 9.8℃）まで上昇するとしています。2050 年までの気候変動下では、1300m での栽培は厳しくなり、最適なコーヒー生産地区は、現在の海抜 1,600 メートルより高い標高にシフトし、海抜 2200 メートルの地区がコーヒー栽培に適するようになるとしています。論文によれば、4C (The Common Code for the Coffee Community) などにより、2008 年頃から生産変化に対する緩和手段としてリスク啓発の参加型ワークショップなども行われています。

また、Efico(生豆の調達会社：ベルギー) Rainforest Alliance、Anacafé(グァテマラコーヒー院) や The University del Valle of Guatemala（UVG: デバレ大学）などとも連携しています。

＊Climate Change Adaptation and Mitigation in the Kenyan Coffee Sector (Sangana PPP2009 年)。2010/ASIC

ケニアのエクスポーターの報告によれば、2015 年時点でのケニアの年間平均気温は、最低が 14℃、最高が 26℃で安定推移してきたが、2015 年以降は最低温度が 10℃に下がり、最高気温が 30℃になるなどの変化が見られるようになっているとの報告もあります。そのため、標高の低い地域（1500m 以下）は日照が強すぎ収穫に影響が見られています。また、暑い日が続いたり、雨の降る時期がずれたり、毎月の降る量が変化する事例が増加

しています。2017年、2018年は降雨量が少なく、収量が減り価格の高騰も招いています。

表18-2はケニアの同じファクトリーの豆の風味を比べたものですが、明らかに風味の変化が見られます。**2015-16Crop** くらいまでの優れたファクトリーの風味は、2017-18Cropあたりから探すのが難しくなってきています。

表18-2・ケニアの同ファクトリー産の Crop 違いの風味　n=1

| 栽培地区 /Crop | SCA | テイスティング |
|---|---|---|
| キリニャガ 2013-14 | 92 | グラインドしている最中にフルーティーで華やかなフレグランスが立ち込める。レモン、パッションフルーツの強い酸、熟したグァバ、ピーチの甘さ、黒ブドウなどの果実のフレーバーがあり、複雑で濃縮感のある風味を感じることができる。 |
| キリニャガ 2017-18 | 86 | フローラル、オレンジの甘い酸味をベースにリンゴ、トマトなどの風味。素晴らしい果実感のあるケニア。 |

このような＊栽培環境の変化の中で、木のストレス軽減のためにマルチング（植物の地表面を葉や枝などで覆う）することで、雑草の発生、水分の蒸発を防ぎ、また、シェードツリーを植えるなどの対策をとっています。

それ以外にも、バイオスティミュラント（biostimulant / 生物刺激剤 / 植物や土壌により良い生理状態をもたらす様々な物質や微生物の総称）を用いた耐ストレス農法を一部で導入していると聞きます。今後、安定してケニア産の風味が継続されるとは限りません。できのよい年とできの悪い年の差が生じる可能性が高くなり、テイスティングはより重要になってきています。

＊ Coffee Farming and Climate Change in Ethiopia.pdf (kew.org)

ケニアの農園

第5章 テイスティングのための基礎知識

# 19 精製方法とコーヒーの品質

## ■ 19-1 精製とは

　精製（Processing）は、チェリーの果肉やパーチメント（内果皮）を除き、輸送、保管の安定、焙煎に適した生豆（Green Beans）の状態にすることです。大別するとウォシェト (Wet Proseccing；湿式) とナチュラル (Dry Processing：乾式) の精製方法があり、風味に大きな影響を与えます。また、パルプドナチュラル（Pulped Natural：コスタリカなど最近では Honey Process）と呼ばれる方法があり、産地の地形や水源、環境対策などの観点から行われています（**表19-1**）。

　重要なことは、各工程で水分含有量の安定を図り、**微生物（酵母、カビなどの真菌、酢酸菌などの菌類など）の影響による発酵臭を抑えることです。**

表 19-1・各精製方法の違い

|  | Washed | Pulped Natural | Natural |
|---|---|---|---|
| 果肉除去 | ○ | ○ | × |
| ＊ミューシレージ | 水槽で100%除去 | 除去しない事例が多い | × |
| 乾燥・脱穀 | ＊PC を乾燥し脱穀 | PC を乾燥し脱穀 | チェリーを乾燥脱穀 |
| 生産国 | コロンビア、中米諸国、東アフリカ | ブラジル、コスタリカその他 | ブラジル、エチオピア、イエメン、 |

＊ミューシレージ (mucilage：パーチメントに付着しているぬめりで、糖質化した粘液性の物質) ＊PC (Parchment/パーチメント)

## ■ 19-2 ウォシュト（Washed）の精製

　ウォシュトの精製には、ウエットミル（Wet-mill：果肉除去から乾燥まで）とドライミル（Dry-mill：脱穀から選別まで）の加工工程があります。

　エチオピア、ルワンダ、ケニアなど東アフリカの小農家は、チェリーを摘み、ウォシングステーション（Washing Station）と呼ばれるウエットミル（水洗加工場）に持ち込みます。

　また、コロンビアなどの小農家では、小型の果肉除去機で、東ティモールやスマトラ島の小農家は手動の果肉除去装置で果肉を除きます。その後、水槽につけパーチメントのミューシレージを除き、ウエットパーチメントの状態にし、天日乾燥します。その後ドライミルで、ドライパーチメントを脱穀し、比重やスクリーンサイズで選別されます。

　１）収穫段階では、できるだけ完熟豆のみを収穫します。翌日になると果肉が発酵するためその日のうちに果肉除去機（パルパー：Pulper）で果肉を除去します。この段階で

369

完熟豆と未熟豆に選別され、水路で発酵槽(水につける場合と水をいれない場合がある)にながし、パーチメントの粘着物（ミューシレージ）を自然発酵(中米の1,600m産地の外気温が低い場合は36時間程度)させ、十分に水洗します。時間をかけすぎると発酵臭が種子に付着する場合もあります。コスタリカなどでは排水の浄化池などの対策も取られています。

**ミューシレージは、酵素と微生物により分解され、それにより生じる酸、糖アルコール（糖質の一種）などが風味に影響を与えると考えられます。**

果肉除去機

2）パーチメントを水路などで乾燥場に移し、コンクリート、レンガ、網の棚などの上に広げ1週間程度で水分値12％程度まで乾燥します。1日数回撹拌します。過度の乾燥は割れ豆、欠け豆が増え、不十分な乾燥は、微生物によるダメージ、カビのリスクを伴い、生豆の成分変化が早い傾向が見られます。

発酵槽（左）でミューシレージ（ぬめり）を除き、その後乾燥場（右）で乾燥します

3）乾燥のストレス、水分値の均一化のためのサイロや倉庫で保管し、輸出に向けパーチメントを脱殻機（Hulling machine）で脱殻し生豆にします。チェリーの25％がパーチメントコーヒーの重量となり、パーチメントの脱殻により生豆は20％程度の重量となります。最終的に、10kgのチェリーから2kg程度の生豆を作ることができます。

4）その後、生豆を比重選別機、スクリーン選別機、電子選別機、ハンドソーティングなどの選別の工程を経ます。生豆はブルーグリーン（Blue green）からグリーン色にな

るものが多く、シルバースキンの付着が少なく、きれいな生豆になります。「**適切に精製された生豆は、酸味が際立ち、クリーンで濁りのない風味を生み出します。**」

\*比重選別＝軽い豆を除きます。スクリーン選別＝豆の大きさで選別します。電子線別＝異質な色の豆を選別します。ハンドソーティング＝人の手で欠点豆を取り除きます

## ■ 19-3 ナチュラル（Natural）の精製方法とは

チェリーのまま乾燥し、脱穀し生豆にする方法です。

ブラジルでの広大な土地に木を植えた大農園では大型の機械で収穫し、中規模農園では果実を葉ごとしごいて敷物の上に落とす収穫方法がとられています。そのため、未熟果実が混入する確率が高くなりますので後述するパルプドナチュラルの方法も行われています。

エチオピアなどの伝統的なナチュラルの生産国では、未熟果実がかなりまざり、品質低下（G-4グレードなど）の原因になっていましたので、G-1グレードでは収穫したチェリーから未熟果実を除き、生豆を電子選別機にかけ、さらに生豆をハンドソーティングすることが多くなりました。

伝統的な生産国は、ブラジル、エチオピア、イエメンなどです。それ以外にアジア圏やカネフェフォーラ種の生産国などでも行われています。また、中南米でも見られます。

2010年頃から中米、特にパナマで高品質のナチュラルの精製へのチャレンジが見られました。初期の段階はアルコール発酵臭がきつく風味はよくありませんでしたが、その後徐々に改善されきれいな風味のナチュラルもできるようになり、2015年前後からはゲイシャ品種もナチュラルにしています。

ナチュラルの乾燥

消費国市場も、独特な微発酵の風味を受け入れるようになりつつあるように感じます。現状では、パナマ産などのナチュラルと、エチオピア産、イエメン産のナチュラルには風味差はありますので、そのあたりを理解してください。

ウォシュトに比べ、ナチュラルは独特な果実感を伴う個性が出ることに加え、水の消費が少なく環境負荷が少ないため、他のウォシュトの多くの生産国にも影響を及ぼしています。「**個人的にはEthanol（エチルアルコール）臭のないものをよしとしますが、官能評価上の良否の国際的なコンセンサスはできていません。適切な精製方法で作られたナチュ**

ラルは発酵臭がなくクリーンです。」

図19-1 は、エチオピア産とイエメン産のコーヒー2種を官能評価しました。SCA方式でエチオピア産は90点、イエメン産は91点と非常に高いスコアがつくナチュラルで、味覚センサーにかけた結果です。

味覚センサーの風味の強度パターンは似ています。ただし、官能的には大きな違いが見られます。「共に発酵臭がなく、かすかな果実系の酸味が残り、クリーンで濁りがありません。エチオピア産はブルーベリージャム、イエメン産はフランボアーズのチョコレートの風味でした。」

図19-1・エチオピアとイエメンの2019-20 C rope・Natural・City Roast

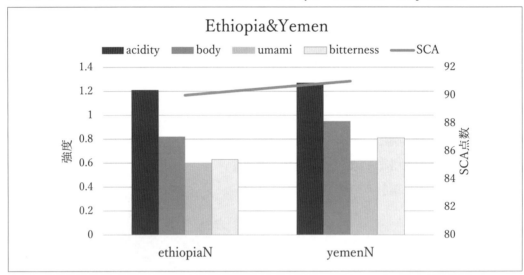

## ■ 19-4 ブラジルの3つの精製方法

### 19-4-1　ブラジルの精製方法

チェリーを水槽にいれると、過完熟果実は浮き、完熟果実と未熟果実は沈みます。過完熟果実はナチュラルのCOになります。完熟果実と未熟果実は果肉除去機にかけ、未熟果実は果肉が固く剥けないためナチュラルのCOとなります。この工程を経ると未熟果実などが除かれますので欠点豆の混入は減ります。

果肉の剥けた完熟豆をミューシレージのついたまま乾燥する方法がパルプドナチュラル（Palped Natural /PN）です。この方法は、2010年前後にカルモ・デ・ミナス（Carmo de Minas）の生産者の豆がCOE（カップオフエクセレンス：インターネットオークション）

などで高い評価を得たことから、追随する生産者が増えています。しかし、ナチュラルとパルプドナチュラルの生豆の外見の区別はほぼ困難です。また、官能的にも、ナチュラルとパルプドナチュラルの風味の区別も難しいと感じます。

　一方、ミューシレージを円筒形の機械を回転させで取り除き、パーチメントを天日もしくはドライヤーで乾燥する方法がセミウォシェト（Semi-Washed/SW）です。ナチュラルとパルプドナチュラルに比べると、かすかに「**酸味が加わり、クリーンな風味の印象**」となります。ミューシレージ除去後の廃水は環境汚染をもたらしますので、貯水池を設け残存物を沈殿させ汚水の河川への排出を減らす事例もみられます。

### 19-4-2　精製方法による総酸量と脂質量の違い

　図19-2は、セラード地区の3つの精製方法の総酸量と総脂質量を比べたものです。総酸量は酸味に、総脂質量はコクに影響を与えます。このサンプルの場合、セミウォシュトは、やや総酸量が多く、反面脂質量は少ない傾向が見られます。ただし、個体差がありますので、このデータをもってすべてのブラジルの精製豆が同じと解釈は出来ません。

**図19-2・セラード地区の3つの精製方法の豆の総酸量と脂質量の違い**

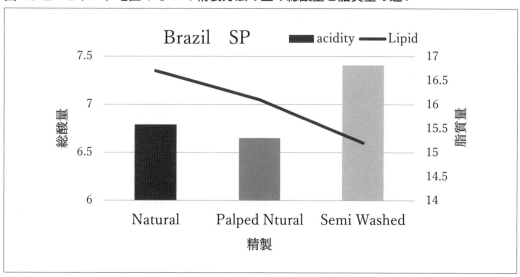

　図19-3は、ブラジルのSPとCOのナチュラル（N）、パルプドナチュラル（PN）、セミウォシュト（SW）の豆24種の総酸量（滴定酸度）の違いです。セミウォシュトは、ナチュラル、パルプドナチュラルより総酸量が多い傾向が見られ、SPはすべての精製方法でCOより総酸量が多くあります。SPとCOの間には **$p < 0.01$ の有意差**（明らかな違い／統計上の

差で偶然性によらない差)がみられます。各サンプルの値は4種類の豆の平均値となります。

### 図19-3・ブラジルの精製方法による総酸量（滴定酸度）の違い

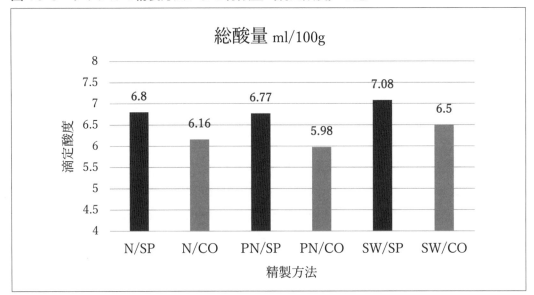

### 図19-4 ブラジルの3つの精製方法豆のテイスティング

　2021年1月入港のセラード地区のアカイア品種のニュークロップ（表19-2）をテイスティングし、味覚センサーにかけました（図19-4）。pHが高く酸が弱いため官能評価は低くなってしまいます。官能評価と味覚センサーの間に**r=0.9167**の正の相関性がみられましたが、新しいブラジル用の官能評価表の作成と運用が問われます。

表19-2・ブラジル 2020－21Crop　　n=1　（2021.02.20）

| 試料 | 品種 | 水分 | ｐH | Brix | 10点 | テイスティング |
|---|---|---|---|---|---|---|
| N | Mu Ca | 9.3 | 5.2 | 1.0 | 32 | コクはあるもののやや濁り |
| PN | Mu Ca | 9.7 | 5.3 | 0.9 | 33 | コクはあるが、やや舌にざらつき感 |
| SW | Bu | 9.4 | 5.3 | 0.95 | 35 | かすかに酸味があり、クリーン |

Mu=ムンドノーボ品種　Ca＝カトゥアイ品種

### 図 19-4・ブラジル 2020-21Crop　味覚センサーの結果

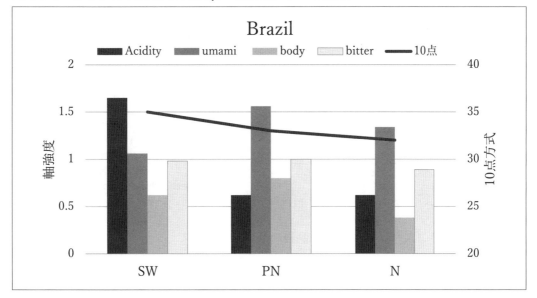

## ■ 19-5 コスタリカのハニープロセス

### 19-5-1 ハニープロセスの種類

コスコスタリカのハニープロセスは、果肉を収穫後 24 時間以内に除去し、ミューシレージのついたパーチメントを水分 12％前後まで天日乾燥します。標高が高い産地のマイクロミルで多用され、乾燥日数は 14 日程度かかります。もちろん天候次第で、ドライヤーを使用する場合もあります。

基本的にはパルプドナチュラルと同じですが、一部で機械によるミューシレージの除去率を変える方法がとられています。ミューシレージを 90％から 100％除去するホワイトハニー（White Honey）、50％程度除去するイエローハニー（Yellow Honey）、さらにミューシレージを多く除去するレッドハニー（Red Honey）、ブラックハニー（Black Honey）などがあります。

**ミューシレージには微生物が多く付着していますので、発酵の過程で代謝が行われ、風味に何らかの影響をあたえると考えられます。**

表 19-3 は、コスタリカの Exclusive 社（輸出会社）の 2022 インターネットオークションのサンプルです。さまざまのハニーのコーヒーを比較し、味覚センサーにかけました（図 19-5）。全て素晴らしい風味のコーヒーです。オークションジャッジの点数は全て高く、味覚センサー値との間に相関性はみられませんが、パネル（n=16）の官能評価との間に

は r=0.4435 と弱い相関性が見られました。

**表 19-3・2022 コスタリカ ゲイシャ品種のハニープロセス n=16**

| 精製 | 品種 | 水分 | SCA | 10点 | テイスティング（太字はジャッジ） |
|---|---|---|---|---|---|
| White honey | Geisha | 9.1 | 93.62 | 45 | ハニー 、メイプル、スモモ，ピーチ<br>**Vanilla、peach、whiskey、chocolate** |
| Yellow Honey | Geisha | 10.7 | 89.54 | 42.5 | しっかりした酸、やや渋味<br>**Sweet、fruit、orange、cherry、sugar cane** |
| Red Honey | Geisha | 9.2 | 90.68 | 43 | 柑橘の酸、バランスよい、グレープ<br>**Black grape、melon、good body、plum** |
| Black Honey | Geisha | 10.5 | 92.16 | 41 | かすかにエーテル臭あるも許容範囲<br>**Vanilla、peach、whiskey、chocolate** |

SCA はオークションジャッジの点数で、10 点法はテイスティングセミナー 16 名の平均点数

**図 19-5・2022 コスタリカ ゲイシャ品種のハニープロセス**

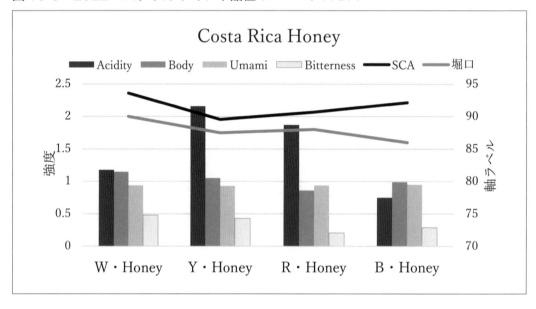

### 19-5-2　コスタリカのホワイトハニー

　表 19-3 は、ホワイトハニーの品種別の豆をテイスティングし、味覚センサーにかけたものです。SL 品種、ティピカ品種は酸味があり、よいコーヒーと推測できますが、ゲイシャ品種の酸味の感知が弱く出ています。ジャッジの点数と味覚センサー値の間には **r＝0.7056** の相関性が、パネルの点数と味覚センサー値の間には **r=0.8016** の相関性がみられました。また、ジャッジとパネルの間には **r=0.6362** の相関がありました（図 19-6）。

表 19-3・コスタリカ 2021-22Crop　品種別ホワイトハニー　n=16

| 試料 | SCA | 10点 | テイスティング |
|---|---|---|---|
| Geisha、 | 93.62 | 41.5 | フローラル、白ワイン、ライチ、軽やかな酸味 |
| Tipica | 88.93 | 41.5 | フローラル、華やか、オレンジ、繊細 |
| Kenia　SL | 91.83 | 42.5 | レモンのような酸、明確なコク |
| Catuai | 88.70 | 39.5 | 未熟豆の渋味、酸味とコクのバランスはよい |
| Villa Sarchi | 88.92 | 38.5 | 過完熟、微発酵、スパイス |

図 19-6・コスタリカ 2021-22Crop　ホワイトハニー　(n=16)

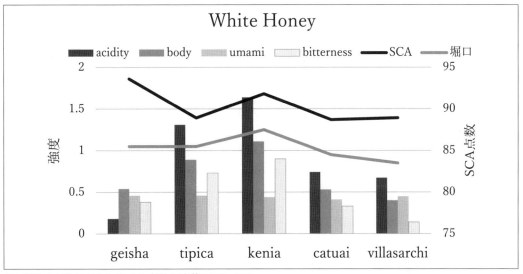

10点法の点数を SCA 方式の点数に変換しています。

## ■19-6 ハニープロセスの拡散

　コスタリカのハニープロセスは、水槽による発酵工程を省略でき、水の使用を減らすことができます。*発酵槽には乳酸菌 (lactococcus、leuconostoc) などもみられ、*排水にはバクテリア (bacteria)、酵母 (yeasts) などの微生物叢 (びせいぶつそう：microbiota) が同定されています。伝統的なウォシェトの精製が環境負荷になるような産地でのナチュラルやハニープロセスの精製は増加していく可能性があります。

　表 19-4 は、堀口珈琲研究所に保管しておいたオークションロットからハニーを選んだものです。グァテマラ、エクアドル、コスタリカのハニープロセスの豆をテイスティングし、味覚センサーにかけた結果 **r =0.5703** の相関性がみられました (図 19-7)。参考に、ジャッジのコメントも載せました。グァテマラとコスタリカは、生豆を6か月間程度研究所に常温で保管していましたので入港時と比べやや評価が落ちている可能性があります。

表19-4・2022 オークションロット ハニープロセス　n=1　(2023.01)

| 生産国 | 水分 | 品種 | 10点 | テイスティング | 英語は Producer Cupping |
|---|---|---|---|---|---|
| Guatemala | 11.0 | Caturra | 37 | 酸味とコクのバランスよい、かすかに濁り | chocolate、winey、sweet |
| Guatemala | 11.1 | Bourbon | 38 | ややコクがある、なめらか | black tea、juicy、caramel、sweet、fruity |
| Ecuador | 9.3 | Sidra | 37.5 | 微発酵でワイニー | Lavender、chamomile、tangerine、mint |
| Ecuador | 10.3 | San Salvadr | 37 | 微細な発酵、評価は割れる可能性がある | Cherry、blackberry、chamomile |
| Costa Rica | 10.5 | SL | 39 | フローラル、クリーン、複雑、 | Sweet、cherry、caramel,、long aftertaste |
| Costa Rica | 10.2 | Geisha | 38.5 | アフターに甘味。しっかりしたコク | Red fruits、chocolate、black berry、good body |

＊Florac, De, Bruyn.,et,al. Exploring the Impacts of Postharvest Processing on the Microbiota and Metabolite Profiles during Green Coffee Bean Production, Appl Environ Microbiol, ASIC26 Kunming China. (2016).

図19-7・2022 オークションロット ハニープロセス　(2023.01)

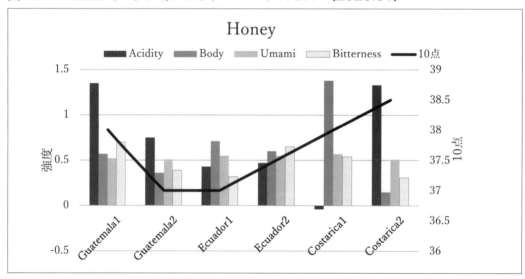

ハニーの乾燥

第5章　テイスティングのための基礎知識

## ■ 19-7 ケニアのダブルウォシェト （Double Washed=Soaking）

　ケニアでは，発酵槽でパーチメントのミューシレージを除いた後に、さらにきれいな水につけ，その後乾燥するダブルウォシェト(ソーキング)が一部で行われています。甘味が生まれるという考え方がベースにあるようです。ケニアコーヒーの果実の風味が、この方法によりもたらされるのか？環境や品種によりもたらされるのか？は検証できていませんが、何らかの効果がある可能性はあります。グァテマラのエルインフェルト農園でも行われていますし、PNG のシグリ農園などは 2002 年に訪問した時は 2 回ソーキングを繰り返していました。

　ウォシェトの発酵槽の中には多くの微生物が含まれるため経験則による適切な発酵時間 ( 水温 . 気温の影響をうける ) で行われています。[*] Sophia Jiyuan Zhang 等は，清掃の行き届いた発酵槽などで衛生的で適度な処理が伴えば，メイラード反応の主要な前駆体としてのグルコース（glucose：ブドウ糖）フルクトース（fructose：果糖）などの単糖類（炭水化物）、アスパラギン酸やアラニンなどのアミノ酸およびコハク酸などの化合物を生成する可能性にも触れていますが、このあたりの研究はかなり厄介だと感じます。

＊Zhang, S., Flrac,.,et.al Following Coffee Production from Cherries to Cup: Microbiological and Metabolomic Analysis of Wet Processing of Coffea arabica, Appl Environ Microbio., l85, Issue6. .(2019)

## ■ 19-8 スマトラ方式の精製

　日本では戦前からマンデリンは飲用されていましたので、歴史が長くファンも多くいます。また米国でもエキゾチックな風味でファンは多くみられます

　北部スマトラの小農家は、小さな手動の器具で果肉を除去後、半日程度乾燥させ（ウエットパーチメント / 水分値が 30~50% 程度ある）麻袋などに保管し、ブローカーにパーチメントを販売します。**このプロセスの過程で、パーチメントのミューシレージが付いたまま一時的に保管されることで、微生物が糖、酸、その他の化合物を代謝（化学反応）します。**

　一般的には、工場でミューシレージの付着したウエットパーチメントが脱穀され、生豆の状態で 10 日程度乾燥されます。スマトラ島は雨が多く、湿気が高く、素早い乾燥が必要のため生豆で乾燥すると考えられます。さらに、水分値の多い生豆を乾燥していく過程でも何らかの影響があり、スマトラ独特の風味を生み出していると考えられます。**表19-5** は、リントン地区のマンデリンをサンプリングし、筆者が官能評価した結果です。

379

表 19-5・スマトラ・リントン地区 2019-20 Crop　n＝1

| | 等級 | pH | 脂質% | 酸価 | テイスティング | SCA |
|---|---|---|---|---|---|---|
| SP | 在来種 | 4.8 | 17.5 | 3.6 | なめらかな舌触り、レモンの酸、マンゴーの甘味、青芝、檜、杉、森の香り | 90 |
| CO | G-1 | 5.00 | 16.0 | 7.8 | 酸味を感じない、土っぽい、濁り | 68 |

SP は酸が強く、コクもあり、生豆の鮮度劣化していないと考えられ、CO とは明らかに風味差はみられます。マンデリンの評価は難しく、国際的なコンセンサスはとれていないように思いますが、在来種系のマンデリンのよい風味のものは SCA 方式で 90 点以上の点数をつけられるものもあります。

**「マンデリンの風味は、柑橘の明確な酸味があり、青草、芝の匂い、ハーブなどの風味を醸し出します。但し、繊維質が柔らかく、1 年の中で風味が大きく変化します。ただし、アテン品種などのカティモール系の品種の場合は、酸味の質が異なり、やや重い風味となりますので、区別がつきます。」**

## ■ 19-9 乾燥方法について

乾燥方法は、パーチメントを①ビニールシートの上に広げる(零細小農家のパプアニューギニア、東チモールなど)、②コンクリート、タイル、レンガなどの上に広げる（中米諸国など)、③2~3 段式の棚に広げる（平地の少ないコロンビアなど）④網の棚に広げる（アフリカで行われていた方法が他の生産国に広がる）⑥テントで日陰を作り広げるなどがあります。

天日乾燥では、乾燥棚を使用する方法がよく、初期段階ではチェリーもしくは PC を薄く広げ、頻繁に撹拌し、水分を抜いていきます。棚の場合はチェリーのすべての面に空気が通過しますので、きちんと撹拌すれば乾燥はより均一になり、発酵は起こりにくくなります。

乾燥の期間は、日照、気温、湿度の影響を受けます。直射日光が強い場合はチェリーの表面のみが乾燥してしまいます。また、日中や夜間の湿度の高い場合は、微生物の影響が大きくなりますのでシートをかけるもしくは日陰、納屋に移動する場合もあります。おおまかにはウォシュトの場合は 7 ～ 10 日、パルプドナチュラルの場合は 10 ～ 12 日、ナチュラルの場合は 14 日前後程度かかります。ナチュラルの場合は、乾燥後のチェリーはドライチェリーといい、果実の 40％の重量になり、生豆に脱殻するとさらに 50％の重量となります。10 ｋｇのチェリーから約 2 ｋｇの生豆ができます。

乾燥機（ドライヤー）がある場合は、湿度の高い産地、雨に降られたとき、生産量が多

第 5 章　テイスティングのための基礎知識

い場合には便利です。機械式乾燥機は 40 〜 45℃ 程度に設定します。（35~38℃の低温で時間をかける場合もあります）あまり高温になると、細菌がすべて死滅し、潜在的な風味が損なわれるとも考えられます。天日乾燥とドライヤーの併用もあります。ブラジルの農園（中米に比べ規模が大きい）や量産するコスタリカの農協などでは、ドライヤーを積極的に使用しないと乾燥が追い付かないということになります。産地では、ドラム回転式、下部から熱風を送る攪拌式などを見かけます。

　出来上がった生豆は、ウォシェトはグリーン色です。ナチュラルは、緑が淡くシルバースキン（生豆を覆う薄皮）が残りますので焙煎後の豆のセンターカットのシルバースキンがやや黒くなります。

## ■19-10 精製方法と発酵について

　チェリーは収穫された後に、酵母（糖をアルコールと炭酸ガスに分解する微生物）などの影響をうけます。微生物は、果実に入り、果実内の糖と酸の代謝をすぐに開始します。このプロセスは、コーヒーの水分が 11% ~12% まで減少する乾燥終了まで続き、コーヒーの場合は、**この過程で異臭を生じることがあります。**例えば、果肉除去後の果肉はかなりの発酵臭をだします。これは、腐敗臭に近いものです。

　ナチュラルの乾燥日数は、日照や気温、コンクリート地面や乾燥ベッド（下から風にあたる）、攪拌するかしないかなどによって変わります。ナチュラルの乾燥はウォシェトよりもかなり乾燥時間が長くなるため、「腐敗」「過剰発酵」「カビ」など潜在的なリスクにさらされていますのでナチュラルはより多くの注意と労力を必要とします。ブラジルやエチオピアのＣＯのナチュラルにいやな発酵臭 ( オフフレーバー ) が多いのはこのような理由によります。実際に、2010 年頃までは、よいナチュラルの精製の豆は少なく、多くは汎用品として流通していました。2010 年以降のナチュラルの SP は , 乾燥がよくなっていますので、**いやな腐敗臭に近い発酵の風味とよい発酵の風味を見極めるのが、特にナチュラルのテイスティングで重要となります。**

　ウォシェトでも、発酵臭は様々な工程で発生しますので、その違いも理解しておく必要があります。

　1）過完熟の豆が混ざっている発酵臭

　2）果肉除去の遅れによる発酵臭

　3）発酵槽における粘着物除去における過剰な発酵臭

　4）乾燥工程における発酵臭

これらは、果肉発酵臭、石油臭、オイル臭、ゴム臭、アルコール臭、エーテル臭、腐敗臭、ナフタリン臭、酢酸臭などです。

表19-6は、エチオピアのシダマ産とイルガチェフェ産のウォッシュトとナチュラルの精製の豆を筆者がSCA方式でテイスティングしたもので、味覚センサーにもかけました（図19-8）。

**表19-6・エチオピアのシダマとイルガチェフェ 2019-20Crop　n=1**

| サンプル | 精製 | SCA | テイスティング |
|---|---|---|---|
| Sidama | W | 90 | ここまで華やかなシダマは初体験、シダモの最高峰レベル、クリーンでフルーティー。 |
| Sidama | N | 85 | 乾燥がよく、クリーン、熟した果実、乾燥プラム、濃厚な南仏の赤ワイン。 |
| Yirgacheffe | W | 89 | 優れたイルガチェフェ、ブルーベリー、レモンティ、ピーチなどの果実感があり、安定した王道の風味。 |
| Yirgacheffe | N | 88 | かすかに微発酵、デリケートなブルゴーニュの赤ワイン、チェリー、かすかにストロベリー。 |

「**ウォシュトは、ナチュラルより酸味が強い傾向が見られます。ナチュラルに微細な発酵臭が見られますが、フルーティーなニュアンスを強く感じます**」ので、個人的にはよいナチュラルとして高評価します。官能評価と味覚センサーの間には **r = 0.9740** の高い正の相関性が見られました。

図19-8・エチオピアのシダマとイルガチェフェ 2019-20Crop

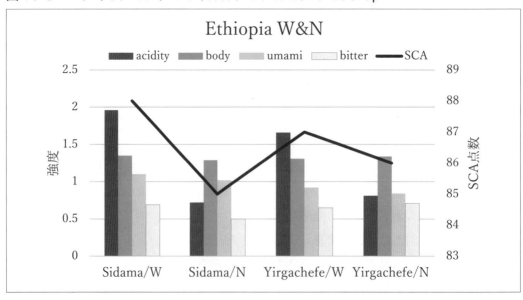

第 5 章　テイスティングのための基礎知識

## 20 嫌気性発酵とコーヒーの品質

### ■ 20-1 嫌気性発酵（Anaerobic：アナエロビック）とは

　コーヒーが精製過程で発酵を伴う食品であるといことはあまり知られていません。発酵とは、さまざまな微生物が有機物を分解することで、果実の糖やその他の化合物はエタノール、有機酸などの副産物に分解され、種子の細胞構造に吸収されます。コーヒーチェリーは、収穫後、産地の酵母やその他微生物などの影響で、収穫後 1 日放置しておくと果肉発酵臭が出てきます。この臭いの一部が種子に移ると発酵臭として欠点評価されてしまいます。そこで、ウォシュトの場合は、夕方までに収穫した豆は、夜になってもその日のうちに果肉除去するなど、慎重な管理が必要です。また、ナチュラルの場合は、適切な乾燥方法が重要になります。**従来の精製プロセスにおける発酵は酸素下の発酵として好気性発酵という言葉が使用されます**。簡単にいうと空気がないと死んでしまうような微生物による発酵のことです。この発酵をどのようにとらえるかは、コーヒーの風味にとって非常に重要な課題です。

　　ここ 3 〜 4 年嫌気性発酵という言葉をよく聞きます。**嫌気性発酵は、空気（酸素）を必要としない状態で活動する微生物の働きによって発酵する過程のことです**。この酵母などをうまく利用し、嫌気性発酵させ、従来の風味と異なるものを生み出そうという試みがあり、それらが多様な形で試され始めています。この嫌気性発酵のヒントになったと推測される方法が、**酸素のない環境で細胞内発酵を生じさせる醸造技術で**、＊マセラシオン・カルボニック法（macération carbonique）といい、ボジョレイ・ヌーボーの製法として知られています。

＊ワインの場合は、収穫した葡萄を通常は破砕してプレスしますが、マセラシオン・カルボニック法では破砕せず、縦型の大きなステンレスタンクに上からどんどん葡萄を入れます。タンクの下のほうの葡萄は重さで潰れ果汁が流れ出て自然に発酵が始まります。発酵が始まると炭酸ガスが生成され、タンク全体が炭酸ガスで充満します。炭酸ガスで充満したタンクのなかでは潰れていない葡萄の細胞内部で酵素の働きによってリンゴ酸が分解されアルコール、アミノ酸、コハク酸などが生成され葡萄の皮からも成分が浸出します。このようにして酵素による発酵を利用したものがマセラシオン・カルボニック法です。マセラシオン・カルボニック法で造ったワインはタンニンが少ない割りには色が濃く、渋みや苦みが通常のワインより少なくなり、飲みやすくなります。これはワインの製法であり、ワインの品質を意味するものではありません。

　いま一つは、サントリーのシャンパン酵母コーヒーではないかと推測します。完熟したコーヒーチェリーに「シャンパン酵母」を加えた結果、酵母が果肉中の糖分を得て、果実の表面で繁殖し発酵します。3 日後、発酵が終わった実の表面は、赤からサーモンピンクに、内側も薄いピンク色を帯びるようで、それを乾燥します。サントリーは、シャンパン酵母

383

によって発酵した豆には、あたらしい香気成分が出ていることをガスクロマトグラフィーで分析しています。

嫌気性発酵に関する分析研究もここ2~3年で急速に広がりつつあります。例えば、＊SIAF (self-induced anaerobiosis fermentation) は、微生物の行動にプラスの影響を与え、よりフルーティーな特徴を持つコーヒーをもたらすというような研究です。また、＊コーヒー発酵に適した酵母種（Pichia kudriavzeii）と乳酸菌 (LAB) は、嫌気性段階に関与する主要な微生物群とし、豆に浸透するエステル、アルコール、有機酸、アルデヒドその他芳香族化合物などの幅広い代謝産物を生み出し独特の風味を与えるという研究もあります。微生物培養物を使用して、新しい風味を生みだし、風味の向上に利用する研究は今後も増えると考えられます。

コーヒーを発酵食品としてとらえれば、このような考え方も成り立ちます。しかし、個人的には風味がよくなったと評価してよいのか、その判断は難しいと考えます。その方法が複雑化すれば加工品としての性質を帯び、従来のコーヒーの風味や価値観を大きく転換することになり、これらが健全な方法なのかについては疑義も生じます。最大の問題点は、特殊な風味が生じ、生産地のテロワールや品種という概念が意味をなさなくなることです。

＊Thayanna Scopel Pereira et.al.,/ Self-induced anaerobiosis coffee fermentation: Impact on microbial communities, chemical composition and sensory quality of coffee/Food Microbiology Volume 103, May 2022,
＊ShankarS R et.al.,/Microbial ecology and functional coffee fermentation dynamics with Pichia kudriavzevii/ Food Microbiology Volume 105, August 2022,
＊堀口俊英／コーヒー研究／嫌気性発酵について／日本コーヒー文化学会誌・2023

チェリーを入れるタンク

## ■20-2 アナエロビックの方法

アナエロビック (Anaerobic) の方法は、2019年に比べると急速に変化し、2023年は多様化の方向にあります。現時点の様々な嫌気性発酵に近い事例を挙げました。
1）密閉したタンク（多くはドラム缶程度の大きさの容器）にチェリーをいれ、空気弁から空気を抜き自然に酵母を増やしてから乾燥工程に入るような方法で最も一般的です。酵母の種類などの分析はあまりされていませんので、風味の安定性は低いといえ

ます。大きなタンクを準備することは難しく量産は出来ません。

2）このタンクに、チェリーに付着した酵母を培養し加える方法もあります。

3）チェリーに付着している野生酵母以外に、パン酵母、ワイン酵母などを入れる場合もあります。

4）酵母以外に乳酸菌などを添加する事例もあり、この場合は人為的過ぎて2次加工品になると考えられます。

5）ダブルファーメンテーションといい、無酸素状態で酵母をアルコール発酵させ、次に乳酸菌を添加する方法もあります。

　最近はさらに多様な方法がとられ、インフューズドコーヒー（Infused Coffee）という方がよいでしょう。一般的には、チェリーに何らかの溶液をスプレーしたり、酒類に漬けたり、トロピカルフルーやシナモンなどのスパイス、酒石酸を加えたりと何でもありの状態です。インフューズドについては明確な方法はなく、また無残素にする必要がありませんので大量に生産可能となります。

　**アナエロビックは新しい精製方法で、評価のコンセンサスは形成されていません。したがって、コーヒーの風味の理解のためには、まず初めに、正しいウォシェトとナチュラルの風味の違いをきちんと理解できるようにするべきです。**

　**「よいものは酸味が柔らかく、甘味がありますが、エーテル臭、アルコール発酵臭を感じるものも多くみられました。従来のナチュラルのワイニーな風味よりラム酒などの強い風味を感じる場合も多くあります。ただし、その方法が研究されつつあり、2022-23Crop あたりから発酵臭の上品なものも見られるようになっています。」**

　**行き過ぎたアナエロビックにより、コーヒーが2次加工品になってしまい、コーヒーの風味の本質が見えなくなってしまうと懸念しています。製法の表示の義務付けもしくは何らかの規制も検討するべきと考えます。**


## ■20-3 ブラジルのアナエロビック

### 20-3-1 初期の嫌気性発酵（アナエロビック）

　ブラジルの農園の嫌気性発酵豆（表20-1）をテイスティングしました（表20-2）。2019年はまだ嫌気性発酵は初期段階にあり、日本流通の豆はほとんどなく2種をブラジルから取り寄せました。

表20-1・嫌気性発酵（ANAEROBIC）2019-20Crop　n=1（2020.2）

| 生産地 | 入港 | 水分 | pH | Brix | aroma | acidity | body | clean | Fer | 10点 |
|--------|------|------|------|------|-------|---------|------|-------|-----|------|
| ブラジル1 | 2019 | 7.7 | 5.00 | 1.2 | 8 | 7 | 8 | 7 | 8 | 38 |
| ブラジル2 | 2019.12 | 9.8 | 5.00 | 1.2 | 6 | 7 | 7 | 6 | 7 | 33 |
| ブラジル3 | 2019.12 | 9.4 | 4.80 | 1.2 | 8 | 9 | 9 | 9 | 9 | 40 |
| ブラジル4 | 2020.02 | 8.8 | 5.00 | 1.25 | 7 | 9 | 8 | 7 | 9 | 39 |

10点方式で評価。Fer=Fermentation 発酵の有無と質及び甘味で評価しています。

表20-2・ブラジルの嫌気性発酵豆の風味

| 生産地 | テイスティング |
|--------|----------------|
| ブラジル1 | よいナチュラル、酸味、甘味がある、発酵も適度でよい状態 |
| ブラジル2 | なめらかな粘性があるが、ブラジルの乾式の濁りと苦味が強い |
| ブラジル3 空輸 | 柑橘果実の酸味、ブラジルとは思えないクリーンさと華やかさがある、柑橘の酸味も豊かでよいコーヒーといえる |
| ブラジル4 空輸 | イバイリ品種、生豆にやや発酵臭、一般的な果肉臭より上品、果実の酸味があり甘味が強い、ブラインドだとブラジルとはわからない。冷めると渋味。 |

イバイリ（IBAIRI）=「甘い小さなチェリー」という意味。モカ品種とティピカ品種を交雑させ、さらにブルボン品種を掛け合わせて作られた品種。ハワイのマウイ島にもモカ品種が植えられています。生豆は小粒でスクリーン13－14程度。生産性は低い。

## 20-3-2 ブラジル・カトゥアイ種のアナエロビック

　表20-3はブラジルの農園のカトゥアイ品種の嫌気性発酵の豆を比較し、テイスティングし、味覚センサーにかけたものです。カトゥアイ品種（Catuai）はナチュラルの精製で7日間天日乾燥、アナエロビック（anaerobic）は空気を抜きタンクで発酵させたもの、カルボニック（calbonic）は二酸化炭素を注入したもの、ダブルファーメンテーション（Double fermentation）は嫌気性発酵を行い次に乳酸菌を加えたものです。アナエロビックには評価基準がありませんのでナチュラルと比べ評価しました。ダブルファーメンテーションにはアルコール発酵臭を強く感じますので評価は低めにしました。

表20-3・ブラジル 2020-21Crop の嫌気性発酵の豆　n=1　（2021.4）

|  | 水分値 | pH | 総酸量 | 脂質量 | SCA | 風味 |
|--|--------|------|--------|--------|------|------|
| Catuai | 9.4 | 5.03 | 8.29 | 18.57 | 81 | フローラル、チョコ様 |
| Anaerobic | 9.0 | 5.03 | 7.34 | 18.12 | 83 | 蜂蜜、ハーブ、スパイス |
| Calbonic | 9.3 | 5.07 | 6.46 | 18.00 | 80 | 酸味弱い、ウイスキー |
| Double・F | 9.0 | 5.08 | 8.0 | 15.62 | 75 | エタノール、濁り |

　味覚センサー値は、ややばらつきがありますが、官能評価と味覚センサーの間には、**r=0.8106** の高い相関性が見られました（図20-1）。ただし、総酸量と脂質量を合わせた理化学的数値との間には **r = 0.4257** と相関性はみられませんでした。アナエロビックの精製が、酸や脂質にどのような影響を与えているかは現時点ではわかりません。

図 20-1・ブラジル 2021-22Crop Anaerobic

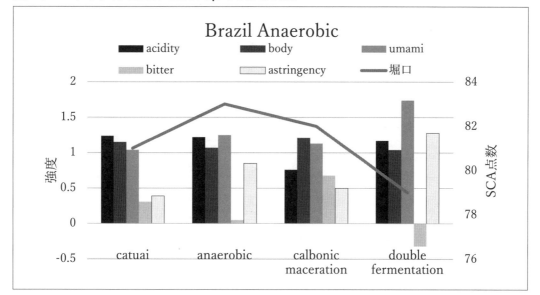

### 20-3-3　ブラジル・インデュースドファーメンテーション

　サンコーヒー（Sancoffee）は、2000 年にカンポ・ダス・ヴェルテンテス地域（Campo das Vertentes region）のスペシャルティコーヒー協同組合として誕生しました。「Great coffees do not happen by accident. They are a combination of terroir + variety + process + hard work.」との考え方のもとに、2022 年の 11 月にプライベートオークションが行われました。5 種のコーヒーを官能評価し（表 20-4）、味覚センサーにかけました（図 20-2）。センサー値は乱れていますが、官能評価との間に $r = 0.8769$ の相関性が見られました。Natural は、チェリーを均等な層に広げ（暑さをしのぐために午後に積み上げ夜は覆いをかける）その後、11.4％の含水率まで 29 日間乾燥しています。インデュースドファーメンテーションは、畑に自然に存在する酵母を使用し樽内で 4 日間の半好気性発酵。その後レイズドベッド（Raised bed）で 32 日間乾燥しています。

　ジャッジのコメントにあるように、酵母の添加によりフルーツの風味が生じています。しかし、ブラジルには本来ない風味ですので、2 次的加工品としての表示が必要と考えます。

### 表 20-4・Sancoffee の Induced Fermentation

| sample | 品種 | 10点 | SCA | ジャッジコメント |
|---|---|---|---|---|
| Natural | Arara | 81.5 | 86.95 | Tropical fruits, mango baked, pineapple, bright acidity, lemon zest, multilayered, |
| Induced F | Catuai | 85.0 | 86.52 | Ginger bread, juniper berry, lychees, bay leaf, tartaric, heavy body, |
| Induced F | Catucai | 83.0 | 86.46 | Marzipan, fruit cake, peach iced tea, praline, roasted coconut, caramel, heavy body, |
| Natural | Catuai | 82.0 | 86.41 | Dried banana, cranberry, black cherry, cardamom, hints of passion fruit, pumpkin, crisp |
| Induced F | Bourbon | 80.0 | 86.22 | Green apple, raspberry, kiwi, startfruit, balsamic vinegar, yogurt smooth texture |

センサー値にややばらつきがあり、センサーが嫌気性発酵に対応しきれていないと推測します。サンコーヒーの Indused Fermentation の方法は**表 20-5** にまとめました。

### 図 20-2・San coffee の Induced Fermentation

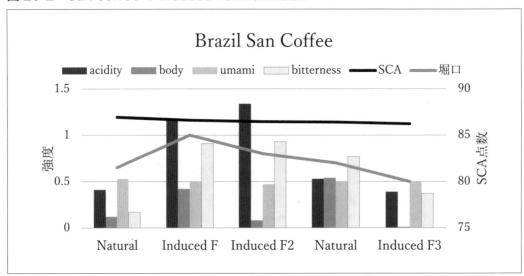

筆者の 10 点方式の点数は、SCA 方式の点数に換算しています。

### 表 20-5・2022 Brazil Sancoffee Auction Lot Indused Fermentation

| Natural | ストリッピングで収穫しその日のうちにパティオに移動。チェリーを均等な層に広げ（暑さをしのぐために午後に積み上げ夜は覆い）その後、11.4%の含水率まで 29 日間乾燥 |
|---|---|
| Induced Fermentation | 機械収穫後、畑に自然に存在する酵母を使用し、樽内で 4 日間の半好気性発酵。その後レイズドベッド（Raised bed）で 32 日間乾燥 |
| Induced Fermentation | 機械収穫。畑の自然酵母を用いて 200L の樽で発酵。パティオで 12 日間乾燥し、10 日間休ませた後 2 日間乾燥。 |

ブラジルでは、自己誘導嫌気性発酵 (SIAF /self-induced-anaerobic fermentation) とも言われます。* AnaValeria Ulhano Braga らは、ブラジルのミナス ジェライス州の農場で8日間 SIAF を行った結果31 種の微生物を同定しています。また、フレーバーの多様性がみられ、Q グレーダーの官能評価の合計スコアが 非発酵サンプルと比較して最大3.8 ポイント増加したとし、有望な方法として報告しています。しかし、このコーヒーを風味がよいと評価することには異論もあり、筆者とも大きな見解の相違があります。

*Ana Valeria Ulhano Braga ei.all/Study on coffee quality improvement by self-induced anaerobic fermentation: Microbial diversity and enzymatic activity/ Food Research International Volume 165, March( 2023)


## ■20-4　Brazil Daterra 農園のアナエロビック

### 20-4-1　2020 Daterra Anaerobic  Auction Lot

　ブラジルのセラード地区のダテラ農園の品種別のアナエロビックのオークション豆を官能評価し（表20-6）、味覚センサーにかけました（図20-3）。サンプルは、さまざまな品種からなり、オークション用に手摘みした豆です。嫌気性発酵の方法は不明です。この嫌気性発酵の風味は、一般のブラジル産のようなアフターテーストのざらつき感がなく、全体に優しい酸味でかつ甘味があり、従来のブラジルとは異なる風味になっています。そのため、一般のブラジルに比べ、官能評価の点数は高くしました。ブラインドテイスティングではブラジル産とわかりにくく、パネル評価も高く、嫌気性発酵がうまく行った事例と考えられます。官能評価、味覚センサー共にアラモサ品種（Aramosa）の風味が良く、最も高い評価としました。ただし、パネルの10点方式の点数と味覚センサー値の間には、**r =0.2396** と相関性は見られませんでした。


表 20-6・2020 Anaerobic of Brazil　　n=16（2020.12）

| 試料 | 水分 | pＨ | Brix | 10点 | テイスティング |
|---|---|---|---|---|---|
| Laurina | 9.8 | 5.3 | 1.0 | 42 | カフェインが少ない、甘いポンカン |
| Aramosa | 9.7 | 5.2 | 1.0 | 43 | ブラジルには見られない独特な風味 |
| Geisha | 9.2 | 5.2 | 1.0 | 38 | ややオイリー、アルコール臭 |
| Ibairi | 9.3 | 5.2 | 1.1 | 42 | 甘いミカン |
| Arara | 9.8 | 5.2 | 1.1 | 42 | レモン、甘い後味 |
| SH3 | 9.5 | 5.2 | 1.0 | 37 | ナチュラルのブラジルに近い、やや渋味 |
| Caturra | 9.2 | 5.3 | 1.0 | 40 | 甘味がある |

Laurina= レユニオン島 (Réunion) で発見されたブルボン品種の変異種。他のアラビカ種に比べカフェインが少ない。Aramosa= *coffeea arabica* と *coffeea racemosa* の交雑種。Ibairi は、ブラジルのモカ種とブルボン種を交雑したもの。Arara= オバタン品種 (Obata) とイエローカツアイ品種の自然交雑種。SH3 ＝レッドカツアイ品種と BA10 品種の交雑種。これらは、市場での流通はほとんどみられない品種です。

図 20-3・2020 ブラジル Daterra の嫌気性発酵豆の風味

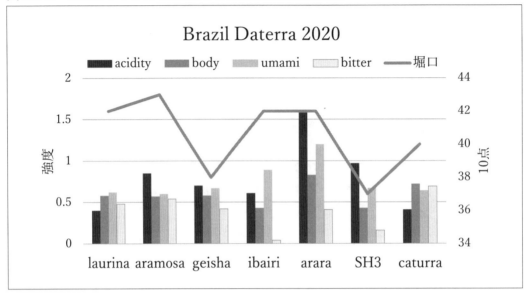

### 20-4-2　2021 Daterra Anaerobic Auction Lot

　2021 年のダテラ農園のオークション豆の 10 品種（表 20-7）をテイスティングセミナーのパネルとテイスティングし、味覚センサーにかけました（図 20-4）。ダテラ社のコメントも載せました。全体的に風味の特長は弱く、細かなコメントをするのは困難でした。一部に薬品臭を感じ、点数は昨年より全体的に低くなりました。また、ダテラ社のコメントにある乳酸、リンゴ酸、リン酸、乳酸などの有機酸については感知がむずかしいと考えます。アルコール臭のある豆は低い評価としました。10 点方式の点数と味覚センサーの数値との間には、**r＝0.7099** の相関性が見られました。

表20-7・2021 ブラジル Daterra （n-12）（2021.12.18）

| 品種 | 10点法式 | テイスティング | ダテラ社のコメント |
|---|---|---|---|
| Laurina | 38 | ミカン、イチジク、甘味 | グリーンアップル、ローズワイン、レッドベリー、リン酸 |
| Aramosa | 36 | やさしい酸、やや渋味、やや草、重い味 | ジャスミン、グレープソーダ イチゴジャム、リン酸 乳酸 |
| Geisha | 34 | エーテル、やや渋味、甘味 ゲイシャフレーバー弱い | ピーチ、イチゴ、スイカ、サトウキビ、乳酸 |
| Arara | 34 | スパイス、薬品臭、渋味、濁り | アップルパイ、アールグレイ パッションフルーツ、リン酸 |
| Caturra | 34 | アルコール、くすんだ香り | シャンパン、マンゴ、ベリー、サトウキビ、リンゴ酸 |
| IPR | 37 | 甘いオレンジ、やや苦味 | シナモン、バナナ、熟したプラム 赤ワイン、カカオニブ |
| Catigua | 35 | キャラメルの甘味 | リンゴ、ポートワイン、チェリー、リンゴ酸、リン酸 |
| Datopia | 35 | なめらか、甘味、風味がどっしりと重い | レモングラス、サトウキビ クエン酸 |
| Catuai | 31 | 強い薬品臭、樟脳、イレギュラーな風味 | スパイス、クローブ、糖蜜、クエン酸 |
| Paraiso | 32 | 薬品臭、すれた香り、濁り感 | 柑橘果実、ピーチ、ブラックティー、乳酸、クエン酸 |

カティグア品種 (Catigua) は、HdeT 品種とカトゥアイ品種のハイブリッド、ダトピア品種 (Datopia) は、エチオピアから持ち込んだ品種。ダテラ社はカンピナス農業研究所 (The Agronomic Institute of Campinas：IAC) と様々な品種研究もしています。

図20-4・2021 ブラジル Daterra （2021.12.18）

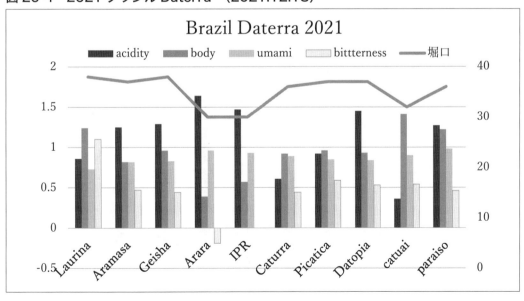

### 20-4-3 2022 Daterra Anaerobic Aucrtion Lot

　2022年のダレラ農園のオークション豆の6品種計8種のサンプル（表20-8）をテイスティングセミナーのパネル（n=18）とテイスティングし、味覚センサーにかけました（図20-5）。味覚センサー値はかなりばらつきが目立ちました。全体的にアナエロビックにより生じる負の発酵フレーバーは少なく、またブラジルの泥臭さや濁り感もなく、上品な風味に仕上がっていると感じます。そのため、一般的に流通しているブラジルよりも評価が高くなっています。ダテラ社のコメントも併記しました。

表20-8・ブラジル 2022 Daterra　Natural Anaerobic Fermentation

| 品種 | 10点 | Producer Cupping | テイスティング |
|---|---|---|---|
| Aramosa1 | 39.5 | Red berries | 弱い酸味、チェリー |
| Aramosa2 | 38.5 | Orchids, Porto wine, | よいナチュラル、かろやか |
| Geisha1 | 39 | Watermelon, ripe | レモン、白ブドウ |
| Geisha2 | 40 | JackFruit, green apple, | レモン、シャンパン |
| Laurina1 | 39 | Clericot, pineapple, | まろやか、かすかに渋味 |
| Laurina2 | 40 | Champagne, raspberry | アナエロらしい微発酵 |
| catucai | 38.5 | Pulped Peppermint, | ブラジルとはわからない |
| Catigua | 34.5 | Lychee, vanilla, green | スパイス、ハーブ |

　8種の品種と味覚センサーの値には r=0.7071 の相関性が見られました。ただし、その他の品種の中に嫌気性がうまくいかないときに見られる樟脳（ナフタリン）の特殊な風味のある豆もありました。**嫌気性発酵では、品種そのものの風味はわからなくなるため、今後その製法について表示していくべきと考えます。**

図20-5・2022 ブラジル Daterra

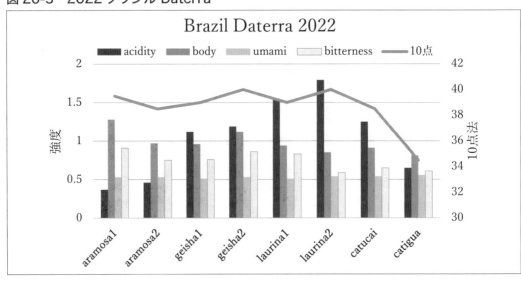

# 第5章 テイスティングのための基礎知識

## ■ 20-5 パナマのASD（Anerobic Slow Dry）

パナマのボケテ地区のFinca Deborah（デボラ農園）によるゲイシャ種をアナエロビックにしたインターネットオークションが2020年に行われました。様々なアナエロビックのコーヒーがあり、一部を官能評価し（表20-9）、味覚センサーにかけました（図20-6）。下記のサンプルについては、**2次加工品としての印象が強くなります**。ゲイシャ品種のカルボニック・マセラシオン製法のコーヒー2種と、ワイン樽、ラム酒樽に入れたコーヒーを選びテイスティングしました。多くの場合、酒樽に入れるものはアルコール臭がきつくなりますが、この試料は比較的酸味が穏やかで、高い評価になりました。

表20-9・パナマ Savage Coffee 2019-20Crop ゲイシャ種　n=8

| 試料 | 水分 | pH | Brix | 10点 | テイスティング鵜ローラル |
|---|---|---|---|---|---|
| Calbonic /W | 10.6 | 4.9 | 1.2 | 41 | レモン、甘味がありクリーン |
| Calbonic/N | 9.6 | 4.8 | 1.3 | 42 | フローラル、穏やかな酸味、発酵臭少ない |
| Wine barrel | 4.8 | 4.8 | 1.2 | 40 | イチジク、かすかに赤ワイン、クリーン |
| Rum barrel | 4.8 | 4.8 | 1.2 | 36 | かすかにアルコール、ゲイシャ風味は弱め |

Calbonic macerationは、チェリーを入れたタンクに$CO_2$を注入して2日間発酵させて乾燥させています。

このような特殊なコーヒーの場合、官能評価が一様ではなくなり、またセンサーがどこまで正確に感知できるのか微妙で、官能評価と味覚センサーの間には相関性がとれない事例が多くみられます。この試料の場合は **r =0.5290** とやや相関性が見られました。

図20-6・パナマ 2019-20Crop ゲイシャ種　（n=8）

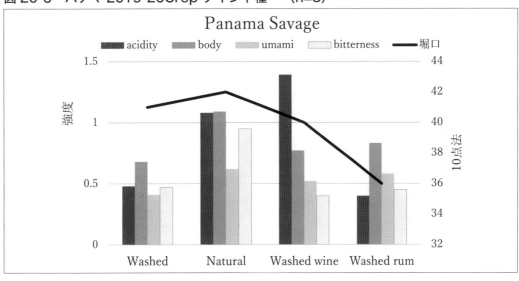

# ■20-6 グァテマラのアナエロビック

　グァテマラのサンタフェリーサ農園（Santa Felisa）のプライベートオークションの豆です。品種と独自の嫌気性発酵の違いによって生まれるマイクロロットに焦点を当てていますが、方法が多様で詳細はよくわかりません。アフリカンゲシャはハニーの精製で、それ以外はナチュラルの精製です（表20-10）。

　**「全体的に、アナエロビックの特殊な風味を感じます。乳酸発酵しているような風味でヨーグルトっぽい味がします。」**味覚センサーの結果（図20-7）は、かなり大きなばらつきがあり、センサーが嫌気性発酵の精製に対応しきれていないと推測します。官能評価の基準がなく評価は難しく、味覚センサーとの間には相関性がとれません。

表20-10・Guatemala Santa Felisa 2021-22Crop Anaerobic  n=1  (2022.06.28)

| 品種 | Anaerobic | 水分 | 10点 | テイスティング |
|------|-----------|------|------|---------------|
| African Gesha | Saccharomyces | 11.6 | 36.5 | シルバースキン多い、 |
| Gesha2722 | Heap Fermentation | 10.8 | 35.5 | アルコール臭、酢酸の強い酸 |
| Gesha2722 | Acetic Fermentation | 11.0 | 36.5 | ヨーグルトのような風味 |
| Dwarf Gesha | Wild Yeast | 11.6 | 37.0 | 酸味がきつい、ハーブ |
| Pacamara | Heap fermentation | 11.4 | 36.5 | ヨーグルト、パカマラの果実感は弱い |
| Catuai | Fruit Fermentation | 11.3 | 35.0 | 穏やかな酸味とコク、個性は弱い |
| SL28 | Heap fermentation | 11.2 | 35.0 | 酸味強いがキャラクターは弱い |

　農園のジャッジのコメントには、**「ジャスミンの香り、パッションフルーツ、ベリー、酒石酸味、熟したブドウの後味、カラメルの甘さ、グレープフルーツの酸味、長く続く赤ワイン」**などがみられます。ただし、個人的にはそこまで明確な果実の風味はないと思いますので、40点（SCA方式で85点）はつけませんでした。。

＊Gesha2722パナマで栽培されている品種と同じです。Dwarf Geshaは矮小の品種。

　全て特殊な精製方法です。例えば、Wild Yeast は、完熟チェリーをアフリカンベッドに広げ、天然酵母をスプレーし、半乾燥（セミドライチェリー）させます。その後セミドライチェリーを袋に詰め、倉庫で5日間寝かせた後、再びアフリカンベッドに広げ、含水率が11％になるまで天日乾燥を行います。無酸素状態にしていませんので厳密には嫌気性発酵とはいえません。

図20-7・Guatemala Santa Felisa 2021-22Crop Anaerobic

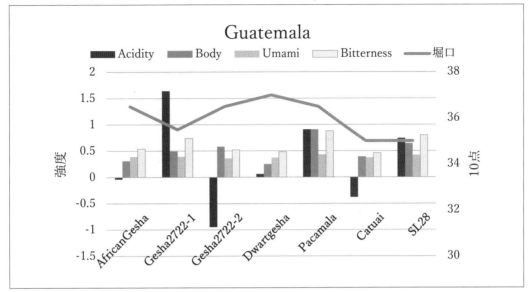

## ■ 20-7　コスタリカのアナエロビック

　コスタリカのExclusive Coffee（輸出会社）の2022年インターネットオークションのサンプルの中に3つのアナエロビックコーヒーがありましたので、テイスティングしました（表20-11）。コスタリカのマイクロミルは、嫌気性発酵のコーヒーを作らない傾向があり、さまざまなハニープロセスを推進しています。

　ジャッジによる官能評価と味覚センサーの数値の間には **r=0.6611** の相関性が見られました（図20-8）。ただし、筆者は、カルボニックマセレーションンにアルコール発酵臭があり低い評価にしましたので、味覚センサーとの間には相関性はみられませんでした。

表20-11・スタリカ Catuai 品種　2021-22 Crop　n=1

| 試料 | ジャッジ | 10点 | テイスティング |
|---|---|---|---|
| Natural | 88.56 | 39.5 | 微発酵だがクリーン、かすかにオレンジ |
| Anaerobic 1 | 88.83 | 39 | クリーン、アナエロビックとわからない |
| Anaerobic 2 | 89.87 | 38.5 | 過完熟、アナエロビックとしてはクリーン |
| Carbonic M | 89.83 | 35 | かすかにアルコール臭、 |

図 20-8・コスタリカ Catuai 品種 2021-22 Crop

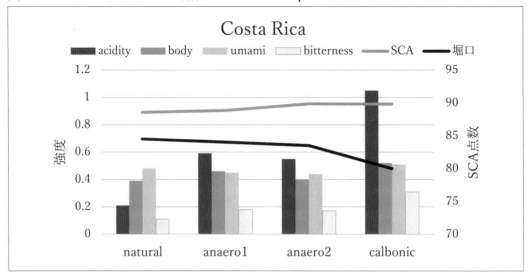

10 点法の点数は、SCA 方式の点数に換算しています。

## ■ 20-8 イエメンのアナエロビック

　アナエロビックは、世界的なトレンドというような状況で、多くの生産者が試行錯誤しながらトライしています。イエメンのような独特のテロワールから個性的な風味が生まれる産地でこのような精製をする必要はないと思います。アナエロビックの官能評価は難しく、「**個人的には過度の発酵臭、エーテル臭がなく、クリーンでなめらかで柔らかな風味であればよい評価をしています**（表 20-12）。」味覚センサー値にはばらつきが見られ、ジャッジの点数とセンサー値には **r=0.1816** と相関性はみられませんでしたが、筆者の 10 点方式点数と味覚センサーの間には **r=0.5.246** の相関性がみられました（図 20-9）。

表 20-12・イエメン Anaerobic　2021-22Crop　n=1

| サンプル | SCA | 10 点 | テイスティング |
|---|---|---|---|
| 2288 | 90.1 | 40.5 | バランスよい、かすかに微発酵、 |
| 2279 | 88.6 | 37.5 | まろやか、一般のナチュラルの風味、単調 |
| 2297 | 89.5 | 38.0 | みかん、ヨーグルト、きれいなアナエロビック |
| 2239 | 88.2 | 39.5 | よいナチュラルの風味、やわらか、ヨーグルト |
| 22108 | 88.85 | 37.5 | 酢酸、単調、深みに欠けるが欠点の風味はない |
| 2280 | 87.55 | 36.5 | やや濁り感がある、コクが弱い |

　「**全体的にクリーンで、発酵臭は弱く、ヨーグルトっぽいやさしい酸味があります。ただし、コクは弱めで味の複雑性に欠けます。**」

図 20-9・Yemen Anaerobic 2021-22Crop

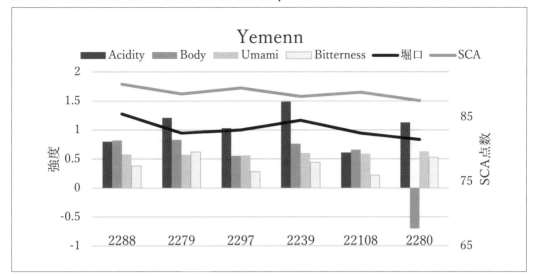

## ■ 20-9　エクアドルのアナエロビック

エクアドルの Taza Dorada インターネットオークションサンプル（表 20-13）の中にアナエロビックの豆がありましたので、官能評価し、味覚センサーにかけました（図 20-10）。「**比較的きれいなアナエロビックで、アルコール発酵臭はみられません。ティピカ系品種のさわやかな風味が残ります。**」

ジャッジの点数には差がないため味覚センサーの間には **r = 0.1887** と相関性がみられませんでしたが、10 点方と味覚センサーの間には **r=0.9957** の相関性がみられました。

表 20-13・エクアドル 2021-22Crop　Anaerobic　n=1

| 品種　精製 | anaerobic | SCA | 10点 | テイスティング<br>英語 Producer Cupping Notes: |
|---|---|---|---|---|
| Typica-Sidra Washed | anaerobic | 88.72 | 38 | 柔らかな酸味、八朔、梅、ブルーベリー、フローラル<br>**White Wine Acidity.** |
| Typica Washed | Double fermentation | 88.06 | 38 | 白ブドウ、梅<br>**Red wine, Blackberry, Honey,** |
| Geisha-Typica Natural | Double fermentation | 88.5 | 39.5 | ややワイニー、やわらかな風味<br>**Ripe cherry, lime, horchata** |
| Typica-Bourbon Natural | anaerobic | 88.22 | 41 | クリーン、ライチ、ピーチ<br>**Orange, Peach, Panela, Raisins.** |

図 20-10・Ecuador 2021-22Crop　anaerobic

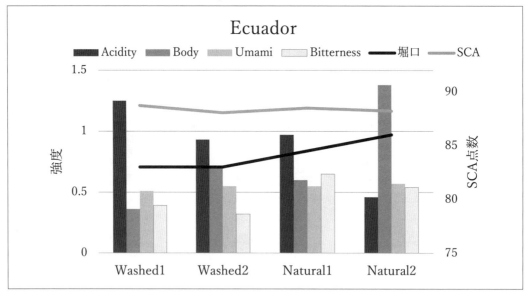

## ■ 20-10　コロンビアのアナエロビック

### 20-10-1 Café Granja La Esperanza（CGLE）

　コロンビアの特殊な品種を栽培している Cafe Granja La Esperanza（CGLE）が 2021 年 8 月に行ったオークションロットに含まれていた 3 つの品種をピックアップしました（表20-14）。シドラ品種（Sidra）は、エクアドルで開発されたブルボン品種とティピカ品種のハイブリッドといわれますが、*はっきりしたことが分かっていません。2010 年代の中盤にコロンビアの農園に植えられ、極めて少量が生産されています。2019 年の World Barista Championship で優勝者が使用し、その名前が認知されましたが一般流通はほとんどありません。**CGLE 品種**は、カトゥーラ品種とゲイシャ品種の交雑種でポトシ農場（1860 masl：海抜）に 2017 年に植えられたロットのようです。MANDER 品種は、CGLE と FNC（Federeción Nacional de Cafeteros de Colombia/ コロンビア生産者連合会）との共同研究で誕生したハイブリッド種です。カトゥーラ品種にカトゥーラ品種を交雑させ、さらに HdeT 品種を交雑させたのち、スーダンルメ品種等のエチオピア系品種とビラサルティ品種を掛け合わせています。この 6 種の豆を筆者がテイスティングし、味覚センサーにかけました（図20-11）。嫌気性発酵の方法は、はかなり複雑です。

第5章　テイスティングのための基礎知識

### 表20-14・2021 コロンビア　新しいハイブリッド種　アナエロビック　n=1

| sample | 精製 | テイスティング | ジャッジ | 10点 |
|---|---|---|---|---|
| SIDRA | W | 比較的クリーンで穏やかな酸味がある | 89.25 | 40 |
| SIDRA | N | ナチュラルフレーバー強い、アルコール臭 | 89.00 | 39 |
| CGLE | W | クリーン、きれいな酸味、フルーティー | 92.00 | 43 |
| CGLE | N | アルコール、微発酵、ワイニー | 91.00 | 42 |
| MANDERA | N | 独特な風味、ウイスキー、発酵臭強い | 90.00 | 33 |
| MANDERA | N | 独特な風味、エーテル、ウイスキー | 89.50 | 34 |

＊SIDRAのウォシェトは、オープンタンクで20時間発酵、果肉除去後樽に運び嫌気性発酵を96時間行いドライヤーで4日間乾燥。ナチュラルは、オープンタンクで20時間発酵し、その後樽に移し、シドラ品種の発酵液を追加し90時間嫌気性発酵を行う。40℃のドライヤーで12時間脱水し、アフリカンベッドのあるテラスで20日間乾燥。
　CGLEのウォシェトは、タンクで25時間発酵後果肉除去し、その後38時間嫌気性発酵、38℃のドライヤーで12時間乾燥後後、アフリカンベッドで10日間乾燥。ナチュラルは、18〜19℃に温度調整された倉庫で嫌気性発酵を160時間、40℃のドライヤーで48時間乾燥後、果実をアフリカンベッドで20日間乾燥。
　MANDERAは、収穫した果実をタンクで168時間発酵させ、38℃〜39℃のドライヤーで8日間かけ、適当な水分値まで乾燥。
　シドラ品種とCGLE品種は、きちんとしたウォシェトにすればクリーンでよい風味になる可能性を感じました。マンデラ品種は、嫌気性発酵のエーテル臭を強く感じ、SPとして評価できず、個人的に低い評価にしています。

　このサンプルは、嫌気性発酵の豆の風味に関して、官能評価と味覚センサーとの相関性がとれない典型的な事例です。**オークションジャッジおよび筆者の点数と味覚センサー値との間には、全く相関性がありませんので、センサーが風味を反映しきれていないと考えられます。なお、この嫌気性発酵のマンデラ品種の評価については、オークションジャッジと私の見解には大きな違いがあります。**

図 20-11・2021 コロンビア　新しいハイブリッド種　アナエロビック

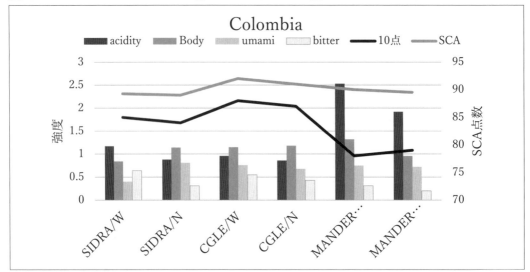

　さらに、Cafe Granja La Esperanza（CGLE）で栽培している特殊な品種をオークションロットから選抜しました（図20-12）。全て特殊なアナエロビック精製がなされています。10点方式の筆者の評価で、Mokka品種は37点、Java品種は40点、SL34品種、Pacamara品種、Laurina品種は共に41点と高めにしました。アナエロビック精製も、よいものと悪いものがはっきりするような状況になりつつあると感じます。味覚センサー値はバラつき、ジャッジの点数も筆者のテイスティングの点数も味覚センサー値との間には相関性はとれません。かなり複雑な嫌気性発酵をしていますので、従来のコーヒーから感知する成分とは異なるものを感知しているとも考えられます。

図 20-12・コロンビアで栽培されている特殊な品種

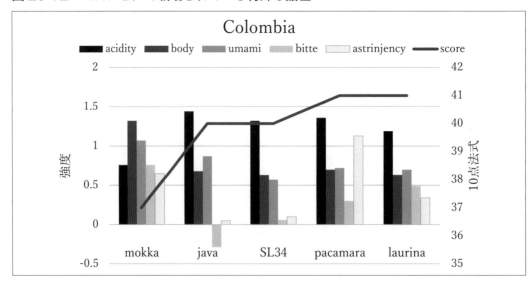

## 第5章 テイスティングのための基礎知識

Mokkaは、タンク内20~23度で168時間の嫌気性発酵、その後40度で16時間機械乾燥。Javaはオープンタンクで20時間発酵、樽で嫌気性発酵を72時間。天日乾燥で30日間。SL34は、18~19℃の倉庫で98時間嫌気性発酵、40度で48時間機械乾燥後、テラスのアフリカンベッドで20日乾燥。Pacamaraは、オープンタンクで20時間発酵、樽に移し72時間嫌気性発酵。38~39℃の機械乾燥を8日間。Laurinaは、タンクで嫌気性168時間発酵。la Esperanza farmの近くの川にタンクを半分沈め水温を16~17度にコントロール。機械で24時間乾燥後、26日間天日で乾燥 (slow drying process)。かなり複雑なプロセスを経ています。タンクの容量が限定されますので、アナエロビックは大量生産できません。

　コーヒー産業に携わる方は、まず伝統的な精製方法による基本的な正しい風味を理解した上でアナエロビックのコーヒーに対峙すべきと考えます。

### 20-10-2 WALA coffee Auction Lot

　2023年にコロンビアの各県のゲイシャ種を集めたオークションが開催され、6サンプルを官能評価しにかけました（図20-13）。パナマ産のゲイシャ種の風味はしませんが、**「全体的に標高の高い産地で収穫されたゲイシャ種でコクがあり、複雑な風味を醸しだしていますが風味の差異が小さい印象です。貴重なゲイシャ種ですのでコロンビアの伝統的なWashedの精製で風味を比較することから始めた方がよいと考えます。」**官能評価と味覚センサー値の間には、r =0.6577の相関性が見られました。

WALA Caffee

図 20-13・2023Colombia Auctio Lot　n=1

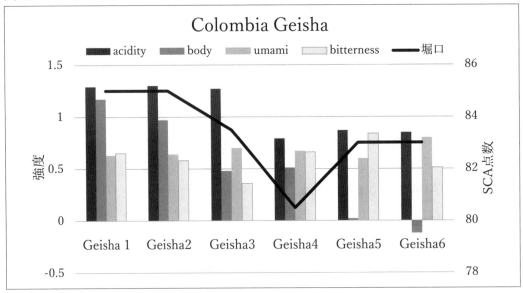

### 20-10-3　インフュースドコーヒー（Infused Coffee）

　無残素状態での発酵を伴うアナエロビックとは異なり、漬け込みなどでコーヒー以外の果物、酒、ジュースなどのフレーバーを移す方法です。コーヒーの場合は、様々なチャンピオンシップで使用され、変わった風味としてもてはやされた経緯があります。しかし、これらは、あくまで２次加工品であり、コーヒーの精製方法とは一線を画します。以前香料を添加するフレーバーコーヒーがはやったことがありますが、その延長線上にあると考えられます。通常のコーヒーとは異なりますので、２次加工品として区分し、その製法の表示をすべきと考えます。

　よくできたアナエロビックには高い評価も付けましたが、アナエロ臭が鼻につき好きな風味ではありません。標高の低い産地のコーヒーやブラジルの低級品にこれらの方法を使用すれば新たな風味が生まれますが、コーヒー本来の風味ではないと認識する必要があります。また、これらのコーヒーは、２次的加工品であり、テロワールと品種の概念を否定することにつながります。コーヒーの風味の多様性は重要ですが、従来のコーヒーとは一線を画するべきで、製法の表示義務を負うべきと考えます。

What's the problem with infused coffees? - Perfect Daily Grind

　したがって、評価基準を作ることは困難であり、個人的にはテイスティングの対象外としています。

第5章　テイスティングのための基礎知識

## 21 焙煎とコーヒーの品質

### ■21-1 焙煎は重要な仕事

　1990年の開業時に「焙煎機を毎日動かす」ことを自分に課しました。「2日に1回とか、1週間分をまとめて焙煎する」ことをしないよう開業時から小売り、卸売りのお客様も増やしました。しかし、仕事が忙しくなり、最終的には、焙煎担当を育てることが重要と頭を切り替え、6年間で焙煎から離れました。結果として、多くの焙煎担当が独立し、自家焙煎店を開業しています。

　当時は、「焙煎は感性」との考えが強く、焙煎担当に「微妙に違うとか、2秒違う」とかかなり理不尽な指導もしたと反省しています。ただし、風味の感覚を頭と舌で理解できるようになるには数年はかかりますので、焙煎は極めて重要なポジションになります。幸運にも焙煎を任せられるスタッフが多くいたため、筆者は生豆の確保という次の仕事に取りかかることができたわけです。

　　ただし、焙煎から完全に離れることはせず、常にサンプルローストを行っていました。現在も堀口珈琲研究所のセミナー用の豆の焙煎をしています。

　また、焙煎の重要性は、現在でも承継されていますので、会社には常に焙煎ができるスタッフが5人以上はいます。焙煎のスキルは、会社にとっての重要な知的財産であり、この承継が会社の存続にかかわります。自家焙煎店が発展するためには、いかに焙煎担当を育てるかが課題になります。

### ■21-2 焙煎とは

　**焙煎とは、生豆に含まれる11%前後の水分を、伝熱（熱の移動）により粉砕が容易な2〜3%に減少させ、抽出に適する焙煎豆の状態にすることです。**

　本書ではこれら全体の伝熱を煎る（炒る）と表現します。この過程で、生豆に含まれる成分は、化学変化により分解され、または喪失し、新たな揮発性及び不揮発性の物質を生成します。したがって、伝熱速度は最終的に抽出されるコーヒーの風味に影響しますので、そのプロファイル（分析データなど）が重要になります。さらに、焙煎者には、生豆のポテンシャ（Potential：潜在性）を引き出す創造的なスキルも重要になり、同時にテイスティングスキルも必要になります。

　生豆を焙煎すると、水分が蒸発し、細胞組織は収縮しますが、さらに加熱すると内部は

膨張し蜂の巣のような空洞（多孔質：ハニカム構造）になり、コーヒーの成分は、空胞の内壁にも付着し、炭酸ガスが閉じ込められます。この空胞壁の成分や炭水化物（セルロース）を熱水で溶解しやすくする作業を焙煎ということもできます。

　生豆に含まれる6～8%/100g前後のショ糖は、焙煎温度150℃前後あたりからカラメル化し、香り成分（ヒドロキシメチルフルフラール：HMF）や有機酸（ギ酸、酢酸、乳酸、グリコール酸、コハク酸など）を生み、その後さらにアミノ酸と結合し*メイラード反応（アミノカルボニル反応：メラノイジンを生み出す褐色反応）がおこり、揮発性の化合物、アルカロイド、*糖化最終産物（AGEs）などの複雑なメイラード化合物を生成しコクや苦味にも影響を与えます。

＊ヒドロキシメチルフルフラールは蜂蜜などに含まれている化合物、アルカロイドは塩基性を示す天然由来の植物成分の総称で苦味をもつ、AGEsはタンパク質と糖が過熱してできる物質で悪玉と善玉があるといわれます。
＊岡希太郎／コーヒーの処方箋・医薬経済社／2008

　一般的には。メイラード反応が長いと粘性（Body＝コク）が増し、短いと酸（Acidity）が強くなる傾向が増すといわれますが、熱量や時間経過による科学変化と風味を検証するのは難しいと感じます。**表21-1**は、ショ糖とアミノ酸とクロロゲン酸などの焙煎による変化を示したものです。

### 表21-1・焙煎により変化する成分

| 成分 | 生豆成分 | 焙煎豆の成分変化 | 風味への影響 |
|---|---|---|---|
| カフェイン | 1～2% | 化学構造は変わらない、若干減少 | 苦味 |
| トリゴネリン | 1% | 深煎りで減少 | かすかに苦味 |
| クロロゲン酸 | 8% | 深煎りで減少　キナ酸とカフェ酸に変化　アミノ酸、ショ糖と結合し褐色色素を生成 | かすかに苦味 |
| ショ糖 | 6～8% | ＨＭＦ（ヒドロキシメチルフルフラール）などの甘い香りに変化、98%は減少 | 香り、コク |
| アミノ酸 | 2% | 揮発性メイラード化合物（褐色色素）、不揮発性の窒素化合物に変化、主なアミノ酸は、アスパラギン酸、アラニンなど、98%は減少 | 旨味、コク |

## ■21-3 焙煎の方法

　小型焙煎機での焙煎は、投入温度、豆の量を決め、焙煎過程における温度と排気をコントロールし、ハゼ音（炭酸ガスが豆の殻を破って出てくるときの音）、焙煎時間、色などを総合的に勘案しながらおこないます。これらの方法に操作の安定性のため、2010年あたりから焙煎機にパソコンを接続し、プロファイルに基づき焙煎する方法が増加しています。**図21-1**は、焙煎時の大まかなおおまかな温度と時間の関係を示したものです。

図 21-1・焙煎のプロファイル例（時間は分）

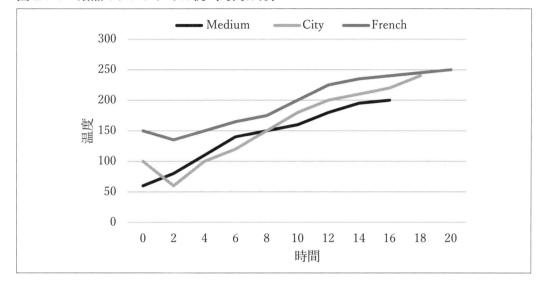

　一般的には、生豆の水分を均一化し、乾燥させ、メイラード反応時の色づきと香りを出し、ハゼの時間を調整して焙煎を完了するというプロセスを経ます。＊米国では、初期の水分を抜いていく段階（Drying phase）、メイラード反応による風味形成、色づきが起こる段階（Maillard phase）、終盤の水蒸気や炭酸ガスが発生し、豆がハゼる段階（Development phase）の3つに区分して説明する事例も目にします。

＊ R. Hoos /Modulating the Flavor Profile of Coffee /2015

　個人的には、最も重要な段階は、150℃前後からのメイラード反応の段階だと考えます。同じ加熱速度であれば、この段階の焙煎を長くすれば、生成される副産物が増えコーヒーはよりコクがあり複雑になる可能性が増すと推測されます。しかし、**メイラード反応により変化する生豆成分（精製によりもたらされる前駆体）と焙煎の風味との関連については検証が難しいと考えます。**

　ハゼは、＊175～180℃（温度は目安）で1度目（first crack ミディアムの入り口）、200℃で2度目（second crack シティローストの入り口）が始まり、ここからの進行は早く一気にフレンチまで進行します。焙煎の進行により豆の体積は大きくなります。焙煎は、生豆の密度（硬質、軟質など）、スクリーン（粒）サイズ、外気温、焙煎機の操作方法などの影響を受け、風味に変化が生じます。そのため、焙煎士には、さまざまな見解があり、独自の（自己流）の方法論をもっています。しかし、**最終的な焙煎の良し悪しは、テイスティングにより評価するしかありません。**

　コーヒーの焙煎は、200度前後の焙煎温度で完了しますので、天ぷらやトンカツの

180℃よりもかなりの高温になります。一方、カカオ豆を焙炒したことがありますが110〜130℃程度の焙炒温度になり、コーヒーよりは低温です。

コーヒーは、高温の焙煎の過程で、成分が化学変化（第2章理化学的数値ににによる品質評価参照）していきますので、他の嗜好品飲料と比べるととても複雑な食品です。

＊焙煎温度は、焙煎機の構造、温度計の設置位置により異なりますので、あくまで目安です。

## ■ 21-4 焙煎機の操作（初期設定）

焙煎機の操作方法は、焙煎機により微妙な違いが生じます。自家焙煎店の開業者は、焙煎機会社から操作方法を教われば何とか焙煎はできます。ただし、焙煎した豆の良し悪しを判断できるようになるには経験が必要になります。そのため、開業者に対し、焙煎機の初期設定を決め、マニュアルを作ってきました。これにより無駄な試行錯誤の時間を費やすことなく、安心して開業でき、開業後自分自身でさらに試行錯誤し、焙煎スキルを向上させればよい訳です。

北は網走から南は沖縄まで焙煎指導で全国を巡りましたが、焙煎機の設置場所とダクトの位置や高さなどでも微妙に操作方法は変化します。そのため、**毎回、生豆投入量と初期投入温度、温度上昇と時間、ダンパー（排気弁）操作の設定をしなければなりません。**この**初期設定**が最も難しく、初めに何度か焙煎し、その都度テイスティングし決めていきます。

本著は焙煎テキストではありませんので、これまで筆者が、自家焙煎店開業の際に指導してきた内容にとどめ、**表21-2**にしました。

### 表21-2・フジローヤル5kg焙煎機を使用し2kgの生豆を焙煎する場合

| 1 | 余熱 | 200℃までシリンダー内の温度を上げ、1回目の焙煎に入ります。この場合でもシリンダー内の温度は低いので、温度と時間はあてになりません。 |
|---|---|---|
| 2 | **1回目のテスト**<br>排気性能の確認と排気弁の操作 | **とりあえず焙煎して、焙煎機の性能を探ります**<br>排気性能の確認のため、イタリアンローストまで焙煎し、その間にドラム内の煙の量を確認し、排気弁（ダンパー）の操作し排煙性能を確認します。外づけのダクトからの煙りも確認します。<br>1度目のハゼ、2度目のハゼ時に、ドラム内に発生する排煙量を把握しておきます。 |
| 3 | **2回目のテスト**<br>投入温度、火力とダンパーの相関を意識する | **投入温度、ダンパーの位置、火力（ガス圧）を予測します**<br>例えば仮に180℃で投入、仮火力を設定し、ダンパーを中央にし、何分後に何度まで温度が下がるか（中点）確認します。初期設定火力でシティローストまで何分かかるか確認します。 |
| 4 | **3回目のテスト**<br>投入温度、火力、ダンパー操作、焙煎時間の確認 | **操作方法の確認と操作イメージを描きます。**<br>仮の投入温度と火力を決めて焙煎を開始、途中1分間に上昇する温度を見ながら火力の調整、排煙量からダンパー操作をします。最終的に2度のハゼまで15分で焙煎して風味チェックします。 |

第 5 章　テイスティングのための基礎知識

| 5 | **4回目から微調整**<br>4回目以降は初期設定の微調整をしていく | **ここまで3回のテスト焙煎から、焙煎機の適切な焙煎方法を探ります。**<br>初期投入温度、火力、ダンパー位置を決めます。豆を投入します。中点（下がりきった温度）の温度を確認し、そこから1分間に何度上昇するか確認していきます。1度目のハゼで温度確認、それ以降の排煙状況でダンパー操作をします。1分間の温度上昇が早すぎれば火力を下げます。ミディアムの場合、1度目のハゼの終わりあたりで温度、焙煎色、香りを確認しで焙煎機から出します。シティローストの場合2度目のハゼで温度確認し、焙煎機から出します。フレンチの場合、2度目のハゼから、温度確認し、排煙状況をみてダンパーをあけ、焙煎が進行するギリギリまで火力を下げ、焦げないように焙煎の進行を緩やかにして、焙煎機から出します。焙煎時間を20分以内に設定し、風味をチェックします。 |
| --- | --- | --- |
| 6 | 微調整と風味チェック | **初心者は、どの様な焙煎方法がよいのか全く分かりませんので、基礎的な操作方法で初期設定し、微調整していきます。**<br>①焙煎時間はシティ15分程度、フレンチ20分程度以内に設定した場合の方法です。2kg以上の場合も同じように初期設定を決めていきます。②温度計やガス圧計があるので、それらの計器を参考にします。但し、温度は温度計の位置により異なるため参考程度にします。 |

必ず焙煎後に、生豆のポテンシャルが十分表現されているかについて抽出して風味をチェックします。したがって、焙煎には、テイスティングスキルが必要になります。

## ■21-5 焙煎のブレを減らす

　焙煎の安定度を確認する単純な方法としては、焙煎による目減り率を参考にすることで焙煎規格を決めることも可能と考えられます。*シュリンーケージ（Shrinkage：重量減）を基準にし、ある一定の重量減でコントロールできればよい訳です。ただし、水分量や豆質もあり生産地毎に異なります。また、別の方法として*色差計のL値（色の明るさ＝明度）を計ります。このL値は、0が黒で100が白で数字の大きいほど明るい色を表します。ただし、ショ糖の含有量などにより焙煎色が変わる可能性があります。

*一方、歩留り（投入生豆に対し得られた焙煎豆の比率）でみる方法もあります。重量減が少ない方が生産性は高くなりますので、深煎りより浅煎りの方が収益性は高くなるともいえます。
*大手ロースターでは一般的に色差計を使用しますが、機械の価格が高く自家焙煎店では使用される事例はほとんどありません。

　表21-3は、1kg焙煎機を使用し生豆300gをサンプルローストでミディアムローストにしたものです。投入温度は160℃、ガス圧0.6、排気2.5で統一し、時間は7分46秒から8分の間で焙煎した結果です。少量焙煎のため、焙煎機の細かな操作はしません。

### 表21-3・フジローヤル1kg焙煎機で300gを焙煎　ミディアムロースト

| 1kg 焙煎機 | 焙煎時間 | 重量減% | 色差計 | 官能評価 |
| --- | --- | --- | --- | --- |
| ケニア | 7分46秒 | 11.6 | 20.6 | アンズジャムのよう |
| ペルー | 7分57秒 | 12.6 | 21.2 | 明るい柑橘の酸 |
| グァテマラ | 8分 | 12.8 | 21.0 | オレンジ、夏みかん |
| コロンビア | 8分 | 12.8 | 21.4 | プラム、ライム、みかん |

このサンプルの場合、時間経過と重量減の間には **r = 0.998** という高い相関性があります ので、一定の方法で焙煎されているといえます。


## ■21-6 さまざまな焙煎度のコーヒー

日本では、様々な焙煎度の豆が流通しています。しかし、筆者が開業した 1990 年時点 の日本市場ではミディアムローストが 99% 程度を占め、深い焙煎は主にアイスコーヒー 用でした。そこで、開業当初はミディアムロースト（中煎り）、シティロースト（やや深 煎り）、フレンチロースト（深煎り）の 3 種の焙煎をし、差別化のためになるべくシティロー スト以上の深い焙煎豆をお客様にお勧めしました。この当時は、焙煎から日にちが経過し た酸っぱいコーヒーや焦げた苦いコーヒーが敬遠されていました。

現在日本でよく使用される 8 段階の焙煎の場合（**表 21-4**）、ライト、シナモンはほとん ど流通していません。また 8 段階といっても焙煎会社によって微妙な焙煎度の差はあり ますし、そもそもこの 8 段階を使用しない焙煎会社も多くあります。

世界中の消費国を見渡しても、日本のように焙煎度の種類の多い国は稀で、呼び名も様々 です。

最も古いアメリカのコーヒー団体である ＊ NCA（National Coffee Association USA） によると、8 段階のロースト段階は、昔米国の一部で使用されていたようですが、現在の アメリカでは使用されていません。NCA では、Light Roast、Medium Roast、Medium-Dark Roast 、Dark Roast と焙煎色で 4 段階区分の事例を紹介しています。Medium dark Roast あたりがフルシティローストに相当します。Dark Roast は豆の表面にオイル 分がにじむ焙煎度です。

**＊ Coffee Roasts Guide (ncausa.org)**


今では少なくなりましたがヨーロッパで古くから使用された焙煎名であるジャーマン ロースト（German Roast）、ウイーンロースト（Vienna Roast）、フレンチロースト（French Roast）、イタリアンロースト（Italian Roast）という区分もあります。開業する前に、ニュー ヨークの挽き売り店の市場調査をした時には、このような焙煎表記は多くみられました。 但し、**現在のヨーロッパの焙煎度は、全体的に浅く、イタリアでも日本のミディアムロー スト程度が多く見られます。**

筆者はもともとが深い焙煎でおいしいコーヒーを目指しましたので、ライト、シナモン、 ミディアムは焙煎せず、ハイローストからイタリアンローストまでの 5 段階で焙煎して

います。

　8段階の焙煎表示がされていても、各会社、自家焙煎店などで焙煎度は微妙に違いがありますので、各焙煎豆の*L値と歩留りを計りました（図21-2）。両者の間には、r＝0.9705の高い相関性がみられますので焙煎度の指標になります。

### 表21-4・ローストの8段階　コロンビア・ナリーニョ産

| 煎度 | pH | *L値 | 歩留% | ハゼの状態と風味特性 |
|---|---|---|---|---|
| ライト |  |  |  | 浅煎りで、やや穀物臭（麦芽、トウモロコシ） |
| シナモン | 4.8 ≦ | 25 ≧ | 88-89 | 浅煎り、レモンのような酸、ナッツやスパイス |
| ミディアム | 4.8〜5.0 | 22.2 | 87-88 | 1度目の*ハゼからその終了くらいまで、酸味が強い、やや液体に濁り、オレンジ |
| ハイ | 5.1〜5.3 | 20.2 | 85-87 | ミディアムの終了から2度目のハゼの手前までさわやかな酸味、蜂蜜、プラム |
| シティ | 5.4〜5.5 | 19.2 | 83-85 | 2度目のハゼの始まりあたり、深煎りの入り口、柔らかな酸味、バニラ、キャラメル |
| フルシティ | 5.5〜5.6 | 18.2 | 82-83 | 2度目のハゼのピーク前後、フレンチとの差が難しい焙煎度、チョコレート |
| フレンチ | 5.6〜5.7 | 17.2 | 80-82 | 2度目のハゼのピークから終了手前までの焙煎度、ダークチョコレート色でかすかに豆の表面に油脂が浮かぶ、ビターチョコレート |
| イタリアン | 5.8 | 16.2 | 80 | フレンチより深く、かすかに焦げ臭が付着する、排気が悪いと黒色に近づく |

＊L（light）値＝分光色差計 SA4000（日本電色工業製）を使用、L＝0（黒）〜100（白）で表します。米国ではAgtron社のカラー測定機が使用されますが、おおまかにはLightで70〜85、Mediumで60〜69、Darkで50〜59あたりで使用されています。

＊ハゼ＝豆の温度が100℃を超えると水分の蒸発が進み乾燥していきます。さらに温度が上がると、豆の中の炭酸ガスが発生し、豆表面にできた気泡から炭酸ガスが出るときの音をいいます。

### 図21-2・L値と歩留りの相関

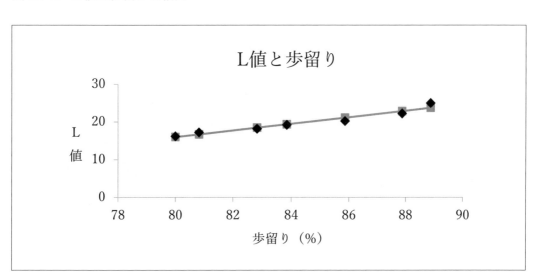

## ■21-7 焙煎度をどのように決めるのか

　基本的には生豆をサンプルローストし、酸味やコクの強さ、豆質などで判断しますが、プロでも難しく多くの試行錯誤の上に身に付くスキルです。

　ジャマイカ産ティピカ品種のような軟質の豆は、繊維質が柔らかく熱が入りやすく焦げる可能性が増しますのでハイローストまでで止め、ケニア産のような硬質の豆はフレンチローストまで焙煎できる可能性があるということがわかるようになります。しかし、ティピカ品種の多くは軟質ですが、標高2,000mのコスタリカ産やパナマ産のティピカ品種などには硬質も見られ、深い焙煎に耐えられるものもあります。**写真21-3**は、ケニア産とインドネシア・スマトラ産のミディアムロースト豆（**表21-5**）をカットし、断面を*走査電子顕微鏡でみたものです。生豆から焙煎が進行するに伴い空胞ができ、多孔質の構造（ハニカム構造）が形成され、最も深いイタリアンでは空胞が壊れるところも出て、油分が染み出してきます。顕微鏡の倍率をあげて1000倍にすると、ケニア産はスマトラ産に比べ空胞ができにくく、豆質が固いと考えられ、より深い焙煎が可能になるのではないかと考えられます。

### 写真21-3　ケニア産とスマトラ産

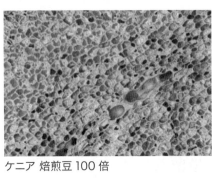

ケニア 焙煎豆100倍

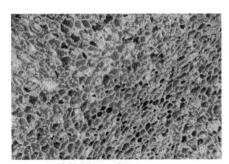

スマトラ 焙煎豆100倍

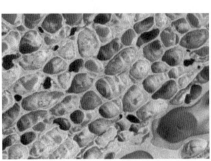

ケニア　焙煎豆300倍

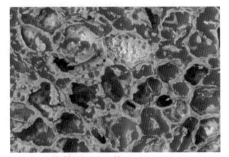

スマトラ焙煎豆300倍

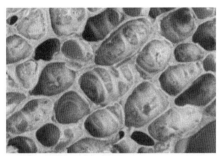
ケニア　焙煎豆 500 倍

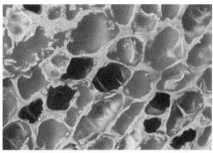
スマトラ焙煎豆 500 倍

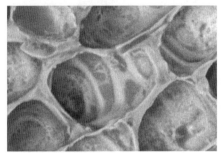
ケニア　焙煎豆 1000 倍

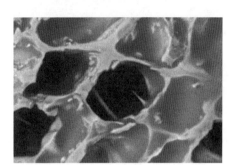
スマトラ焙煎豆 1000 倍

表 21-5・走査顕微鏡に使用した試料

| 生産国 | 水分値 | pH | Brix | SCA | 官能 |
|---|---|---|---|---|---|
| ケニア　AA | 10.9 | 4.9 | 1.2 | 89 | フローラルレモン、トマト、アンズ |
| スマトラ G-1 | 10.4 | 5.0 | 1.2 | 80 | 杉、ハーブ、やさしい酸 |

＊日本電子（株）JMC-7000 走査電子顕微鏡使用

したがって、各産地の生豆の潜在的な風味を生かすには適切な焙煎度があり、ミディアムに適した豆、ハイまでは焙煎できる豆、フレンチでも風味が消えない豆など様々ということになります。**大まかには、軟質の豆（Soft Bean）より硬質の豆（Hard Bean）の方が深く焙煎でき可能性があります。**

硬質の豆を外見や経験値から判断すると、①嵩密度が大きい豆、②比重選別された豆、③ New Crop（当該年度収穫）、④同緯度であれば標高が高い産地の豆、⑤脂質と酸の含有量が多い豆などが考えられます。これらの豆は、実が締まっているためミディアムローストでは豆が膨らみにくく、豆に皺がのこる傾向がみられます。反面、シティローストやフレンチローストのような深い焙煎でも風味がぶれにくい傾向が見られます。

具体的には、多くの経験からタンザニア産よりケニア産、コロンビア北部産より南部産、グァテマラ・アティトゥラン産よりアンティグア産、コスタリカ・トレスリオス産よりタラズ産の豆などの方がより深く焙煎できる可能性があることがわかります。これらを参考にして、適切な焙煎度を決めます。

## ■ 21-8 焙煎度による風味の変化

焙煎によりコーヒーの多様な風味が生まれ、焙煎度で酸味、苦味、甘味やコクなどが変わります（表21-6）。酸味と苦味は焙煎度での違いは分かりやすいと思いますが、甘味やコクをとらえるのは難しいと思います。

表 21-6・焙煎度の違いによる風味差の一例

| 焙煎度 | pH | 酸味 | 苦味 | 甘味 | コク |
|---|---|---|---|---|---|
| Medium | pH5.0 | 明確な酸 | かろやかな苦味 | やさしい甘味 | さらりとした |
| City | pH5.3 | 軽やかな酸 | 心地よい苦味 | 甘い余韻 | なめらかな |
| French | pH5.6 | 微細な酸 | しっかりした苦味 | 甘い香り | 質感がある |

図21-4 は、4種の焙煎度の異なるコーヒーを味覚センサーにかけた結果です。

酸味はミディアムローストが強く、イタリアンローストは酸味が弱く、苦味が強いことがわかります。旨味はどの焙煎でもバランスよくみられますが、渋味はミディアムローストに多く見られました。

図 21-4・焙煎度

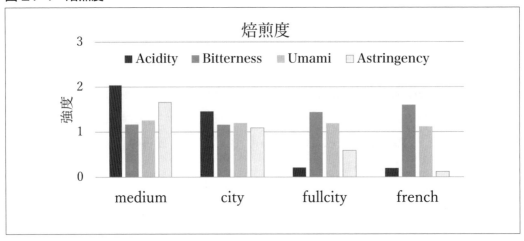

表21-7 は、焙煎度の異なる豆を19g使用しダブルで抽出したエスプレッソです。味覚センサーの結果（図21-5）は、酸味の強さに大きな差が生じます。また、ペーパードリップ抽出液のBrix1.5前後と比べるとエスプレッソのBrixがかなり高いこともわかります。

表 21-7・エスプレッソの抽出濃度

| 焙煎度 | pH | Brix | テイスティング |
|---|---|---|---|
| High | 5.1 | 9.4 | 香り高い、ミルクチョコレート、かすかに穀物 |
| City | 5.4 | 11.3 | 香りより明るい酸味が表に出る、濃縮感 |
| French | 5.6 | 12.0 | 濃厚、心地よい苦味と明確な酸味のバランス、 |

図 21-5・エスプレッソの抽出濃度

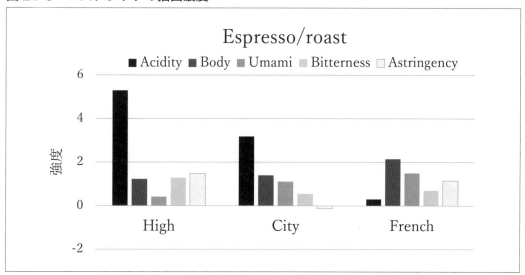

## ■21-9 焙煎豆の保存方法は

　自家焙煎店の場合は比較的焙煎したての豆が販売されますが、梱包されて販売されているものの多くは、賞味期限（賞味期限には明確な基準がなく、各社で設定しています）が印字されています。焙煎日が記入されている事例は少なく、対面販売の店であれば、いつ頃焙煎したものかを聞くのもよいと思います。

　全日本コーヒー公正取引協議会（ajcft.org）では、直射日光、高温多湿を避ることを前提に「賞味期限は、開封前の状態で定められた方法により保存した合において、期待される全ての品質の保持が十分に可能であると事業者が認める期限を示す年月日をいう。」とし、設定は事業者にゆだねています。一般的には、焙煎した豆は、酸素、湿気、高温、直射日光などにより風味の変化が避けられませんので、アルミなどガスバリア性の高い包材に梱包されて流通、販売されます。

　しかし、、焙煎豆に含まれる 2 ～ 3% 水分の影響も受け鮮度は徐々に低下していきますので早めの消費が望ましいといえます。

**焙煎されたコーヒーの保管の基本は、梱包材質、豆、粉問わず冷凍庫です。**

## 1）梱包の材質

バルブ包材（炭酸ガスが抜けますが、空気は入らない構造）で内側がアルミでコーティングされているものであれば、比較的保存性は高く、冷暗所で3か月程度の賞味期限を設定できます。しかし、それでも常温では徐々に鮮度が落ちていきますので冷凍庫に保管する方がよいでしょう。粉の場合は速やかに冷凍庫に保管するのが基本です。

真空パックされているものも常温での*長期保存性は避けた方がよいでしょう。

## 2）やっぱり冷凍庫がベスト

焙煎豆（粉）は、購入後すぐに包材に入ったコーヒーをさらに冷凍用包材に入れ冷凍保存するのがベストです。日本工業規格（JIS）により、家庭用冷蔵庫の冷凍室は「-18℃」（微生物が繁殖できなくなる温度）と定められています。今では、冷凍庫に保管し酸化を止めることが無難とされますが、30年前、筆者の開業時に冷凍をお勧めした時は、消費者やコーヒー関係者から奇異な目で見られたことを思い起こすと隔世の感があります。大学の研究室では、実験試料のコーヒーを真空パックにし、「-30℃」の冷凍庫に保管しながら使用しています。

使用時は、冷凍庫から出してすぐ粉にして、湯を注いでください。常温に戻す方が吸湿しますので、使用後はすみやかに冷凍庫に保存してください。焙煎豆の水分値は2%程度ですので、カチカチに凍ることはありませんので常温に戻す必要はありません。豆の温度が下がっていますが、93〜95℃の湯温度で抽出すれば問題はないでしょう。

## 3）焙煎豆の風味変化の確認

焙煎後2〜4日以内の新鮮なコーヒー豆を買った場合、瓶や缶に入れ替え、購入日、3日後、7日後、14日後、21日後とコーヒーの風味を味わってください。1か月経つと風味の変化が感じ取れると思いますので、一度試してみてください。ただし、粉の場合は速やかに冷凍庫に保管するのが基本です。

＊透過性のある梱包材質で長期間常温保管されている焙煎豆は、酸敗（油脂分の脂肪酸が空気で酸化し嫌な臭いが生じる）していきます。また、ステイリングという劣化は、焙煎豆や粉が吸湿して嫌な酸味になることをいいます。抽出液を長時間保温した場合に酸っぱくなるのも同じです。

# ■21-10 よい品質の焙煎豆の見分け方

焙煎豆を購入した時に、外見からも品質が良いものか？判断ができますので参考にしてください。

## 1) 袋の焙煎豆をボールなどに出してください

① 焙煎度の異なる豆をブレンドしてある場合を除き、全体的な色合いにムラのあるものは精製時の乾燥ムラなどにより生じ，風味に濁りを感じます。
② 未熟豆は完熟した豆に比べ、ショ糖量が少なく、色づきが悪く、全体の中で薄く目立ちます。濁りや渋味が伴います。③欠けた豆や虫食い（ピンホールがある）が混ざっていれば濁り感が伴いますが、なければクリーンな味わいになります。④深い焙煎豆の場合、表面にオイル分がにじみますが風味に問題はありません。ただし、長期間経っている場合は風味の変質の可能性があります。

## 2）抽出するときにも確認できます

鮮度の良い豆は、炭酸ガスとともに香り成分も残っています。新鮮なコーヒーは、粉の香り（フレグランス）が高く、ペーパードリップで抽出する際に、熱水をかけると粉が膨らみます。焙煎度の深い豆は、浅い豆より水分が抜けていますので粉が熱水を吸収し、よく膨らみます。

## ■21-11 様々な焙煎機

自家焙煎店が主に使用する業務用の小型焙煎機は、2kg、3kg、4kg、5kg、10kg（メーカーにより容量が異なります）などが一般的で、取扱量が多くなるにつれ20kg、30kgなどの中型の焙煎機に移行していきます。

小型焙煎機の構造としては、直火式、半熱風式、熱風式の3つが主流です。

直火式は、シリンダー側面の鉄板にパンチング穴加工をしているため、バーナーからの熱が直接豆に伝わり，メリハリのある風味になる可能性が高くなります。半熱風式は、シリンダー側面が鉄板で覆われ、加熱された鉄板からの熱と、後方から流れてくる熱風が、コーヒー豆に伝わりますので柔らかな風味になる可能性があります。熱風式は、バーナーから発生する熱をシリンダー内に熱風として送り込み、豆に熱を伝えます。構造上直接シリンダーを加熱することはありません。

富士ローヤル

デートリヒ (Diedrich)

ギーセン (Giesen)

| プロバット (Probat) | ローリング (Loring) | ペトロンチーニ (Petroncini) |

　様々な焙煎機を使用している方の協力を得て、エチオピアのイルガチェフェ G-1 のウォシェトをシティロースにしてもらいました（表 21-8）。焙煎は、決められたプロファイルで行った訳なく、各焙煎者が独自の焙煎方法より焙煎した豆を筆者がテイスティングしたものです。したがって、**焙煎機の性能を評価したものではありません**。官能評価は、SCA 方式とペーパードリップ（中挽き 20 g で 200ml を 2 分で抽出）抽出液の両方で実施しました。

表 21-8・焙煎機の風味の特長　エチオピアのシティロースト　n=1（2019.10）

| 焙煎機 | 形式 | 容量 | L 値 | pH | テイスティング |
|---|---|---|---|---|---|
| フジローヤル | 半熱風 | 5kg | 20.8 | 5.35 | 他に比べるとやや焙煎が浅く、酸味が軽やかに出てソフトな風味 |
| ギーセン | 熱風 | 6kg | 19.8 | 5.4 | 味のメリハリがあり、酸味がシャープで、甘味がある |
| デートリヒ | 直火 | 5kg | 20 | 5.39 | ガッツのある風味で、酸味が明確、なめらかな風味 |
| プロバット | 半熱風 | 12kg | 19.5 | 5.4 | 他の焙煎機に比べると柔らかな風味でまとまっている |
| ローリング | 熱風 | 35kg | 20.5 | 5.35 | 焙煎がやや浅めできれいな酸味の余韻、独特の風味 |

　結果として、各焙煎機共に豆のキャラクーが強く出て、適切な焙煎といえます。
　焙煎機には、それぞれ特性があり、何がよいか一概には言えません。また、焙煎士（焙煎をする人をさし、特定の資格などによるものではありません）には、焙煎に関する*様々な見解があります。

＊新版・人気店が教えるコーヒー焙煎 / 旭屋出版 /2023

図 21-6・焙煎機の違いによる風味差

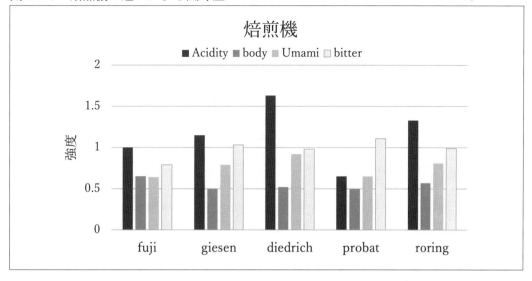

同じ属性の強度比較はできますが、異なる属性との強度比較はできません。

## ■ 21-12 自宅で焙煎ができますか？

　家庭用の小型の焙煎機が販売されていますので、ホームローストを楽しむことができます。手編みやガスコンロの上で手回し用の式焙煎機もありますが、常に熱を均等に当てないと焦げますし、チャフ（シルバースキンなど）が飛び散りますのであまりお勧めしません。

　熱源がガス（LPG / 各種都市ガス）の小型焙煎機としてディスカバリー（富士珈機）があります。重量が40kgで 661 × 416 × 706 mm（W×D×H）で単相 100 V です。250gの焙煎が可能ですが、排煙が可能な設置場所（ダクトをつける方がよいですが難しければ換気扇で、近隣に迷惑をかけない配慮が必要）を確保してください。安定した焙煎が可能です。

　もう少し簡易的な電気焙煎機として、ジェネカフェ（Gene Café）、ダイニチ（Dainichi）その他さまざまなもの があります。60 〜 200g などの少量焙煎が可能ですが、部屋に煙が充満しますので、換気扇などでの排煙の配慮は必要です。筆者は、*IKAWA のサンプルロースターのOEM 製品のパナソニックの小型焙煎機 The Roast を使用していますが、2022 年に廃版になっています。

　自分で焙煎する楽しみは貴重だと思いますが、コーヒーのおいしさに一番重要なのは生豆の品質です。

＊IKAWA サンプルロースター (dcservice.co.jp)

生豆の品質及び焙煎の良否については、焙煎者自ら判断しなければなりませんので、**まずはよい品質の焙煎豆を購入してよい風味を多く体験することをお勧めします。さらに、何がよい風味なのかを客観的に判断するテイスティングスキルを磨くことが最も重要です。**

## ■21-13 生豆をどのように入手すればよいか

自家焙煎は焙煎豆を販売して収益を上げていますので、大部分の店は*生豆の販売はしていません。一般的には、ネットで検索して購入することになるでしょう。

100g 単位、500g 単位、1kg 単位などで小売販売されています。

ただし、購入にあたっては、以下を理解しておいてください。

①販売されている生豆の品質は、SP、CO さまざまで混在しています。SCA 方式で 85点以上（10 点方式で 40 点以上）の風味を生み出す生豆の入手は難しいと考えます。

②生豆の鮮度状態がまちまちですので、出来るだけ当該年度に収穫された豆を購入してください。自分で良否を判断する必要があります。

③家庭用の焙煎機の性能は、業務用に比べて劣ります。

テイスティングスキルのない状態では、客観的な風味の良し悪しの判断ができませんので、以上を理解した上で、少しずつステップアップをしていくのがよいと思います。生豆を入手したら、未熟豆などの欠点豆の有無を確認します。外見上でわかりやすい欠点豆としては、欠けている豆、やや黒ずんだ虫食いのピンポールのある豆などがあります。ある場合は取り除きその欠点数も記録します（表21-9）。入港年度により品質差は生じますし、精製、品種により風味はことなりますので必ず確認します。また、焙煎後に色づきの悪いクエーカー（未熟豆）もわかりやすいのでハンドピックした方がよいでしょう。

*生豆の色＝濃い緑、緑、薄い緑、薄い黄色、黄色などの幅がありますが、ウォシェトの場合は緑色に近く、ナチュラルの場合はかすかに黄色がかる豆が多くなります。

### 表 21-9・生豆及び焙煎豆データ

| 購入日 | 生産国 | 地域・農園 | 精製 | 価格 |
|---|---|---|---|---|
| 2022.10.01 | Ethiopia | Sidamo | washed | 3000 円 /500g |
| 生豆の色 | 豆の均一性 | 匂い | 欠点数 /100g | 水分値 |
| Green | やや小粒 | 異臭はない | 12 粒 | 10% |
| 焙煎日 | 焙煎度 | クエーカー | 色むら | 目減り率 |
| 2022.10.10 | City | 12 粒 /100g | ほぼない | 14% |

第 5 章　テイスティングのための基礎知識

## 22 流通過程とコーヒーの品質

### ■22-1 日本はブラジルとベトナムからの輸入量が多い

　コーヒー生産国は、＊ICO（International Coffee Organization）加盟国で42カ国にのぼり、世界の生産量の93％を占めます（2022年2月現在）。産地は、その緯度により標高、土壌、気温などの環境が異なります。それら環境条件と品種のもつ特性との適合性から風味の差が生じます。

　現在の＊日本の生豆輸入量（表22-1）は、＊生豆価格の安いベトナム産のカネフォーラ種やブラジル産アラビカ種が多くみられます。これらは、缶コーヒーなどの工業用製品、インスタントコーヒーや低価格のレギュラーコーヒーに使用されていると考えられます。

＊ICO：International Coffee Organization - What's New (ico.org)

**表 22-1・2022 年の日本の生豆輸入量（トン）**

| Brazil | 112.032 | Tanzania | 16.901 | Uganda | 1.900 |
|---|---|---|---|---|---|
| Vietnam | 105.728 | Honduras | 16.474 | Mexico | 1.328 |
| Colombia | 47.159 | Peru | 6.032 | Kenya | 1.274 |
| Ethiopia | 27.517 | Laos | 3.588 | Costa Rica | 1.108 |
| Guatemala | 21.029 | El Salvador | 2.237 | PNG | 1.077 |
| Indonesia | 19.413 | Nicaragua | 2023 | Rwanda | 519 |
| | | | | 合計 | 390.032 |

＊全日本コーヒー協会　全日本コーヒー協会 (ajca.or.jp)
＊ベトナム、インドネシア、ラオスは、カネフォーら種の生産量が多い生産国で、ブラジルの場合は生産量の約30％を占めます。

　気候変動により、コーヒーの生産量は＊2050年には、大幅な減産が予測されています。さらに、生産国における経済成長に伴う人手不足、肥料など生産国コストの上昇、零細小農家による生産構造、カネフォーラ種の生産増などによりアラビカ種の生産阻害要因が多くみられます。一方、消費国を見れば、アジア圏の韓国、台湾および生産国でもある中国、フィリピン、インドネシア、タイ、ミャンマー、ラオスなどの国内消費も上昇し、近い将来需要が供給を超えると危惧されています。さらに、カネフォーラ種や安価なブラジル産によるディスカウント市場も形成され、コーヒーの品質低下も危惧されます。

　収穫量の増加のためには、全生産量の45％前後を占めるカネフォーラ種の増産、収穫量の多いカチモール品種への植え替えなども考えられますが、コーヒー風味の低下は避けられません。そのためWCRでは、耐病性がありかつ風味のよい品種の開発も行っていますが、現段階では減産をカバーできるか？は明確ではありません。

419

それらを改善するには、コーヒーの品質による適正な価格の市場の構築が必要で、コーヒー事業従事者や消費者の品質や風味への理解が重要です。スペシャルティコーヒーとコマーシャルコーヒーの適切な流通バランスが重要となり、市場原理のみによるディスカウント市場の拡大は生産阻害要因になると考えます。

コーヒー産業の維持・発展のためには、①農家の収入増につながり生産意欲が向上する高品質豆の栽培、②SP と CO に対するコーヒー市場関係者や消費者の理解度の向上、③消費国のディスカウント市場の是正などを通し、品質による適正な価格の市場の共存を目指すべきと考えます。

＊World Coffee Research | Ensuring the future of coffee.


## ■22-2 乾燥後のドライミル精製の流れ

ウォシュト、ナチュラルの乾燥後のパーチメント、ドライチェリーを脱殻する前に水分含有量を 10~12% に安定させるための休息期間を経ます。 温度、湿度が安定し、適切な換気が行われる倉庫やサイロ（貯蔵庫）で 1~2 か月保存してから脱殻します。その後、生豆の比重選別、スクリーンサイズ選別、電子選別、ハンドソーティング（SP はこの工程を経る事例も多い）を経て、計量、梱包します。ドライミルの精製の流れを表 22-2 にまとめました。


**表 22-2・ドライミルの主な工程**

| 工程 | 内容 |
| --- | --- |
| 不純物除去 | 石や不純物を取り除きます |
| 殻むき | パーチメントを脱殻します |
| 比重選別 | 振動により密度の異なる豆ごとに区分します |
| スクリーン選別 | ふるいでスクリーンサイズ（豆の大きさ）ごとに区分 |
| 原子選別機 | カラー光学選別機にかけ、カラープロファイルに適合しない生豆をはじきます |
| ハンドソーティング | 機械では検出できない形、色、外観の豆を人が選別します |
| 梱包 | ブラジル、東アフリカなどは 60 kg の麻袋に梱包。中米は 69kg、コロンビアは 70kg です |
| 品質検査 | 物理的な外観だけでなく、官能的な属性やプロファイルによって、コーヒーのロットを作成します |
| 輸出 | 生豆を輸出するために必要な必要書類作成、ロジスティックスの処理をします |
| サンプル | 生豆契約は、タイプサンプル、出荷前のコーヒーサンプルによります。バイヤーに提供されるサンプル（300g 程度）は、大量のコーヒーを忠実に表したものになりますので、ロット内に存在する各バッグから、もしくはあるバッグの上部、中央、下部から取り出し均一に作成します。 |

カラーソーターがない生産国、生産地区では、ハンドソーティングされる場合もあります。

第 5 章　テイスティングのための基礎知識

ケニアのドライミル（左）ハンドソーティング（右）

　コーヒーの風味は、生豆の品質に影響を受けるということはコーヒー業界で理解されつつあります。しかし、現実的には流通過程において、品質劣化した生豆がそのまま流通し、風味の劣化した焙煎豆が市場で飲まれている事例も多く見られます。現在、日本で流通しているCOは、生産国の輸出会社、農協などが麻袋に梱包したものをドライコンテナ（Dry Container：DC）で輸入、常温倉庫(一部定温倉庫)で保管されたものです。対して、SPは、品質維持のため、VP(Vacuum Pack：真空パック)、グレインプロ（Grain Pro：GP/穀物用袋）で梱包され、リーファーコンテナ（Reefer Container：RC）の輸送、定温倉庫での保管などの物流管理事例が増加しています。

　図22-1は、グァテマラの収穫年度別のコーヒーを官能評価し、味覚センサーにかけたものです。経時変化し酸味、コク、旨味が減少し、官能評価点数が下がっているのがわかります。

図・22-1・生産年度による経時変化　（2021.06）

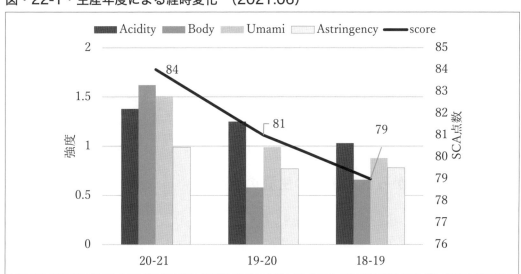

## ■22-3 コーヒーの収穫時期と生豆の入港時期は産地により異なる

　各生産国から、生豆は船舶で日本に運ばれます。（少量の場合は例外的に航空便もあります）年により異なりますが、ここ10年SPの入港が全体的に遅くなっているように感じます。かなり大まかですが、北半球のグアテマラ、パナマなどの生産国では日本の冬から春が収穫期で、春から夏にかけて日本に入港します。

　一方、南半球のブラジルなどの生産国では日本の夏が収穫期にあたり、冬から春にかけて日本に入港します。この仕事を始めた時期から1990年代末ころまでの10年間は、商社の在庫管理などで入港時期が非常に不安定でした。そのため、2000年代以降には、収穫後速やかな輸入を実現するため生産者、輸出会社および輸入商社とコンタクトをとり、ロジスティクス（Logistics：物流や輸送）にエネルギーを割きました。各生産国の収穫と入港時期を表にしました（表22-2）。

### 表 22-2・各生産国の収穫期と入港月

| 生産国 | Main Crop | Sub Crop | 入港月 | 補足 |
|---|---|---|---|---|
| Brazil | 6〜9 | N/A | 12〜通年 | CO は 1 年中入港しています |
| Colombia | 9〜1 | 3〜6 | 通年 | メインとサブ Crop があります |
| Guatemala | 9〜4 | N/A | 4〜 | 標高の高い産地は遅くなります |
| Costa Rica | 10〜3 | N/A | 5〜 | 標高の高い産地は遅くなります |
| Ethiopia | 10〜2 | N/A | 5〜 | 10 年前は 2 月頃からでした |
| Kenya | 9〜12 | 5〜8 | 5〜 | 5 月より遅い場合もみられます |
| Tanzania | 6〜12 | N/A | 3〜 | 早いものは 2 月に入港します |
| Sumatra | !0〜3 | N/A | 2〜通年 | だらだらと長い間収穫されます |
| Jamaica | 11〜3 | N/A | 4〜 | No1 は 70kg の樽で輸出されます |
| Panama | 11〜3 | N/A | 4〜 | |

例えば、Colombia の場合は、Narino、Cauca はメインが 5~7 月でサブが 11〜1 月、Huila はメインが 11~1 月でサブが 5~7 月となります。

　収穫時期、入港時期は大まかな目安です。また、SP の場合、標高が高い産地が多く収穫が遅く、乾燥に手間をかける事例も増し、小ロットの管理が複雑になり、入港が遅くなる傾向が多くみられます。

## ■22-4 生産国から日本までの生豆の流れ

　コーヒーは、生豆の状態で消費国に輸送されます（表22-3）。パーチメントやドライチェリーの状態の方が保存性は高まりますが嵩がまし、輸送コストがかかります。また、国内で大量に脱穀する慣行はありません。

### 表 22-3・生産国の流通

| 生産者・小農家 | 1~3ha 前後の農地しかない零細農家が多く、チェリーもしくはパーチメントを農協、仲買人などに売ります。 |
|---|---|
| 生産者・農園 | 全生産量の 20~30％程度を占めます。生産国により農園の規模はことなります。多くの場合、チェリーもしくはパーチメントを精製業者に持ち込みます。 |
| 精製業者 | ドライミルとも呼ばれ、パーチメント、ドライチェリーの脱穀、選別、梱包までを行います。 |
| 輸出会社 | 主に輸入会社やロースターと交渉して売買契約をし、輸出手配します。契約は、タイプサンプル、出荷前のコーヒーサンプルによります。 |

但し、各生産国により生豆流通過程は様々で一様ではありません。

## ■ 22-5 梱包材質としては VP（真空パック）が最も鮮度保持に効果的

　入港後の保存性を高めるには、VP にし、RC（15℃の定温）を使用し、定温倉庫（梅雨、夏場 15℃の定温）保管がベストですが、VP できない生産国、リーファーコンテナの使用できない生産国も多くあります。

### 12-5-1 麻袋

　麻袋は、通気性及び耐久性があり、最も多く使用されている梱包材質です。

　しかし、気温、湿度変化に影響される輸送や保管に適しているとはいえません。麻袋は、ブラジル、東アフリカ 60kg、中米 69kg、コロンビア 70kg、ハワイ 45k と生産国により異なりますが、生豆の国際統計上は 60kg 換算で表示します。最近は、60kg が重すぎて国内輸送が困難になりつつあり、SP に限っては、一部ハーフサイズ（30kg、35kg）も流通しています。

　また、SP の場合は品質保持のため、麻袋の代わりにグレインプロ（Grain Pro：麻袋の内側にいれる穀物用袋）、真空パック（Vacuum pack：10kg~35kg 程度）を使用する場合もあります。

グレインプロ ( 左 )、真空パック ( 右 )

### 22-5-2 グレインプロ（Grain pro）

　グレインプロは、麻袋の内袋として、空気を抜きながら上部を縛って使用します。GRAIN PRO 社によれば、大豆、トウモロコシ、キャッサバ等の乾燥した農作物を保存するために開発されたもので、強硬度ポリエチレンなどで作られています。輸送中の温度、湿度、虫害に対するバリア性があるとされています。真空パックに比べコストが安く、麻袋の内袋として 2000 年代終盤頃から生豆輸送に使用されるようになりました。但し、さし（麻袋に引っかけて持ち上げる）の使用を禁止（使用すると穴があく）にしなければならない為、積出および入港時の作業効率が落ちるという問題も抱えています。

### 22-5-3 真空パック（VP/Vacuum pack）

　真空パックは、2010 年前後から徐々に SP 用に限って普及し始めました。CO ではコスト増となり使用されることはありません。SP の VP が可能な生産国は、コスタリカ、パナマ、ケニア、コロンビア、ブラジルなどの一部の輸出会社の取り扱いに限定されています。現在、真空機の導入は進みつつありますが、SP 全体の中でも価格の高い生豆に限定されます。真空パックは、ケニア 15kg×2、コスタリカ 22.5kg、コロンビア 17.5kg×2 などの仕様があり、段ボールに入れ補強します。VP が可能な場合は、積極的に使用していますが、VP ができない生産国の場合は、グレインプを使用しています。

## ■22-6 常温コンテナより冷蔵コンテナの方が鮮度維持できる

　生豆は積出港に運ばれ、コンテナに積み込まれ輸出されます（表 22-4）。コンテナはドライコンテナが一般的ですが、SP の場合はリーファーコンテナが使用される場合が増加しつつあります。また、標高の高い生産地区と港では、気温差がありますので、船舶の出航のタイミングを見てコンテナに積み込むなど輸送には気を配ってきました。

コンテナを開け港湾倉庫に保管します

## 表 22-4・コンテナ (20 ,40 フィート )

| コンテナ | 20 フィート | 積載事例 | 使用事例 |
|---|---|---|---|
| リーファー | 32.4㎡ | 60 k g ×250 袋 | 少ない |
| ドライ | 32.4㎡ | 60 k g ×300 袋 | 大部分 |

### 22-6-1 リーファーコンテナ（RC：Reefer Container）

　15℃前後に冷蔵温度を設定することができ、生豆の鮮度維持に有効と考え、筆者は2004 年から使用しましたが、輸送コストが高くなるため業界ではほとんど使用されていませんでした。現在も CO での使用事例はなく、SP 高額品の一部に使用されますが、使用は限定されています。これまで、RC の使用してきた生産国は、コロンビア、ブラジル、グァテマラ、コスタリカ、ケニア、タンザニアなどですが、RC が手配できれば必ず使用しています。

　表22-5 は、コンテナ内の温度、湿度計測の為、コロンビア SP のコンテナを 15℃に設定し、データロガー（記録計）による大まかな指標として作成しました。

### 表 22-5・リーファーコンテナ内に設置したデータロガー数値

| リーファーコンテナ | 温度℃ | 湿度 |
|---|---|---|
| 積み込み時 | 24 ～ 26 | 55 ～ 65 |
| 輸送中 | 14 ～ 17 | 65 ～ 75 |
| 入港、デバン（倉庫入れ） | 20 ～ 26 | 54 ～ 60 |

### 22-6-2 ドライコンテナ（DC：Dry Container）

　通常の汎用品の生豆輸送に使用されます。各生産地から日本までの輸送中に赤道付近を通過することが多く、コンテナ内の温度が 30℃以上になることもあり、又湿度の変化もあり、生豆へ何らかの影響があると考えられます。食品の場合、船舶の下甲板（underdeck stow）に積むのがベター（但し選択は出来ない）で、船上部甲板は外気温、日射、スコールなどの影響も考えられ外気温が下がった時には結露する可能性が高くなります。

## ■22-7 生豆は常温倉庫より、定温倉庫の方が鮮度保持できる

　多くの生豆は、日本に 2 月から 8 月前後に入港し倉庫に保管されますが、梅雨の湿気、夏の高温、冬の乾燥など温度、湿度の影響を受け生豆の成分である有機酸や脂質量に大きな影響があります。

　そこで、現在は、SP の場合、定温倉庫（5 月から 10 月まで 15℃に温度コントロール）

に保管される事例が多くみられます。一般的なCOは、ドライコンテナで輸送され、多くは常温倉庫に保管されます。

　日本入港後6か月以上保管された生豆には、有機物の喪失による「藁の様な風味」を生む事例は顕著に見られます。これらは、焙煎業者、喫茶店、一般消費者にはほとんど理解されていません。

　主には、有機酸と脂質量の減少がみられ、脂質の劣化指標となる酸価の上昇が見られます。したがって、生豆の品質保持には、ＲＣ＞ＤＣ，ＶＰ＞ＧＰ＞麻袋、定温倉庫＞常温倉庫のほうに有意性があることになります。

　したがって、生豆の流通においては、VPにし、RCを使用し、定温倉庫に保管することが最もよい方法であり、この場合日本入着後1年程度の賞味期限があると考えられます。

　図22-2、図22-3は、コロンビアのサンタデール県産の生豆をRC/VP(リーファーコテナ/真空パック)、DC/麻袋（ドライコンテナ/麻袋）の2種に区分し輸入し、入港から半年後、1年後のｐＨ及び脂質量を計測したものです。

　RC/VPは定温倉庫、DC/麻袋は常温倉庫で保管しました。入港後、有機酸および脂質の減少がみられますので生豆の品質維持には、RC/VPかつ定温倉庫保管が有効ということがわかります。

　入港後のPHは、6か月程度までは変わらず、それ以降ｐＨが高くなる傾向が見られますので酸味を感じにくくなります。またVPの方が麻袋よりｐＨの変化が少ないこともわかります。

**図22-2・生豆入港後のｐＨの変化**

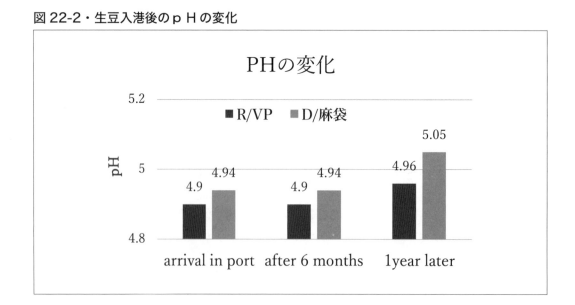

脂質量は入港後徐々に減少していきます。その減少率はVPより麻袋の方が大きいといえます。したがって、1年後には、コク（Body）が減少します。

図22-3・生豆入港後の脂質量の変化

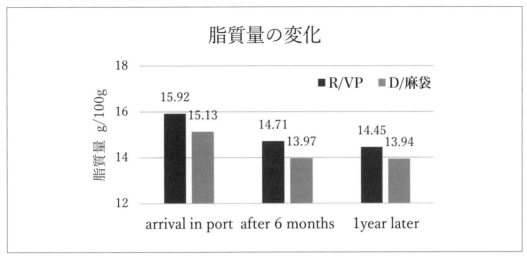

### ■22-8 コーヒー生豆の賞味期限　New Crop と Past Crop

生豆には、ニュークロップ（New Crop 以下NC）に対しパーストクロップ（Past Crop 以下PC：昨年収穫）、オールドクロップ（Old Crop：以下OC：収穫から2年以上）という区分があります。コーヒーは、農作物ですので＊米と同じようにNCが最も鮮度がよいといえます

＊劉洪津　渡辺兼五／米の貯蔵環境と米品質に関する研究／農業機械学会
＊横江末央　川村周三／精米の賞味期限の設定（第1報）／農業機械学会

過去に、一定の保存状態で長期間（数年以上）寝かせた豆を珍重する風潮もありました。水分値の高いブルーグリーンの生豆を横浜の港湾倉庫以外の湿度の低い他県で保管するというような事例もあり、コーヒー専門店の一部でOC（Old Crop とか Old Beans と呼ばれた）を重視するという考え方が広まりました。寝かすこと(エージング：ageing)で風味がよくなると考えられたと推測します。しかし、これまでの成分分析では、総酸量酸、脂質量、ショ糖量など**有機物が減少し**風味が抜け、フラットな風味となり、産地の個性やメリハリはなくなりますので、個人的には心地よくなるとは想像できません。中でも脂質の劣化を意味する酸価（Acid Value）は上昇し、風味に影響を与え、焙煎豆に枯れた草の味を生じさせます。米でいうと古米と同じ状態になります。私が開業した1990年当時

は、生豆に鮮度というような概念は乏しく、品質は、生産国の輸出規格（粒の大きさや欠点豆の数、標高）に頼るのみでした。風味に対する評価は、生産国、消費国共に主観的で、価値基準が形成されてはいませんでした。この当時のいやな思いから、2004年以降は積極的にリーファーコンテナを使用するようにしていきました。このころは、ワインがリーファーコンテナを使用し始めた時期でもありました。

　豆質などによりますが、SPの場合であれば、VP/RC/定温倉庫であれば1年間、GP/RC/定温倉庫であれば6~12か月程度であれば問題なく鮮度保持が可能です。DC/麻袋/常温倉庫であれば半年以内の使用が望ましく、それ以上の保存では成分が抜け、風味の劣化を招く可能性が増します。

　また、麻袋/DC/常温倉庫で輸入されたCOの一部は、入港段階で鮮度劣化している事例も多々見られ、多くの場合、長期の鮮度保持は難しく、入港後速やかな使用が望ましいと考えます。

## ■ 22-9 Hard Bean（硬質豆）と Soft Bean（軟質豆）

　硬質の豆は、中米では標高の高い産地にみられ、高い評価を得ます。対して軟質な豆(Soft Bean) は、標高が低い産地、もしくは日較差の小さな気候影響下にある産地などの豆に見られます。

　硬質豆は、標高が高く気温が低い地区で成熟に時間がかかるため、嵩密度が高くなる傾向があります。例えば、グァテマラの標高の高い産地のSHB（1400 m以上）は、標高の低いEPWより総酸量、脂質量、ショ糖量が高いことが明らかになっています。但し、標高以外にも精製法、乾燥など他に影響を与える要因もあることは留意してください。

　これらの違いは生豆の外見上では、センターカットが開き気味の方が軟質で、*多孔質（粉砕した豆を500~1000倍の顕微鏡で見ると空洞が見られます）が大きい可能性があります。

　生豆の炭水化物中の繊維質も柔らかく、熱伝導は早くなり、豆表面と内部に温度差が生じ、表面が焦げやすくなりますので、緩やかな焙煎が必要です。反面、硬質の豆は、耐熱性が高く、豆内部に熱量が入りにくくなりますので、豆の外側と均一にするために、より細かな温度コントロールを必要とします。表22-6は、グァテマラ産とタンザニア産の脂質について比べたものです。グァテマラ産及びタンザニア産のSPはCOより標高が高く硬質と推測され、また、SPはCOより酸価が低いため12か月程度は鮮度維持できる可能性があります。COは酸価が高く、すでに鮮度劣化、雑味が多くみられますので官能評価が低く、SPはCOより官能評価が高く、COに対し有意差（*P<0.01*）があります。

第 5 章　テイスティングのための基礎知識

表 22-6・グァテマラ産とタンザニア産のコーヒー　2016-17Crop

| 産地 | 標高（m） | 脂質量（g/100g） | 酸価 | SCA |
|---|---|---|---|---|
| グァテマラ SP | 1.600 | 17.2 | 1.91 | 84.75 |
| グァテマラ CO | 1.000 | 12.9 | 5.55 | 74.00 |
| タンザニア SP | 1.600 | 16.5 | 2.71 | 84.00 |
| タンザニア CO | 1.400 | 13.6 | 4.55 | 77.11 |

## ■ 22-10 流通過程における理化学的数値の変化

### 22-10-1 理化学的数値の変化

　ケニアのキリニャガ産の SP を RC で、それぞれ VP、GP、麻袋に詰め輸入しました。生豆の入港後のＶＰ、ＧＰ，麻袋の理化学的数値を比べた場合、ＶＰが最も酸味の減少がすくなく（pＨ）、コクの減少が少なく（総脂質量）、鮮度劣化が少ない（酸価）ことが明らかになっています。１年後の官能評価においてもＶＰの評価は高く、麻袋は評価が低下します（表 22-7）。

表 22-7・ケニア産 SP2016-17Crop の入港時、半年後、１年後の変化

| 項目 | 入港時 | | | 半年後 | | | １年後 | | |
|---|---|---|---|---|---|---|---|---|---|
| | ＶＰ | ＧＰ | 麻袋 | ＶＰ | ＧＰ | 麻袋 | ＶＰ | ＧＰ | 麻袋 |
| pH | 4.85 | 4.9 | 4.94 | 4.9 | 4.92 | 4.96 | 4.99 | 5.02 | 5.10 |
| 総脂質量 | 16.92 | 16.52 | 16.14 | 15.70 | 15.52 | 15.93 | 15.45 | 15.25 | 14.93 |
| 酸価 | 2.56 | 2.56 | 2.76 | 2.60 | 2.65 | 3.18 | 2.65 | 3.05 | 4.05 |
| 官能評価 | 87.50 | 86.75 | 86.25 | 86.56 | 86 .29 | 85.38 | 84.00 | 82.29 | 78.50 |

　また、酸価と官能評価の相関性は、 $r = -0.9677$ と高い負の相関が見られ、酸価数値が官能評価点数を反映していることが明らかになっています。

### 22-10-2　酸価

　厚生労働省の「菓子製造・取り扱いに関する指導要領」において、「油脂で処理した菓子(脂質 10% 以上）は、含まれる油脂の酸価が 3 を超え、かつ過酸化物価が 30 を超えるもの、及び酸価が 5 を超えるか、過酸化物価が 50 を超えるものは販売しない。」と定められています。しかし、コーヒーの場合、酸価を分析した論文を探すのは困難です。

　コーヒーの生豆に酸価を当てはめますと、酸価が 5 を超えるものは多くみられます。入港時点と１年後の酸価を比べると、RC/VP/ 定温倉庫の場合は、１年後の変化は少なく、DC/ 麻袋 / 常温保管の場合は上昇が著しく、官能評価の Clean の評価項目および合計点

429

に影響します。

図22-4は、アフリカのコンゴ産、タンザニア産、ルワンダ産の2019-20Cropと2020-21Cropの同じ生産地区の豆を味覚センサーにかけたものです。

2019-20Cropは酸味とコク(body)が著しく低下し、SCA方式で80点に達しません。個人的には賞味期限切れと考えますが。使えないわけではありませんので、一般的に、このような鮮度劣化したコーヒーが多く流通しています。したがって、コーヒー関係者も消費者も適切なテイスティングができることが望まれます。

図22-4・2019-20 Cropと2020-21CropのAcidityとBodyの変化（2021.09）

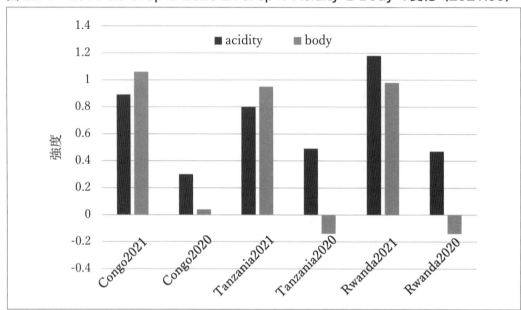

## ■22-11 ケニア産とコロンビア産の流通形態による風味差

大学院で、流通形態による品質研究に使用するため、ケニアとコロンビアのSPとCOをコンテナ、梱包材別に輸入し、入港時にテイスティングセミナーのパネル（n=11）でテイスティングしました（表2-8、2-9）。査読論文にするためのもので、現地輸出会社に依頼し、同一の豆をVP、GP、麻袋にし、コンテナ別に輸入しました。しかし、この作業は極めて困難でしたが新規性のある論文ができました。

第5章　テイスティングのための基礎知識

表22-8・2016-17Crop のケニア産の入港時のテイスティング　（2017.10）

| | | 等級 | テイスティング | SCA |
|---|---|---|---|---|
| 1 | R/VP | SP | レモンのようなしっかりした酸味、クリーン、複雑な風味 | 87.50 |
| 2 | R/GP | SP | なめらか、複雑な風味 | 86.75. |
| 3 | R/麻 | SP | 香りよい、オレンジ、トマト、早めの使用が望ましい | 86.50 |
| 4 | D/VP | SP | オレンジ、黒ブドウ、複雑な風味 | 86.25 |
| 5 | D/GP | SP | 華やか、コクがある、早めに使用したほうがよい | 85.75 |
| 6 | D/麻 | SP | 鮮度がやや落ちているがコクはある | 82.75 |
| 7 | D/VP | CO | 濁り感、かすかに酸味がある | 77.50 |
| 8 | D/GP | CO | がかすかに酸味、雑味がある | 72.00 |
| 9 | D/麻 | CO | 入港時に鮮度がかすかに落ちている | 71.00 |

1～6はキリニャガ地区の同じファクトリーの豆。7～8はケニアAAで同じ豆

表22-9・2016-17Crop のコロンビア産のテイスティング　（2017.10）

| | | 等級 | テイスティング | SCAA |
|---|---|---|---|---|
| 1 | R/VP | SP | クリーン、柑橘果実の酸と甘味 | 86.25 |
| 2 | R/GP | SP | 香り高い、レモン、ライチ、クリーン、甘い余韻 | 86.50 |
| 3 | R/麻 | SP | オレンジ、黒ブドウ、状態は良い、飲みごろ | 85.75 |
| 4 | D/VP | SP | やさしい酸味、オレンジ、トマト、クリーン | 85.00 |
| 5 | D/GP | SP | オレンジ、白ブドウ | 83.75 |
| 6 | D/麻 | SP | 華やかでコクがある、なめらか | 82.00 |
| 7 | D/VP | CO | 酸味とコクはあるが濁り感 | 72.00 |
| 8 | D/GP | CO | 鮮度がやや落ち濁り | 72.00 |
| 9 | D/麻 | CO | 濁り、生豆の鮮度劣化で枯れた風味 | 71.00 |

1～6はサンタンデール県産の同じ豆、7～8はウイラ産のスプレモで同じ豆。

# ■22-12 日本国内の生豆流通

　一般的な CO の場合、生豆の国内流通（表22-10）は、輸入商社から大手ロースター、輸入商社から生豆問屋を経て中小ロースター、自家焙煎店でした。

　1980年代後半からの喫茶店の減少は、焙煎豆を供給していた中小ロースターの生豆扱い量を減少させていきました。その中小ロースターに生豆を卸していた生豆問屋は販売先の減少から、自家焙煎店向けに、徐々に SP を自社輸入する方向に向かいました。2010年頃からは、SP の生豆を輸入する問屋、小規模輸入会社も増加し、ＣＯとSP の生豆流通経路は大きく変化しています。

表 22-10・生豆、焙煎豆の流通先

| 輸入商社 | 生豆を輸入し、生豆問屋、大手焙煎会社などに販売します。 |
|---|---|
| 生豆問屋 | 輸入商社から生豆を仕入れ、主に中小焙煎会社、自家焙煎店に生豆を卸します。2010年以降は、SPなどを自社輸入する事例もみられます。 |
| 小規模専門商社 | 生豆を専門に輸入し、自家焙煎店に販売します。2010年以降自家焙煎店の少量ニーズに対応するために増えつつあります。 |
| 港湾倉庫 | 生豆を常温、定温倉庫で保管し出荷業務を行います。 |
| 大手焙煎会社 | 喫茶店、スーパー、コンビニ、家庭用などに焙煎豆を販売します。また、RTD商品（Ready To Drink；缶、ペットボトルなど）のメーカー向けに焙煎豆を販売します。 |
| 中小焙煎会社 | 主には喫茶店向けに業務用焙煎豆の卸売りをします。300社程度と推測されますが正確なデータはありません。 |
| 自家焙煎店 | 生豆を焙煎し、主に店舗で家庭向けに焙煎豆を販売します。<br>店頭で販売している店は6.000店前後と推測されます。増加傾向にありますがデータはありません。 |

# ■22-13 日本国内の焙煎豆の流通

　大手焙煎会社6社（年間10.000トン以上使用）のシェアは、約70％で、それ以下の中堅を含めたシェアは75％程度となります。その他の中小ロースター約200~300社（推定）おおび自家焙煎店6.000店（推定）が残りの25％のシェアと推定されます。

　アラビカ種は、酸味があり高級品から低級品まで品質差がありますが、主にレギュラーコーヒーおよび工業用製品に使用されます。カネフォーラ種は、重く苦味があり価格も安く、安いレギュラーコーヒー、工業用製品（缶コーヒーなど）、インスタントなどに使用されます。

　日本でコーヒーを飲用できる場所は多くあります。喫茶店（67.000店/2016年）前後、カフェ（喫茶店との区分が曖昧で店舗数は不明）、コーヒーショップチェーン（6500店前後）、コンビニ（63.000店前後）、ファミリーレストラン（5.300店前後）、ハンバーガーチェーン（6.300店前後）、ホテル（9.800前後・旅館業除く）、オフィスコーヒー（不明）などです。コーヒーは、様々な場所で飲用されています。喫茶店は、1981年のピーク時の154.630店から2016年の67.198店と大幅に減少していますが、それに対し、コンビニコーヒーがその減少分をカバーしています。

全日本コーヒー協会データ
総務省統計局「事業所統計調査報告書」

　インスタントを除く、レギュラーコーヒーの家庭用と業務用、工業用製品の生産比率は約1：1：1の比率です（図22-5）。

図 22-5・レギュラーコーヒーの市場別推移

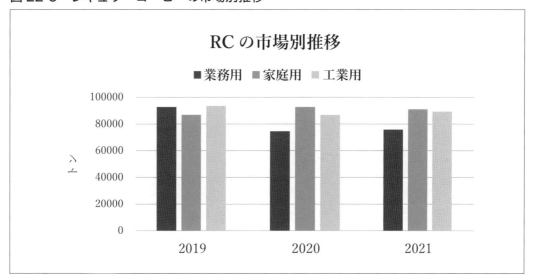

酒類・食品統計月報 / 日刊経済通信社調 /2022.3

## ■ 22-14 生豆の価格の変動が、農家の生活を圧迫している

　コーヒーの生豆価格は、①需要と供給・世界経済などの社会的要因、②栽培環境、品質、③為替相場などによって決まります。生産量の多くを占めるコモディティ商品（汎用品：コマーシャルコーヒー）は、価格と供給の安定を計るため前もって売買の価格を決めておく先物取引市場で取引され、その価格の影響を受けます。

　ICO は、コーヒーを①コロンビアマイルド（コロンビア、ケニア、タンザニア）、②アザーマイルド（3 カ国以外の中米産など）、③ブラジル＆アザーアラビカ（Natural）、④ロブスタ種の 4 種にグループ分けをしています。

　アラビカ種の場合は、米ドル価格で、1 ポンド（453.592g）単位で値付けされ C プライスと呼ばれ、この価格に対してプレミアムが付与されます。しかし、先物価格は、最大の生産量を生み出すブラジルの収穫量の増減により影響され、ヘッジファンドの投機により変動する歴史を繰り返してきました。

　2000 年のブラジル及びベトナムの増産時には相場は急落し、生産農家の離農など深刻な状況を生み出し、その結果としてフェアトレードなど最低買取り価格を保証する取引も生まれました。

　また、2010 年までのコロンビアのさび病による減産、2011 年に生豆価格の暴騰を招きました。

価格の変動は、生産農家の生活の安定を損ないますので、先物取引価格の影響を受けない高品質コーヒーの生産が重要になっています。市場における低価格のコーヒーの拡大は、生産者にとっては、生産コスト割れとなり、離農や廃業の危機をもたらす可能性があります。このような観点から、2000年の初めからSPおよびサスティナブルコーヒーが生まれています。

## ■22-15 SP生豆価格とその流通

　図22-6のCOの価格はニューヨーク（アラビカ種）市場（カネフォーラ種はロンドン市場）に影響されますが、SPの価格は先物取引価格とは連動せず、独自の価格で取引されます。農園や農協もしくは輸出会社の意向が強く反映され、輸入会社、焙煎会社であるバイヤーとの調整で決まります。したがって、COの価格の2～3倍程度のSPからそれ以上のものもあります。

図22-6・生豆価格

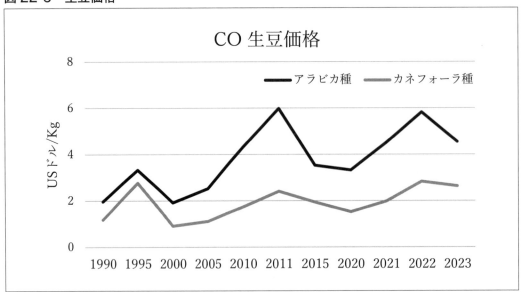

https://ecodb.net/commodity/group_coffee.html

　中小焙煎会社や自家焙煎店の場合は、輸入商社（生豆問屋）が購入したSPの中から選択して生豆を購入するのが一般的です。焙煎会社が輸入会社なしでダイレクトに直輸入するのは極めて特殊な事例で、ごく一部の会社に限定されます。直輸入には、貿易実務や輸入時の生豆代金の決済が必要になり、資金繰りが必要になります。また、検疫での農薬問

題などのリスクも抱えることになります。

一方、輸入商社は「国内で売れそうな量と価格」が生豆購入判断のベースになりますので、価格の高い SP や在庫になりそうな CO であれば買えない事例も出てきます。そのため、欲しい生豆が決まっている焙煎会社などであれば輸入代行を依頼するような形になります。したがって、輸入商社との間にも農園と同じようにパートナーとしての信頼関係が重要になります。

LCF の場合であれば、パートナー農園などの SP を毎年継続購入していきますので、毎年生産者との価格交渉が発生します。そのため、農園、輸出会社、輸入会社との信頼関係が重要になります。＊FOB 価格が基準となり、最終的には輸入商社にマージンを上乗せし支払うことになります。

＊生豆を積み地の港で本船に積み込むまでの費用（生豆価格、国内輸送費・輸出検査費・輸出梱包費・輸出通関費・船積費等）となります。その後、輸入会社は、FOB 価格に、手数料、国内輸送費、通関費、保険、国内倉庫費用などにマージン (margin：利益部分) を上乗せし価格を決めています。

潜在的な需要の大きい中国、インド、経済発展している東南アジアや韓国などの需要が拡大しています。そのような消費拡大のなかで、カネフォーラ種の生産拡大拡、アラビカ種コマーシャルコーヒーの品質低下、スペシャルティコーヒー生豆価格の高騰など、様々な問題が生じています。

すでに COE やプライベートオークションの買い手は、すでに日本から中国、台湾、韓国などの新しい消費国に移行しています。そして、日本経済の低迷とともに、生豆市場における日本の高価格の豆の購買力は低下傾向にあるように感じます。2022 年現在、まだ日本に SP 購買余力はありますが、生豆価格の高騰の中で、他の食品に見られるように、買い負けするような事態も予測されます。日本のコーヒーのおいしさのレベルを維持するためにも、ディスカウント市場以外の高品質市場の構築と維持が重要になっています。

## 23 味覚のトレーニング

### ■ 23-1 トレーニングの方法

　味覚は後天的なもので、経験が味覚を形成しますので、できるだけコーヒーを毎日飲むように心掛けてください。また、コーヒーだけではなく、嗜好品や食事に関する味覚の形成も重要で、それらが、コーヒーの風味判断を助けてくれるようになります。様々な店でコーヒーを飲み、自分でコーヒーをいれて風味を意識して飲んでいくと、だんだんコーヒーの風味の差が理解できるようになってきたと感じるはずです。

### 1. 砂糖やミルクを入れないで飲んでみる

　砂糖やミルクを入れて飲むのもよいと思いますが、味覚を訓練するという観点からは、入れないで飲んでみてください。難しければ、毎日砂糖を入れる量を減らしていってください、3週間くらいたつと初めに入れていた量が甘すぎると感じるようになります。

### 2. 風味の優れたコーヒーを飲む

　SPのよいコーヒーを飲み慣れてくると、まず香りの高さが違うことがわかります。心地よい酸味、味わい深いコクなどが一般的なコーヒーとの風味の違いを少しずつ理解できるようになります。まずはSPを体験してみてください。

### 3. 香りを嗅ぐ

　コーヒーを淹れるときに、まず粉の香り（フレグランス）を嗅いでください、次に抽出したコーヒー液の香りも（アロマ）嗅いでください。心地よい香りを感じるコーヒーはよいコーヒーのはずです。この習慣を続けるとコーヒーの香味の違いが感覚的に理解できるようになります。

### 4. 焙煎度の違うコーヒーを飲む

　ミディアムロースト（中煎り）といっても各会社や店で焙煎に差があります。また、シティロースト（やや深煎り）では、豆の色がやや濃くなり、酸味が減り、コクが増します。焙煎度の違いによる風味の差を意識して飲んでみてください。

### 5. 精製方法の異なるコーヒーを比べてみる

　エチオピア産のナチュラルとウオッシュトを飲み比べてください。ナチュラルは、果実や赤ワインのような風味が強く、ウォシェトは柑橘果実やベリーなどの風味があることがわかるようになります。

### 6. コロンビアとブラジルのコーヒーを比べてみる

　コロンビアは、オレンジのようなさわやかな柑橘果実の酸がありますが、ブラジルは酸

が弱く、舌にやや濁った余韻が残りますので、その違いを感知できます。酸味を意識して飲んでください。

### 7. 生産地の異なるコーヒーを飲む

生産国の環境により風味は異なります。同じ生産国でも「生産地域、品種、精製など」の違いを確認したうえで飲むようにします。また、毎年同じものを継続して体験していくと年による風味の差異がわかる場合もあります。

### 8. ティピカ種の風味をスタンダードにします

ティピカ種のコーヒーを飲んでみましょう。繊維質が柔らかく入港後鮮度が落ちやすいコーヒーですが、良いものはさわやかな酸があり、程よいコク、甘い余韻があり軽やかなコーヒーです。世界的に生産地が減少し、残念ながらここ10年以上品質の低下が顕著にみられます。よいティピカ種に巡り合えた時には、その風味をマトリクスの中心にしてください。他の品種のコーヒーとの違いが分かりやすくなります。

**図23-1・ティピカ品種とその他の品種**

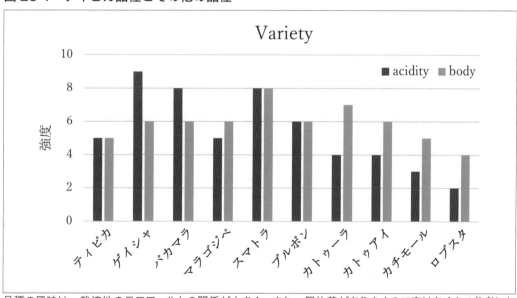

品種の風味は、栽培地のテロワールとの関係が大きく、また、個体差がありますので表はあくまで参考にとどめてください。

### 9. コーヒー以外の嗜好品にも関心を持つ

自分の好きな嗜好品のお酒（ワイン、日本酒、ウイスキー、焼酎、ビール）、お茶（煎茶、紅茶、中国茶）チョコレート（産地別、カカオ含有率）などの風味を意識してたしなむとコーヒーの風味にも役立ちます。

## 10. 3点試験法（3点識別）

コーヒーの香味の違いを理解するうえで簡単にできるよいトレーニング方法です。試料Aと試料Bが識別できるか判断します。3つのカップを用意し、2つに同じコーヒー、1つに違うコーヒーを入れ、ブラインドで識別します。例えばグァテマラ産のブルボンを2カップ、エルサルバドル産のブルボンを1カップという具合です。

## 11. 味の*味覚テスト

酸味、塩味、苦味、甘味、旨味の水溶液を作り、蒸留水と区別がつくかテストします。各溶液5種と蒸留水3つの計8種をランダムに並べ、どの水溶液かを当てます。表23-1は、被験者の80%くらいが正解する溶液で作成したものです。筆者は、官能評価学会のテストでクリアできましたが、2023年現在この溶液の濃度でテストすると学生、一般人ともに正解率は著しい低下傾向にあります。

### 表 23-1・味の識別テスト用の試料濃度

| 味の種類 | 甘味 | 塩味 | 酸味 | 苦味 | 旨味 |
|---|---|---|---|---|---|
| 溶質 | ショ糖 | 食塩 | 酒石酸 | キニーネ | MSG |
| 濃度 g/dl | 0.6 | 0.15 | 0.01 | 0.0004 | 0.07 |

MSG= グルタミン酸ナトリウム。試料を蒸留水で溶解します。

## 12 フルーツを食べる

SP の風味を評価する際に最も多く使用する言葉に果実感があります。日本は季節ごとに多くの果実が流通していますので日常的にフルーツを食べることをお勧めします（表23-2）。フレーバーホールにもフルーツの項目は多くみられますが、日本の果実とアメリカの果実の味はかなり異なりますので、きちんと自分に味覚で確認したほうがよいでしょう。

### 表 23-2・季節ごとに食べる果実

| 果実の色 | 果実の種類 |
|---|---|
| 白い果実 | ライチ、白ブドウ、リンゴ |
| 黄色い果実 | レモン、オレンジ、グレープフルール、ミカンなどの柑橘類 |
| 赤い果実 | ラズベリー、ストロベリー、チェリー |
| 黒い果実 | ブルーベリー、黒ブドウ、プルーン<br>ブラックベリー、ブラックチェリー |
| トロピカルフルーツ | バナナ、パイナップル、マンゴー、パッションフルーツ |
| 乾燥果実 | イチジク、プルーン、レーズン |
| ジャム | フルーツのジャム |
| フランス菓子 | ラズベリー、アンズなどのピューレ |

第5章 テイスティングのための基礎知識

テイスティング

セミナールーム

Brix の計測

サンプル焙煎

\*大越ひろ・神宮英夫編著 / 食の官能評価入門 / 光生館 /2009
\*日本フードスペシャリスト協会編 / 食品の官能評価・鑑別演習 / 建帛社 /2014

## ■23-2 スキルアップのための飲み比べ例

　本書を理解するために、日常でどのようなコーヒーを飲み比べていけばよいかについてまとめました。ただ漠然とコーヒーを飲んでいても味覚の訓練にはなりません。コーヒーの香り（Aroma）、酸味（acidity）、コク（Body）、きれいさ（Clean）、甘味（sweetness）の理解に役立つようなコーヒーの味覚開発のためのプログラムを設定しました。また、それぞれのプログラムの難易度について5段階表示しました。

　5は難易度が高く、1は簡単に理解できることを意味します。意識的に表23-3の学習・トレーニングを行うことをお勧めします。できるだけ入手しやすいSPの焙煎豆を上げましたので参考にしてください。

## 表 23-3・コーヒーの味覚トレーニング

### Acidity

| 比較豆 | 難度 | 内容 |
|---|---|---|
| ケニア産とブラジル産 | 1 | ケニアは世界で最も酸の強いコーヒー（ミディアムローストでp H4,8 程度）で、酸の弱いコーヒーがブラジル（pH5.1 程度）です。簡単に酸味の強弱がわかるはずです。 |
| グァテマラ・アンティグアと他のグァテマラ地区 | 3 | アンティグア産 SHB は、他の産地の SHB よりも酸味は強い傾向が見られます。 |
| ケニア産とタンザニア産 | 4 | タンザニア産は柑橘系のさわやかな酸味（クエン酸ベース）ですが、ケニア産は柑橘果実以外に華やかな果実の酸味（クエン酸、リンゴ酸、酢酸など）が加わります。 |
| コスタリカ産とエルサルバドル | 4 | コスタリカのマイクロミル産の SP とエルサルバドル産の SP ではコスタリカに酸の強い傾向がある。 |
| グァテマラ産ブルボン種とパカマラ種 | 5 | グァテマラ産などのブルボン種の柑橘果実の酸味に対し、グァテマラ産のパカマラ種には華やかなラズベリーのような果実の酸味が加わります。 |

### Body

| 比較豆 | 難度 | 内容 |
|---|---|---|
| ティピカ種とスマトラ・マンデリン在来種 | 1 | 優れたティピカ種（ハワイコナ、ジャマイカなど）は軽やかでシルキーな舌触りで、スマトラ在来種はベルベットのようななめらかさがあります。 |
| コロンビア南部産と北部種 | 3 | コロンビア南部のナリーニョ、ウイラ県産にはしっかりしたコクがあり、北部のサンタマルタ、セサール県産は繊維質が柔らかく軽めのコク。 |
| グァテマラ産 SP とグァテマラ産 CO | 3 | 標高の高い産地の SP には明確なコクがありますが、標高の低い産地の SHB、EPW は薄い風味 |
| ティピカ種とブルボン種 | 5 | PNG 産、東チモール産のティピカ種の軽いコクに対し、グァテマラ産やルワンダ産のブルボン種の方がややしっかりしたコクがあります。 |

### Clean

| 比較豆 | 難度 | 内容 |
|---|---|---|
| エチオピア G1 の乾式とエチオピアの G 4 | 1 | G1 は、欠点豆が少なくクリーンですが、G4 は、欠点豆の混入が多く濁りを強く感じます。 |
| ティピカ種とそれ以外の品種 | 2 | 優れたティピカ種の透明感あるきれいなティピカ種とブラジル産コーヒー。 |
| ニュークロップとカレントクロップ | 2 | 入港したての豆に対し、6 か月以上保管された豆は、脂質の劣化がみられ、濁りを感じるようになります。 |
| 未熟豆の混入が少ないブラジル SP と多い CO | 4 | 未熟豆の目立つものは抽出液が濁りますので、きれいとはいえません。 |
| ブラジル乾式豆とセミウォッシュト | 5 | ブラジル乾式は、全体的にやや埃っぽさを感じますが、セミウォシュトは濁り感が低減します。 |

### Sweetness

| 比較豆 | 難度 | 内容 |
|---|---|---|
| エチオピア・イルガチェフェのウォシュト | 2 | イルガチェフェは華やかで甘い余韻が舌に持続します。 |
| 標高の高い産地の豆 | 4 | コロンビア・ナリーニョ産、コスタリカ・タラス産などの標高2000 m前後で収穫された豆は、強い酸味の中に甘味を感じます。 |
| 甘味水溶液 | 4 | 水 1 リットルに 4 g（0.2 g /dl）の砂糖を入れ、何も含まれていないものと比較します。この甘味感覚をコーヒー抽出液に応用します。 |

## Aroma

| 粉にした時の香り（フレグランス） | 1 | 焙煎豆を粉にした時に必ず香りを嗅ぎます。これを継続すると香りに敏感になります。 |
|---|---|---|
| 特徴的な香りのある品種 | 2 | ゲイシャ種、パカマラ種などは、他の品種に比べ特徴的な香りが見出しやすいといえます。 |
| 一般的なSPとCO | 3 | 多くの場合SPは、COよりフローラルで香りが高い傾向があります。ケニア産、エチオピア産などのSPには特徴的な香りがあります |
| 焙煎直後の豆と1か月常温保管した豆 | 4 | 焙煎後1か月経過した豆は炭酸ガスの放出とともに香りの分子も減少しています。 |

## Bitterness

| 焙煎度の異なる豆 | 1 | ミディアム、ハイ、シティ、フレンチローストなどの焙煎度の違いにより苦味が異なることを理解します。焦げや煙の影響を受けた刺激的な苦味ではない柔らかな苦味を理解します。 |
|---|---|---|
| よい焙煎の豆 | 3 | 適切に焙煎された豆はクリーンですが、焙煎がよくない豆は、mediumローストであってもと舌に苦味が残ります。 |

味覚トレーニング

さまざまなコーヒー生豆

# 堀口珈琲研究所のセミナー

堀口珈琲研究所　東京都世田谷区船橋 1-9-10 〜 2 Ｆ
セミナーサイト　https://reserva.be/coffeeseminar

1999 年から「抽出基礎編」、「抽出応用編」、「カッピング編」、「テイスティング編」「開業編」など様々なコーヒーセミナーを開催してきました。

テイスティング初級

韓国ソウルでのセミナー

## 抽出編

抽出は、風味の変動要因（粉の粒度、粉の量、抽出量、抽出時間、湯の温度など）による風味の変化を体験し、自分で自在に抽出できるよう基本のきを実習します。

## テイスティング編

「コーヒーの風味とは何か？」「コーヒーのおいしさとは何か？」について，
多面的に学習します。初級では、カッピング（テイスティング）の方法、評価基準を学習します。また基本的なコーヒーの風味の差異について実習を行います。

初級終了後中級に出席してください。中級編では、各生産国の旬のコーヒー、品種別のコーヒー、精製方法の異なるコーヒーなど幅広いテーマで実習を行い、スコアをつけます。

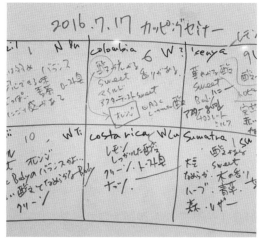

2016年のセミナー

抽出セミナー

写真は、2016年のカッピングセミナー初級です。ブラジル産（N/ブルボン種）、コロンビア産（W/品種不明）、ケニア産（W/SL種）、ハワイ産W/ティピカ種）、コスタリカ産（W/カトゥーラ種）、スマトラ産（S/ティピカ種）の6つのコーヒーの風味を比べています。ここでは、①6つの生産国の風味特性の違い、②ウォシェトとナチュラルとスマトラ式の精製の違い、③ティピカ種とブルボン種とカトゥーラ種の品種違いを解説しています。また特にブラジル産とコロンビア産の風味差についても説明しています。

# 堀口珈琲研究所　堀口俊英　（環境共生学・博士）

堀口珈琲研究所　代表（156-0055　東京都世田谷区船橋 1-9-19 〜 2F）
(株) 堀口珈琲　代表取締役会長（156-0055　世田谷区船橋 1-12-15）
日本スペシャルティコーヒー協会（SCAJ）・理事
日本コーヒー文化学会・常任理事
papa@kohikono .co.jp　　chiepapa0131@gmail.com

## 著作

2000 年「コーヒーのテースティング」柴田書店・2005 年「スペシャルティコーヒーの本」旭屋出版・2009 年「おいしいコーヒーのある生活」PHP 出版・2010 年「コーヒーの教科書」新星出版・2020 年「The Study of Coffee」新星出版　・2023 年「新しいコーヒーの基礎知識」新星出版

## 講師

2015 年〜現在 JICA 中小生産者セミナー・2016 年〜現在 東京農業大学オープンカレッジ・2002 年〜現在 堀口珈琲研究所セミナー

## 学会発表

2016 年 9 月：ASIC( 国際コーヒー科学学会 )・ポスター発表 ( 中国・昆明 )
「The difference in the quality of specialty coffee and commercial coffee」

2017 年 6 月：日本食品保蔵科学会・口頭発表 ( 高知県立大学 )
「SP と CO の品質差に関する研究」

2018 年 6 月：日本食品保蔵科学会：口頭発表 ( 山梨大学 )
「生豆の流通過程における品質変化の研究」

2018 年 8 月：日本食品科学工学会：口頭発表 ( 東北大学 )
「生豆の品質指標の作成に関する研究」

2018 年 9 月：ASIC：口頭発表 ( 米国・ポートランド )
「New Physicochemical Quality Indicator for Specialty Coffee 」

2018年11月：食香粧研究会：ポスター発表(東京農業大学)
「コーヒーに影響を及ぼす理化学成分と官能評価から新しい品質指標を作成する」

2019年6月：日本食品保蔵科学会：口頭発表（中村学園）
「コーヒー生豆の精製方法の違いが風味に影響を与える」

2023年9月：日本コーヒー文化学会：口頭発表（SCAJ展示会会場）
「スペシャルティコーヒーについて、官能評価と理化学的数値および味覚センサーの相関から検証する」

2023年11月：全国清涼飲料研究会：口頭発表（日本教育会館・一ツ橋ホール）
「コーヒー市場と品質概念の変遷の歴史」

2024年6月：日本食品保蔵科学会：口頭発表（琉球大学）
「有機酸とアミノ酸がスペシャリティーコーヒーの風味に及ぼす影響」

## 査読論文及び学位論文

**論文1** 「有機酸と脂質の含有量および脂質の酸価はスペシャルティコーヒーの品質に影響を及ぼす」、日本食品保蔵科学会誌第45巻2号

**論文2** 「コーヒー生豆の流通過程における梱包, 輸送, 保管方法の違いによる品質変化に関する研究」、日本食品保蔵科学会誌第45巻3号

**論文3** 「コーヒー生豆の品質基準に関する研究」日本食品科学工学誌2021年68巻8号

**学位論文** 「スペシャルティコーヒーの品質基準を構築するための理化学的評価と官能評価の相関性に関する研究」

2016ASIC 雲南

2018ASIC ポートランド

# あ と が き

　ワインのテイスティングの本は多く出版されていますが、コーヒーのテイスティングの本は、世界的に見てもほとんどありません。未熟な私が先鞭をつけることになりますが、個人的にはライフワークの最終章のようなものですので、読者におかれましては寛大に受け止めていただければ幸いです。同時に、この後に続く方々が多く出られることを期待しています。

　「おいしいコーヒーとは何だろう？」と考えた時、最終的には「コーヒーは農業と科学」が重要と思うようになり、2002 年に堀口珈琲研究所を立ち上げました。しかし、当時はSP の黎明期にあり、極めて忙しくコーヒーの研究は出来ずにいました。

　その後、2010 年代に事業承継し、（株）堀口珈琲の実務から徐々に離れ、2016 年に東京農業大学の環境共生学の博士課程に入学し 2019 年に卒業しました。指導教授の古庄律先生には、私の苦手な化学的側面からのご指導を賜り、現在も食環境科学研究室の客員研究生として在籍し、学部生、院生の研究課題として「コーヒーの品質」についての分析を継続しています。

　博士課程在学時から、日本食品科学工学会、日本食品保蔵学会、ASIC（Association for the Science and Information on Coffee）などの学会で発表するなど実務とは異質な学術の世界にも少しながら足を踏み込んできました。

　そのような最中、2022 年 8 月 25 日に大学の研究室で日本食品科学工学会のオンライン発表中に突然心停止で倒れました。教授や院生、大学内の看護師など多くの方々によるAED の使用、人工呼吸などの初期対応により、一命をとりとめることができました。ここに改めて感謝申し上げます。

　病院の先生には 16 分間心肺停止状態が続き、奇跡的に生き返ったと伝えられましたが、後遺症もなく無事退院できました。

本書は、世界のコーヒー業界に向けて書いたものですが、個人的な見解が多くなりがちで、かなり迷走し、執筆には時間がかかりました。コーヒーの風味は複雑で、理化学的な実験を通し簡単に答えが出るわけではありませんので、コーヒーの品質への新たな視点として、またコーヒーのテイスティングの記録的な意味合いもあるのではないかと考え、本書を上梓しました。

　2000年代初期にケニア産SL品種のトロピカルフルールの酸味、パナマ産ゲイシャ品種およびエルサルバドル産のパカマラ品種の柑橘果実以外の華やかな果実の酸味に衝撃を受け、**長い間、何故そのような風味が生まれるのか追求したいと考えていました**。しかし、当時は仕事が忙しくままならず、その後の事業承継後にトライすることにしましたが、農業的な見地からの研究は産地での活動を伴い難しく断念し、2016年に大学院に入り、成分分析の観点から探求をすることにしました。研究者としては未熟でなかなかその答えが見つからずにいましたが、2022年以降のLC/MSの分析で有機酸の組成が関与していると推測される結果がみられました。ゲイシャ品種のベリーやピーチ系の果実感は、主にクエン酸とリンゴ酸とグリコール酸が均一のバランスから生み出されると推測されました。かつアミノ酸であるグルタミンの関与も大きいと推測されました。また、パカマラ品種の柑橘果実とラズベリーの果実感はクエン酸とリンゴ酸にグリコール酸とわずかなコハク酸の関与が推測されました。SL品種は、クエン酸、リンゴ酸以上にグリコール酸の組成比率が大きいと推測されました。

　これらのケミカルデータからの考察は、高いテイスティングスキルにより導き出されたものと確信しています。

2024年6月　堀口俊英

スペシャルティコーヒーのテイスティング

# SPECIALTY COFFEE TASTING

### 堀口俊英　Toshihide Horiguchi

環境共生学　博士
堀口珈琲研究所・代表、(株) 堀口珈琲・代表取締役会長、日本スペシャルティコーヒー協会・理事、日本コーヒー文化学会・常任理事。著書に「スペシャルティコーヒーの本」( 旭屋出版 )、「コーヒーのテスティング」( 柴田書店 )、「珈琲の教科書」、「The Study of Coffee」、「新しい珈琲の基礎知識」( 以上、新星出版社 ) ほか多数。2016 年から日本食品保蔵科学会、日本食品科学工業会、食香粧研究会、国際コーヒー科学学会などで論文を発表。堀口珈琲研究所では、20 年にわたり、各種コーヒーセミナーを開催してきた。
( セミナーサイト　https://reserva.be/coffeeseminar)

発行日　　2024 年 9 月 24 日　初版発行

著　者　堀口俊英　Toshihide Horiguchi
発行者　早嶋　茂
制作者　井上　久尚
発行所　株式会社旭屋出版
　　　　〒 160-0005
　　　　東京都新宿区愛住町 23-2 ベルックス新宿ビル II 6 階

郵便振替　00150-1-19572

電　話　03-5369-6423( 販売 )
　　　　03-5369-6422( 広告 )
　　　　03-5369-6424( 編集 )
FAX　　03-5369-6431( 販売 )

旭屋出版ホームページ　https://asahiya-jp.com/

編　集　井上　久尚
デザイン　小森　秀樹

印刷・製本　株式会社シナノ

※定価はカバーにあります。
※許可なく転載・複写ならびにｗｅｂ上での使用を禁じます。
※落丁本、乱丁本はお取り替えします。

ISBN978-4-7511-1527-5　C 2077
© Toshihide Horiguchi ,2024 Printed in Japan